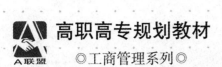

高职高专规划教材

◎工商管理系列◎

财务管理项目化教程

主　编　李红梅
副主编　姚云霞　李　娜
编　者　李红梅　李春振
　　　　李　娜　季　文
　　　　姚云霞　黄季红
　　　　魏　刚

北京师范大学出版集团
BEIJING NORMAL UNIVERSITY PUBLISHING GROUP
安徽大学出版社

图书在版编目(CIP)数据

财务管理项目化教程/李红梅主编.—合肥:安徽大学出版社,2014.10(2019.5重印)
高职高专规划教材.工商管理系列
ISBN 978-7-5664-0841-9

Ⅰ.①财… Ⅱ.①李… Ⅲ.①财务管理－高等职业教育－教材 Ⅳ.①F275

中国版本图书馆 CIP 数据核字(2014)第 220263 号

财务管理项目化教程

李红梅 主编

出版发行:	北京师范大学出版集团 安 徽 大 学 出 版 社 (安徽省合肥市肥西路3号 邮编230039) www.bnupg.com.cn www.ahupress.com.cn
印　　刷:	安徽省人民印刷有限公司
经　　销:	全国新华书店
开　　本:	184mm×260mm
印　　张:	24
字　　数:	524 千字
版　　次:	2014 年 10 月第 1 版
印　　次:	2019 年 5 月第 3 次印刷
定　　价:	39.90 元

ISBN 978-7-5664-0841-9

策划编辑:朱丽琴　龚婧瑶　　　　**装帧设计**:李　军　金伶智
责任编辑:朱丽琴　龚婧瑶　　　　**美术编辑**:李　军
责任印制:陈　如

版权所有　侵权必究
反盗版、侵权举报电话:0551－65106311
外埠邮购电话:0551－65107716
本书如有印装质量问题,请与印制管理部联系调换。
印制管理部电话:0551－65106311

前 言

根据高职高专人才培养目标,按照"工学结合"、"理论够用"的要求,我们在吸收了近年来高职高专人才培养模式和教学方法改革经验的基础上编写了这本教材。

本教材是以企业财务管理活动为主线,参照当前财务管理活动所要求的职业资格标准,按照突出职业能力培养,体现基于职业岗位分析和具体工作过程的课程设计理念,围绕财务管理活动设计相应的项目、任务而进行编写的。

本教材按照高等职业教育"教、学、做"一体化和基于工作过程系统化的要求,"以学生为主体、以教师为主导、以训练为主线"的课程教学改革新思路,设置了十个教学项目,这十个教学项目分别是认知财务管理、财务管理工作基本技能、编制财务预算、筹资管理、计算资金成本与选择资本结构、项目投资管理、证券投资管理、营运资金管理、收益分配管理、财务分析。与其他财务管理教材相比,本教材的特色体现在:

其一,按照"原理先行、实务跟进、案例同步、实训到位"的原则编排教学内容,并配套编写了财务管理职业能力与技能训练,以便于读者准确理解相关理论知识、提高理财技能。

其二,全面开展兼顾"职业知识"、"职业能力"和"职业道德素质"的"教学"、"训练"与"考核",力求体现"教、学、做、测、评"于一体,实现对学生的知识、能力和素质的综合培养。

其三,注重对学生决策能力的培养,通过各种形式的问题讨论、案例分析、挑战性练习来激发学生的主观能动性,培养学生的思考能力和决策能力。

本教材由李红梅编写大纲,并与其余编写人员经过反复认真讨论后,形成一致意见,按照编写大纲进行了分工撰写。本教材共分为十个项目,主编李红梅负责项目六和项目十的编写;副主编姚云霞负责项目一和项目四的编写;副主编李娜负责项目五和项目七的编写;李春振负责项目二的编写;季文负责项目三的编写;黄季红负责项目八的编写;魏刚负责项目九的编写。我们还邀请了淮北职业技术学院的会计师韩冰、杨梅、丁惠影,安徽省皖能股份有限公司的注册资产评估师蒋骏致对本教材进行了最终的审查。

在编写过程中,我们引入了大量的案例和许多专家、学者的观点,也参阅和引用了有关的著作和教材。在此,对已注明出处和未注明出处的所有作者表示衷心的感谢。由于我们的编写水平有限,特别是对教材体系的改革,难免有不成熟之处,所以敬请专家、教师和广大读者批评、指正。

编 者

2014 年 6 月

目 录

项目一 认知财务管理 ……………………………………………………(1)

  任务一 分析企业财务活动、财务关系和财务环节 …………………(1)
  任务二 选择与协调财务管理目标 ……………………………………(7)
  任务三 分析财务管理相关环境 ………………………………………(15)
  项目小结 …………………………………………………………………(23)
  职业能力与技能训练 ……………………………………………………(24)

项目二 财务管理工作基本技能 ………………………………………(34)

  任务一 计算复利终值和现值 …………………………………………(34)
  任务二 计算年金终值和现值 …………………………………………(38)
  任务三 计算综合资金时间价值 ………………………………………(45)
  任务四 衡量投资风险价值 ……………………………………………(49)
  项目小结 …………………………………………………………………(55)
  职业能力与技能训练 ……………………………………………………(55)

项目三 编制财务预算 ……………………………………………………(61)

  任务一 编制业务预算 …………………………………………………(61)
  任务二 编制现金预算 …………………………………………………(73)
  任务三 编制预计财务报表 ……………………………………………(76)
  项目小结 …………………………………………………………………(79)
  职业能力与技能训练 ……………………………………………………(80)

项目四 筹资管理 …………………………………………………………(92)

  任务一 预测资金筹集需要量 …………………………………………(92)
  任务二 筹集权益资金 …………………………………………………(103)
  任务三 筹集负债资金 …………………………………………………(115)

项目小结 ·· (130)
　　职业能力与技能训练 ·· (130)

项目五　计算资金成本与选择资本结构 ································ (140)
　　任务一　计算及应用资金成本 ····································· (140)
　　任务二　财务杠杆、经营杠杆、复合杠杆系数计算和风险衡量 ····· (151)
　　任务三　选择与优化筹资结构 ····································· (160)
　　项目小结 ·· (165)
　　职业能力与技能训练 ·· (166)

项目六　项目投资管理 ··· (177)
　　任务一　估算项目投资的现金流量 ······························ (177)
　　任务二　计算及应用项目投资决策评价指标 ··················· (185)
　　任务三　学会应用项目投资决策方法 ····························· (194)
　　项目小结 ·· (203)
　　职业能力与技能训练 ·· (204)

项目七　证券投资管理 ··· (213)
　　任务一　认知证券投资 ·· (213)
　　任务二　投资股票 ·· (216)
　　任务三　投资债券 ·· (223)
　　任务四　投资基金 ·· (229)
　　任务五　学习如何决策证券投资组合 ····························· (234)
　　项目小结 ·· (239)
　　职业能力与技能训练 ·· (239)

项目八　营运资金管理 ··· (247)
　　任务一　管理现金及有价证券 ····································· (247)
　　任务二　管理应收账款 ·· (256)
　　任务三　管理存货 ·· (265)
　　项目小结 ·· (273)
　　职业能力与技能训练 ·· (273)

项目九　收益分配管理 ·· (282)

    任务一　利润分配管理 ·· (282)

    任务二　确定股利分配方案 ·· (286)

    项目小结 ·· (295)

    职业能力与技能训练 ·· (295)

项目十　财务分析 ·· (304)

    任务一　认知财务分析 ·· (304)

    任务二　偿债能力分析 ·· (311)

    任务三　分析企业营运能力 ·· (324)

    任务四　分析企业盈利能力 ·· (333)

    任务五　分析企业发展能力 ·· (345)

    任务六　企业财务状况综合分析 ···································· (351)

    项目小结 ·· (358)

    职业能力与技能训练 ·· (359)

附录　系数表 ·· (370)

参考文献 ·· (374)

项目一
认知财务管理

◊ 知识目标

- 认知财务管理的概念和内容
- 理解财务管理的目标
- 熟悉财务管理的环节

◊ 能力目标

- 认识财务管理的环境,并能对某个企业所处的主要财务环境进行分析
- 结合课堂讲解、实地调查和网上查阅资料,初步认识和了解企业的财务管理

任务一 分析企业财务活动、财务关系和财务环节

◆ 任务引入

刘艳是一名即将走出校门、踏上工作岗位的大学生。目前,她已经收到飞扬有限公司的录用通知书,即将成为该公司的财务人员。刘艳非常兴奋,但同时也感到非常迷茫。什么是财务管理?财务管理有哪些内容?如何组织企业财务活动、处理企业财务关系?财务管理的环节有哪些?财务管理的目标是什么?作为即将踏上工作岗位的应届大学生,要想成为一名合格的财务管理人员,必须首先学习财务管理的一些基础知识。

◆ 相关知识

财务管理(Financial Management)是组织企业财务活动、处理财务关系的一项综合性管理工作。它是企业管理的组成部分,是利用价值形式对企业再生产过程进行的管理。要进一步理解什么是财务管理,首先必须分析财务管理的对象、企业的财务活动和财务关系。

一、财务管理的对象

财务管理的对象是企业再生产过程中的资金运动及其所体现的财务关系。因此,财务活动和财务关系应该是财务管理所要研究的内容。

资金是企业生产经营过程中商品价值的货币表现,其实质是再生产过程中运动着的价值。随着企业再生产的不断进行,企业的资金总是处于不断的运动中。一般来说,在企业再生产过程中,企业资金从货币资金形态开始,依次经过采购、生产和销售三个基本环节,既表现为其使用价值的实现过程,又表现为实物商品的价值运动过程。随着实物商品的采购、生产和销售的进行,货币资金(G)依次转化为商品资金(W——表现为一定数量的劳动力 A 和生产资料 Pm)、生产资金(P)、产成品资金(W′)和更多的货币资金(G′)。资金运动的结果实现了资金的增值性要求。

从货币资金开始,经过若干阶段,又回到货币资金形态的运动过程,称为"资金循环"。企业资金周而复始不断重复的循环,称为"资金周转"。资金循环、周转体现着资金运动的形态变化。企业资金只有不断循环和周转,才能实现其保值和增值的目的。

◆ 你知道吗?

财务与会计的关系

"财务"一词,经常与会计用语交叉在一起使用,难舍难分,众说不一,究其原因,乃"同源分流"所引起。所谓"同源"是说财务与会计的源头是同一性的,都是以企业的资金运动为工作对象的。财务管理的工作对象是资金运动,会计核算的工作对象也是资金运动。所谓"分流"是说财务管理是近百年来兴起的实践活动,历史较短;而会计核算少说也有上千年的历史了,有人认为,由于社会生产规模的不断扩大,所以经济管理的分工也越来越细,从而出现了财务管理。既然财务管理是从会计核算中分离出来的,那么,财务管理必定有其与会计核算不同的历史使命和不同的活动内容。

从国内外大量的实践活动来看,财务与会计的不同点主要有两个方面:一是财务侧重于管理,会计则侧重于核算,但这不等于说,财务管理不要核算,会计核算不要管理,而是各有不同侧重而已。二是财务管理主要从资金运动的事前着眼,诸如资金筹集、成本预测和利润的计划等。而会计核算主要从资金运动的事后着手,即在资金运动的某一时段发生之后(诸如物资的购入、货币资金的支出、产品成本的投入、企业收入的分配等发生之后),才会有会计核算。

二、企业财务活动

财务活动是企业再生产过程中的资金运动,即筹集、运用和分配资金的活动。企业财务活动主要包括筹资活动、投资活动、营运活动和分配活动。

(一)筹资活动

筹资,是指企业为了满足投资和用资的需要,筹集和集中资金的过程。

企业通过筹资可以形成两种不同性质的资金来源:一是企业自有资金,企业可以通过向投资者吸收直接投资、发行股票、企业内部留存收益等方式取得;二是企业债务资金,企业可以通过从银行借款、发行债券、利用商业信用等方式取得。这种因为资金筹集而引起的财务活动,是企业财务管理的主要内容之一。

(二)投资活动

广义的投资,是指企业将筹集的资金投入使用的过程,包括企业内部使用资金的过程(如购置流动资产、固定资产、无形资产等)和对外投放资金的过程(如投资购买其他企业的股票、债券或与其他企业联营等)。狭义的投资仅指对外投资。企业在投资过程中,必须考虑投资规模;同时,企业还必须通过投资方式的选择,合理确定投资结构,以提高投资效益、降低投资风险。所有这些投资活动都是财务管理的内容。

(三)资金营运活动

企业在正常的经营过程中,会发生一系列的资金收支。首先,企业要采购材料或商品,以便从事生产和销售活动,同时,还要支付工资和其他营业费用;其次,当企业把产品或商品售出后,便可取得收入,收回资金;最后,如果企业现有资金不能满足企业经营的需要,还要采取短期借款方式来筹集所需资金。上述各方面都会产生企业资金的收支,这就是因企业日常经营而引起的财务活动,也称为"资金营运活动"。

营运资金,主要是指企业为了满足日常经营活动的需要而垫支的资金,在一定时期内,资金周转越快,资金的利用效率就越高,就可能生产出更多的产品,取得更多的收入,获得更多的报酬。因此,如何加速资金周转,提高资金利用效果,也是财务管理的主要内容之一。

(四)分配活动

企业在经营过程中会产生利润,也可能会因对外投资而分得利润,这表明企业有了资金的增值或取得了投资报酬。企业的利润要按规定的程序进行分配。首先,要依法纳税;其次,要用来弥补亏损,提取公积金、公益金;最后,要向投资者分配利润,这种因利润而产生的资金收支便属于由利润分配而引起的财务活动。

如何依据一定的法律原则,合理确定分配规模和分配方式,确保企业取得最大的长期利益,也是财务管理的主要内容之一。

上述财务活动的四个方面,不是相互割裂、互不相关的,而是相互联系、相互依存的。正是上述互相联系又有一定区别的四个方面,构成了完整的企业财务活动。

三、企业财务关系

财务关系,是指企业在组织财务活动过程中与有关各方面所发生的经济利益关系。企业的筹资活动、投资活动、经营活动、利润分配活动与企业的方方面面有着广泛的联系。这些财务关系主要表现在以下几个方面:

1. 企业与政府(税务机关)是强制性与无偿性的分配关系。国家以社会管理者的身份,强制征收有关税金,企业无偿地按章纳税。处理这种财务关系,要求企业及时足额缴纳税款。

2. 企业与投资者是经营权与所有权的关系。投资者按照章程的规定出资,享有企业的所有权,企业通过经营者使用这些资金,给投资者回报。处理这种财务关系,应明确企业的产权关系,维护投资者与经营者的合法权益,明确各自的权利与义务。

3. 企业与受资者是投资与受资的关系。企业通过购买股票或直接出资给受资人而形成的财务关系。处理这种财务关系必须维护投资、受资各方的合法权益。

4. 企业与债权人、债务人是债务与债权的关系。处理这种财务关系,应按合同或协议的要求,按期还款、收款,保障各方面的权益不受侵犯。

5. 企业内部各单位之间由于资金往来和结算,形成了内部各单位之间的利益关系。处理这种财务关系,应严格分清各单位的责、权、利,制定合理的内部核算制度和奖惩制度。

6. 企业与职工之间是劳动成果的分配关系,是由职工提供劳动,企业支付工资和其他福利而形成的。处理这种财务关系,应制定严格的岗位责任制和合理的工资、奖金分配制度,并形成一种有效的激励机制。

随着市场经济的发展,企业与各方面的联系将日益广泛,企业的财务活动和财务关系将越来越复杂,如何处理好企业与各方面的关系,将成为企业生存与发展的重要问题。

四、财务管理的环节

财务管理的环节,是指财务管理的工作步骤与一般程序,它包括财务预测、财务决策、财务计划、财务控制和财务分析。这些环节相互配合、紧密联系,形成周而复始的财务管理循环过程,构成完整的财务管理体系。

(一)财务预测

财务预测是根据财务活动的历史资料,考虑目前的条件和要求,对企业未来的财务活动和财务成果作出科学的预计和测算。财务预测是财务决策的基础,是编制财务计划的前提,是组织企业日常财务活动的必要条件。

财务预测的方法主要有定性预测法和定量预测法两种。

定性预测法是利用一些直观资料,依靠财务人员过去的经验和各方面的意见进行分析判断,预测企业未来的发展状况和变动趋势。

定量预测法是根据比较完整的资料,运用数学方法,建立数学模型,对企业的未来进行预测。

财务预测一般包括以下工作步骤：

1. 确定预测对象和目的。
2. 搜集和整理相关资料。
3. 建立数学模型进行财务预测。

(二)财务决策

财务决策,是指财务人员在财务管理目标的总体要求下,采用一定方法,从若干个备选方案中选出最优或最满意方案的过程。财务决策是企业财务管理的核心,它贯穿企业财务管理的全过程。

财务决策一般包括以下工作步骤：

1. 确定决策对象。
2. 提出备选方案。
3. 选择最优方案。

(三)财务预算

财务预算是在一定的预算期内,以货币形式反映生产经营活动所需的资金及其来源、财务收入和支出、财务成果及其分配的计划。财务预算是财务预测和财务决策的具体化,是控制和分析财务活动的依据。

财务预算一般包括如下工作步骤：

1. 分析财务环境,确定预算指标。
2. 协调人力、物力、财力,进行综合平衡。
3. 编制财务预算。

(四)财务控制

财务控制,是指在财务管理过程中,利用有关信息和特定手段,对企业的财务活动加以影响或调节,以便实现财务计划所规定的目标。财务控制是落实财务计划和保证财务计划实现的有效措施。

财务控制一般包括如下工作步骤：

1. 制定控制标准,分解和落实计划指标。
2. 实时追踪控制。
3. 确定和调整差异。
4. 搞好考核奖惩。

◆ 关键提示

在市场经济发达国家,企业内部都要建立非常严格的内部控制制度,实际上就是财务控制。因为内部生产经营各个环节都涉及财务活动,所以通过建内部控制制度这一张大网,把企业经营活动网住,使各项活动不出问题,进而使整个财务收入、成本费用不会出大问题。

企业各个环节都跟收入、成本、利润有关,所以在财务控制中最重要的是成本控制。因为,企业哪个部门花钱都要和成本相关,成本费用是关系企业经济效益高低的首要因素。如果企业没有成本优势,就很难有市场优势。从某种意义上说,成本越低,效益越好。

(五)财务分析

财务分析是根据核算资料提供的信息,运用特定的方法,对企业财务活动过程及其结果进行分析和评价的一项工作。借助财务分析,可以掌握各项财务计划的完成情况,评价财务状况,研究和掌握企业财务活动的规律性,有利于改善财务预测、财务决策、财务计划和财务控制,从而提高企业管理水平和经济效益。

财务分析一般包括如下工作步骤:

1. 进行指标对比,作出评价。
2. 分析原因,明确责任。
3. 落实措施,改进工作。

财务管理各个基本环节互相联系、互相制约,形成周而复始的财务管理循环过程,构成财务管理的完整工作体系。

◆ 任务实施

1. 阐述财务管理的概念、对象和内容。
2. 分析理解企业的财务活动、财务关系和财务管理的环节。

◆ 知识链接

马太效应

《新约·马太福音》中有这样一个故事,国王远行前交给三个仆人各一锭银子,并让他们在自己远行期间去做生意。国王回来后把三个仆人召集到一起,发现第一个仆人已经赚了十锭银子,第二个仆人赚了五锭银子,只有第三个仆人因为怕亏本什么生意也不敢做,最终还是攥着那一锭银子。于是,国王奖励了第一个仆人十座城邑,奖励了第二个仆人五座城邑,第三个仆人认为,国王会奖给他一座城邑,可国王不但没有奖励他,反而下令将他的一锭银子没收后奖赏给了第一个仆人。国王降旨说:"少的就让他更少,多的就让他更多。"这个理论后来被经济学家运用,命名为"马太效应"。俗话说,你不理财,财不理你。如果"穷人"不改变理财思路,继续保守理财的话,那还是会应验马太福音中的那句经典之言:"让贫者越贫,富者越富吧!"其实,财务管理的实质就是生财、聚财之道,资本有其自身的运动法则,掌握了它,你就开启了财富之门。

任务二　选择与协调财务管理目标

任务引入

　　天桥商场是一家老字号商业企业,成立于1953年,20世纪50年代,天桥商场是全国第一面"商业红旗"。80年代初,天桥商场第一个打破中国30年工资制,将商业11级改为新8级。1993年5月,天桥商场股票在上海证券交易所上市。1998年12月30日,北大青鸟有限责任公司和北京天桥百货股份有限公司发布公告,宣布北大青鸟通过协议受让方式受让北京天桥部分法人股股权。北大青鸟出资6 000多万元,拥有了天桥商场16.76%的股份,北大天桥百货商场更名为"北京天桥北大青鸟科技股份有限公司(简称青鸟公司)"。此后,天桥商场的经营滑落到盈亏临界点,面对严峻的形势,公司决定裁员,以谋求长远发展。于是就有了下面一幕。

　　1999年11月18日下午,北京天桥商场里闹哄哄的,商场大门也挂上了"停止营业"的牌子。11月19日,很多顾客惊讶地发现,天桥商场在大周末居然没开门。据一位售货员说:"商场管理层年底要和我们终止合同,我们就不给他们干活了。"员工们不仅不让商场开门营业,还把货场变成了群情激愤的论坛。1999年11月18日至12月2日,对北京天桥北大青鸟科技股份有限公司管理层和广大员工来说,是黑色的15天!在这15天里,天桥商场经历了46年来第一次大规模裁员;天桥商场被迫停业8天,公司管理层经受了职业道德与人道主义的考验,作出了在改革的道路上是前进还是后退的抉择。

　　经过有关部门的努力,对面临失业职工的安抚有了最为实际的举措,公司董事会开会决定,同意给予终止合同职工适当的经济补助,并同意参照解除劳动合同的相关规定,对283名终止劳动合同的职工给予人均1万元、共计300万元左右的一次性经济补助。至此,这场风波总算平息。

任务要求:

1.天桥青鸟案例给你什么启示?

2.从案例介绍的情况看,你能否推断该公司的财务目标?

3.你认为天桥青鸟的最初决策是合理的吗?后来的让步是否合适?

◆ 相关知识

一、企业目标及其对财务管理的要求

企业目标就是实现其宗旨所要达到的预期成果,没有目标的企业是没有希望的企业。从本质上说,企业目标有:生存、获利、发展、竞争。

(一)生存

企业只有生存,才能获利。企业在市场经济中生存的基本条件是:以收抵支,从市场上获得的收入至少要等于支出的数额。其中最重要的一点是要做到到期还债。影响企业生存的因素有两点:一是长期亏损;二是不能偿还到期债务。

(二)获利

企业只有获利,才有生存的价值。获利,是指企业获得超出投资的回报,它是企业发展的前提条件。企业在简单再生产过程中只有通过有效、合理的使用资金,才能获得利润。

(三)发展

企业是在发展中求得生存的。企业要发展,必须根据市场的需求,扩大再生产,提供更多、更好的商品和服务,获得更多的收益。

(四)竞争

企业发展离不开竞争,企业是在竞争中求得发展的。只有具备竞争力,企业才能沿着不断发展的道路走下去。这就要求企业加强软硬件的建设,不仅要对产品服务提出高要求,更要在全体员工中树立危机感、竞争意识。

企业是盈利性组织,其出发点和归宿是获利。企业一旦成立,就会面临竞争,并始终处于生存和倒闭、发展和萎缩的矛盾之中。企业必须生存下去才可能获利,只有不断发展才能求得生存。因此,企业管理的目标可概括为生存、获利和发展。企业的这个目标要求财务管理完成筹措资金,并有效地投放和使用资金的任务。企业的成功在很大程度上取决于它过去和现在的财务政策。财务管理不仅与资产的获得及决策的合理使用有关,而且与企业的生产、销售管理有直接联系。

二、财务管理目标

财务管理的目标可以分为总体目标和具体目标两个层次。

(一)财务管理总体目标

财务管理总体目标,是指在特定的财务管理环境中,通过组织财务活动,处理财务关系所要达到的目的。它是评价财务管理活动是否合理的标准,决定着财务管理的基本方向。财务管理的目标,取决于企业的目标,并且受财务管理自身特点的制约。

现实生活中,如果你连去哪里都不清楚,那么,如何去也就不重要了。财务管理目标就是要告诉财务管理人员"将要去哪里"。

财务管理的总体目标,有以下五种主要观点:

1. 利润最大化

利润总额是企业在一定期间全部收入与全部费用的差额,它代表了企业新创造的财富,利润越多则说明企业的财富增加越多,越接近企业的目标。同时,利润的多少在一定程度上反映了企业经济效益的高低和企业竞争能力的大小。因此,以利润最大化作为财务管理目标有其合理性。但是,由于利润指标自身的局限性,所以以利润最大化作为财务管理目标存在以下缺点:

(1)利润最大化没有考虑利润取得的时间,没有考虑资金的时间价值。例如,今年获利 10 万元和明年获利 10 万元对企业的影响是不同的,更不同于后年获利 10 万元对企业造成的影响。

(2)利润最大化中的利润额是一个绝对数,没有考虑所获利润和投入资本额的匹配关系。例如,同样获利 10 万元,一个企业投入资本 100 万元,另一个企业投入资本 300 万元,就是明显的例子。显然,若利润不与投入资本额联系起来,就不能合理地说明企业经济效益水平的高低,不便于在不同时期、不同企业之间进行比较。

(3)没有考虑获取利润所承担风险的大小。例如,同样投入 100 万元,本年获利 50 万元的 2 个企业,一个获利已全部转化为现金,不存在发生坏账的风险;另一个则全部是账龄 2 年以上的应收账款,可能发生坏账损失。显然,若不考虑风险,则难以作出正确判断。一般而言,报酬越高,风险越大。追求利润最大化,往往会增加企业经营风险。

由于利润最大化往往会使企业财务决策带有短期行为的倾向,即片面追求企业当前利润的最大化,忽视企业的长远发展。因此,将利润最大化作为企业财务管理目标存在一定的片面性。

2. 股东财富最大化

股东财富最大化,是指通过财务上的合理运营,为股东带来最多的财富。在股份制企业中,股东财富由其所拥有的股票数量和股票的市场价格两方面来决定,在股票数量一定时,当股票价格最高时,则股东的财富也达到最多。

股价的高低,代表了投资大众对公司价值的客观评价。它以每股的价格表示,反映了资本和获利之间的关系;它受预期每股盈余的影响,反映了每股盈余大小和取得的时间;它受企业风险大小的影响,可以反映每股盈余的风险。因而,股票的市场价格可以全面反映企业目前和将来的盈利能力、预期收益、资金的时间价值和风险等方面的因素及其变化。

与利润最大化目标相比,股东财富最大化目标有以下优点:

(1)股东财富最大化目标考虑了风险因素,因为风险的高低会对股票价格产生重要影响。

(2)股东财富最大化目标考虑了资金的时间价值,在一定程度上能够克服企业在追求利润上的短期行为。目前的利润不仅会影响股票价格,而且预期未来的利润对企业股票的价格也会产生重要影响。

(3)股东财富最大化目标具有亲和力,容易为股东接受。因为,财务管理的各种决策都需要通过股东的同意才可生效,否则,就无法开展财务管理工作。

以股东财富最大化作为财务管理目标也存在以下缺点:

(1)股东财富最大化目标只适用于股份制企业,而对于非股份制企业,则必须通过资产评估才能确定其价值的大小。在评估时,又受评估标准和评估方式的影响,从而影响到股东财富确定的客观性和准确性。

(2)股票价格受多种因素的影响,这些因素并不一定完全是由企业自身造成的,也并非是企业所能控制的。股东财富最大化目标把不可控因素引入财务管理目标是不合理的。

(3)股东财富最大化目标只强调股东利益,而忽视了企业其他关系人的利益。

3.企业价值最大化

企业价值最大化,是指通过企业财务上的合理经营,采用最优的财务政策,充分考虑资金的时间价值和风险与报酬的关系,在保证企业长期稳定发展的基础上,使企业的总价值达到最大。企业价值不是账面资产的总价值,而是企业资产作为一个整体的市场价值,即企业有形资产和无形资产的市场评价,它反映了企业潜在或预期的获利能力。

在确定企业价值时,应以企业未来各期产生的净现金流量的折现值之和为依据,其中,未来各期的净现金流量按可能实现的概率来计算,折现率反映投资者对投资风险报酬率的要求。

以企业价值最大化作为财务管理目标,具有以下优点:

(1)企业价值最大化目标考虑了取得报酬的时间,并运用资金时间价值原理进行计算。计算企业价值的公式,实际上就是用每期的现金流量乘以复利现值系数后再求和;而简化公式则是一个永续年金现值的计算。

(2)企业价值最大化目标科学地考察了风险与报酬的关系。报酬的多少与企业价值的大小成正比,风险的高低与企业价值的大小成反比。进行企业财务管理,就是要正确权衡报酬增加与风险增加的得与失,努力实现二者之间的最佳平衡,使企业价值最大化。

(3)企业价值最大化目标可以克服企业在追求利润上的短期行为。因为,不仅目前利润会影响企业价值,而且预期未来利润对企业价值的影响更大。

(4)企业价值最大化目标扩大了企业财务管理的范围。企业是多边关系的总合,股东、债权人、各级管理者和一般职工,对企业的发展都是缺一不可的。

企业各方面都有其自身利益,共同参与构成企业的利益机制,如果试图通过损害一方利益而使另一方获利,就会导致矛盾冲突,不利于企业发展。所以,股东财富最大化仅仅考虑股东利益而忽略了其他关系人的利益,而企业价值最大化的观点体现了对经济效益的深层次认识,正好可以弥补其不足。

4.利益相关者价值最大化

利益相关者价值最大化,是指企业以科学发展观为指导,采用最佳财务决策,充分考虑资金的时间价值、风险和报酬的关系、价值与价格的关系、经济利益与社会责任的关系。在保证企业长期稳定发展的基础上,使企业投资者、债权人、经营者、职工、政府、社会公众乃至供应商和客户的利益都能全面、持续、稳定增长,使各利益相关者的利益不断达到最大化。但也有学者对此目标提出质疑,认为其理论上不合理,而且可操作性差。

5.社会价值最大化

由于企业的主体是多元的,所以涉及社会方方面面的利益关系。为此,企业目标的实现,不能仅仅从企业本身来考察,还必须从企业所从属的更大社会系统来进行规范。企业要在激烈的竞争环境中生存,必须与其周围的环境取得和谐,这包括与政府的关系、与员工的关系以及与社区的关系等。企业必须承担一定的社会责任,包括解决社会就业、讲求诚信、保护消费者、支持公益事业、环境保护和搞好社区建设等。社会价值最大化就是要求企业在追求企业价值最大化的同时,实现预期利益相关者的协调发展,形成企业的社会责任和经济效益间的良性循环关系。

社会价值最大化是现代企业追求的基本目标,这一目标兼容了时间性、风险性和可持续发展等重要因素,体现了经济效益和社会效益的统一。

◆ 重点提示

对财务管理目标的关注,没有必要仅仅停留在目标本身。就目标论目标,更多的要考虑企业的具体环境,根据不同企业的不同特点有针对性地确定企业财务管理的目标,这对企业的财务管理更为重要和更具现实意义。

财务管理目标不同,其特点也不同。比如,利润最大化,它出现得较早,可能缺陷也最多,但它有一个最大优点——简单直观。因此,对一些小型企业来说,它的实用性远远高于其他。股东财富最大化对正常经营情况下的上市公司来说,使用起来也比较方便,尽管我国的股票市场尚不完善,但基本规范已经建立。企业价值最大化考虑比较全面,但量化有难度。因此,使用起来有一定的局限性,但其考虑思路仍可以被借鉴。国有企业改制上市,我国提出国有资产保值增值,把企业资本可持续有效增值这一指标作为财务管理目标,这对管理达到一定水平的较大规模和发展较成熟的企业意义比较重大,它可在各方工作协调下实现对资金的最有效管理。所以,根据企业具体情况可以选择不同的财务管理目标。

(二)财务管理具体目标

企业资金运动过程和财务管理总体目标决定了企业财务管理具体目标。具体目标由三个方面构成,即企业筹资的目标、企业投资的目标及利润分配的目标。

1. 筹资的目标

筹集资金是企业向资金供应者取得生产经营资金的财务活动。它是企业资金运动的起点,是决定企业资金运动规模和生产经营发展速度的重要环节。资金好比企业的"血液",是企业生存和发展的前提。企业创建、设立、开展日常生产经营业务,购置设备材料等生产要素,都需要一定数量的资金,扩大生产规模、开发新产品、提高技术水平更要追加投资。因此,企业以较低的资金成本与适度的筹资风险,用合法的方式筹集企业所需生产资金是筹资的目标。

2. 投资的目标

投资的目标,是指企业通过资金的有效使用,达到提高经济效益的目的。但任何投资决策都带有一定的风险性,因此,企业在投资时必须认真分析影响投资决策的各种因素,科学地进行可行性研究。对于新增的投资项目,一方面要考虑项目建成后给企业带来的投资报酬,另一方面要考虑投资项目给企业带来的风险,以便在风险与报酬之间进行均衡,从而以较小的投资额与较低的投资风险,获取同样多或较多的投资收益,不断提高企业价值,实现企业财务管理的总体目标。

3. 利润分配的目标

利润分配的目标,是指企业通过合理地确立利润的分配比例及分配形式,以提高企业潜在的收益能力,从而提高企业总体价值。

企业的利润分配关系着国家、企业、企业所有者和企业职工的经济利益。在分配时,一定要从全局出发,正确处理积累与消费、当前利益与长远利益的关系;正确处理国家利益、企业利益、所有者利益和企业职工利益之间可能发生的矛盾。保证企业利润分配良好目标的实现,为企业提高社会效益和经济效益打下基础。

三、财务管理目标的协调

(一)所有者和经营者的矛盾与协调

经营者和所有者的主要矛盾就是经营者希望在提高企业价值和股东财富的同时,能更多地增加报酬、增加闲暇时间、避免风险,即增加享受成本,追求自身利益最大化。而所有者则希望经营者以较小的享受成本提高企业价值和股东财富。因此,经营者的目标和股东不完全一致,经营者有可能为了自身的目标而背离股东的利益。

协调所有者和经营者矛盾的主要方法有:

1. 解聘

如果经营者未能使企业价值最大化,就解聘经营者,迫使经营者为实现财务管理目标而努力工作。

2. 接收

如果经营者未能使企业价值提高,该企业可能被其他企业强行接收或吞并,相应的经营者也会被解聘,经营者为了避免企业被购并,必定会采取一切措施搞好经营管理工作。

3. 激励

激励就是把经营者的报酬与绩效挂钩,使经营者享受企业增加的财富,鼓励他们采取符合企业最大利益的行动。如果经营者没有完成经营目标,则会失去相应的奖励。

◆ **知识拓展**

激励有两种基本方式:一是"股票选择权"方式。它是允许经营者以固定的价格购买一定数量的公司股票,当股票的价格越高于固定价格时,经营者所得的报酬就越多。经营者为了获取更大的股票涨价益处,就必然主动采取能够提高股价的行动。二是"绩效股"形式。它是公司运用每股利润、资产收益率等指标来评价经营者的业绩,视其业绩大小给予经营者数量不等的股票作为报酬。如果公司的经营业绩未能达到规定目标时,经营者将部分丧失原先持有的"绩效股"。这种方式使经营者不仅为了多得"绩效股"而不断采取措施提高公司的经营业绩,而且为了使每股市价最大化,还会采取各种措施使股票市价稳定上升。

(二)所有者和债权人的矛盾与协调

所有者的财务目标和债权人渴望实现的目标也是不一致的。例如:所有者不经债权人的同意,投资于比债权人预期风险要高的新项目,如果成功,则额外利润就会被所有者独享,但若失败,则债权人就要与所有者共同负担由此造成的损失;所有者为了提高公司的利润,不征得债权人的同意而迫使管理当局发行新债,致使旧债券的价值下降,使旧债权人蒙受损失。

债权人为了防止风险,除了寻求立法保护,还可采取以下措施:其一,在借款合同中加入限制性条款,如规定资金的用途,规定不得发行新债或发行新债的数额等,防止股东剥夺债权人的债权价值,使企业不能将债权人的资金用于其他用途。其二,发现公司有侵蚀其财产意图时拒绝进一步合作,不再提供新的借款或提前收回借款,从而保护自身权益。

(三)企业目标与社会责任

企业的目标和社会的目标在许多方面是一致的,但也有不一致的地方,如企业为了获利,可能生产伪劣商品、可能造成环境污染等。为了保障所有公民的正当权益,政府颁布了一系列保护公众利益的法律,通过这些法律调节股东和社会公众的利益。但是,法律不可能解决所有问题,况且目前我国的法制尚不够健全,企业有可能在合法的情况下从事不利于社会的事情。因此,企业还要受到商业道德的约束,要接受政府有关部门的行政监督,以及社会公众的舆论监督,进一步协调企业和社会的矛盾。

◆ 任务实施

1. 通过企业目标和企业财务管理目标的阐述,掌握如何选择财务管理目标。
2. 正确理解所有者和经营者、债权人之间的矛盾和协调。

◆ 知识链接

"实现财务资本和知识资本效用最大化"的财务管理目标

在知识经济时代,财务资本虽然仍是企业生存与发展必不可少的生产要素,但知识资本在整个社会进程中特别是在可持续发展中的作用更为重要。一是知识和技术在经济增长中的贡献率是其他资源无法超过的;二是知识性生产要素具有非磨损性、可重复性、共享性、增值性等特点,是取之不尽、用之不竭的一项资源。可见如何充分、有效、合理地利用和配置知识资本是制定财务管理目标不可回避的问题。

企业在激烈的市场竞争中要求生存与发展,财务管理面临许多挑战。在资本运作方面,不仅要关注财务资本的取得、运用和资本收益分配等问题,更重要的是要关注知识资本。如在知识资本的取得上,财务管理要关注从什么渠道用什么方式取得知识资本;在知识资本的运用上,财务管理要关注知识资本与财务资本如何结合使用,如何有效配置企业的财务资本和知识资本,提高知识资本的利用效率;在知识资本的收益分配上,财务管理要关注知识资本如何参与企业的收益分配。从这个意义上看,知识资本构成了财务管理的内容,而其效用则成为财务管理所追求的目标。

树立"人本化"理财理念,知识经济时代的财务管理必须创新。随着新经济形势的到来,企业的生存与发展不仅需要坚实的经营基础,即拥有一定的财务资本,同时,财务管理的战略趋势要求将知识资本纳入其中,因此,知识经济时代的财务管理还必须创新。

总而言之,虽然企业契约中各要素所有者都有权参与企业目标的制定,但随着一般工人的相对减少,技术人员、管理人员和企业家的相对增加,尤其是他们生产能力和管理能力的增强,他们在企业发展中的相对重要性将日渐显著,起着影响甚至决定企业行为的作用。

在知识经济条件下,知识资本是企业契约中最重要的资本,因此,知识经济的管理要求将从管物发展到管人,从以物为本发展为以人为本。虽然知识资本的管理目前还未能纳入企业财务管理系统之中,但知识资本在知识经济条件下的核心地位和主导作用将成为一个不可逆转的趋势。因此,企业财务管理的目标也就包括知识资本的效用。那么,企业财务管理目标将是实现财务资本和知识资本效用最大化。

任务三 分析财务管理相关环境

任务引入

自2011年"3·11"东日本大地震以来,日本遭受地震、海啸和核泄漏事故三重打击。日本经济复苏任重道远。从内需来看,除灾后重建效应对经济有所拉动外,对未来的悲观预期使日本国内个人消费和企业投资持续低迷。从外需来看,受欧美经济衰退和中日关系因"购岛"事件急剧恶化影响,日本外贸出口下滑严重,贸易逆差不断增加。由于消费、投资、出口全面萎缩,所以日本经济增长动力严重不足。同时,受灾后日元升值和国内经济衰退影响,企业加快向海外生产转移的步伐,产业"空心化"加剧。

要重振日本经济,首先需要解决通货紧缩和日元升值问题。因此,摆在安倍政权面前的首要任务是"尽快刺激日本经济复苏、结束长期通缩"。安倍为此提出"治理通缩必须制造通胀"的观点,制定了经济复苏的"321"目标:即名义GDP增长3%、通货膨胀率限定在2%和实际GDP增长1%。为实现该目标,在具体措施上,安倍选择了财政政策、货币政策和汇率政策同步趋向大幅宽松的"三松"经济政策。

第一,增加财政刺激力度,推出《紧急经济对策》。2013年1月11日,安倍内阁如期推出迄今最大规模的总额超过20万亿日元经济刺激计划,作为经济增长战略的第一轮措施。其中,《紧急经济对策》的重点有三项,即"复兴防灾对策"、"创造增长条件下的财富"和"生活安心(安全)与地区繁荣",规模分别为3.8万亿日元、3.1万亿日元和3.1万亿日元。为此,日本中央政府的支出共计10.3万亿日元,加上地方政府的配套资金和民间企业投资,总规模将高达20.2万亿日元。为此,日本政府将增发约5.2万亿日元的建设国债。

第二,要求日本央行提高通胀目标,并推行无限量货币宽松政策。安倍持续向日本央行施压,提出实行"无限度、无限期"的量化宽松政策,以及日本央行应根据将年通货膨胀率控制到2%的需要发行货币。为此安倍甚至称将不惜修改保证央行独立性的《日本银行法》,赋予日本央行制定通胀目标和无限制购入国债的权力,以满足"增印货币"的政策需求。在安倍的强大压力下,2012年12月20日,日本央行宣布新增10万亿日元基金用于购买日本国债,实施新一轮的放量宽松措施。

第三,强调推动日元进一步贬值,以保证日本出口盈利。安倍晋三在要求日本央行密切配合其经济政策的同时,也公开宣称:"其他国家政府正试图让本国货币贬值,日本政府也应通过确保降低日元汇率来保护本国利益。"日本央行应抵抗美国和欧洲使本币贬值的行动,并指出只有1美元兑90日元左右的汇率水平,才能保证日本出口商盈利。

你知道这样将会给日本企业带来一个什么样的理财环境吗?

◆ 相关知识

财务管理环境又称"理财环境",是指存在于财务管理系统以外的,但对财务管理系统起制约作用的各因素总和。财务管理环境涉及的范围很广,其中最重要的是法律环境、经济环境和金融环境。

一、法律环境

财务管理的法律环境,是指企业财务活动所应遵守的各种法律、法规和规章。国家管理经济活动和经济关系的手段包括行政手段、经济手段和法律手段三种。随着经济改革的不断深化,行政手段逐渐减少,经济手段特别是法律手段日益增多,建立一个完整的法律体系来维护市场秩序,很有必要。企业的各项财务活动,无论是筹资、投资还是利润分配,都应当遵守有关的法律规范。

(一)企业组织法

企业必须依法成立,才能合法经营,获得良好的法律环境。组建不同类型的企业,要依照不同的法律规范,包括《公司法》、《全民所有制工业企业法》、《中外合作经营企业法》、《中外合资经营企业法》、《外资企业法》、《合伙企业法》、《私营企业条例》等。如《公司法》对公司的设立条件、设立程序、组织机构、组织变更和终止的条件、程序都作了明确的规定,包括股东人数、法定资本最低限额和资本筹集方式等。只有按其规定的条件和程序设立的企业,才能成为公司。《公司法》还对公司生产经营的主要方面作出了规定,包括股票的发行和交易、债券的发行和转让、公司的财务会计要求和利润分配等。公司一旦成立,其主要活动包括财务管理活动都要按照《公司法》的规定来进行。《公司法》是公司财务管理最主要的法律规范,其他企业也应按照相应的法律来开展其财务活动。

(二)税务法规

税收制度特别是工商税收制度,是企业财务管理重要的外部条件。任何企业都必须依法纳税。税负是企业的一项费用,要增加企业货币资金流出,对企业的理财活动有重大影响。我国目前有关税收的立法分为三类:所得税的法规、流转税的法规、其他地方税的法规。国家各税种的设置及税率的调整,对生产经营具有调节作用。企业进行各项财务活动必须严格遵守现行税收法规,绝不能偷税漏税。企业财务决策应当主动适应税收政策导向,通过精心安排和筹划,在不违反税法的前提下,尽可能地降低企业的税收负担。所以,精通税法,对企业财务主管十分必要。

(三)财务法规

财务法规主要是财政部颁布的企业财务通则和分行业的财务制度。这是企业制定内部财务管理制度时必须遵循的。《中华人民共和国会计法》《企业财务通则》《企业财务会计报告条例》及《证券法》《合同法》等法律、法规的颁布,给企业的财务活动带来了重大影响。其中,《企业财务通则》是各类企业开展财务活动、实施财务管理的基本规范;具体行业财务制度则是根据财务通则的规定,为适应不同行业特点和管理要求所制定的行业规范。企业财务管理人员应当认真研究相关财务管理法规制度的精神和具体要求,在守法的前提下,充分行使法规制度所赋予的理财自主权,改善企业的经营管理,实现企业的财务目标。

二、经济环境

经济环境,是指企业进行财务活动的宏观经济状况。它主要包括以下五个方面的内容。

(一)经济发展状况

经济发展的速度对企业理财有重大的影响。2008年以前,我国经济增长比较快,企业为跟上这种发展,并在行业中维持它的地位,至少要有同样的增长速度,如企业相应增加厂房、设备存货、职工等。这种增长需要企业大规模地筹集资金。2008年以后,随着世界金融危机的发生,我国经济发展速度降低,最先影响的是企业销售额。销售额下降会阻碍企业现金的流转,例如,成品积压不能变现,需要筹资以维持运营。经济发展的波动,即有时繁荣有时衰退,对企业理财有极大影响。财务人员对这种波动要有所准备,筹措并分配足够的资金,用以调整生产经营。

经济发展的波动大体上要经历复苏、繁荣、衰退和萧条几个阶段的循环,这种循环就叫作"经济周期"。在不同的阶段,企业应相应采取不同的财务管理策略。

表1-1 不同经济周期下的财务管理策略

	复 苏	繁 荣	衰 退	萧 条
设备投资	增加厂房设备 实行长期租赁	扩充厂房设备	停止扩张 出售多余设备	建立投资标准 放弃次要利益
存货储备	建立存货	继续建立存货	削减存货 停止长期采购	削减存货
人力资源	增加劳动力	增加劳动力	停止扩招雇员	裁减雇员
产品策略	开发新产品	提高产品价格 开展营销规划	停产不利产品	保持市场份额 压缩管理费用

(二)通货膨胀

通货膨胀不仅对消费者不利,而且给企业理财也带来很大困难。企业对通货膨胀本身无能为力,只有政府才能控制。企业为了实现期望的报酬率,必须调整收入和成本。同时,使用套期保值等办法减少损失,如提前购买设备和存货、买进现货卖出期货等,或者相反。

(三)利息率波动

利息率简称"利率"。银行贷款利率的波动,以及与此相关的股票和债券价格的波动,既是给企业的机会,也是对企业的挑战。在为过剩资金选择投资方案时,利用这种机会可以获得营业以外的收益。例如,在购入长期债券后,由于市场利率下降,按固定利率计息的债券价格上涨,企业可以出售债券获得较预期更多的现金流入。当然,如果出现相反的情况,企业就会蒙受损失。在选择筹资来源时,情况与此类似。在预期利率将持续上升时,以当前较低的利率发行长期债券,可节省资金成本。如果利率下降了,企业就要承担比市场利率更高的资金成本。

(四)政府的经济政策

由于我国政府具有较强的调控宏观经济的职能,所以其制定的国民经济的发展规划、国家的产业政策、经济体制改革的措施、政府的行政法规等,对企业的财务活动都有重大影响。国家对某些地区、某些行业、某些经济行为的优惠、鼓励和有利倾斜构成了政府政策的主要内容。从反面来看,政府政策也是对另外一些地区、行业和经济行为的限制。企业在财务决策时,要认真研究政府政策,按照政策导向行事,才能趋利除弊。问题的复杂性在于政府政策会因经济状况的变化而调整。企业在财务决策时为这种变化留有余地,甚至预见其变化的趋势,对企业理财大有好处。

(五)竞争

竞争广泛存在于市场经济之中,任何企业都不能回避。企业之间、各产品之间、现有产品和新产品之间的竞争,涉及设备、技术、人才、推销、管理等各个方面。竞争能促使企业用更好的方法来生产更好的产品,对经济发展起推动作用。但对企业来说,竞争既是机会,也是威胁。为了改善竞争地位,企业往往需要大规模投资,成功之后企业盈利增加,但若投资失败则竞争地位更为不利。竞争是"商业战争",综合体现了企业的全部实力和智慧,经济增长、通货膨胀、利率波动带来的财务问题,以及企业的对策都会在竞争中体现出来。

三、金融环境

企业需要资金从事投资和经营活动。而资金的取得,除了自有资金外,主要从金融机构和金融市场取得。金融政策的变化必然影响企业的筹资、投资和资金运营活动。所以,金融环境是企业最为主要的环境因素之一。财务管理的主要金融环境,包括金融机构、金融市场和利率三个方面。

(一)金融机构

金融机构包括银行业金融机构和非银行金融机构。银行业金融机构主要包括各种商业银行及政策性银行。非银行金融机构包括金融资产管理公司、信托投资公司、证券公司、保险公司、财务公司和金融租赁公司等。

> **相关链接**
>
> 我国目前有三家政策性银行：其一，国家开发银行，通过向金融机构发行政策性金融债券来筹资。其主要服务领域有制约经济发展的"瓶颈"项目、直接增加综合国力的支柱产业的重大项目、高新技术应用的重大项目、跨地区的重大政策性项目等。其二，中国进出口银行，由国家财政全额拨款，同时发行政策性金融债券筹资，并从国际金融市场筹资。其业务范围主要是为机电产品和成套设备等出口提供卖方信贷和买方信贷、办理与机电产品出口有关的各种贷款及出口信用保险和担保业务。其三，中国农业发展银行，一般向中国人民银行再贷款筹资和发行少量政策性金融债券筹资。其主要服务领域是粮食、棉花等主要农副产品的国家专项储备和收购贷款，办理扶贫贷款和农业综合开发贷款，以及国家确定的小型农业、林业基本建设和技术改造贷款。

(二)金融市场

广义的金融市场，是指一切资本流动的场所，包括实物资本和货币资本的流动。广义金融市场的交易对象包括货币借贷、票据承兑和贴现、有价证券的买卖、黄金和外汇买卖、办理国内外保险、生产资料的产权交换等。狭义的金融市场一般是指有价证券市场，即股票和债券的发行和买卖市场。

1. 金融市场的组成

金融市场的基本构成要素包括4个方面：交易对象、交易主体、交易工具、交易价格。

(1)交易对象。金融市场交易的对象，是指金融市场交易双方转让的商品。在金融市场上，交易双方交易的对象是货币资金。无论是银行的存贷款，还是证券市场上的证券买卖，交易双方主要都是货币资金的供给者和需求者，最终通过交易，将货币资金从供给者转让给需求者。与商品交易不同，金融市场的交易大多数表现为货币资金使用权的转移，而商品交易则表现为商品所有权和使用权的同时转移。

(2)交易主体。交易主体，是指资金供应者、资金需求者及金融中介机构。金融市场上的资金供应者和资金需求者主要有政府部门、金融机构、企事业单位和城乡居民。金融中介机构是连接筹资人和投资人的桥梁，包括银行和非银行金融机构。不同的金融中介机构进行资金交易，所需法律手续不同、交易条件不同、交易成本不同、交易的数量和完成交易的时间也有差别。因此，企业必须选择适合自身情况的主要交易机构和场所，以相对节省交易费用，加快交易进程。

(3)交易工具。交易工具又称"金融工具"，是指资金供应者将资金让渡给资金需求者的凭证和证明，包括各种债券、股票、商业票据、可转让存单等。不同金融工具用于不同的资金供求场合,具有不同的法律效力和流通功能,具有不同的风险和成本。企业必须选择适合自身情况的金融工具进行资金交易,以相对降低风险和成本。

(4)交易价格。金融市场的交易价格一般表现为利率。金融市场的利率主要有中央银行再贴现率、商业银行存贷款利率、同业拆借利率和国家公债利率等。证券市场的交易价格则不是利率,而是表现为证券价格,但通常证券价格与利率有着密切的关系,即利率上升,证券价格下跌;反之,利率下降,证券价格上升。

2. 金融市场的分类

金融市场按其划分的标准不同,可作不同的分类:

(1)按地理范围可分为,国际金融市场和国内金融市场。国际金融市场,由经营国际货币业务的金融机构组成,是国际各种金融业务活动的领域,包括长期和短期资金借贷、外汇黄金的买卖以及票据贴现、国际债权债务等金融交易。它的交易活动超过了一国国境,而且交易的金融商品也不限于一种货币。更重要的是,国际金融市场的活动,一般所在国政府干预较少,不受所在国法令控制,交易比较自由。国际金融市场没有固定的具体场地,基本是一种无形市场。国内金融市场,由国内金融机构组成,是一个国家内部以本国或地区货币表示的资金交易市场,其交易活动都要受到本国法规和制度的管制。它又分为城市金融市场和农村金融市场,或者分为全国性、区域性、地方性的金融市场。

(2)按金融交易的具体场所或空间可分为,有形金融市场和无形金融市场。有形金融市场,指有固定场所和操作设施的金融市场;无形金融市场,以营运网络形式存在的市场,通过电子电讯手段达成交易。

有形市场和无形市场的区分,有利于政府对证券交易市场管理。例如,有些国家规定了对各种证券交易所的限制,有些证券可以在有形市场(证券交易所)进行交易,也可以在无形市场交易,即在场外交易;而另外一些证券则只能在场外交易,不准进入证券交易所进行交易。一般来说,公开发行与上市的证券在场内市场挂牌交易,非公开发行与上市的证券在场外交易;公开发行与上市的证券的整数交易在场内,零数交易在场外。

(3)按融资交易期限可分为,长期资金市场和短期资金市场。长期资金市场(资本市场),主要供应一年以上的中长期资金,如股票与长期债券的发行与流通。短期资金市场(货币市场),是一年以下的短期资金的融通市场,如同业拆借、票据贴现、短期债券及可转让存单的买卖。

(4)按交易性质划分为,发行市场和流通市场。发行市场,也称"一级市场",是新证券发行的市场。流通市场,也称"二级市场",是已经发行、处在流通中的证券的买卖市场。

发行市场是基础,流通市场是保障。没有发行市场,就不能融通资金,社会资金就不能重新分配,高效运转。没有流通市场,代表资金的票据或证券,就不能自由流通转让,人们就不敢购买这种金融资本,担心自己急需现款而不能变现,票据或证券的发行就不会顺利,甚至发行市场也很难存在。发行市场与流通市场二者相辅相成,共同构成了完整的金融市场,构成了金融商品发行交易的整个过程。因此,在建设与完善金融市场的漫长过程中,发行市场与流通市场同等重要,在政策上不能偏颇。

(5)按交割期限可分为,现货市场和期货市场。现货市场又称"现金市场",是指当天成交,当天就进行交割(交钱付货),或最迟在三天内交割的交易市场。

期货市场,是指交易双方达成协议后,不立即交割,而在一定时期,如一个月或者三个月后交割的交易市场。

现货市场与期货市场相比较,一般期货市场风险大、收益高、投机性强,而现货市场则风险小、收益低、投机性较弱。主要原因在于交割期限有差别,在期货交易中,从协议成交日到交割日这段时间里,由于市场利率的变化及其他原因,交易对象的价格会有升有降,所以期货交易就有可能利用未来行情变化,进行投机买卖,意欲在未来价格的涨落中得到好处,获得利润。很多投资者为了避免行情变化可能带来的损失,经常将现货交易与期货交易相结合,进行套期保值,以便获得稳妥的收益。

(三)利率

从资金的借贷关系看,利率是一定时期运用资金资源的交易价格,是利息占本金的百分比指标。

1. 利率的类型

标志	类型	含义
利率之间的变动关系	基准利率	基准利率是在整个利率体系中起主导作用的基础利率。它的水平和变化决定其他各种利率的水平和变化。 市场经济国家一般以中央银行的再贴现率为基准利率,计划经济国家,由中央银行制定。在中国,中国人民银行对国家专业银行和其他金融机构规定的存贷款利率为基准利率。
	套算利率	套算利率是指在基准利率确定后,各金融机构根据基准利率和借贷款项的特点而换算出的利率。例如,某金融机构规定,贷款AAA级、AA级、A级企业的利率,应分别在基准利率的基础上加0.5%、1%、1.5%,加总计算所得的利率便是套算利率。
利率与市场资金供求情况的关系	固定利率	固定利率是指在借贷期内不作调整的利率。受通货膨胀的影响,实行固定利率会使债权人利益受到损害。 (借钱时,借出的钱能够买2头猪,由于通货膨胀,所以收回的本金和利息可能连一头猪都买不回来,对债权人不利)
	浮动利率	浮动利率是一种在借贷期内可定期调整的利率。在通货膨胀条件下采用浮动利率,可使债权人减少损失。
利率形成机制	市场利率	市场利率是指根据资金市场的供求关系,随着市场而自由变动的利率。
	法定利率	法定利率是指由政府金融管理部门或者中央银行确定的利率。

2.利率的一般计算公式

一般来说,金融市场上资金的购买价格,可用下式表示:

利率＝纯粹利率＋通货膨胀补偿率＋风险收益率
　　＝无风险报酬率＋风险收益率

(1)纯粹利率。纯粹利率,是指无通货膨胀、无风险情况下的平均利率。例如,在没有通货膨胀时,国库券的利率可以视为纯粹利率。纯粹利率的高低,受平均利润率、资金供求关系和国家调节的影响。

(2)通货膨胀补偿率。通货膨胀使货币贬值,投资者的真实报酬下降。因此,投资者在把资金交给借款人时,会在纯粹利率的水平上再加上通货膨胀附加率,以弥补通货膨胀造成的购买力损失。因此,每次发行国库券的利息率随预期的通货膨胀率变化,它近似等于纯粹利率加预期通货膨胀率。

(3)风险收益率。投资者除了关心通货膨胀率,还关心资金使用者能否保证他们收回本金并取得一定的收益。风险越大,投资人要求的收益率越高。

风险收益率,是指投资者冒风险投资而要求获得的额外报酬率,主要包括违约风险报酬利率、流动风险报酬利率和期限风险报酬利率。

◆ 关键提示

金融市场不仅为企业筹资和投资提供重要场所,为企业理财提供重要信息,而且金融市场的发育程度、金融机构的组织体制及运作方式、金融工具的丰富程度、市场参与者对报酬率的要求、金融政策导向等,都对企业理财产生重大影响。

◆ 任务实施

1.分析安倍内阁的"三松"政策将会如何影响日本企业的财务管理。
2.分别从国内外市场环境的变化、信贷政策调整、汇率变动、利率变动、成本要素的价格变化、自然灾害、通货膨胀等因素对我国外贸企业财务管理的影响进行讨论、分析。
3.讨论并分析我国外贸企业应对安倍内阁"三松"政策的财务管理策略。

◆ 知识链接

资本市场和货币市场

资本市场,是指期限在一年以上各种资金借贷和证券交易的场所。资本市场上的交易对象是一年以上的长期证券,包括股票市场、债券市场、基金市场和中长期信贷市场等。作为资本市场重要组成部分的证券市场,具有通过发行股票和债券的形式吸收中长期资金的巨大能力,公开发行的股票和债券还可在二级市场自由买卖和流通,有着很强的灵活性。

货币市场是经营期在一年以内资金融通的金融市场,包括同业拆借市场、票据贴现市场、回购市场和短期信贷市场等。

资本市场和货币市场都是资金供求双方进行交易的场所,是经济体系中聚集、分配资金的"水库"和"分流站",但两者有明确的分工。资金需求者通过资本市场筹集长期资金,通过货币市场筹集短期资金,国家经济部门则通过这两个市场来调控金融和经济活动。从历史上看,货币市场先于资本市场出现,货币市场是资本市场的基础。但资本市场的风险要远远大于货币市场。其原因主要是中长期内影响资金使用效果的不确定性增大,不确定因素增多以及影响资本市场价格水平的因素较多。

资本市场和货币市场统称"金融市场",是我国社会主义市场经济的重要组成部分,受到了政府的高度重视,发展速度很快,目前已初具规模。改革开放以来的实践证明,金融市场的建立和发展,对优化资源配置,搞活资金融通,提高资金使用效率,筹措建设资金,建立现代企业制度,具有重要的意义。

◆ 项目小结

1. 财务管理是企业在再生产过程中组织财务活动、处理财务关系的一项综合性管理工作。它是企业管理的组成部分,是利用价值形式对企业再生产过程进行的管理。

2. 财务活动,是指企业再生产过程中的资金运动,即筹集、运用和分配资金的活动。企业财务活动包括筹资活动、投资活动、营运活动和分配活动。财务关系是企业在组织财务活动过程中与有关各方发生的经济利益关系。

3. 财务管理的环节包括财务预测、财务决策、财务预算、财务控制、财务分析。财务控制在财务管理中尤为重要。

4. 财务管理目标有利润最大化、股东财富最大化、企业价值最大化等三种代表性观点,对股东、经营者和债权人等利益相关者的协调是实现财务管理目标的重要工作。

5. 财务管理环境,是指对企业财务管理活动产生影响作用的内外部条件或因素。法律环境、经济环境和金融环境是影响企业财务活动的重要外部因素。

职业能力与技能训练

一、职业能力训练

(一)单选题

1. 下列各项中体现债权与债务关系的是( )
   A. 企业与债权人之间的财务关系
   B. 企业与投资者之间的财务关系
   C. 企业与债务人之间的财务关系
   D. 企业与政府之间的财务关系

2. 财务管理的目标可用股东财富最大化来表示,能表明股东财富的指标是( )
   A. 利润总额   B. 每股利润   C. 资本利润率   D. 每股股价

3. 已知国库券利率为5%,纯利率为4%,则下列说法正确的是( )
   A. 可以判断目前不存在通货膨胀
   B. 可以判断目前存在通货膨胀,但是不能判断通货膨胀补偿率的大小
   C. 无法判断是否存在通货膨胀
   D. 可以判断目前存在通货膨胀,且通货膨胀补偿率为1%

4. ( )是根据财务活动的历史资料,考虑现实的要求和条件,对企业未来的财务活动和财务成果作出科学的预计和测算。
   A. 财务预测   B. 财务预算   C. 财务决策   D. 财务控制

5. 直接影响财务管理环境的是( )
   A. 经济体制   B. 经济结构   C. 金融环境   D. 竞争

6. 企业筹措和集中资金的财务活动是指( )
   A. 分配活动   B. 投资活动   C. 决策活动   D. 筹资活动

7. 企业财务管理的核心工作环节为( )
   A. 财务预测   B. 财务决策   C. 财务计划   D. 财务控制

8. 财务管理区别于其他管理的特点在于它是一种( )
   A. 价值管理   B. 信息管理   C. 物资管理   D. 劳动因素管理

9. 以企业价值最大化作为财务管理目标存在的问题有( )
   A. 没有考虑资金的时间价值
   B. 没有考虑投资的风险价值
   C. 企业的价值难以评定
   D. 容易引起企业的短期行为

10. ( )是财务预测和财务决策的具体化,是财务控制和财务分析的依据。
    A. 财务预测   B. 财务决策   C. 财务控制   D. 财务预算

11. 股东与经营者发生冲突的原因可归结为( )
    A. 信息不对称   B. 权益不同   C. 地位不同   D. 行为目标不同

12. 企业价值最大化目标强调的是企业( )
    A. 预期获利能力   B. 实际获利能力
    C. 现有生产能力   D. 潜在销售能力
13. 在协调企业所有者与经营者的关系时,通过市场约束经营者的一种办法是( )
    A. 解聘   B. 接收   C. 激励   D. 提高报酬
14. 企业财务关系中最为重要的关系是( )
    A. 企业与投资者、经营者、债权人之间的关系
    B. 企业与债权人、债务人之间的关系
    C. 企业与投资者、经营者之间的关系
    D. 企业与作为社会管理者的政府有关部门、社会公众之间的关系
15. 在没有通货膨胀时,( )的利率可以视为纯粹利率。
    A. 短期借款   B. 金融债券   C. 国库券   D. 商业汇票贴现
16. 企业资金从货币形态开始,经过不同形态的变化,最后又回到货币形态,称为( )
    A. 资金的周转   B. 资金的运动   C. 资金的循环   D. 资金的耗费
17. 企业资金周而复始不断重复和循环,叫作( )
    A. 资金的周转   B. 资金的收回   C. 资金的循环   D. 资金的运动
18. 下列经济活动中,能够体现企业与所有者之间财务关系的是( )
    A. 企业向职工支付工资   B. 企业向国家税务机关缴纳税款
    C. 企业向其他企业支付货款   D. 国有企业向国有资产投资公司支付股利
19. 下列属于企业资金营运活动的是( )
    A. 采购材料支付资金   B. 购入固定资产支付资金
    C. 向银行借入一笔长期借款   D. 投资者投入一笔投资款
20. A、B两个企业都投资1 000万元,本年获利均为100万元,但A企业的获利已全部转化为现金,而B企业则全部是应收账款,财务人员在分析时认为这两个企业都获利100万元,经营效果相同,得出这种结论( )
    A. 没有考虑利润的取得时间
    B. 没有考虑利润的获得和所承担风险大小的关系
    C. 没有考虑所获利润和投入的关系
    D. 没有考虑所获利润与企业规模大小的关系

(二)多选题

1. 下列各项中属于狭义的"投资"的是( )
    A. 与其他企业联营   B. 购买无形资产
    C. 购买国库券   D. 购买零件

2. 投资者与企业之间通常发生(　　)财务关系。

A. 投资者可以对企业进行一定程度的控制或施加影响

B. 投资者可以参与企业净利润的分配

C. 投资者对企业的剩余资产享有索取权

D. 投资者对企业承担一定的经济法律责任

3. 影响企业财务管理的经济环境因素主要包括(　　)

A. 企业组织形式　　B. 经济周期　　C. 经济发展水平　　D. 经济政策

4. 风险收益率包括(　　)

A. 通货膨胀补偿率　　　　　　B. 违约风险收益率

C. 流动性风险收益率　　　　　D. 期限风险收益率

5. 企业价值最大化目标的优点包括(　　)

A. 考虑了投资的风险价值　　　B. 反映了资本保值增值的要求

C. 有利于克服管理上的片面性　D. 有利于社会资源的合理配置

6. 下列各项中属于资金营运活动的是(　　)

A. 采购原材料　　B. 购买国库券　　C. 销售商品　　D. 支付现金股利

7. 从生产企业来看,资金运动包括(　　)

A. 资金的筹集　　B. 资金的投放　　C. 资金的耗费

D. 资金的回收　　E. 资金的分配

8. 财务管理目标最具代表性的观点主要有(　　)

A. 利润最大化　　　　　　　　B. 资本利润最大化

C. 企业价值最大化　　　　　　D. 经济效益最大化

E. 股东财富最大化

9. 企业财务管理工作要处理好与(　　)的关系。

A. 企业与投资者之间的关系　　B. 企业与债权人、债务人之间的关系

C. 企业与经营者之间的关系　　D. 企业与政府的关系

E. 企业与职工之间的关系

10. 利润最大化不宜作为企业最优的理财目标,因为(　　)

A. 没有考虑企业成本的高低　　B. 没有考虑所得利润与投入资本额的关系

C. 没有考虑所得利润与承受风险的关系　D. 没有考虑利润取得的时间

E. 容易诱使企业追求短期利益行为

(三)判断题

1. 广义的"分配"是指对企业全部净利润的分配,而狭义的"分配"仅是指对于企业收入的分配。　　(　　)

2. 企业与投资者之间的财务关系体现债权性质的投资与受资关系。　　(　　)

3.企业价值最大化目标和股东财富最大化目标实质上是一回事。　　　　　　（　）

4.现货市场与期货市场相比较,一般期货市场风险大、收益高、投机性强,而现货市场则风险小、收益低、投机性较弱。　　　　　　　　　　　　　　　　　　　　（　）

5.进行财务管理,就是要正确权衡报酬增加与风险增加的得与失,努力实现二者之间的最佳平衡,使企业价值最大。　　　　　　　　　　　　　　　　　　　　　　（　）

6.利润最大化目标的优点是考虑了资金的时间价值和风险价值两个因素。　（　）

7.企业与政府之间的财务关系体现为投资与受资的关系。　　　　　　　　（　）

8.对于股票上市企业,即期市场上的股价能够直接揭示企业的获利能力。　（　）

9.从资金的借贷关系来看,利率是一定时期运用资金资源的交易价格。　　（　）

10.财务分析可以改善财务预测、决策、预算和控制,改善企业的管理水平,提高企业经济效益,所以财务分析是财务管理的核心。　　　　　　　　　　　　　　　　（　）

(四)思考题

1.为什么说利润最大化是财务管理的目标?

2.金融市场对财务管理的影响是什么?

3.财务管理的功能是什么?怎样才能有效发挥财务管理的功能?

4.财务分析的内容有哪些?

5.为什么说财务管理是企业管理的中心?

6.企业制定和选择财务政策要考虑哪些因素?

7.什么是金融市场?金融市场的构成要素有哪些?

二、职业技能训练

(一)公司背景

大发股份有限公司是以生产柴油机为主的公司。账面利润基本是盈利,尤其是近2年,账面利润均超过1 000万元,2011年达127.5万元;2010年达135万元。因此,近几年公司受到了外界的一致认可,公司员工对公司的发展前途也充满了信心,加上公司近几年的销量也呈上升趋势,所以,公司近几年不仅加大了对流动资产投资,也加大了对固定资产的投资。柴油机是极具典型的汽车零部件,是很多关键零部件的集成,其核心技术仍然被国外几家大公司垄断。从总体上看,我国柴油机技术基础薄弱、设计水平低、零部件材质差,还不具备完整的全新柴油机产品和关键零部件的开发能力。目前,我国柴油机生产要在技术上超过国外水平还是有一定难度的。随着产业规模的逐步扩大,我国柴油机生产能力加强,另外,我国汽车工业巨大的市场潜力,必将使我国内燃机制造业的技术水平迅速提高。然而,我国加入WTO后,国内市场逐步开放,大批国外产品涌入我国市场,国内产品压力增大,我国内燃机行业也将面临激烈的竞争。

(二)大发股份有限公司(以下简称"大发公司")现状

根据有关资料可以得到公司的以下数据,所得税税率为25%,2010年、2011年加权平均资本成本率分别为8%、7.5%。公司2010年、2011年的简易资产负债表、损益表如下:

表1　资产负债表　　　　　　　　　　　　　　　　　　　　　　　　　　单位:万元

资产	2010年	2011年	负债和使用者权益	2010年	2011年
现金	15	10	应付账款	30	60
短期投资	65	0	应付票据	60	110
应收账款	315	375	应付利息	130	140
存货	415	615	流动负债合计	220	310
流动资产合计	810	1 000	长期借款	580	754
固定资产净值	870	1 000	负债合计	800	1 064
			优先股	40	40
			股本	130	130
			留存收益	710	766
			股东权益合计	840	896
资产合计	1 680	2 000	负债与股东权益合计	1 680	2 000

表2　损益表　　　　　　　　　　　　　　　　　　　　　　　　　　　　单位:万元

	2010年	2011年
一、主营业务收入	700	625
减:主营业务成本	420	375
主要业务税金及附加	1	1
二、主要业务利润	279	249
加:其他业务利润	0	0
减:营业费用	12	10
管理费用	95	79
财务费用	25	21
三、营业利润	153	139
加:投资收益	36	16
补贴收入	0	0
营业外收入	9	25
减:营业外支出	18	10
四、利润总额	180	170
减:所得税	45	42.5
五、净利润	135	127.5

由表1可以得到以下资料：

表3　大发公司2010年、2011年资本情况　　　　　　　　　　单位：万元

	2010年	2011年
债务资本	640	864
权益资本	880	936
投入资本总额	1 520	1 800
加权平均资本率	7.5%	8%
总资本成本	144	114

其中：投入资本总额＝债务资本＋权益资本
　　　总资本成本＝投入资本总额×加权平均资本成本率

由表2可以得到以下资料：2010年公司净利润为135万元；2011年公司净利润为127.5万元。目前，公司也是以利润来评价公司业绩的。从大发公司的损益表来看，2010年公司净利润为135万元；2011年公司净利润为127.5万元。因此，从账面利润来看，公司盈利能力相当可观，从损益表上来看，公司有比较乐观的前景。对高层管理者来说，只要投资项目的回报率高于税后借款的利率，即只要投资能增加企业利润，就可以投资该项目。公司的管理当局就是依据上述原则进行投资决策的，公司在2010年进行扩建时的投资资料如下：

表4　大发公司2010年扩建投资资料　　　　　　　　　　单位：万元

总投资额		500
	比例	金额
债务资本	30%	150
权益资本	70%	350
投资回报率	7%	
税后借款利率	6.5%	
加权平均资本成本率	7.5%	

进行该项投资可以使得公司的账面利润增加9.75万元，其计算如下：

利润增加＝投资总额×投资回报率－债务资本×税后借款利率
　　　　＝500×7%－150×6.5%＝9.75（万元）

由于该项投资可以使公司利润增加9.75万元，所以公司管理当局认为该项投资是可行的，因此，公司2011年进行了扩建投资，从而也使公司的利润增加了9.75万元。由上述分析可以看出，大发公司近两年的盈利状况还是比较乐观的，而且，在进行投资决策时，也作出了有利于增加财务会计利润的决策。然而，有关人士却认为大发公司的当前业绩评价指标并不是十分合理，其账面盈利只是一种假象。他们认为财务会计利润并不能正确地反映公司的实际经济状况，因为财务会计利润的计算并没有考虑融资成本，把权益资本看作无偿

的,虽然公司的账面利润大于零,但实际上公司有可能已经处于亏损状态。因此,他们认为只有全面考虑了所有资金成本的机会成本才能正确评价企业业绩,只有当权益资本成本像其他所有成本一样被扣除之后的利润才是企业真正意义上的利润。

他们认为,2010年公司就不应该进行扩建投资,因为虽然进行扩建投资可以使公司的利润增加9.75万元,但是,当时公司的加权平均资金成本率为7.5%,那么,该项投资使得公司的机会成本减少了2.5(500×7%－500×7.5%＝－2.5)万元。因此,该项投资使得股东财富减少2.5万元,但是,由于大发公司管理层使用利润评价企业业绩的,所以公司管理层接受了该项投资,从而使公司利润增加了9.75万元,却使得股东财富损失了2.5万元。由公司的投资决策可以看出,以利润作为评价企业业绩的指标有时会导致管理人员作出错误决策,损失股东财富。

另外,从经营层次来看,上述投资的前景看起来甚至更好。基层管理者也极力支持过度投资的想法,因为他们的业绩评价和奖金只依靠经营利润,根本不考虑融资成本。在计算财务会计利润时,把权益资本看作无偿的,因此,仅以利润来评价公司业绩并不能正确反映公司的实际经济状况。

从大发公司2010年、2011年两年的情况也可以看出其中存在的问题。2010年、2011年的利润分别为:135万元、127.5万元。但是,两年的机会成本并不理想。现对比如下:

表5 大发公司2010年、2011年机会成本和净利润对比表   单位:万元

	2010年	2011年
利润总额	180	170
所得税税率	25%	25%
净利润	135	127.5
财务费用	25	21
息税前利润	205	191
总资本成本	114	144
EVA(机会成本)	39.75	－0.75

其中:EVA＝息税前利润×(1－所得税税率)－总资本成本

由上述分析结果可以看出,公司2010年净利润为135万元,而EVA仅为39.75万元;2011年净利润为127.5万元,而EVA却为负值,说明公司的收入并不能完全弥补其支出,即其营业并不能赚其成本。也就是说,大发公司虽然有真正的财务会计利润,但是仍然亏损。因此,如果以EVA考核公司的业绩,则其业绩并不理想。然而,EVA不失为一个好的业绩评价指标,因为其全面考虑了企业的债务资本成本和权益资本成本,能够更准确地反映经济现实和企业的业绩水平。

从大发公司的现状分析得出以下结论:财务会计利润并不能真实地反映企业的盈亏状况,在财务会计利润很大的情况下,企业也有可能实际处于亏损状态。如果以利润指标来考核企业的业绩,有可能使得管理人员作出错误决策,也给投资人进行投资带来不便;而以

EVA指标来考核企业业绩能够弥补利润指标的不足,EVA帮助管理人员决策的最明显的方式就是,对业务活动中使用的所有资金考虑成本。考虑资金成本会迫使管理人员直接关注与库存、应收款,以及资本设备有关的成本,从而更谨慎地使用资产。EVA使管理人员在所有决策中能够习惯和自觉地考虑资金成本;在经营成本和资金成本之间的抉择时作出准确的判断。

对于大发公司来说,其账面利润虽然很大,但实际上已处于亏损状态。管理人员不应把重点放在财务会计利润上,而不考虑其投资的成本和风险。大发公司的管理人员在进行投资时,应全面考虑所有资金成本,以作出正确的决策即作出有利于提高公司价值的决策,而不是作出有利于提高财务会计利润的决策。因此,从大发公司的案例中可以看出,作为评价企业业绩的指标EVA优于利润。

案例思考题:

1. 如何理解"在财务会计利润很大的情况下,公司也有可能实际处于亏损状态",你认为该结论是否正确?

2. 从大发公司的情况看,你认为作为企业业绩评价指标的EVA和利润哪一个更合理,为什么?

三、模拟实训

(一)实训目的

1. 通过实训,进一步理解财务管理的内容及目标。
2. 培养学生确立和分解企业财务管理目标的能力。

(二)实训学时

2学时

(三)实训内容

大力公司资本总额为8 000万元,下属A、B、C 3个生产经营型子公司,母公司对其资本投资额与股权比例如下:

单位:万元

子公司	母公司资本投资额	所占股权比例	子公司股权资本总额
A	2 100	70%	3 000
B	3 000	60%	5 000
C	1 000	100%	1 000

假设母公司资本投资的期望报酬率为20%,而各子公司上交给母公司的投资报酬占母公司资本收益总额的60%。母公司与各子公司均属独立的纳税主体,其中,母公司及子公司A、B、C的所得税率为30%。

实训要求:

1. 计算母公司税前与税后目标利润总额以及对子公司要求的上交收益总额。

2. 母公司对子公司要求的报酬上交总额以及各子公司应上交的数额。

3. 基于母公司的报酬要求,确定或规划各子公司的应实现的最低利润目标值(包括税前与税后)。

四、校外实习

实习项目 财务管理课程认知实习

(一)实习性质

本课程认知实习是在学生开始学习财务管理课程之前进行的,是以了解企业的财务管理组织、职能、运作及意义为主的实践性教学环节,是学生了解本课程概况的一次认识活动,是学生了解财务管理课程,学好财务管理课程,获取直接知识,巩固课程理念不可缺少的环节,是课程教学大纲的重要组成部分。

(二)实习目的

1. 通过认知实习,对什么是企业,企业是如何组织生产、经营、管理活动,财务管理在企业中的地位等获得感性认识。

2. 通过认知实习,对企业为什么要进行财务管理、企业财务管理机构与岗位如何设置、人员如何配备、管理如何实施、绩效如何评价等有一个概略的认识。

3. 通过认知实习,增强学生对本课程重要性的认识,以及管理知识对管理工作及管理效果的作用的认识,以激发学生对管理课程学习的热情和动力。

4. 通过认知实习,树立学生的就业与岗位观念,学习企业员工的优秀品质,培养其敬业精神,增强其岗位意识,为日后走上工作岗位打下基础。

(三)实习组织方法

1. 认知实习在会计学院院长领导下,由财务管理专业教研室主任负责,2~3名专业教师组成实习指导团队,进行认知实习的准备和指导工作。实习指导团队选择财务管理健全的企业,以班级为单位组织实施。

2. 认知实习一般安排在财务管理课程开课之前,为期半天。

3. 认知实习以参观企业和财务部门,邀请财务部长现场讲授为主,并辅之以做报告等形式。

(四)实习内容及要求

1. 了解所参观企业的性质、主要产品、企业规模、生产经营特点等。
2. 了解所参观企业的组织机构、职能、规章制度及运营方式。
3. 实地参观企业财务部门,了解财务部门的岗位设置、人员分工、工作流程、工作职责及管理制度。
4. 了解所参观企业的具体财务管理活动,如筹资管理、投资管理、收入分配管理、财务预算与分析等。特别是要着重了解被参观企业财务管理在企业中的地位及意义。
5. 了解所参观企业对财务管理人员的岗位知识、能力和素质等要求。

(五)实习成果

学生认知实习,对参观的企业和财务部门,对企业概况和对企业财务管理的介绍或报告应认真记录,以便为撰写认知实习报告积累资料。认知实习返校后,每位学生必须撰写认知实习报告(1 000~1 500字),其内容包括:

1. 企业概况:参观企业的性质、生产经营情况、参观部门和过程等。
2. 感性认识:对参观企业财务管理的意义作用、管理方法和管理制度进行记述。
3. 主要收获:结合企业实际,记述对所学财务管理课程的理解和认识。
4. 实习体会:主要阐明对学好财务管理课程的态度。

(六)成绩评定

根据学生认知实习报告的内容、完整性及深度,结合学生实习态度及遵守纪律情况,按优、良、中、及格、不及格评定成绩,并按一定比例计入课程学习成绩。

项目二
财务管理工作基本技能

✦ 知识目标

- 认识资金时间价值
- 掌握终值和现值的计算方法
- 掌握资金时间价值的灵活运用
- 了解风险和风险价值的含义及分类
- 掌握投资风险价值的衡量方法

✦ 能力目标

- 能利用相关数据对资金时间价值进行计算
- 能够进行投资风险价值的计算,对项目的投资风险进行评价

任务一 计算复利终值和现值

◆ 任务引入

刚刚毕业的大学生王某在2012年底开始筹划购买一套房子,现在有2种购买方案:

A方案:一次性付款,这套房子价款为55万元。

B方案:分期付款,若分5年付款,则首期付款为该房子总价款的20%,即首付款为11万元;其余款项每年年初支付,金额分别为10万元、10万元、10万元、7万元、7万元。

如果年利率为6%,那么作为购房者,王某应该选择哪种付款方式?

◆ 相关知识

一、资金时间价值的概念

(一)资金时间价值的含义

资金时间价值又称"货币时间价值",是指资金随着时间的推移所产生的价值的增值。

资金时间价值是相等金额的资金,在不同的时点上,其价值是不同的。需要注意的是资金时间价值的产生需要2个基本条件:一是资金必须投入生产经营的周转使用中;二是要有一定的时间间隔。由于资金的时间价值产生的根本原因是企业将资金投入使用而创造出了新的价值,因此,只有周转使用中的资金才具有时间价值;另外,由资金的循环和周转而实现的资金增值需要一定的时间。每完成一次循环,资金就增加一定的数额。资金循环和周转的次数越多,其增值额也就越大。因此,资金随着时间的推移,其增值额不断增加,货币时间价值就表现为资金周转使用后所产生的价值的增量。

(二)资金时间价值的表示

资金时间价值可以用绝对数和相对数来表示。资金时间价值额是绝对数表示形式,资金时间价值率是相对数表示形式。在财务管理实务中,通常用相对数来表示,即用利息率来表示资金时间价值。从量的规定性来看,资金时间价值应等于没有风险和没有通货膨胀条件下的社会平均资金利润或社会平均资金利润率。

需要注意的是,银行存款利率、贷款利率、债券利率和股票的股利率等可以看作投资报酬率,实质上都是利息率,但它们与时间价值率是不同的。必须明确,只有在没有风险和没有通货膨胀情况下,时间价值率才与上述各报酬率相等。为了更好地讲解资金时间价值的由来,例题中利率代表时间价值率,也就是假设没有风险和没有通货膨胀的发生。

在财务管理中,不同时点的资金不宜直接进行比较,只有把它们换算到相同的时间点上,才能进行比较大小。资金时间价值揭示了不同时点上资金之间的数量换算关系,便于对不同时点上的资金进行加总和比较。因此,资金时间价值原理被认为是财务管理的基本观念之一,是财务决策的重要基础。

二、终值与现值的计算

在财务管理中,要正确地进行筹资决策、投资决策和短期经营决策,就必须弄清楚不同时点上收入或付出的资金量在资金时间价值上的数量关系,掌握资金时间价值的计算方法。资金时间价值的计算表现为各种终值和现值的换算,即等效值的计算。

终值(Future Value)又称"将来值",是指现在一定量的资金在未来某一时点上的价值,又称"本利和"。例如,某人存入银行1 000元,假定年利率为复利10%,经过3年后一次性取出本利和1 331.0元,3年后的本利和1 331.0即为终值。

现值(Present Value)又称"本金",是指未来某一时点上的一定量的资金折合到现在的价值。如前面3年后的1 331.0元在利率10%条件下折合到现在的价值为1 000元,这1 000元即为现值。

终值和现值的计算涉及利息计算方式的选择。有两种利息计算的方式,即单利和复利。在单利计息方式下,每期都按初始本金计算利息,当期利息不计入下期本金,计算基础不变。在复利计息方式下,以当期末本利和为计息基础计算下期利息,即利上加利,俗称"利滚利"。

在现代财务管理中,一般用复利方法计算终值和现值。

另外,资金时间价值的计算方法还与资金的收付款方式有关。资金的收付款方式分为一次性收付款项、分期等额收付款项和分期不等额收付款项等。在某一特定时点上一次性收取(或支付),经过一段时间后再相应地一次性支付(或收取)的款项,即为一次性收付款项。这种性质的款项在日常生活中十分常见,前面所涉及的收付款项就属于一次性收付款项。

有关资金时间价值的指标有许多种,这里着重说明终值和现值的计算方法。终值和现值指标通常有:一次性收付款项的单利终值和现值;一次性收付款项的复利终值和现值。为了方便起见,以利息率表示资金时间价值,并假定资金的流出和流入都在某一时期(通常为1年)的终了时点进行。

本书假定有关字母的含义如下:I为利息;F为终值;P为现值;i为利率(折现率);n为计算利息的期数。

(一)单利终值和现值的计算

1.单利的终值

在单利方式下,本金能带来利息,利息不转化为本金,不能生利。单利的终值就是指资金在单利计息条件下若干期期末时的本利和。

单利终值的一般计算公式为:

$$F=P+I=P+P\times i\times n=P\times(1+i\times n)$$

式中:$(1+i\times n)$为单利终值系数。

【业务实例2-1-1】某人将10万元存入银行,为期5年。假定银行5年期存款年利率为5%,在单利计息情况下,求5年后的终值(本利和)为多少万元?

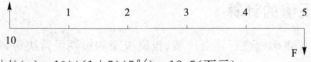

解:$F=P\times(1+i\times n)=10\times(1+5\times5\%)=12.5$(万元)

2.单利的现值

单利现值,是指在单利计息条件下,未来年份收到或付出资金的现在价值。单利现值可用单利终值倒求本金的方法计算。由终值求现值,叫作"贴现"。

单利现值的一般计算公式为:

$$P=\frac{F}{1+i\times n}$$

式中:$1/(1+i\times n)$为单利现值系数。

【微总结】其一,单利的终值和现值互为逆运算;其二,单利终值系数$(1+i\times n)$和单利现值系数$1/(1+i\times n)$互为倒数。

【业务实例2-1-2】某人为了5年后能从银行取出50万元,在年利率为5%的情况下,目前需存入银行多少万元?

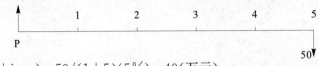

解:P=F/(1+i·n)=50/(1+5×5%)=40(万元)

(二)复利终值和现值的计算

1. 复利的终值

复利的终值,是指每期都按上期末的本利和作为本金计算出来的若干期的本利和。

复利终值的一般计算公式为:

$$F=P\times(1+i)^n=P\times(F/P,i,n)$$

式中:$(1+i)^n$ 为复利终值系数,记作$(F/P,i,n)$,其值可以直接查阅"1元复利终值系数表"(附录　系数表)得到。

【业务实例2-1-3】某人将10万元存入银行,复利年利率为10%,求5年后的终值(本利和)为多少万元?

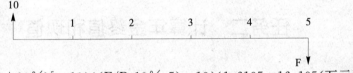

解:$F=10\times(1+10\%)^5=10\times(F/P,10\%,5)=10\times1.6105=16.105$(万元)

2. 复利的现值

复利现值,是指货币的现在价值,即未来某一时点一定数额的货币在复利计息条件下折合成现在的价值。

复利现值的一般计算公式为:

$$P=\frac{F}{(1+i)^n}=F\times(1+i)^{-n}=F\times(P/F,i,n)$$

式中:$1/(1+i)^n$ 为复利现值系数,记作$(P/F,i,n)$,其值可以直接查阅"1元复利现值系数表"(附录　系数表)得到。

【微总结】其一,复利的终值和现值互为逆运算;其二,复利终值系数$(F/P,i,n)$和复利现值系数$(P/F,i,n)$互为倒数。

【业务实例2-1-4】某人为了5年后能从银行取出10万元,在复利年利率为10%的情况下,求当前应存入银行的金额是多少万元?

解：$P = \dfrac{10}{(1+10\%)^5} = 10 \times (P/F, 10\%, 5) = 10 \times 0.6209 = 6.209$（万元）

◆ 你知道吗？

假设你现在有 1 万元，通过投资理财，每年赚 10%，那么连续 20 年，最后连本带利变成了 67.3 万元。如果这个数字不让你惊讶的话，那么你再猜猜，连续 50 年，总额又是多少呢？是 20 万元还是 50 万元？都不对，实际上是 117.39 万元。这个数字很惊人！仅仅经过 50 年，原来的 1 万元，就变成了近 118 万元。也就是说，一个 25 岁的上班族，投资 1 万元，每年挣 10%，到 75 岁时，就能成为百万富翁了。

◆ 任务实施

方法一：先计算 A、B 两种方案下付款金额的现值，再比较其大小。

方法二：先计算 A、B 两种方案下付款金额 5 年后的终值，再比较其大小。

任务二　计算年金终值和现值

◆ 任务引入

刚刚毕业的大学生王某在 2012 年底开始筹划购买一套房子，现在有 2 种购买方案：

A 方案：一次性付款，这套房子价款为 55 万元。

B 方案：分期付款，若分 5 年付款，则首期付款为该房子总价款的 20%，即首付款为 11 万元；其余款项每年年末支付，金额每年 10 万元。

如果年利率为 6%，那么作为购房者，王某应该选择哪种付款方式？

◆ 相关知识

年金，是指一定期间内每期相等金额的收付款项。折旧、租金、优先股股利、保险金、养老金等通常都采取年金的形式。按照收付的次数和支付的时间划分，年金可以分为普通年金、预付年金、递延年金和永续年金。

一、普通年金的计算

普通年金，是指一定时期内每期期末等额的系列收付款项。由于在每期期末进行支付，所以又称为"后付年金"。

(一)普通年金终值的计算

普通年金终值,是指一定时期内每期期末收付款的复利终值之和。普通年金终值的计算过程可用图 2-1 来说明。图 2-1 可称为计算资金时间价值的简易现金流量图,计算复利终值和现值也可以利用这种现金流量图。绘制现金流量图可以帮助我们理解各种现金流量终值和现值的关系。

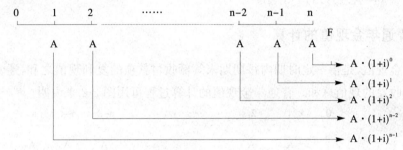

图 2-1　普通年金 n 期终值计算示意图

由图 2-1 可以看出,年金终值为:

$$F=A\times(1+i)^0+A\times(1+i)^1+\cdots\cdots+A\times(1+i)^{n-2}+A\times(1+i)^{n-1}$$

$$F=A\times\frac{(1+i)^n-1}{i}=A\times(F/A,i,n)$$

式中:$\frac{(1+i)^n-1}{i}$称为"年金终值系数",记作(F/A,i,n),其值可以直接查阅"1 元年金终值系数表"(附录　系数表)得到。

【业务实例 2-2-1】某人 5 年中每年年末存入 1 000 元,存款年利率为 3%,问第 5 年年末该项存款的终值(本利和)为多少元?

解:F=1 000×(F/A,3%,5)=1 000×5.3091=5 309.1(元)

(二)年偿债基金的计算

偿债基金,是指为了在约定的未来某一时点清偿某笔债务或积聚一定数额的资金而必须分次等额提取的存款准备金。由于每次提取的等额准备金类似于年金存款,所以同样可以获得按照复利计算的利息。因此,债务实际上等于年金终值,每年提取的偿债基金等于年金 A。也就是说,偿债基金的计算实际上是年金终值的逆运算,即已知终值 F,求年金 A。其计算公式为:

$$A=F\times\frac{i}{(1+i)^n-1}$$

式中:$\frac{i}{(1+i)^n-1}$称为"偿债基金系数",记作(A/F,i,n)

【微总结】其一,偿债基金与普通年金终值互为逆运算;其二,偿债基金系数(A/F,i,n)和普通年金终值系数(F/A,i,n)互为倒数。

【业务实例2-2-2】某人拟在5年后还清50万元的债务,从现在起每年年末等额存入银行一笔款项。假设年利率为3%,则每年需存入银行多少万元?

解:由 $A=F\times\dfrac{i}{(1+i)^n-1}=F\times\dfrac{1}{(F/A,i,n)}$ 得:

$$A=\dfrac{50}{(F/A,3\%,5)}=\dfrac{50}{5.3091}=9.4178(万元)$$

(三)普通年金现值的计算

普通年金现值,是指一定时期内每期期末等额收付款项的复利现值之和,通常表现为每年等额投资收益的现值总和。普通年金现值的计算过程可用图2-2来说明。

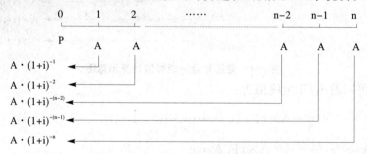

图2-2 普通年金n期现值计算示意图

由图2-2可以看出,年金现值为:

$$P=A\times(1+i)^{-1}+A\times(1+i)^{-2}+\cdots\cdots+A\times(1+i)^{-(n-1)}+A\times(1+i)^{-n}$$

$$P=A\times\dfrac{1-(1+i)^{-n}}{i}=A\times(P/A,i,n)$$

式中:$\dfrac{1-(1+i)^{-n}}{i}$ 通常称为"年金现值系数",记作(P/A,i,n),其值可直接查阅"1元年金现值系数表"(附录 系数表)得到。

【业务实例2-2-3】某人出国5年,请你帮助付房租,每年年末支付租金3 000元,设银行存款年利率为3%,求他现在应在银行存入多少元?

解:由 A=3 000,i=3%,n=5,可以得到:

$$P=A\times(P/A,i,n)=3\ 000\times(P/A,3\%,5)=3\ 000\times4.5797=13\ 739.1(元)$$

(四)年资本回收额的计算

年资本回收额,是指在约定的年限内等额回收初始投入资本或清偿所欠债务的金额。年资本回收额是年金现值的逆运算,即已知现值P,求年金A。

$$A = P \times \frac{i}{1-(1+i)^{-n}}$$

式中:$\frac{i}{1-(1+i)^{-n}}$ 称为"资本回收系数",记作(A/P,i,n)。

【微总结】其一,资本回收额与普通年金现值互为逆运算;其二,资本回收系数(A/P,i,n)与普通年金现值系数(P/A,i,n)互为倒数。

【业务实例 2-2-4】某企业从银行借入资金 500 万元,在 10 年内以年利率 4% 等额偿还,则每年应付的金额为多少万元?

解:由 A=P×(A/P,i,n)得:

$$A = \frac{500}{(P/A, 4\%, 10)} = \frac{500}{8.1109} = 61.6454(万元)$$

二、先付年金的计算

先付年金,是指一定时期内每期期初等额收付的系列款项,又称"即付年金"、"预付年金"。

(一)先付年金终值的计算

先付年金的终值是每期期初等额收付的系列款项复利计算到最后一期期末时的本利和,是各期收付款项的复利终值之和。

n 期先付年金终值与 n 期普通年金终值之间的关系可以用图 2-3 加以说明。

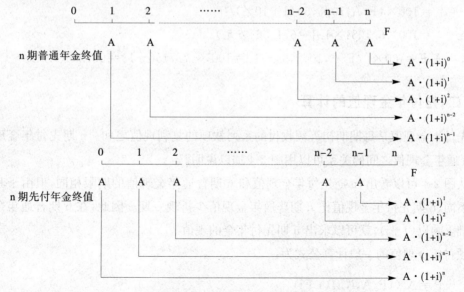

图 2-3　n 期普通年金终值和 n 期先付年金终值关系图

从图 2-3 可以看出,n 期先付年金与 n 期普通年金的收付款次数相同,但由于收付款时点不同,n 期先付年金终值比 n 期普通年金终值多计算 1 期利息。因此,在 n 期普通年金终值系数的基础上乘以(1+i),就是 n 期先付年金终值系数。如果再绘制一张 n 期先付年金终值和 n+1 期普通年金终值关系图,就会发现在 n+1 期普通年金终值系数基础上减去 1 仍可得到 n 期预付年金终值系数。用公式表示如下:

$$F = A \times (F/A, i, n)(1+i)$$
$$= A \times \left[\frac{(1+i)^{n+1} - 1}{i} - 1\right]$$
$$= A \times [(F/A, i, n+1) - 1]$$

式中:$\left[\frac{(1+i)^{n+1} - 1}{i} - 1\right]$ 为先付年金终值系数,记作 $[(F/A, i, n+1) - 1]$。

◆ **特别提示**

先付年金终值系数与普通年金终值系数相比,期数加 1,系数值减 1,那么可利用普通年金终值系数表查得(n+1)期的值再减去 1 得出。

【业务实例 2-2-5】江明公司决定连续 5 年于每年年初存入 100 万元作为住房基金,银行存款利率为 10%,则该公司在第 5 年年末能一次性取得本利和多少万元?

解:该公司在第 5 年年末能一次性取得的本利和为:

$$F = A \times (F/A, i, n)(1+i)$$
$$= 100 \times (F/A, 10\%, 5)(1+10\%)$$
$$= 100 \times 6.1051 \times 1.1 = 671.56(万元)$$

或 $F = 100 \times [(F/A, 10\%, 6) - 1] = 100 \times (7.7156 - 1) = 671.56(万元)$

(二)先付年金现值的计算

先付年金现值是每期期初等额收付的系列款项的复利现值之和。n 期先付年金现值与 n 期普通年金现值之间的关系可以用图 2-4 加以说明。

从图 2-4 可以看出,n 期先付年金现值和 n 期普通年金现值的期限相同,但由于其付款时间不同,n 期先付年金现值比 n 期普通年金现值少折现一期。因此,在 n 期普通年金现值的基础上乘以(1+i),就可以求出 n 期先付年金的现值。

预付年金现值的一般计算公式为:

$$P = A \times (P/A, i, n)(1+i)$$
$$= A \times \left[\frac{1 - (1+i)^{-(n-1)}}{i} + 1\right]$$
$$= A \times [(P/A, i, n-1) + 1]$$

式中：$\left[\dfrac{1-(1+i)^{-(n-1)}}{i}+1\right]$ 称为先付年金现值系数，记作 $[(P/A,i,n-1)+1]$。

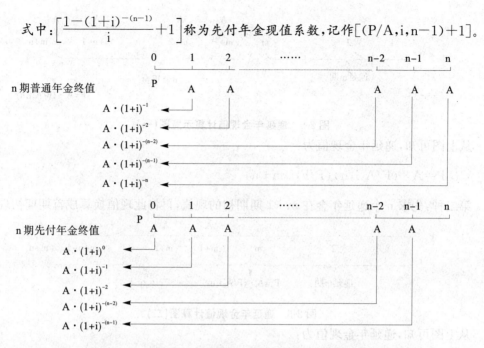

图 2-4　n 期普通年金现值和 n 期先付年金现值关系图

> **特别提示**

先付年金现值系数与普通年金现值系数相比，期数减 1，系数值加 1，可利用普通年金现值系数表查得 n-1 期的值再加 1 得出。

【业务实例 2-2-6】华泰公司需要租用一台机器设备，在 10 年中每年年初要支付租金 5 000 元，假设年利率为 8%，则这些租金的现值为多少元？

解：已知 i=8%，n=10，A=5 000，则这些租金的现值为：

P=5 000×(P/A,8%,10)(1+8%)=5 000×6.7101×1.08=36 235(元)

或 P=5 000×[(P/A,8%,9)+1]=5 000×(6.2469+1)=36 235(元)

三、递延年金的计算

递延年金，是指第 1 次收付款项发生的时间不在第 1 期的期末，而是隔若干期后才开始发生的系列等额收付款项。它是普通年金的特殊形式，但凡不是从第 1 期开始的普通年金都是递延年金。

递延年金终值的计算方法与普通年金终值相同，即计算 n 期的普通年金终值。

递延年金现值是从若干期后开始发生的每期期末等额收付款项的现值之和。设全部计算期为 m+n 期，递延期为 m 期，其现值的计算有以下三种：

第一种：先求 n 个递延年金的终值，再将终值进行折现。

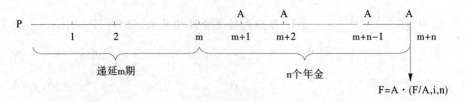

图 2-5 递延年金现值计算示意图(一)

从上图可知,递延年金现值为:

$$P=A\times(F/A,i,n)(P/F,i,m+n)$$

第二种:先求 n 个递延年金在 m+1 期期初的现值,再将此现值换算成首期期初现值。

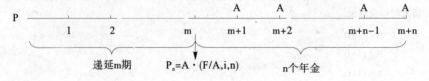

图 2-6 递延年金现值计算图(二)

从上图可知,递延年金现值为:

$$P=A\times(P/A,i,n)(P/F,i,m)$$

第三种:先计算 m+n 期年金的现值,再减去 m 期年金的现值。

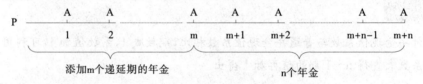

图 2-7 递延年金现值计算图(三)

从上图可知,递延年金现值为:

$$P=A\times(P/A,i,m+n)-A\times(P/A,i,m)$$

【业务实例 2-2-7】兴隆公司向银行借入一笔款项,银行的贷款年利率为 5%,每年复利一次。银行规定前 10 年不用还本付息,但从第 11 年到第 20 年每年年末偿还本息 50 万元,求这笔款项的现值为多少元?

解:这笔款项的现值为:

$$P=50\times(F/A,5\%,10)(P/F,5\%,20)=50\times12.5779\times0.3769=237.03(万元)$$

四、永续年金的计算

永续年金,是指无限期连续等额收付款项的特种年金。永续年金可看作普通年金的特殊形式,即期限趋于无穷大的普通年金。例如,存本取息、诺贝尔奖等都可视为永续年金。另外,可以把利率较高、持续期限较长的年金视为永续年金进行计算。

由于永续年金是无限期等额发生,没有终止的时间,所以没有终值,只有现值。通过普通年金现值的计算公式可以推导出永续年金现值的计算公式:

$$P=A\times\frac{1-(1+i)^{-n}}{i}$$

当 $n\to\infty$ 时,$(1+i)^{-n}$ 的极限为 0,所以永续年金现值公式为:$P=\frac{A}{i}$

【业务实例 2-2-8】某酒业有限公司拟在一所大学设立一项永久性奖学金,希望以后每年年末能从中提取 50 万元用于奖励品学兼优的学生,假定银行年利息率为 5%,每年复利一次,则该公司需要一次性存入银行多少款项?

解:这是一个永续年金现值的问题。计算出每年奖学金的现值之和,即为存入银行的款项。

$$P=\frac{A}{i}=\frac{50}{5\%}=1\ 000(万元)$$

◆ 任务实施

第 1 种方法:先计算 A、B 两种付款方式下付款金额的现值,再进行比较。
第 2 种方法:先计算 A、B 两种付款方式下付款金额的 5 年后的终值,再进行比较。

任务三　计算综合资金时间价值

◆ 任务引入

上海某制药厂 2008 年 1 月 1 日向银行借入资金 100 万元、10 年期可变利率贷款。银行规定该企业从 2008 年 12 月 31 日起按照年度在每年年末等额还本付息,贷款年利率为 6%,该企业一直按照以上条件按年等额还本付息,但在 2012 年底,银行宣布调整年利率按照 7% 计算,要求该企业从 2013 年 1 月 1 日起实施。任务要求如下:

1. 计算上海某制药厂该笔借款前 5 年每年的还款金额(A)。
2. 计算上海某制药厂该笔借款后 5 年每年的还款金额(B)。

◆ 相关知识

一、混合现金流

混合现金流既不是单纯的现金流,也不是单纯年金的一种款项收付。

在前面的例题中,只涉及一个终值和一个现值,是一次性收付问题。在实践中,我们还会遇到混合现金流的复利终值和复利现值的计算问题,我们来看混合现金流的计算原理。

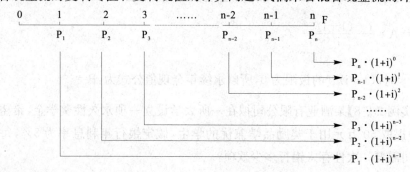

图 2-8 混合现金流复利终值计算图

(一)混合现金流复利终值

由图 2-8 可以得到,混合现金流复利终值的计算公式如下:

$$F = P_1 \times (1+i)^{n-1} + P_2 \times (1+i)^{n-2} + \cdots + P_{n-1} \times (1+i)^1 + P_n \times (1+i)^0$$
$$= \sum_{t=1}^{n} P_t \times (1+i)^{n-t}$$

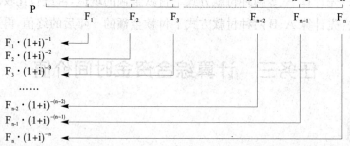

图 2-9 混合现金流复利现值计算图

(二)混合现金流复利现值

由图 2-9 可以得到,混合现金流复利终值的计算公式如下:

$$P = F_1 \times (1+i)^{-1} + F_2 \times (1+i)^{-2} + \cdots + F_{n-1} \times (1+i)^{-(n-1)} + F_n \times (1+i)^{-n}$$
$$= \sum_{t=1}^{n} F_t \times (1+i)^{-t}$$

【业务实例 2-3-1】某公司购买了一台设备,预计寿命使用 5 年,新设备使用后每年可节省使用费用,预计第 1 至 5 年分别节省使用费用为 1.2 万元、1.6 万元、1.5 万元、1.8 万元和 2.0 万元。如果贴现率为 8%,那么节省的使用费用的现值为多少?

解:本题中的现金流就是混合现金流,求出每年节省费用的现值,然后求和就是节省的使用费用的现值。

$$P = 1.2 \times (P/F,i,1) + 1.6 \times (P/F,i,2) + 1.5 \times (P/F,i,3) + 1.8 \times (P/F,i,4) + 2.0 \times (P/F,i,5)$$
$$= 1.2 \times 0.9259 + 1.6 \times 0.8573 + 1.5 \times 0.7938 + 1.8 \times 0.7350 + 2.0 \times 0.6806$$
$$= 6.358(万元)$$

二、计息期短于1年时间价值的计算(年内计息的问题)

复利的计息期不一定总是1年,在实际运用中,计息周期可以短于1年,有可能是季度、月或日。当利息在1年内要复利多次时,给出的年利率叫作"名义利率",实际利率又称为"有效年利率"。

假设名义利率为i,1年内复利m次,实际利率为r,则$r = (1+\frac{i}{m})^m - 1$。由此,我们可以得到名义利率为i,时间为n年,1年计息m次的复利终值和现值计算公式如下:

$$F = P \times \left(1+\frac{i}{m}\right)^{mn}, P = \frac{F}{\left(1+\frac{i}{m}\right)^{mn}}$$

【业务实例2-3-2】将10 000元存入银行,年利息率为6%,1年复利2次,5年后的复利终值是多少元?

解:由复利终值公式得:

$$F = P \times \left(1+\frac{i}{2}\right)^{n \times 2} = 10\,000 \times (1+3\%)^{10}$$
$$= 10\,000 \times (F/P,3\%,10) = 10\,000 \times 1.3439$$
$$= 13\,439(元)$$

三、贴现率和期间的推算

(一)贴现率(利息率)的计算

在前面复利终值和现值的计算中,假定贴现率(利息率)是给定的,但在财务管理中,有时会遇到已知终值或现值、年金、计息期数,计算贴现率的问题,即已知F或P、A、n,求i,如计算一个投资项目的内部收益率。

复利计息方式下,时间价值系数与贴现率之间存在着一定的数量关系,这种数量关系可以看成线性变动关系。因此,已知终值(或现值)系数,则可以通过内插法计算对应的利率,如图2-10所示。

利用内插法计算对应贴现率(利息率)的基本

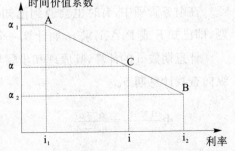

图2-10 内插法应用的原理图

步骤为:

1. 计算出时间价值系数 α。

2. 查系数表,沿着已知 n 所在的列进行横向查找,若恰好能找到某一系数等于 α,则该系数值所在列对应的贴现率就是所求的 i 值。

3. 若无法找到恰好等于 α 的系数值,则应在表中 n 行上查找与 α 最接近的 2 个左右临界系数值 $α_1$、$α_2$,找到对应的临界贴现率 i_1、i_2,然后运用内插法。

4. 根据临界系数 $α_1$、$α_2$ 和临界贴现率 i_1、i_2 计算出 i。

$$\frac{i-i_1}{i_2-i_1} = \frac{α-α_1}{α_2-α_1}$$

所以,$i = i_1 + \frac{α-α_1}{α_2-α_1} × (i_2-i_1)$

【业务实例 2-3-3】李某下岗获得 6 万元的现金补偿,他决定趁现在还年轻先找工作,将款项存起来。李某预计,如果 20 年后这笔资金连本带利达到 30 万元,则可以解决自己的养老问题。问银行的存款利率为多少时,他的期望才能实现?

解:由年金终值公式得:

$6 × (F/P, i, 20) = 30$

解得 $(F/P, i, 20) = 5$,即 $α = 5$

查"复利终值系数表",无法找到 α=5 对应的 i,但可以查到临界值。

当 $i_1 = 8\%$ 时,$α_1 = 4.6610$

当 $i_2 = 9\%$ 时,$α_2 = 5.6044$

运用内插法就有:$\frac{i-8\%}{9\%-8\%} = \frac{5-4.6610}{5.6044-4.6610}$

解得 $i = 8\% + \frac{5-4.6610}{5.6044-4.6610} × (9\%-8\%) = 8.36\%$

即银行的存款年利率为 8.36% 时,李某的期望能够实现。

(二)计息期数的计算

在财务管理中,有时也会遇到已知终值或现值、年金、贴现率,需要计算计息期数的问题,即已知 F 或 P、A、i,求 n,如计算一个投资项目的回收期。

计息期数 n 的计算,其原理和步骤与贴现率 i 的计算相同,区别是沿着已知 i 所在的列,纵向查找计息期 n。

由 $\frac{n-n_1}{n_2-n_1} = \frac{α-α_1}{α_2-α_1}$

有 $n = n_1 + \frac{α-α_1}{α_2-α_1}(n_2-n_1)$

【业务实例 2-3-4】 某人为了购房,于 2012 年年初向银行借入资金 60 万元,银行借款利率为 6%,预计每年年末归还本息额为 10 万元,问多少年后可以全部还清银行贷款资金?

解:由年金现值公式得:$10×(P/A,6\%,n)=60$

解得$(P/A,6\%,n)=6$ 即 $\alpha=6$

查"年金现值系数表",无法直接找到 $\alpha=6$ 对应的 n,但可以查找到临界值。

当 $n_1=7$ 时,$\alpha_1=5.5824$

当 $n_2=8$ 时,$\alpha_2=6.2098$

运用内插法有:$\dfrac{n-7}{8-7}=\dfrac{6-5.5824}{6.2098-5.5824}$

解得 $n=7+\dfrac{6-5.5824}{6.2098-5.5824}×(8-7)=7.67$(年)

◆ 任务实施

1. 先计算前 5 年每年还款金额 A。前 5 年的还款金额比较容易确定,因为该企业在 2008 年 12 月 31 日首次还款时还不知道未来利率的变化,因此,按照普通年金现值可以计算出 A。

2. 再计算后 5 年每年还款金额 B。不管利率怎样变化,在第 5 年年末尚未偿还的金额没有改变,也就是在第 5 年年末这一时点,按照 6%、A 万元年金计算到该点的价值和按照 7%、B 万元年金计算到该点的价值应该相等,从而计算出 B。

任务四 衡量投资风险价值

◆ 任务引入

王某今年大学毕业,准备自主创业,她想投资 50 万元开一化妆品店,预计化妆品店在同一营销策略下,可能获得的净利润及概率分布的数据如下:

市场情况	概率(p_i)	净利润
良好	0.3	15 万元
一般	0.5	10 万元
较差	0.2	5 万元

经估计,化妆品行业的风险价值系数为 0.6,无风险收益率为 8%,请你从风险和收益的角度帮该同学分析和评价经营化妆品店的可行性(必要收益率为 12%)。

◆ 相关知识

一、风险的含义及分类

(一)风险的含义

风险是一个非常重要的财务概念。任何决策都有风险,这使得风险观念在理财中具有普遍意义。因此,有人说"时间价值和风险价值是财务管理中最重要的两个基本原则",也有人说"时间价值是理财的第一原则,风险价值是理财的第二原则"。

在理论上,比较有代表性的观点有三种:第一种观点是把风险视为机会,认为风险越大可能获得的回报越大,相应地可能遭受的损失也就越大;第二种观点是把风险视为危机,认为风险是消极的事件,风险的发生可能产生损失,这常常是大多数企业所理解的风险;第三种观点介于两者之间,认为风险是预期结果的不确定性,即在决策中如果将来的实际结果与预期的结果有可能不一致,就意味着是有风险的。

在财务管理中用到的风险倾向于第三种观点,是指在一定条件下和一定时期内可能发生的实际收益与预期收益的偏离程度,即预期收益的不确定性。比如,某人期望得到8%的投资报酬率,但由于多种因素的影响,实际可能获得的报酬率为6%,也可能为10%,实际可能的结果与期望的报酬产生了偏离,这种偏离的程度越大,风险越大;偏离的程度越小,风险越小。

(二)风险的分类

风险可以从不同的角度划分,最常见的是从风险产生的根源来划分,将风险分为系统性风险和非系统性风险。

1. 系统性风险

系统性风险,也称"不可分散风险",是指由影响所有企业的因素导致的风险,如利率风险、通货膨胀风险、市场风险、政治风险等。通常,系统性风险产生的根源是来自企业外部的变化,比如,经济的周期性波动、战争、利率的变化、通货膨胀等非预期因素的影响。由于这些因素将影响市场中所有的资产,投资的组合也不能分散掉系统性风险,所以,系统性风险是不可分散的。

2. 非系统性风险

非系统性风险,也称"可分散风险",是指发生于某个行业或个别企业的特有事件造成的风险,如信用风险、财务风险、经营风险等。通常,非系统性风险来自特定企业,是这些企业特有的,不影响其他企业,如罢工、诉讼、新产品开发失败、失去重要的销售合同等,这类事件是非预期的、随机发生的,只影响一个或少数公司,不会对整个市场产生太大的影响。非系统性风险是可以通过多样化投资来分散的,即发生于一家公司的不利事件可以被其他公司的有利事件抵消。现代证券投资组合理论认为,不同股票的投资组合可以降低公司的特有风险,但组合中股票的种类增加到一定程度,其风险分散化效应就逐渐减弱。如果是充分的有效投资组合,则可以分散掉全部非系统性风险。

将总风险分为系统性风险和非系统性风险,对研究风险的度量有重要的意义。由于非系统风险可以通过分散化消除,所以一个充分的有效投资组合几乎没有非系统性风险。对于有效组合,非系统性风险可以被忽略,投资者只需关心系统性风险。通常我们假设投资者都是理智的,他们都会选择充分投资组合,非系统性风险将与资本市场无关,市场不会对非系统性风险给予任何价格补偿。

二、投资风险价值

投资风险价值,是指投资者由于冒着风险进行投资而获得的超过资金时间价值的额外收益,又称"投资风险收益"、"投资风险报酬"。

投资风险价值也有两种表示方法:风险收益额和风险收益率。投资者由于冒着风险进行投资而获得的超过资金时间价值的额外收益,称为"风险收益额";风险收益额对于投资额的比率,则称为"风险收益率"。在实际工作中,对两者并不严格区分,通常以相对数——风险收益率进行计算。

在不考虑物价变动的情况下,投资收益率(即投资收益额对于投资额的比率)包括两部分:一部分是资金时间价值,它是在没有投资风险状态下而得到的价值,即无风险投资收益率;另一部分是风险价值,即风险投资收益率。其关系可表示为:

投资收益率＝无风险投资收益率＋风险投资收益率

三、投资风险价值的衡量

风险收益具有不易计算的特性。要计算在一定条件下的投资收益,必须利用概率论的方法,按未来年度预期收益的平均偏离程度进行估量。

(一)概率分布

一个事件的概率,是指这一事件的某种可能后果发生的几率或出现的可能性。如企业投资收益率在25%的概率为0.40,就意味着企业获得25%的投资收益率的可能性是40%。如果把某一事件所有可能的结果都列示出来,那么对每一结果确定以一定的概率,便可构成事件的概率分布。

【业务实例2-4-1】四方公司某投资项目有A、B两个方案,投资额均为10 000元,其收益的概率分布如表2-1所示。

表 2-1　投资方案的收益值及概率分布

经济状况	概率(p_i)	收益额(随机变量 X)	
		A 方案(元)	B 方案(元)
繁荣	0.20	2 000	3 500
一般	0.50	1 000	1 000
较差	0.30	500	−500
合计	1.00		

概率以 p_i 表示,所有概率分布都应该符合下列两条规则:

1. 所有的概率都在 0 和 1 之间,即 $0 \leqslant p_i \leqslant 1$;
2. 全部概率之和应等于 1,即 $\sum_{i=1}^{n} p_i = 1$（n 代表可能出现的结果个数）。

◆ 试一试

以上分析只是假定存在三种经济状态:繁荣、一般、较差。实际上,经济状态从极度繁荣到严重萧条,中间可以有无数种可能结果。如果对每一种可能的情况都给予一个相应的概率,并对每种情况都测定一个报酬率,然后再进行类似的计算,那么把各种概率及结果用连续概率分布图表示,你能画出吗?

(二)收益期望

随机变量的各个取值,用概率为权数计算出来的加权平均数,叫作"随机变量的预期值"或"数学期望"或"均值"。收益期望反映随机变量取值的平均化,说明未来各种可能收益的一般平均水平。期望收益能在多大程度上代表实际可能的收益,取决于各种情况下实际数值对于期望值的偏离程度。一般地,偏离程度越大,风险就越大;偏离程度越小,风险就越小。风险程度通常用反映概率分布偏离程度的标准离差来确定。

在已知各个变量值出现概率的情况下,收益期望的计算公式为:

$$\bar{k} = \sum_{i=1}^{n} k_i p_i$$

式中:$\bar{k}$——表示期望收益率或预期收益率;

　　　k_i——第 i 种可能情况下该资产的收益率;

　　　p_i——第 i 种结果出现的概率;

　　　n——所有可能结果的数目。

根据表 2-1 的资料,可分别计算 A、B 两种方案的期望收益:

A 方案:$\bar{k} = \dfrac{2\ 000}{10\ 000} \times 0.20 + \dfrac{1\ 000}{10\ 000} \times 0.50 + \dfrac{500}{10\ 000} \times 0.30 = 10.5\%$

B方案：$\bar{k} = \dfrac{3\,500}{10\,000} \times 0.20 + \dfrac{1\,000}{10\,000} \times 0.50 - \dfrac{500}{10\,000} \times 0.30 = 10.5\%$

(三)方差和标准离差

1. 方差

方差是用来表示随机变量与期望值之间离散程度的一个统计量，一般用 σ^2 表示。在随机变量的概率分布已知的情况下，收益率的方差可以按照下列公式计算：

$$\sigma^2 = \sum_{i=1}^{n}(k_i - \bar{k})^2 \times p_i$$

在预期收益相同的情况下，方差的大小与风险的大小是对应的，方差越大，风险越大；方差越小，风险越小。

由例 2-4-1 的资料，A、B 两个方案的方差分别为：

$$\begin{aligned}\sigma_A^2 &= \sum_{i=1}^{n}(k_i - \bar{k})^2 \times p_i \\ &= (20\% - 10.5\%)^2 \times 0.2 + (10\% - 10.5\%)^2 \times 0.5 + (5\% - 10.5\%)^2 \times 0.3 \\ &= 0.002725\end{aligned}$$

$$\begin{aligned}\sigma_B^2 &= \sum_{i=1}^{n}(k_i - \bar{k})^2 \times p_i \\ &= (35\% - 10.5\%)^2 \times 0.2 + (10\% - 10.5\%)^2 \times 0.5 + (5\% - 10.5\%)^2 \times 0.3 \\ &= 0.007225\end{aligned}$$

由于 A、B 两个方案的期望收益相同，因 $\sigma_A^2 < \sigma_B^2$，所以 A 方案的风险小于 B 方案的风险。

2. 标准差

标准差是反映概率分布中各种可能结果对预期值的偏离程度的一个数值，一般用 σ 表示。在已知各个变量值概率的情况下，收益率的标准差可以用以下公式计算：

$$\sigma = \sqrt{\sum_{i=1}^{n}(k_i - \bar{k})^2 \times p_i}$$

标准差越大，说明各种可能的结果对于期望值的离散程度越大。在预期收益相同的情况下，标准差越大，风险越大；标准差越小，风险越小。

由例 2-4-1 的资料，A、B 两个方案的标准差分别为：

$$\sigma_A = \sqrt{\sum_{i=1}^{n}(k_i - \bar{k})^2 \times p_i} = \sqrt{0.002725} = 0.052$$

$$\sigma_B = \sqrt{\sum_{i=1}^{n}(k_i - \bar{k})^2 \times p_i} = \sqrt{0.007225} = 0.085$$

由于 A、B 两个方案的期望收益相同，因 $\sigma_A < \sigma_B$，故 A 方案的风险小于 B 方案的风险。

3. 标准离差率

当两个方案的期望收益不相同时，不能根据方差和标准差的大小直接作出风险大小的判断,因为方差和标准差是度量单项资产风险的绝对数指标,这时要根据标准离差率来判断。标准离差率又称"变化系数"、"变异系数",是以相对数反映决策方案风险程度的指标。由于标准离差率是度量单项资产风险的相对指标,所以,可用于比较期望收益不同方案风险的大小。

标准离差率是标准差与预期值之比,一般用 V 表示,收益率的标准离差率可用下列公式计算:

$$V = \frac{\sigma}{k}$$

标准离差率是一个相对数指标,可以比较期望收益不同的方案的风险大小。在随机变量的概率分布已知的情况下,标准离差率越大,风险越大;标准离差率越小,风险越小。

根据例 2-4-1 的资料,A、B 两个方案的标准离差率为:

$$V_A = \frac{\sigma_A}{k} = \frac{0.052}{10.5\%} = 0.4952$$

$$V_B = \frac{\sigma_B}{k} = \frac{0.085}{10.5\%} = 0.8095$$

由于 $V_A < V_B$,所以,A 方案的风险小于 B 方案的风险。

标准离差率衡量的是全部风险,既包括非系统性风险,又包括系统性风险。标准离差率指标的适用范围较广,尤其适用于期望值不同的决策方案风险程度的比较。

◆ 相关链接

　　风险控制的方法主要是多角经营和多角筹资。现代企业大多采用多角经营的方针,主要原因是能分散风险。多经营几个品种,它们景气程度不同,盈利和亏损可以相互补充,减少风险。在这种情况下,企业的风险能够因多角化经营而减少。企业通过筹资,把它投资的风险(也包括报酬)不同程度地分散给它的股东、债权人,甚至供应商、员工、政府。就整个社会来说,风险肯定是存在的,问题是谁来承担及各承担多少。如果大家都不肯承担风险,高风险的项目没人做,则社会发展就会慢下来。

◆ 任务实施

1. 首先计算化妆品店的期望收益率。
2. 再计算必要报酬率。
3. 把期望收益率和必要报酬率进行比较。当期望报酬率大于必要报酬率时,该方案可行;当期望报酬率小于必要报酬率时,该方案不可行。

项目小结

1. 资金在周转使用中,由于时间因素而形成的差额价值,称为"资金时间价值"。它是在生产经营过程中产生的,用利息额或利息率来表示。资金时间价值通常被认为是在没有风险和通货膨胀条件下的社会平均资金利润率。

2. 资金的时间价值一般都是按复利计算的。所谓"复利",是指不仅本金要计算利息,利息也要计算利息。复利终值,是指若干期以后包括本金和利息在内的未来价值,又称"本利和"。复利现值,是指以后年份收入或支出资金的现在价值,可用倒求本金的方法计算。年金,是指一定时期内每隔相等时期相等金额的收付款项。年金按付款方式可分为普通年金、预付年金、递延年金和永续年金。

3. 在财务管理中的风险,是指在一定条件下和一定时期内可能发生的实际收益与预期收益的偏离程度,即预期收益的不确定性。从风险产生的根源来划分,将风险分为系统性风险和非系统性风险。

4. 投资风险价值,是指投资者由于冒着风险进行投资而获得的超过资金时间价值的额外收益,又称"投资风险收益"、"投资风险报酬"。

5. 投资风险价值的衡量要经过如下几个步骤:确定概率分布;计算收益期望;计算方差和标准离差。

职业能力与技能训练

一、职业能力训练

(一)单项题

1. 某大学决定建立科研奖金,现准备存入一笔资金,预计以后无限期地在每年年末支取利息 20 000 元用来发放奖金。在存款年利率为 10% 的条件下,现在应存入( )元。
   A. 250 000   B. 200 000   C. 215 000   D. 160 000

2. 某企业年初存入 50 000 元,年利率为 12%,期限为 5 年,在每半年复利一次的情况下,其实际利率为( )
   A. 24%   B. 12.36%   C. 6%   D. 12.25%

3. 假设企业按 12% 的年利率取得贷款 200 000 元,要求在 5 年内每年年末等额偿还,每年的偿付额应为( )元。
   A. 40 000   B. 52 000   C. 55 482   D. 64 000

4. 投资者甘愿冒着风险进行投资的诱因是( )
   A. 可获得报酬   B. 可获得利润

C. 可获得等同于时间价值的报酬率　　　　D. 可获得风险报酬率

5. 资金时间价值通常被认为是没有风险和没有通货膨胀条件下的(　　)
   A. 利息率　　　　　　　　　　　　　　B. 额外收益
   C. 社会平均资金利润率　　　　　　　　D. 利润率

6. 在期望值相同的情况下,标准离差率越大的方案,其风险(　　)
   A. 越大　　　　B. 越小　　　　C. 二者无关　　　　D. 无法判断

7. 多个方案相比较,标准离差率越小的方案,其风险(　　)
   A. 越大　　　　B. 越小　　　　C. 二者无关　　　　D. 无法判断

8. 假如以10%的年利率借得30 000元,投资于某个寿命为10年的项目上,为使该项目有利可图,每年至少应收回的现金数额为(　　)元。
   A. 6 000　　　　B. 5 374　　　　C. 3 000　　　　D. 4 882

9. 在下列因素引起的风险中,企业可以通过多元投资予以分散的是(　　)
   A. 市场利率上升　　B. 社会经济衰退　　C. 新产品开发风险　　D. 通货膨胀

10. 某一债券的票面金额为1 000元,票面规定的年利率为12%,如果要求按季复利计息,则其年实际利率为(　　)
    A. 10%　　　　B. 9.6%　　　　C. 12%　　　　D. 12.6%

11. 对于风险,企业可以采取的措施有规避、减少、转移和接受。下列措施中,不属于降低风险的措施是(　　)
    A. 进行准确的预算　　　　　　　　　　B. 及时获得政策信息
    C. 拒绝与不守信用的厂商进行业务往来　　D. 进行多品种投资

12. 某公司新产品开发成功的概率为90%,投资报酬率为40%;开发失败的概率为10%,投资报酬率为－100%,则该产品开发方案的预期投资报酬率为(　　)
    A. 18%　　　　B. 26%　　　　C. 28%　　　　D. 16%

13. 下列不属于经营风险的是(　　)
    A. 原材料供应地的政治经济情况变动　　B. 生产组织不合理
    C. 销售决策失误　　　　　　　　　　　D. 增加长期借款

14. 某项目的风险价值系数为0.8,标准离差率为16%,无风险收益率为10%,在不考虑通货膨胀因素的情况下,该项目的投资收益率为(　　)
    A. 16%　　　　B. 10%　　　　C. 22.8%　　　　D. 24%

15. 某企业发行债券,在名义利率相同的情况下,对其最有利的复利计息期是(　　)
    A. 1年　　　　B. 半年　　　　C. 1季　　　　D. 1月

16. A方案在3年中每年年初付款200元,B方案在3年中每年年末付款200元。若利率为10%,则二者在第3年末时的终值相差(　　)元。
    A. 66.2　　　　B. 62.6　　　　C. 266.2　　　　D. 26.62

17. 若使复利终值经过4年后变为本金的2倍,每半年计息1次,则年利率应为(　　)
    A. 18.10%　　　　B. 18.92%　　　　C. 37.84%　　　　D. 9.05%

18. 有一项年金,前 3 年无流入,后 5 年每年初流入 500 元,年利率为 10%,则其现值为( )元。

A. 1 994.59　　　　B. 1 565.68　　　　C. 1 813.48　　　　D. 1 423.21

19. 已知(A/P,10%,6)=0.2229,(A/F,10%,6)=0.1296,那么,即付年金终值系数为( )

A. 4.4859　　　　B. 7.7156　　　　C. 4.9350　　　　D. 8.4877

20. 某人年初存入银行 1 000 元,假设银行按每年 10% 的复利计息,每年末取出 200 元,则最后一次能够足额提款的时间是第( )

A. 5 年末　　　　B. 8 年末　　　　C. 7 年末　　　　D. 9 年末

(二)多选题

1. 影响资金时间价值大小的因素主要包括( )

A. 单利　　　　B. 复利　　　　C. 资金额　　　　D. 利率和期限

2. 每期期初收款或付款的年金,称之为( )

A. 普通年金　　　　B. 即付年金　　　　C. 先付年金　　　　D. 递延年金

3. 在财务管理中,经常用来衡量风险大小的指标有( )

A. 标准离差　　　　B. 边际成本　　　　C. 风险报酬率　　　　D. 标准离差率

4. 投资报酬率的构成要素包括( )

A. 通货膨胀率　　　　B. 资金时间价值　　　　C. 投资成本率　　　　D. 风险报酬率

5. 年金按其每次收付发生的时点不同,可以分为( )

A. 普通年金　　　　B. 先付年金　　　　C. 递延年金　　　　D. 永续年金

6. 下列各项表述正确的有( )

A. 资金时间价值不是时间的产物,而是劳动的产物

B. 资金时间价值与利率是一回事

C. 资金时间价值通常应按复利方式计算

D. 如果通货膨胀率极低,则政府债券率可以视同时间价值

7. 下列为永续年金的有( )

A. 国库券利息　　　　B. 普通股股利　　　　C. 优先股股利　　　　D. 永久性奖学金

8. 用相对数表示的资金时间价值是在没有( )条件下的社会平均资金利润率。

A. 风险报酬　　　　B. 利率　　　　C. 通货膨胀　　　　D. 无风险报酬

9. 下面有关风险与不确定性的说法正确的是( )

A. 风险是指在一定条件下和一定时期内可能发生的各种结果的变动程度

B. 风险是客观存在的

C. 风险与不确定性没有十分严格的界限,但有一些区别

D. 不确定性从理论上讲是无法计量的

10. 按照风险导致的后果,风险可分为(　　)

A. 纯粹风险　　　　B. 投机风险　　　　C. 系统风险　　　　D. 非系统风险

(三)判断题

1. 等量资金在不同时点上的价值不相等,根本的原因是由于通货膨胀的存在。(　)
2. 永续年金现值是年金数额除以贴现率。(　)
3. 在复利终值和计息期数确定的情况下,贴现率越高,则复利现值越大。(　)
4. 先付年金与后付年金的区别仅在于计息时间的不同。(　)
5. 递延年金现值的大小与递延期无关,故计算方法和普通年金现值是一样的。(　)
6. 对于多个投资方案,无论各方案的期望值是否相同,标准离差率最大的方案一定是风险最小的方案。(　)
7. 根据风险收益原理,投资高风险项目,一定会得到高收益。(　)
8. 在利率同为6%的情况下,第10年年末1元的复利终值系数大于第8年年末1元的复利终值系数。(　)
9. 名义利率,是指一年内多次复利时给出的年利率,它等于每期利率与年内复利次数的乘积。(　)
10. 偿债基金系数是普通年金终值系数的倒数。(　)

二、职业技能训练

(一)计算分析

1. 大学生李某现将5 000元存入银行,定期5年,银行存款利率是4%,按半年复利一次,问李某的这笔存款5年到期后能取出多少元?

2. 兴隆公司在第1年年初向银行借款100万元,在以后的10年,每年年末等额偿还13.8万元,当年利率为6%时,10年的年金现值系数为7.36,当年利率为7%时,10年的年金现值系数是7.02,要求用插值法求出该笔借款的利息率为多少?(保留两位小数)

3. 琳娜要分期付款买入住房一套,需要每年年初支付25 000元,连续支付15年,假定年利率为7%,如果该项分期付款现在一次全部支付,共需要支付现金多少元?

4. 江明公司刚刚贷款1 000万元,一年复利一次,银行要求公司在未来3年每年年末偿还相等的金额,银行贷款年利率为6%,请你编写江明公司的还本付息表。(保留两位小数)

年　度	本年还款额	本年利息	本金还款额	贷款余额
1				
2				
3				
合　计				

5. 明光公司拟在 5 年后一次性偿还所欠债务 100 万元,假定银行年利率为 4%,一年复利一次,则该公司从现在起每年年末等额存入银行的偿债基金应为多少元?

(二)案例分析

案例1:华泰公司准备租赁机器设备,期限 10 年,假设年利率为 10%,出租方提出以下 3 种付款方案:

其一,立即付全部款项共计 20 万元;

其二,从第 4 年开始每年年初付款 4 万元,至第 10 年年初结束;

其三,第 1 年到第 8 年年末支付 3 万元,第 9 年年末支付 4 万元,第 10 年年末支付 5 万元。

要求:请你通过计算、分析,为华泰公司选择比较合算的一种付款方案。

案例2:可怕的时间威力

据说,美国房地产价格最高的纽约曼哈顿是当初欧洲移民花费大约 28 美元从印第安人手中购买的,如果按照 10% 的年利息率且按复利计息计算,则这笔钱现在要相当于美国几年的国内生产总值之和,远远大于整个纽约曼哈顿的所有房地产价值。假定现在你有 1 元,年利息率为 10%,分别按照单利和复利计息计算,比较 50 年后的终值差异,并估算欧洲移民当时花费大约 28 美元到现在时点的复利终值。

案例3:银行收罚息了吗?

张玉女士买房时向银行按揭贷款 10 万元,商业贷款的年利率为 5.04%,即月利率为 0.42%,选择了 10 年期,即 120 个月等额还款法还款,每月还款为:

$$A = 100\,000 \times \frac{0.42\% \times (1+0.42\%)^{120}}{(1+0.42\%)^{120}-1} = 1\,062.6(元)$$

在还款 6 年后,该女士希望把余款一次还清,银行要求该女士偿还:

该女士在偿还完余款后发现,自己一共偿还了银行:$1\,062.6 \times 72 + 46\,104.95 = 122\,612.15$ 元,扣除本金后,共还利息 22 612.15 元的利息。假如当初贷款时直接选择 6 年期的贷款,则每月还款:

$$A = 100\,000 \times \frac{0.42\% \times (1+0.42\%)^{72}}{(1+0.42\%)^{22}-1} = 1\,612.3(元)$$

6 年共还款 $1\,612.3 \times 72 = 116\,085.6$ 元,即利息为 16 085.6 元。该女士认为自己同样 6 年还款,为什么要多支付利息 22 612.15 - 16 085.6 = 6 526.55 元,故认为银行收取了罚息,而银行否认,假如你是银行工作人员,如何给该女士一个正确的答复?

三、模拟实训

(一)实训目的

1. 通过实践教学,使学生理解时间价值的概念,掌握时间价值的计算方法,包括单利、复利和各种年金的计算方法。

2. 培养学生利用时间价值解决实际问题的能力,深入理解时间价值在财务管理中的重要意义。

(二)实训学时

2学时

(三)实训内容

W公司基本情况

资料1:W公司总经理曾预测其女儿(目前正读高中一年级)3年后能够顺利考上北京某大学,届时需要一笔学费,预计为3万元,他问会计张某:如果按照目前存款年利率4%给女儿存上一笔钱,以备上大学之需,则现在要一次性存入多少钱?

资料2:W公司4年后将有一笔贷款到期,需要一次性偿还2 000万元,为此W公司拟设置偿债基金,银行存款年利率为6%。

资料3:W公司有一个产品开发项目,需要一次性投入资金1 000万元,该公司目前的投资收益率为15%,拟开发项目的建设期为2个月,当年投产,当年见收益,产品生命周期预计为10年。

(四)实训要求

1. 根据资料1计算单利现值。如果银行存款按照复利计息,则计算复利现值。
2. 根据资料2计算W公司每年年末应存入的偿债基金数额。
3. 根据资料3分析该产品开发项目平均每年至少创造多少收益,经济上才可行?
4. 如何理解时间价值和风险报酬是现代财务管理的两个基本观念?

项目三
编制财务预算

❖ 知识目标

- 认知财务预算的含义及其在全面预算中的地位
- 掌握财务预算的编制方法
- 学会编制日常业务预算
- 学会编制现金预算,熟悉预计财务报表的编制

❖ 能力目标

- 具备初步的预算管理思想,能够进行简单的预算编制

任务一　编制业务预算

◆ 任务引入

熊猫公司为了做好201×年的财务预算工作,召开了有采购、生产、销售及财务等部门参加的会议。

会上,销售部门首先汇报了销售预算资料,如表3-1所示:

表3-1　熊猫公司销售预算表

季度 项目	一	二	三	四	全年合计
预计销售量(件)	100	150	200	180	630
预计单位售价(元)	200	200	200	200	200
销售收入(元)	20 000	30 000	40 000	36 000	126 000

销售部预计年初有存货10件,年末留存20件,预计每期期末存货是下一季度销售量的10%。

采购部门预计材料年初库存300千克,年末库存400千克。根据生产部门资料,单

位产品材料用量 10 千克,预计材料单价 5 元/千克。预计每期期末材料库存是下一季度材料耗用量的 20%。

生产部门预计单位产品工时 10 小时,每小时人工成本 2 元;制造费用预算如表 3-2 所示:

表 3-2 熊猫公司制造费用预算表   单位:元

项目\季度	一	二	三	四	全年合计
变动制造费用:					
间接人工	105	155	198	182	640
间接材料	105	155	198	182	640
修理费	210	310	396	364	1 280
水电费	105	155	198	182	640
小计	525	775	990	910	3 200
固定制造费用:					
修理费	1 000	1 140	900	900	3 940
折旧	1 000	1 000	1 000	1 000	4 000
管理人员工资	200	200	200	200	800
保险费	75	85	110	190	460
财产税	100	100	100	100	400
小计	2 375	2 525	2 310	2 390	9 600
合计	2 900	3 300	3 300	3 300	12 800

销售及管理费用预算如表 3-3 所示:

表 3-3 熊猫公司销售及管理费用预算表   单位:元

销售费用:	
销售人员工资	2 000
广告费	5 500
包装、运输费用	1 400
保管费用	2 700
管理费用:	
办公费	4 000
福利费	800
保险费	600
管理人员工资	3 000

根据以上材料,请分别编制熊猫公司的生产预算表、直接材料预算表、直接人工预

算表、计算制造费用的小时费用率以及产品成本预算表。

◆ 相关知识

一、财务预算的含义与作用

财务预算是一系列专门反映企业未来一定期限内预计财务状况和经营成果,以及现金收支等价值指标的各种预算的总称。它是财务预测和财务决策所确定的经营目标的系统化、具体化,是控制财务收支活动、考核经营业绩的依据,是落实企业奋斗目标和保证实施的必要环节。

二、财务预算在全面预算体系中的地位

全面预算是经营管理的重要思想和方法之一,是根据经营总目标,以货币和其他数量形式定期或不定期反映有关经营、资本、财务等方面的收支计划。它包括:日常业务预算、特种业务预算和财务预算。

财务预算作为全面预算体系中的最后环节,可以从价值方面总括地反映日常业务预算和特种业务预算的结果,亦称为"总预算"。它是全面预算的核心,在全面预算体系中具有十分重要的作用,主要包括现金预算、预计利润表、预计资产负债表。

◆ 知识拓展

日常业务预算又称"经营预算",是指与企业日常经营业务直接相关的各种预算。特种业务预算又称"资本预算",是指企业为了今后更好的发展,获取更大的报酬而作出的资本支出计划。它实际是中选方案的进一步规划,主要是为规划投资所需资金并控制其支出而编制的预算。

三、财务预算的编制方法

(一)固定预算与弹性预算

按照编制预算所采用的业务量基础可以把预算编制方法分为:固定预算和弹性预算。

1. 固定预算

固定预算也称"静态预算",是指企业以未来既定的业务量水平作为唯一基础来编制预算的方法。预算编制后具有相对的稳定性,没有特殊情况不需要对预算进行修订,所以该方法适用于经济状况比较稳定的企业或部门。

固定预算的主要特点是假定预算期内业务量固定,不考虑发生变化的情况。因此,编制

方法简单是其优点,但其缺点也很明显,市场在不断变化,业务量不变的假定很不切合实际,其科学性不强。

2. 弹性预算

弹性预算又称为"动态预算",是指企业在不能准确预测业务量的情况下,根据本、量、利之间有规律的数量关系,按照一系列业务量水平编制的有伸缩性的预算。只要这些数量关系不变,弹性预算就可以持续使用较长时期,不必每月重复编制。弹性预算主要用于各种间接费用预算,有些企业也用于利润预算。

弹性预算的编制方法主要有:公式法和列表法。

(1)公式法。公式法是假设成本和业务量之间存在线性关系,成本总额、固定成本总额、业务量和单位变动成本之间的变动关系可以表示为:$Y=a+bx$

其中,Y 是成本总额,a 表示不随业务量变动而变动的固定成本总额,b 是单位变动成本,x 是业务量,某项目成本总额 Y 是该项目固定成本总额和变动成本总额之和。这种方法要求按上述成本与业务量之间的线性假定,将企业各项目成本总额分解为变动成本和固定成本两部分。

公式法的优点是在一定范围内的预算可以随业务量变动而变动,其可比性和适应性强,编制预算的工作量相对较小;缺点是按公式进行成本分解比较麻烦,对每个费用的子项目甚至细项目都要逐一进行成本分解,工作量很大。

(2)列表法。列表法也称"多水平法",是指在确定的业务范围内,划分出若干个不同的水平,然后分别计算各项预算成本,汇总到一个预算表格中的方法。

它的主要优点是可以直接从表中查得各种业务量下的成本费用预算,不用再另行计算,因此直接简便;缺点是编制工作量较大,而且由于预算数不能随业务量变动而任意变动,导致弹性仍然不足,适用面较窄。

【业务实例3-1-1】恒远公司根据相关资料编制销售费用预算如表3-4所示:

表3-4 恒远公司销售费用预算表

预计销售量	220	240	260	280
固定费用(元)	3 000	3 000	3 000	3 000
变动费用(元)	4 000	4 050	4 087	4 099
预算总成本(元)	7 000	7 050	7 087	7 099

(二)增量预算和零基预算

按照预算编制方法的出发点特征不同,可分为增量预算和零基预算。

1. 增量预算

增量预算,是指以基期成本费用水平为基础,结合预算期业务量水平及有关降低成本的措施,通过调整有关费用项目而编制预算的方法。增量预算以过去的费用发生水平为基础,

主张不需在预算内容上作较大的调整,它的编制遵循如下假定:

(1)企业现有业务活动是合理的;

(2)企业现有各项业务的开支水平是合理的;

(3)以现有业务活动和各项活动的开支水平,确定预算期各项活动的预算数。

2.零基预算

零基预算的全称为"以零为基础的编制计划和预算的方法",它是在编制费用预算时,不考虑以往会计期间所发生的费用项目或费用数额,而是一切以零为出发点,从实际需要逐项审议预算期内各项费用的内容及开支标准是否合理,在综合平衡的基础上编制费用预算的方法。

零基预算的优点表现在:

(1)不受现有费用项目的限制;

(2)不受现行预算的束缚;

(3)能够调动各方面节约费用的积极性;

(4)有利于促使各基层单位精打细算,合理使用资金。

零基预算的缺点是:由于重新开始,所以需要花费较大的人财物成本。

(三)定期预算和滚动预算

按照预算编制方法的时间特征不同,可分为定期预算和滚动预算。

1.定期预算

定期预算是以固定不变的会计期间(如年度、季度、月份)作为预算期间编制预算的方法。其优点是:保证预算期间与会计期间在时期上的配比,便于依据会计报告的数据与预算的比较,考核和评价预算的执行结果。其缺点为:不利于前后各个期间的预算衔接,不能适应连续不断的业务活动过程的预算管理。

2.滚动预算

滚动预算又称"永续预算"、"连续预算",是在上期预算完成情况基础上,调整和编制下期预算,并将预算期间逐期连续向后滚动推移,使预算期间始终保持一定的时期跨度的预算。其主要特点在于:不将预算期与会计年度挂钩,而是始终保持12个月,每过去1个月,就根据新的情况进行调整和修订后几个月的预算,并在原预算基础上增补下1个月预算,从而逐期向后滚动,连续不断地以预算形式规划未来经营活动。其优点是:能够保持预算的持续性,有利于考虑未来业务活动,结合企业近期目标和长期目标;使预算随时间的推进不断加以调整和修订,能使预算与实际情况更相适应,有利于充分发挥预算的指导和控制作用。其缺点为:编制工作量大。

> ◆ **知识拓展**
>
> 滚动预算的时间单位还可以分为逐月滚动、逐季滚动和混合滚动。

四、日常业务预算编制

日常业务预算,是指与企业日常经营业务直接相关的各种预算,具体包括销售预算、生产预算、直接材料预算、直接工资预算、制造费用预算、产品生产成本预算、销售及管理费用预算等。

(一)销售预算

销售预算是全面预算的起点,是编制其他日常经营预算的基础。

销售预算主要包括销售量、销售价格和销售收入的预测。销售数量可以根据市场需求、销售合同和生产潜能等因素进行预测;销售价格综合市场需求和竞争,利用价格机制进行制定;销售数量和销售价格的乘积就是销售收入。

销售预算通常按照产品类别、销售部门、销售区域等进行编制。

【业务实例 3-1-2】彩虹公司综合市场和自身情况,根据预计的 2014 年 A 产品销售量、销售价格和销售收入,编制 A 产品 2014 年销售预算表如表 3-5 所示:

表 3-5 彩虹公司 A 产品 2014 年销售预算表

季度 项目	一季度	二季度	三季度	四季度	全年合计
销售量(件)	100	150	200	180	630
销售单价(元)	150	150	150	150	150
销售收入(元)	15 000	22 500	30 000	27 000	94 500

假设该公司应收账款期初余额为 5 000 元,并在 2014 年第一季度收到现金;每季度销售收入中能收到 70% 的现金,其余在下个季度才能收到。根据资料可以编制现金收入预算表。

表 3-6 彩虹公司 A 产品 2014 年销售现金收入预算表   单位:元

季度 项目	一季度	二季度	三季度	四季度	全年合计
上季应收账款	5 000	4 500	6 750	9 000	25 250
本期销售收入	15 000	22 500	30 000	27 000	94 500
本期销售现金收入	10 500	15 750	21 000	18 900	66 150
本期应收账款	4 500	6 750	9 000	8 100	28 350
本期现金收入合计	15 500	20 250	27 750	27 900	91 400

◆ 你知道吗?

以销定产又称"按需定产",是指按照市场的需要组织生产,即一方面对商品的数量、品种、花色、规格、质量、包装等要按照市场的需要来安排生产,另一方面还要瞻前顾后、统筹安排、长远规划,使生产能适应市场需要的发展变化。以销定产是企业处理产销关系的重要原则。

生产力的进步与经济体制的变革等因素导致了卖方市场向买方市场的转变,单一品种大批量生产方式向多品种小批量生产方式转变,所以,当今的质量管理,都在强调企业对于"顾客与市场"的关注。我们常说的丰田精益生产,其所强调的准时化生产(JIT),通过市场需求确定生产节拍,通过拉式生产实现市场需求多少工厂就生产多少,这也是"以销定产"的具体应用。

(二)生产预算

生产预算是在销售量预算基础上编制的,并为进一步的成本和费用预算提供基础。

企业可供销售的产品不仅有新生产的产品,还包括库存商品;同时,当期生产的产品也可能会有库存。因此,在编制生产预算时要考虑可能存在的期初、期末库存量。

预计生产量与预计销售量的关系如下:

预计生产量=预计销售量+预计期末存货量-预计期初存货量

其中,预计销售量可以从销售预算中获得,预计存货量可以根据历史资料和经验预测。

【业务实例 3-1-3】接上例,假设彩虹公司根据历史经验,每一季度期末存货量是其下季度销售量的 10%,年初存货量为 15 件,年末存货量为 10 件。根据销售预算编制 2014 年 A 产品生产预算如表 3-7 所示:

表 3-7 彩虹公司 A 产品 2014 年生产预算表   单位:件

项目\季度	一季度	二季度	三季度	四季度	全年合计
预计销售量	100	150	200	180	630
加:期末存货	15	20	18	10	63
合计	115	170	218	190	693
减:期初存货	15	15	20	18	68
预计生产量	100	155	198	172	625

(三)生产成本预算

生产成本预算包括直接成本预算和间接成本预算,即直接材料、直接人工和制造费用预算。通过生产成本预算制定材料和劳务采购预算。

1.直接材料预算

直接材料预算是根据生产预算来确定直接材料的采购数量和采购成本预算。直接材料预算要结合生产预算、存货期初和期末结存情况制定。

预计直接材料采购数量=预计材料耗用量+预计期末库存量-预计期初库存量

预计材料耗用量＝预计生产量×单位产品材料耗用量

其中,单位产品材料耗用量可以使用单位标准耗用量或单位定额耗用量。

【业务实例3-1-4】接上例,假设彩虹公司生产A产品耗用甲材料,预计2014年年初和年末材料库存量分别为100千克和150千克。根据经验,每季度期末材料库存量是下季度生产需要的10%。根据生产预算编制2014年甲材料预算,如表3-8所示:

表3-8 彩虹公司2014年甲材料采购预算表

季度 项目	一季度	二季度	三季度	四季度	全年合计
预计生产量(件)	100	155	198	172	625
单位产品材料耗用量(千克/件)	10	10	10	10	—
生产需要量(千克)	1 000	1 550	1 980	1 720	6 250
加:预计期末库存量(千克)	155	198	172	150	675
合计(千克)	1 155	1 748	2 152	1 870	6 925
减:预计期初库存量(千克)	100	155	198	172	625
预计材料采购量(千克)	1 055	1 593	1 954	1 698	6 300
预计材料单价(元/千克)	10	10	10	10	—
预计材料采购金额(元)	10 550	15 930	19 540	16 980	63 000

假设该公司应付账款期初余额为4 000元,并需要在2014年第一季度以现金偿还;每季度采购支出中需支付80%的现金,其余在下个季度以现金偿还。根据资料,可以编制现金支出预算表。

表3-9 彩虹公司A产品2014年采购现金支出预算表　　　　　　　单位:元

季度 项目	一季度	二季度	三季度	四季度	全年合计
上季应付账款	4 000	2 110	3 186	3 908	13 204
本期采购支出	10 550	15 930	19 540	16 980	63 000
本期现金采购支出	8 440	12 744	15 632	13 584	50 400
本期应付账款	2 110	3 186	3 908	3 396	12 600
本期现金支出合计	12 440	14 854	18 818	17 492	63 604

2. 直接人工成本预算

直接人工成本预算是根据生产预算确定直接人工耗费总水平和直接人工成本总水平预算。即:

预计直接人工成本＝预计直接人工耗费×单位人工成本

预计直接人工耗费＝预计生产量×单位产品直接人工耗费

【业务实例3-1-5】接上例,根据生产预算等资料编制2014年直接人工预算表,假设所有人工成本现金当季支付。

表 3-10　彩虹公司 2014 年直接人工耗费预算表

项目＼季度	一季度	二季度	三季度	四季度	全年合计
预计生产量(件)	100	155	198	172	625
单位产品直接人工耗费(工时/件)	10	10	10	10	—
预计直接人工总工时(工时)	1 000	1 550	1 980	1 720	6 250
单位工时成本(元)	10	10	10	10	—
预计直接人工总成本(元)	10 000	15 500	19 800	17 200	62 500

(注:①预计生产量数据来自生产预算;②单位产品直接人工耗费、单位工时成本来自标准成本资料。)

3. 制造费用预算

在编制制造费用预算时,常把制造费用分为变动制造费用和固定制造费用两部分。变动制造费用以生产预算为基础来编制。如果有完善的标准成本资料,就用单位产品的标准成本与产量相乘,即可得到相应的预算金额。如果没有标准成本资料,就需要逐项预计计划产量需要的各项变动制造费用,再求出合计数。固定制造费用,需要逐项进行预计,通常与本期产量无关,按每季实际需要的支付额预计,然后求出全年数。

【业务实例 3-1-6】接上例,假设彩虹公司根据历史经验资料和生产预算编制 2014 年制造费用预算表:

表 3-11　彩虹公司 2014 年制造费用预算表　　　　　　　　单位:元

项目＼季度		一季度	二季度	三季度	四季度	全年合计
变动费用	原材料	100	120	140	160	520
	人工费	90	110	130	150	480
	燃料费	70	80	90	100	340
	修理费	40	50	60	70	220
变动费用合计		300	360	420	480	1 560
固定费用	工资费	1 500	1 500	1 500	1 500	6 000
	维修费	300	300	300	300	1 200
	保险费	150	150	150	150	600
	折旧费	100	100	100	100	400
	其他费	120	120	120	120	480
固定费用合计		2 170	2 170	2 170	2 170	8 680
制造费用合计		2 470	2 530	2 590	2 650	10 240

按照产品直接工时计算费用率为:

变动制造费用分配率＝1 560/6 250＝0.25(元/工时)

固定制造费用分配率＝8 680/6 250＝1.39(元/工时)

假设制造费用中除了折旧费用外,其他均需支付现金,可以编制制造费用现金支出预算表。

表 3-12　彩虹公司 2014 年制造费用现金支出预算表　　　　　　　　　　　单位:元

项目＼季度	一季度	二季度	三季度	四季度	全年合计
制造费用总额	2 470	2 530	2 590	2 650	10 240
折旧费	100	100	100	100	400
现金支付额	2 370	2 430	2 490	2 550	9 840

你知道吗?

按照成本形态,通常可以把成本区分为固定成本、变动成本和混合成本。固定成本,是指其总额在一定时期及一定产量范围内,不直接受业务量变动的影响而保持固定不变的成本。固定成本总额不因业务量的变动而变动,但单位固定成本会与业务量的增减呈反向变动。变动成本,是指在特定的业务量范围内,其总额会随业务量的变动而呈正比例变动的成本。变动成本总额因业务量的变动而呈正比例变动,但单位变动成本不变。混合成本就是"混合"了固定成本和变动成本两种不同性质的成本。一方面,它们要随业务量的变化而变化;另一方面,它们的变化又不能与业务量的变化保持着纯粹的正比例关系。

总成本＝固定成本总额＋变动成本总额
　　　＝固定成本总额＋(单位变动成本×业务量)

(四)产品成本预算

产品成本预算是以生产预算、生产成本预算为基础,编制产品制造总成本和单位成本的预算。编制产品成本预算的资料来源于生产预算、生成成本预算资料。该预算为编制预计利润表和预计资产负债表提供数据。

【业务实例 3-1-7】某公司根据生产预算、生产成本预算编制产品成本年度预算。该公司期初产成品存货为 10 件,假设期初产品成本与本期相同。

表 3-13　彩虹公司 2014 年产品成本预算表　　　　　　　　　　　单位:元

项目	单位耗用量	单价	单位生产成本	总生产成本(625 件)	期末存货成本(10 件)	销货成本(630 件)
直接材料	10 千克/件	10 元/千克	100	62 500	1 000	63 000
直接人工	10 工时/件	10 元/工时	100	62 500	1 000	63 000
变动制造费用	10 工时/件	0.25 元/工时	2.5	1 562.5	25	1 575
固定制造费用	10 工时/件	1.39 元/工时	13.9	8 687.5	139	8 757
合计	—	—	216.4	135 250	2 164	136 332

(注:①单位生产成本数据来自直接材料预算、直接人工预算和制造费用预算;②总生产成本、期末存货成本、销货成本是以单位生产成本乘以相应的数量所得。)

(五)销售及管理费用预算

销售及管理费用预算是反映企业预算期内为实现销售任务和进行一般行政管理工作而预计发生的各项费用数据的一种预算。在编制销售预算时,应深入和全面考察过去销售费用支出的效果,结合销售预算科学制定;管理费用多属于固定费用,可以按过去的实际发生数为基础,以预算期的可预见变化来调整。

【业务实例3-1-8】彩虹公司销售及管理费用预算表,假定全部现金支付。

表3-14 彩虹公司2014年销售及管理费用预算表　　　　单位:元

项目	季度	一季度	二季度	三季度	四季度	全年合计
销售费用	工资	200	400	600	800	2 000
	广告费	1 150	1 200	1 500	1 650	5 500
	包装费	500	600	700	1 200	3 000
	运输费	500	500	600	1 100	2 700
销售费用合计		2 350	2 700	3 400	4 750	13 200
管理费用	工资	1 000	1 000	1 000	1 000	4 000
	差旅费	200	200	200	200	800
	办公费	150	150	150	150	600
	保险费	350	350	350	350	1 400
	其他费	1 700	1 700	1 700	1 700	6 800
管理费用合计		3 400	3 400	3 400	3 400	13 600
总合计		5 750	6 100	6 800	8 150	26 800

◆ 任务实施

第一步,编制公司生产预算表。

表3-15 熊猫公司生产预算　　　　单位:件

项目	季度	一	二	三	四	全年合计
预计销售量		100	150	200	180	630
加:预计期末存货		15	20	18	20	20
合计		115	170	218	200	650
减:预计期初存货		10	15	20	18	10
预计生产量		105	155	198	182	640

第二步,编制公司直接材料预算表。

表 3-16 熊猫公司直接材料预算

季度 项目	一	二	三	四	全年合计
预计生产量(件)	105	155	198	182	640
单位产品材料用量	10	10	10	10	10
生产需用量	1 050	1 550	1 980	1 820	6 400
加:预计期末存量	310	396	364	400	400
合　计	1 360	1 946	2 344	2 220	6 800
减:预计期初存量	300	310	396	364	300
预计材料采购量	1 060	1 636	1 948	1 856	6 500
单价	5	5	5	5	5
预计采购金额(元)	5 300	8 180	9 740	9 280	32 500

第三步,编制公司直接人工预算表。

表 3-17 熊猫公司直接人工预算

季度 项目	一	二	三	四	全年合计
预计产量(件)	105	155	198	182	640
单位产品工时(小时)	10	10	10	10	10
人工总工时(小时)	1 050	1 550	1 980	1 820	6 400
每小时人工成本(元)	2	2	2	2	2
人工总成本(元)	2 100	3 100	3 960	3 640	12 800

制造费用的小时费用率:

变动制造费分配率 = 3 200/6 400 = 0.5(元/小时)

固定制造费分配率 = 9 600/6 400 = 1.5(元/小时)

第四步,编制公司产品成本预算表。

表 3-18 熊猫公司产品成本预算

项目	单位成本			生产成本 (640 件)	期末存货 (20 件)	销货成本 (630 件)
	元/千克 或小时	投入量	成本(元)			
直接材料	5	10 千克	50	32 000	1 000	31 500
直接人工	2	10 小时	20	12 800	400	12 600
变动制造费用	0.5	10 小时	5	3 200	100	3 150
固定制造费用	1.5	10 小时	15	9 600	300	9 450
合计			90	57 600	1 800	56 700

任务二　编制现金预算

◆ 任务引入

请同学们根据项目一中的任务引入、任务实施资料和以下资料编制销售预算和直接材料预算的现金收支及该公司的现金预算表。

该公司去年应收账款为6 200元,假设在每季度销售收入中,本季度收到现金60%,另外的40%现金要到下季度才能收到。

该公司去年应付账款为2 350元,假设材料采购的货款有50%在本季度内付清,另外50%在下季度付清。

该公司现金有多余,需要偿还过去向银行取得的借款;现金不足,要向银行取得借款。本例中,该企业需要保留现金余额为6 000元,不足此数时需要向银行借款。假设银行借款的金额要求是1 000元的倍数。

◆ 相关知识

现金预算是对企业一定时期内的现金流量所做的预计和规划,包括现金收入、现金支出、现金多余或不足的预算,以及不足部分的筹集方式等。现金预算以其他预算为基础,是对相关预算中有现金收支部分的汇总。

现金收入部分包括期初的现金余额和预算期的现金收入。预算期的现金收入主要来自于销售收入,还有少部分来自于其他收入。现金支出部分包括预算期的各项现金支出,具体包括采购原材料、支付工资、支付管理费、销售费、财务费等以及企业支付的税金等。现金预算就是通过对企业的现金收入、支出情况的预计,推算出企业预算期的现金结余情况。如果现金不足,则提前安排筹资,避免企业在需要资金时"饥不择食";如果现金多余,则可以采取归还贷款或对有价证券进行投资,以增加收益。

编制现金预算的主要目的,是为了加强企业在预算期内对现金流量的控制,使财务人员了解企业在预算期间现金收支情况及资金余额情况,以便今后合理运用或及时筹措资金。

◆ 想一想

为什么在现代企业的发展过程中,决定企业兴衰存亡的是现金流,最能反映企业本质的是现金流,在众多价值评价指标中,基于现金流的评价是最具权威性的?

【业务实例3-2-1】彩虹公司根据日常业务预算等相关资料编制现金预算,如表3-19所示:

表 3-19　彩虹公司 2014 年现金预算表　　　　　　　　　　　　　　　　单位：元

项目＼季度	一季度	二季度	三季度	四季度	全年合计
期初现金余额	90 000	72 940	43 306	21 148	227 394
加：销货现金收入	15 500	20 250	27 750	27 900	91 400
可供使用的现金	105 500	93 190	71 056	49 048	318 794
减：各项支出：					
直接材料	12 440	14 854	18 818	17 492	63 604
直接人工	10 000	15 500	19 800	17 200	62 500
制造费用	2 370	2 430	2 490	2 550	9 840
销售及管理费用	5 750	6 100	6 800	8 150	26 800
应交税费	2 000	2 000	2 000	2 000	8 000
更新设备		5 000			5 000
支付股利		4 000		4 000	8 000
支出合计	32 560	49 884	49 908	51 392	183 744
现金余额	72 940	43 306	21 148	−2 344	135 050
向银行借款				11 344	
还银行借款					
借款利息					
期末现金余额	72 940	43 306	21 148	9 000	135 050

（注：①"年初现金余额"是预计的，销货现金收入的数据来自销售预算；②"现金支出"包括预算期的各项现金支出；③直接材料、直接人工、制造费用、销售与管理费用的数据分别来自相应的预算；④应交税费、更新设备、支付股利等现金支出数据预计产生，实际工作中可以从有关预算中获得；⑤本季度现金余额是"可供使用现金"减去"支出合计"；⑥假设企业最低现金持有量为 9 000 元，不足部分需向银行借款。）

你知道吗？

现金流量比传统的利润指标更能说明企业的盈利质量。其一，针对利用增加投资收益等非营业活动操纵利润的缺陷，现金流量只计算营业利润而将非经常性收益剔除在外。其二，会计利润是按照权责发生制确定的，可以通过虚假销售、提前确认销售、扩大赊销范围或者关联交易调节利润，而现金流量是根据收付实现制确定的，上述调节利润的方法无法取得现金因而不能增加现金流量。可见，现金流量指标可以弥补利润指标在反映公司真实盈利能力上的缺陷。美国安然（Enron）公司破产以及新加坡上市的亚洲金光纸业(APP)沦为垃圾公司的一个重要原因就是现金流量恶化,只有那些能迅速转化为现金的收益才是货真价实的利润。对高收益低现金流的公司,特别要注意的是有些公司的收益可能是通过一次性的方式取得的,而且只是通过会计科目的调整实现的,并没有收到现金,这样的公司很可能存在未来业绩急剧下滑的风险。

◆ **任务实施**

第一步,编制销售现金收入预算表。

表 3-20　熊猫公司销售预计现金收入　　　　　　　　　　　　　　单位:元

季度 项目	一	二	三	四	全年合计
上年应收账款	6 200				6 200
第一季度	12 000	8 000			20 000
第二季度		18 000	12 000		30 000
第三季度			24 000	16 000	40 000
第四季度				21 600	21 600
现金收入合计	18 200	26 000	36 000	37 600	117 800

第二步,编制销售现金支出预算表。

表 3-21　熊猫公司销售预计现金支出　　　　　　　　　　　　　　单位:元

季度 项目	一	二	三	四	全年合计
预计现金支出					
上年应付账款	2 350				2 350
第一季度	2 650	2 650			5 300
第二季度		4 090	4 090		8 180
第三季度			4 870	4 870	9 740
第四季度				4 640	4 640
合计	5 000	6 740	8 960	9 510	30 210

第三步,编制现金预算表。

表 3-22　熊猫公司现金预算表　　　　　　　　　　　　　单位：元

项目＼季度	一	二	三	四	全年合计
期初现金余额	8 000	8 200	6 060	6 290	8 000
加：销货现金收入	18 200	26 000	36 000	37 600	117 800
可供使用现金	26 200	34 200	42 060	43 890	125 800
减各项支出					
直接材料	5 000	6 740	8 960	9 510	30 210
直接人工	2 100	3 100	3 960	3 640	12 800
制造费用	1 900	2 300	2 300	2 300	8 800
销售及管理费用	5 000	5 000	5 000	5 000	20 000
所得税	4 000	4 000	4 000	4 000	16 000
购买设备		10 000			10 000
股利		8 000		8 000	10 000
支出合计	18 000	39 140	24 220	32 450	113 810
现金多余或不足	8 200	4 940	17 840	11 440	11 990
向银行借款		11 000			11 000
还银行借款			11 000		11 000
借款利息(年利率10%)			550		550
合计			11 550		11 550
期末现金余额	8 200	6 060	6 290	11 440	11 440

（注：第二季度借款额为：借款额＝最低现金余额＋现金不足＝6 000＋4 940＝10 940≈11 000元）

第三季度现金多余，可用于偿还借款。一般按"每期期初借入，每期期末归还"来预计利息，故本例借款期为6个月。假设利率为10%，则应计利息＝11 000×10%×6/12＝550（元）。还款后，仍须保持最低现金余额，否则，只能部分归还借款。）

任务三　编制预计财务报表

◆ 任务引入

请同学们根据前述项目任务实施资料，编制该公司的预计利润表和预计资产负债表。

◆ 相关知识

预计财务报表是专门反映企业未来一定预算期内财务状况和经营成果的报表的总称。

预计财务报表是在企业的各项预算和预测基础上编制的,它的作用是为企业财务管理活动提供控制企业资金、成本和利润总量的重要手段,它涉及企业的采购、生产、管理、销售、资本等各项活动,因此,它可以从总体上反映企业在一定期间内经营活动的全局情况。预计财务报表包括预计利润表、预计资产负债表和预算现金流量表。

一、编制预计利润表

预计利润表是反映企业预算期的财务成果报表,其内容、格式与实际的收益表完全相同,只不过数字是面向预算期的,以上述各有关预算为基础来编制的。

【业务实例3-3-1】彩虹公司根据日常预算、现金预算等相关资料编制预计利润表如下:

表3-23 彩虹公司2014年预计利润表　　　　　　　　　　　　　　单位:元

季度 项目	一季度	二季度	三季度	四季度	全年合计
销售收入	15 000	22 500	30 000	27 000	94 500
销货成本	8 540	12 810	17 080	15 372	53 802
毛利	6 460	9 690	12 920	11 628	40 698
销售及管理费用	5 750	6 100	6 800	8 150	26 800
利润总额	710	3 590	6 120	3 478	13 898
所得税(25%)	177.5	897.5	1 530	869.5	3 474.5
税后利润	532.5	2 692.5	4 590	2 608.5	10 423.5

通过编制预计利润表,可以了解企业在预算期的盈利水平。如果预算利润与企业的目标利润有较大差距,就要调整部门预算,设法达到目标利润,或者经企业领导同意后修改目标利润。

二、编制预计资产负债表

预计资产负债表是反映企业预算期末财务状况的报表。它是以期初资产负债表的数据,并根据生产、销售等经营预算和现金预算的有关数据加以调整编制而来的。首先按照下列会计方程式逐项调整出每一项目的金额,然后根据会计恒等式验证其左右方,使之达到平衡即可。这两步的公式是:

期末余额=期初余额+本期增加额—本期减少额
资产=负债+所有者权益

上式中的期初余额可自己取自预算年度前的实际资产负债表,本期增减数则取自各有关的预算表。

【业务实例3-3-2】彩虹公司根据相关资料编制预计资产负债表如下:

表 3-24 彩虹公司 2014 年预计资产负债表　　　　　　　　　单位：元

资　产			权　益		
项　目	年初	年末	项　目	年初	年末
现金	90 000	9 000	应付账款	4 000	3 396
应收账款	5 000	8 100	长期借款	0	11 344
原材料	1 000	1 500	实收资本	91 968	51 299.5
库存商品	3 246	2 164	未分配利润	18 296	12 904.5
无形资产	7 000	50 580			
固定资产	12 000	12 000			
累计折旧	4 000	4 400			
资产总额	114 264	78 944	权益总额	114 264	78 944

（注：①"现金、应收账款、原材料、应付账款、长期借款"等数据来自前述实例；②年初库存商品＝216.4×15，年末库存商品＝216.4×10；③ 期末未分配利润＝期初未分配利润＋本期净利－支付股利＝18 296＋2 608.5－8 000；④"期初未分配利润"假设；⑤本期净利、支付股利来自前述实例；⑥其他科目资料假设。）

通过预计资产负债表的编制，可以反映财务活动的薄弱环节，判断预期财务状况的稳定性和流动性。如果预计资产负债表反映财务状况的比率不佳，就有必要修改有关的预算，采取措施矫正有关因素，以改善公司的财务状况。

三、编制预计现金流量表

预算现金流量表是反映企业预算期内现金和现金等价物流入和流出状况的报表。它是在现金预算的基础上，结合企业预算期内相关现金收支资料编制的。其内容、格式与实际的现金流量表完全相同。在实际中，往往以"现金预算"代替现金流量表，所以在此处不再叙述现金流量表的编制过程。

◆ 你知道吗？

预计财务报表的作用与实际财务报表不同。所有企业都要在年终编制历史实际的财务报表，这是有关法规的强制性规定，其主要目的是向外部报表使用人提供财务信息；而预计财务报表主要为企业内部财务管理服务，是控制企业资金、成本和利润总量的重要手段。

◆ 任务实施

第一步，编制公司预计利润表。

表3-25 熊猫公司预计利润表　　　　　　　　　　　　　　　　　　　　单位:元

销售收入	126 000
销货成本	56 700
毛　利	69 300
销售及管理费用	20 000
利　息	550
利润总额	48 750
所得税(估计)	16 000
税后净收益	32 750

第二步,编制公司预计资产负债表。

表3-26 熊猫公司预计资产负债表　　　　　　　　　　　　　　　　　　单位:元

资　产			权　益		
项目	年初	年末	项目	年初	年末
现金	8 000	11 440	应付账款	2 350	4 640
应收账款	6 200	14 400	长期借款	9 000	9 000
直接材料	1 500	2 000	普通股	20 000	20 000
产成品	900	1 800	未分配利润	16 250	33 000
土　地	15 000	15 000			
房屋设备	20 000	30 000			
累计折旧	4 000	8 000			
资产总额	47 600	66 640	权益总额	47 600	66 640

(注:①期末应收账款=本期销售额×(1-本期收现率)=36 000×(1-60%)=14 400

②期末应付账款=本期采购金额×(1-本期付现率)=9 280×(1-50%)=4 640

③期末未分配利润=期初未分配利润率+本期利润-本期股利=16 250+32 750-16 000=33 000)

◆ 项目小结

1.财务预算是一系列专门反映企业未来一定期限内预计财务状况和经营成果,以及现金收支等价值指标的各种预算的总称。

2.财务预算编制的方法有:固定预算与弹性预算、增量预算与零基预算、定期预算与滚动预算。

3.财务预算包括反映某一方面财务活动的预算,如反映现金收支活动的现金预算;反映销售收入的销售预算;反映成本、费用支出的生产费用预算(又包括直接材料预算、直接人工预算、制造费用预算)、期间费用预算等。

4. 财务预算还包括反映财务活动总体情况的综合预算,如反映财务状况的预算资产负债表,反映财务成果的预计利润表。

5. 上述各种预算间存在下列关系:销售预算是各种预算的编制起点,它构成生产成本预算、期间费用预算和现金预算的编制基础;现金预算是销售预算、生产成本预算、期间费用预算中有关现金收支的汇总;预计利润表要根据销售预算、生产成本预算、期间费用预算、现金预算编制;预计资产负债表要根据期初资产负债表和销售、生产成本等预算编制。

职业能力与技能训练

一、职业能力训练

(一)单选题

1. 下列关于企业预算内容的表述中,正确的是(   )
A. 生产预算是全面预算的起点,销售预算是全面预算的基础
B. 财务预算是全面预算的核心,包括预计资产负债表、预计利润表、预计现金流量表等内容
C. 生产预算包括直接材料、直接人工、制造费用、期末存货等项目的预算
D. 现金预算的编制基础包括成本费用预算、预计现金流量表和增量预算等内容

2. 与固定预算相比,弹性预算的优点是(   )
A. 简单、工作量小　　　　　　B. 不受原有项目的制约
C. 适用范围广、可比性强　　　D. 一切从现实出发分析企业的各项支出

3. 增量预算方法的假定条件不包括(   )
A. 现有业务活动是企业必需的　B. 原有的各项开支都是合理的
C. 增加费用预算是值得的　　　D. 所有的预算支出以零为出发点

4. 定期预算的优点是(   )
A. 远期指导性强　　　　　　　B. 连续性好
C. 便于考核预算执行结果　　　D. 灵活性强

5. (   )是只使用实物量计量单位的预算。
A. 产品成本预算　　　　　　　B. 生产预算
C. 管理费用预算　　　　　　　D. 直接材料预算

6. 预计生产量等于(   )
A. 预计销售量+预计期末存货量-预计期初存货量
B. 预计销售量-预计期末存货量-预计期初存货量
C. 预计销售量-预计期末存货量+预计期初存货量

D. 预计销售量+预计期末存货量+预计期初存货量

7. 根据预算编制所依据的业务量的数量特征,预算编制方法可分为( )
   A. 固定预算和弹性预算　　　　B. 增量预算和零基预算
   C. 资本预算和财务预算　　　　D. 定期预算和滚动预算

8. 财务预算是全面预算的最后环节,使用( )方式总括反映日常业务预算和特种业务预算的结果,是全面预算的价值总表达。
   A. 实物量　　　B. 价值量　　　C. 时间量　　　D. 货币尺度

9. 全面预算的起点是( )
   A. 产品成本预算　B. 生产预算　　C. 销售预算　　D. 直接材料预算

10. 假定预算期内业务量固定,不考虑发生变化的情况是( )的主要特点。
    A. 增量预算　　B. 固定预算　　C. 零基预算　　D. 弹性预算

11. ( )是指以基期实际水平为基础,考虑预算期内各种因素的变化,调整有关预算水平的预算编制方法。
    A. 增量预算　　B. 固定预算　　C. 零基预算　　D. 弹性预算

12. ( )是指在编制预算时,预算期脱离与会计年度的一致,随着前期预算的执行编制后期预算,逐期向后滚动,使预算期永远保持为一个固定期间的一种预算编制方法。
    A. 增量预算　　B. 固定预算　　C. 零基预算　　D. 滚动预算

13. 通过编制( )为企业常规的财务管理服务,是控制企业资金、成本和利润总量的重要手段,可以从总体上反映一定期间企业经营的全局情况。
    A. 全面预算　　B. 固定预算　　C. 预计财务报表　D. 滚动预算

14. ( )是指以货币形式综合反映预算期内企业经营活动成果预算水平的报表。
    A. 资产负债表　B. 预计资产负债表　C. 利润表　　D. 预计利润表

15. 按照预算编制的( )把预算编制方法分为定期预算和滚动预算。
    A. 出发点特点　B. 业务量基础　C. 时间长短　　D. 时间特征

16. 某企业按月使用滚动预算方法编制和执行2014年1~4季度预算,当执行2014年1季度预算时,需要修订2014年2、3、4季度预算并补充编制2015年( )预算。
    A. 1季度　　　B. 2季度　　　C. 3季度　　　D. 4季度

17. 某企业编制"销售预算",已知上上期的含税销售收入为600万元,上期的含税销售收入为800万元,预计预算期含税销售收入为1 000万元,含税销售收入的20%于当期收现,60%于下期收现,20%于下下期收现,假设不考虑其他因素,则本期期末应收账款的余额为( )万元。
    A. 760　　　　B. 860　　　　C. 660　　　　D. 960

18. 某公司在编制材料采购时,期初库存10千克,生产需要100千克,预计期末存货5千克。请问本期需要采购多少千克?( )
    A. 90　　　　B. 95　　　　C. 85　　　　D. 100

19. 在下列预算方法中,能够适应多种业务量水平并能克服固定预算方法缺点的是( )
   A. 弹性预算方法　　B. 增量预算方法　　C. 零基预算方法　　D. 流动预算方法
20. 下列预算中不是在生产预算的基础上编制的是( )
   A. 材料采购预算　　B. 直接人工预算　　C. 单位生产成本预算　　D. 管理费用预算

(二)多选题

1. 销售预算中主要包括对( )的预测。
   A. 销售量　　B. 销售价格　　C. 销售收入　　D. 销售区域
2. 全面预算包括( )
   A. 日常业务预算　　B. 特种业务预算　　C. 生产预算　　D. 财务预算
3. 下列各项预算中,属于财务预算内容的有( )
   A. 销售预算　　B. 生产预算　　C. 现金预算　　D. 预计利润表
4. 弹性成本预算的编制方法包括( )
   A. 公式法　　B. 因素法　　C. 列表法　　D. 百分比法
5. 财务预算的作用主要包括( )
   A. 明确化和具体化总体目标　　B. 以财务指标为指引,协调各部门工作
   C. 控制经营活动的工具　　D. 考核经营业绩的依据
6. 日常业务预算是指企业日常生产经营活动的预算,包括( )等。
   A. 销售预算　　B. 生产预算　　C. 生产成本预算　　D. 产品成本预算
7. 生产成本预算包括( )
   A. 直接材料　　B. 直接人工　　C. 制造费用预算　　D. 管理费用预算
8. 滚动预算按照预算编制和滚动的时间单位不同分为( )
   A. 逐月滚动　　B. 逐季滚动　　C. 逐年滚动　　D. 混合滚动
9. 按照编制预算所采用的业务量基础可以把预算编制方法分为( )
   A. 固定预算　　B. 弹性预算　　C. 零基预算　　D. 增量预算
10. 按照预算编制的时间特征把预算编制方法分为( )
   A. 增量预算　　B. 零基预算　　C. 定期预算　　D. 滚动预算

(三)判断题

1. 财务预算具有资源分配的功能。　　( )
2. 滚动预算又称滑动预算,是指在编制预算时,将预算期与会计年度脱离,随着预算的执行不断延伸补充预算,逐期向后滚动,使预算期永远保持为一个固定期间的一种预算编制方法。　　( )
3. 弹性预算主要用来编制成本预算和利润预算。　　( )

4. 增量预算与零基预算相比能够调动各部门降低费用的积极性。　　　（　）

5. 生产预算是预算编制的起点。　　　（　）

6. 根据"以销定产"原则，某期的预计生产量应当等于该期预计销售量。　　　（　）

7. 经营决策预算除个别项目外，一般不纳入日常业务预算，但应计入与此有关的现金预算与预计资产负债表。　　　（　）

8. 预计资产负债表是以货币形式综合反映预算期内企业经营活动成果计划水平的一种财务预算。　　　（　）

9. 弹性成本预算编制的列表法不能包括所有业务量条件下的费用预算，适用面较窄。

　　　（　）

10. 现金预算中的现金支出包括经营现金支出、分配股利的支出以及缴纳税金的支出，但是不包括资本性支出。　　　（　）

二、职业技能训练

(一)计算分析

1. 金贝公司生产经营甲产品，在预算年度内预计各季度销售量分别为：1 900件、2 400件、2 600件和2 900件；其销售单价均为50元。假定该公司在当季收到货款60%，其余部分在下季收讫，年初的应收账款余额为42 000元。

要求：编制该公司的销售预算和现金收入预算。

2. 小雨公司有关资料如下：年初产成品存货量80件，预计年末产成品存货量120件。预计期末产成品存货量占下期销售量的10%，2014年1~4季度预计销售量分别为800件、1 000件、1 200件、1 000件。

要求：根据资料编制该公司的生产预算。

3. 2011年3月31日，公司在编制2011年第2季度~2012年第1季度滚动预算时，发现未来的4个季度中将出现以下情况：

(1)间接人工费用预算工时分配率将上涨50%。

(2)原设备租赁合同到期，公司新签订的租赁合同中设备年租金将降低20%。

(3)预计直接人工总工时见"2011年第2季度~2012年第1季度制造费用预算"表。假定水电与维修费用预算工时分配率等其他条件不变。

要求：

(1)以直接人工工时为分配标准，计算下一滚动期间的如下指标：

①间接人工费用预算工时分配率。

②水电与维修费用预算工时分配率。

(2)根据有关资料计算下一滚动期间的如下指标。

①间接人工费用总预算额。

②每季度设备租金预算额。

(3)计算填列下表中用字母表示的项目(可不写计算过程):

表1 2011年第2季度~2012年第1季度制造费用预算　　　　　　　　　单位:元

项目	2011年度			2012年度	合计
	第二季度	第三季度	第四季度	第一季度	
直接人工预算总工时(小时)	12 100	——	——	11 720	48 420
变动制造费用					
间接人工费用	A	——	——	B	——
水电与维修费用	C	——	——	D	——
小　计	——	——	——	——	493 884
固定制造费用					
设备租金	E	——	——	——	——
管理人员工资	F	——	——	——	——
小　计					
制造费用合计	171 700	——	——	——	687 004

(二)案例分析

1. 大宇公司预计下月月初现金余额为10 000元,下月期初应收账款为5 000元,预计下月可收回80%;下月销货62 500元,当期收到现金的50%,采购材料10 000元,当期付款70%,当月应付账款余额为6 250元,需要在月内付清,下月支付工资现金为10 500元,间接费用为62 500元,其中折旧费为5 000元;预缴所得税1 125元,购买设备支付现金25 000元,现金不足时,向银行借款金额为1 000元的倍数,现金余额最低为3 750元。

要求:(1)根据资料编制该公司现金预算。

(2)编制现金预算的主要思路和步骤有哪些?

2. 大宇公司生产甲产品的成本资料如下:

项目	固定费用(元)	变动费用(元/台时)
折旧费	7 000	
保险费	4 000	
水电费		3
材料费		2
工资费	11 000	0.15
修理费	1 200	0.2
合计	23 200	5.35

要求:(1)你认为采用什么样的预算方法编制该公司成本预算最合理?

(2)你选择的方法有什么优点和缺点?

三、模拟实训

(一)实训目的

1. 通过实训,进一步理解日常预算和财务预算的原理和编制方法。
2. 培养学生通过编制预算进行预算管理的能力。

(二)实训学时

2学时

(三)实训内容

诺瑞祥制造有限公司是一家以加工定制零件为主业的小型机械加工企业。凭借质优价廉的产品和良好的信誉,诺瑞祥公司深得几家大型机械制造商的青睐。2013年年底,诺瑞祥公司接到了一单大生意,2014年全年为公司的一位老客户——某大型机械制造商生产4 600件某种专用备件。诺瑞祥公司的经理估计,如果接下这份订单,那么公司将再无剩余生产能力生产其他产品。

要求:请同学们根据以下资料,完成表1至表10。

资料一:根据合同规定,该专用备件的价格是每件1 200元,诺瑞祥公司需按季度向客户交货,4个季度的供货量分别为800件、1 100件、1 500件和1 200件。合同规定的付款方式为:各季度的货款应在当季支付60%,其余40%在下季付讫。目前,该客户尚欠诺瑞祥公司50万元货款,预计将在2014年第1季度付清。

表1　诺瑞祥公司2014年度销售预算

季　　度	第1季度	第2季度	第3季度	第4季度	全年合计
预计销售量(件)	800	1 100	1 500	1 200	4 600
预计单价	1 200	1 200	1 200	1 200	1 200
销售收入(元)	960 000	1 320 000	1 800 000	1 440 000	5 520 000
预计现金收入					(单位:元)
期初应收账款					
第1季度					
第2季度					
第3季度					
第4季度					
现金收入合计					
预计年末应收账款					(单位:元)
期初应收账款					
加:预计全年销售收入					
减:预计全年收回货款					
期末应收账款					

资料二：诺瑞祥公司预计，为保证供货的连续性，预算期内各季度的期末产品库存量应达到下期销售量的20%。同时，根据与客户的长期合作关系，公司预算年末的产品库存量应维持和年初相一致的水平，大约为200件，能够保证及时为客户供货。据此，诺瑞祥公司编制2014年度生产预算。

表2 诺瑞祥公司2014年度生产预算

季　　度	第1季度	第2季度	第3季度	第4季度	全年合计
预计销售量（件）					
加：预计期末产品存货					
减：预计期初产品存货					
预计生产量					

资料三：诺瑞祥公司生产该备件主要使用一种合金材料。根据以往的加工经验，平均每件产品需用料5千克。这种合金材料一直由公司以每千克200元的价格跟一位长期合作的供应商定购，并且双方约定，购货款在购货当季和下季各付一半。目前，诺瑞祥公司尚欠该供应商货款400 000元，预计将在2014年第1季度付清。公司为保证生产的连续性，规定预算期内各期末的材料库存量应达到下期生产需要量的10%，同时，规定各年末的预计材料库存应维持在600千克左右。据此，诺瑞祥公司编制2014年度直接材料预算。

表3 诺瑞祥公司2014年度直接材料预算

季　　度	第1季度	第2季度	第3季度	第4季度	全年合计
预计生产量（件）					
单位产品材料用量（千克）					
生产需用量					
加：预计期末材料存货					
减：预计期初材料存货					
预计材料采购量					
材料单价（元/千克）					
预计采购金额					
预计现金支出					（单位：元）
期初应付账款					
第1季度					
第2季度					
第3季度					
第4季度					
合　　计					
预计年末应付账款					（单位：元）
期初应付账款					
加：预计全年采购金额					
减：预计全年支付货款					
期末应付账款					

资料四:诺瑞祥公司根据以往的加工经验预计,生产一件备件大约需要7个工时。而依据公司与工人签订的劳动合同规定,每工时需要支付工人工资10元。据此,诺瑞祥公司编制2014年度直接人工预算。

表4 诺瑞祥公司2014年度直接人工预算

季　度	第1季度	第2季度	第3季度	第4季度	全年合计
预计生产量(件)					
单位产品工时(小时)					
人工总工时					
每小时人工成本(元)					
人工总成本					

资料五:诺瑞祥公司根据以往的生产经验估计,公司下年度可能会发生以下几项制造费用:辅助材料与水电费为变动费用,每工时的开支额分别是3元和2元;车间管理人员工资和设备折旧费为固定费用,估计每季度的开支总额分别为10 000元和15 250元;设备维护费为混合成本,每季度要进行一次基本维护,费用大约为15 000元,日常维护费用则与开工时数有关,估计每工时的维护费约为2元。据此,诺瑞祥公司编制2014年度制造费用预算。

表5 诺瑞祥公司2014年度制造费用预算

季　度	第1季度	第2季度	第3季度	第4季度	全年合计
变动制造费用					
人工总工时					
辅助材料(3元/工时)					
水电费(2元/工时)					
设备维护费(2元/工时)					
合　计					
固定制造费用					
管理人员工资					
设备折旧费					
设备维护费					
合　计					
预计现金支出					(单位:元)
变动制造费用合计					
固定制造费用合计					
减:设备折旧费					
现金支出额					

资料六:诺瑞祥公司依据直接材料、直接人工、制造费用三项预算,结合2014年度预计

销售量和期末产品库存量情况,编制 2014 年度产品成本预算。

表6　诺瑞祥公司 2014 年度产品成本预算　　　　　　　　　　　　　　　　　单位:元

成本项目	单位产品成本		生产成本（4 600件）	期末存货（200件）	销售成本（4 600件）
	每千克（每小时）	投入量（公斤、小时、元）	成本		
直接材料					
直接人工					
变动制造费用					
固定制造费用					
合　　计					

资料七:诺瑞祥公司预计 2014 年度的销售费用只有运输费一项,按照与运输公司的合同约定,每季度支付 13 000 元运费;管理费用包括管理人员工资、办公费和房租三项,均属于固定成本,每季开支额分别为 6 000 元、4 000 元和 10 000 元。据此,诺瑞祥公司编制销售及管理费用预算。

表7　诺瑞祥公司 2014 年度销售及管理费用预算　　　　　　　　　　　　　　单位:元

季　　度	第1季度	第2季度	第3季度	第4季度	全年合计
销售费用					
运输费					
管理费用					
管理人员工资					
办公费					
房租					
合　　计					

资料八:诺瑞祥公司财务部门根据公司的经营特点和现金流转状况,确定公司的最佳现金持有量是 10 000 元。当预计现金收支净额不足 10 000 元时,通过变现有价证券及申请短期银行借款来补足;预计现金收支净额超过 10 000 元时,超出部分用于归还借款和购入有价证券。诺瑞祥公司估计,2014 年初,公司大约会有 23 000 元左右的有价证券储备。此外,公司已和银行商定了为期 1 年的信贷额度,公司随时可按 6% 的年利率向银行借款,借款为 1 000 元的整数倍。除了日常经营活动引起的各项现金收支外,诺瑞祥公司估计 2014 年还会发生如下现金支付业务:

1.公司的一台专用机床必须在一季度更新,预计需要支出购置及安装等费用共计 130 000 元。

2.公司将在 2014 年初向股东派发 2013 年度的现金股利 20 000 元。

3.估计公司每个季度需要缴纳所得税款 5 600 元。

根据这些资料,诺瑞祥公司编制现金预算如下:

表8 诺瑞祥公司2014年度现金预算　　　　　　　　　　　　　　　　　　　　　　　单位:元

季　　度	第1季度	第2季度	第3季度	第4季度	全年合计
期初现金余额					
加:销售现金收入					
减:各项现金支出					
材料采购					
直接人工					
制造费用					
销售及管理费用					
所得税					
购置设备					
分配利润					
支出合计					
现金收支净额					
现金筹集和运用					
出售有价证券					
购入有价证券					
申请银行借款					
归还银行借款					
短期借款利息					
期末现金余额					

资料九:诺瑞祥公司财务人员估计,如果前面各项日常业务预算和现金预算都能在预算期内予以落实,那么公司在2014年度的盈利前景还是相当乐观的。并且,估计公司2014年度的股利分配额能在2013年基础上增长50%,达到30 000元。

表9 诺瑞祥公司2014年度预计利润表　　　　　　　　　　　　　　　　　　　　　　单位:元

项　　　目	金　　额	资料来源
销售收入		
销售成本		
毛利		
销售及管理费用		
利息费用		
利润总额		
所得税		
净利润		
加:年初未分配利润		
可供分配的利润		
减:利润分配		
年末未分配利润		

资料十:诺瑞祥公司结合预算期内的各项业务活动的情况,编制 2014 年末的预计资产负债表。

表 10 诺瑞祥公司 2014 年度预计资产负债表　　　　　　　　　　单位:元

项　　目	年初数	年末数	资料来源
资　产			
现金			
交易性金融资产			
应收账款			
材料存货			
产品存货			
固定资产			
累计折旧			
资产总额			
负债及所有者权益			
应付账款			
应付利润			
实收资本			
未分配利润			
负债及所有者权益合计			

四、校外实习

实习项目　财务预算岗位实习

(一)实习性质

财务预算岗位实习是在学生学习了日常业务预算、财务预算等理论内容后进行的,是加深学生对预算管理思想、日常业务预算、财务预算理解及提高学生运用理论知识解决实际问题的实践性教学环节,是获取企业直接知识,巩固课程理论内容不可缺少的环节,是课程教学大纲的重要组成部分。

(二)实习目的

1.通过财务预算岗位实习,了解企业预算管理的现状。

2.通过财务预算岗位实习,了解企业预算管理运行机制。

3.通过财务预算岗位实习,明确企业实施预算管理的意义。

4.通过财务预算岗位实习,进一步掌握日常业务预算和财务预算的编制方法。

(三)实习组织方法

1. 财务预算岗位实习在课程教学单位的组织下,由课程教研组(室)负责,两名专业教师组成实习指导团队,组织一个班级进行岗位实习。

2. 财务预算岗位实习安排在日常业务预算和财务预算理论课程内容学习后进行,为期半天。

3. 财务预算岗位实习前需联系一家财务制度健全的大型企业,组织学生实习。

4. 学生在岗位实习过程中,邀请财务预算岗位实习指导师傅现场讲授,并结合企业的实际情况,设计财务预算方面的案例,组织学生参与讨论、计算、分析和判断。

5. 财务预算岗位实习学生返校后,由学生完成财务预算岗位实习体会。

(四)实习内容及要求

1. 了解实习企业基本概况,生产经营主要产品、经济效益、行业特点、行业地位等。
2. 了解实习企业预算管理方面的机制。
3. 了解实习企业预算管理情况。
4. 掌握实习企业日常业务预算和财务预算编制方法。

(五)实习成果

学生在财务预算岗位实习时,应对实习指导师傅介绍的企业相关情况认真记录,以便为撰写岗位实习体会积累资料,岗位实习后,每位学生必须撰写财务预算岗位实习报告,其内容包括:

1. 企业概况:实习企业的性质、生产经营情况、行业特点、行业地位等。
2. 企业预算管理运行机制。
3. 评价企业预算管理的执行情况。
4. 实习心得:主要阐明预算管理在企业管理中的重要性,岗位实习后对预算管理的理解和认识。

(六)成绩评定

根据学生岗位实习报告的内容、完整性及深度,结合学生实习态度及遵守纪律情况,按优、良、中、及格、不及格评定成绩,并按一定比例计入课程学习成绩。

项目四
筹资管理

◇ 知识目标

- 认知筹资的含义和分类
- 认知筹资的渠道和方式
- 掌握权益资金的筹集方式
- 掌握负债资金的筹集方式
- 熟悉股票、债券的发行
- 掌握商业信用的决策

◇ 能力目标

- 能对企业所需资金量进行预测
- 能理解各筹资方式的优缺点
- 掌握各种短期负债的实际利率的计算
- 能计算放弃现金折扣的成本并进行决策
- 能计算融资租赁的租金

任务一 预测资金筹集需要量

❖ 任务引入

红光公司2011年的财务数据如下：

项目	金额（万元）	占销售收入(4 000万元)百分比
流动资产	4 000	100%
固定资产	（略）	无稳定的百分比关系
应付账款	400	10%
长期负债	（略）	无稳定的百分比关系
当年的销售收入	4 000	
净利润	200	5%

假设该公司的实收资本始终保持不变,2012年预计销售收入将达到5 000万元。

任务要求:

1.如果该公司的股利支付率为30%,则需要补充多少外部资金?

2.如果利润留存率是100%,销售净利率提高到6%,目标销售收入是4 500万元。请同学们计算分析该公司是否需要从外部筹资,如果需要,则需要补充多少外部资金?

❖ 相关知识

一、企业筹资的概念及分类

(一)筹资的概念

筹资,是指企业根据其经营活动、投资活动和调整资本结构等长期需要,通过资本市场、运用各种筹资方式,从各种渠道筹措资本的活动。

企业筹资管理的内容就是针对客观存在的筹资渠道,选择合理的筹资方式,通过有效的组合筹集所需资金,从而降低资金成本,提高筹资效率。

(二)筹资的分类

1.按资金的来源范围不同,可分为内部筹资和外部筹资

内部筹资,是指企业在企业内部通过留存利润而形成的资本来源。

外部筹资,是指企业在内部筹资不能满足需要时,在企业外部筹资而形成的资本来源。

2.按是否以金融机构为媒介,可分为直接筹资和间接筹资

直接筹资,是指企业不经过银行等金融机构,直接与资本所有者协商融通资本的一种筹资活动。如:投入资本、发行股票、债券等。

间接筹资,是指企业借助银行等金融机构融通资本的筹资活动。间接筹资的基本方式是银行借款,此外,还有融资租赁等筹资方式。

3.按企业所取得资金的权益特性不同,可分为股权性筹资、债务性筹资和混合性筹资

股权性筹资形成股权资本,是企业依法取得并长期拥有,可自主调配运用的资本。如:实收资本、留存收益等。

债务性筹资形成债务资本,是企业依法筹措并依约使用、按期偿还的资金来源。如:债券、银行借款等。

混合性筹资兼具上述两种属性。如:优先股筹资和发行可转换债券等。

4.按所筹资本的期限,可分为长期资本和短期资本

长期资本,是指期限在1年以上的资本。其内容包括长期负债和权益资本,主要通过吸收直接投资、发行股票、发行长期债券、银行长期借款、融资租赁等方式来筹集。长期资本

"高成本、低风险",其成本看起来比短期高,但企业没有短期偿还本金的压力。

短期资本,是指期限在1年以内的资金。其内容包括短期债务,一般通过短期借款、商业信用等方式来筹集。短期资本"低成本、高风险",短期偿还本金的压力使企业有现金还贷的风险。

二、企业筹资渠道与方式

(一)筹资渠道

企业筹资渠道,是指企业取得资金的来源和途径。目前,我国企业筹资渠道主要有:

1. 政府财政资金

政府财政资金具有广阔的源泉和稳固的基础,它政策性极强,通常只是国有企业筹资的主要来源。

2. 银行信贷资金

银行信贷资金是各类企业筹资的重要来源。商业银行主要提供商业贷款;政策性银行针对特定企业提供政策性贷款。

3. 非银行金融机构资金

非银行金融机构资金包括信托投资公司、保险公司、金融租赁公司、证券公司、财务公司等,它提供资金信贷、物资融通、金融服务等。

4. 其他法人资金

企业在再生产过程中产生的暂时的闲置资金,可以在企业间相互投资和使用。

5. 民间资本

民间资本正在成为民营企业资本的最重要来源。经过改革开放而富裕起来的我国城乡居民手中拥有大批的货币,既可以作为直接资本金,也可以供企业筹资使用。

6. 企业内部资金

企业内部资金主要指企业自提的公积金和留存收益,它们是企业主要资金来源。

7. 外商资金

外商资金,是指来自境外的资金,不少大型企业尤其是上市公司已经越来越意识到这部分资金的运用。

(二)筹资方式

筹资方式,是指企业筹措资金采取的具体方法和手段。目前,我国企业的筹资方式一般有以下几种:吸收直接投资、发行股票、利用留存收益、发行优先股、银行借款、发行债券、发行融资券、商业信用、融资租赁等。其中,前四种方式筹集的资金属于企业的所有者权益,是企业的自有资金、主权资金。自有资金不用还本,因此,筹集自有资金没有财务风险。但自有资金要求的回报率高,因而资本成本高。后五种方式筹集的资金属于企业的负债,到期要归还本金和利息,因而,又称之为企业的"借入资金"或"负债资金"。企业采用借入方式筹集的资金,一般承担较大的财务风险,但相对而言付出的资金成本较小。

筹资渠道解决的是资金来源问题,筹资方式则解决通过何种方式取得资金的问题,它们之间存在一定的对应关系。一定的筹资方式可能只适用于某一特定的筹资渠道,但是同一渠道的资金往往可采用不同的方式取得,同一筹资方式又往往适用于不同的筹资渠道。因此,企业在筹资时,应实现两者的合理配合,如表 4-1 所示:

表 4-1 筹资渠道和筹资方式的配合

资金来源	直接投资	股票	借款	债券	信用	租赁
国家财政资金	√	√				
银行信贷资金			√			
非银行金融结构资金	√	√	√	√		
其他企业资金	√	√		√	√	√
居民个人资金	√	√		√		√
企业自留资金	√					

三、企业筹资的要求

企业的筹资、投资和分配是密不可分的一个整体,筹资直接制约着投资和分配。企业应在充分分析各种影响因素的基础上,按照有关要求进行合理、有效的筹资。具体要求如下:

(一)遵守国家法规,维护各方权益

企业筹集资金必须接受国家宏观指导与调控,遵守国家有关法律法规,实行公开、公平、公正的原则,履行约定的责任,维护有关各方的合法权益。

(二)合理确定资金需要量,努力提高筹资效果

企业的筹资规模应当与资金的需求量一致,防止筹资不足而影响生产经营或筹资过剩而降低筹资效益。

(三)合理安排资本结构,保持适当偿债能力

企业筹集的权益资金与债务资金要保持合理的比例关系,既达到降低资金成本的目的,又使筹资风险可以承受。

(四)认真选择筹资来源,力求降低筹资成本

企业不同筹资渠道和方式的筹资难易程度、资本成本和财务风险各不一样。因此,要综合考察各种筹资渠道和筹资方式,研究各种资金来源的构成,求得最优的筹资组合,以便降低组合的筹资成本。

(五)适时取得所筹资金,保证资金投放需要

筹集资金要按照资金投放使用的时间来合理安排,使筹资与用资在时间上相衔接,避免取得资金滞后而贻误投资的有利时机,也要防止取得资金过早而造成投放前的闲置。

四、资金需要量的预测方法

根据规模适当的筹资原则,企业的筹资规模应当与资金的需求量一致,应避免出现资金不足或筹集过多的现象。企业资金需要量的预测可以采用定性预测法、因素分析法、比率预测法和资金习性预测法。

(一)定性预测法

定性预测法,是指利用直观的资料,依靠个人的经验和主观分析、判断,对未来资金需要量作出预测。步骤主要有:

其一,熟悉企业生产经营情况与财务情况的专家,根据过去积累的经验,通过分析判断初步形成预测意见;

其二,对初步预测结果,以召开座谈会或发放调查表的方式进行修订完善;

其三,反复修订,形成预测结果。

这种方法比较实用,但不能定量地反映资金需要量有关因素的关系。

(二)因素分析法

因素分析法又称"分析调整法",是以有关项目基期年度的平均资金需要量为基础,根据预测年度的生产经营任务和资金周转加速的要求,进行分析调整,来预测资金需要量的一种方法。该方法计算简便,容易掌握,但预测结果不太精确。适用于品种繁多、规格复杂、资金用量较小的项目。其计算公式为:

资金需要量=(基期资金平均占用额-不合理资金占用额)×(1±预测期资金增减率)×(1±预测期资金周转变动率)

【业务实例4-1-1】甲企业上一年度资金平均占用额为2 200万元,经分析,其中不合理部分为200万元,预计本年度销售增长5%,资金周转加速2%。请预测本年度资金需要量。

解:预测本年度资金需要量=(2 200-200)×(1+5%)×(1-2%)=2 058(万元)

◆ 拓展训练

甲企业上一年度资金平均占用额为2 200万元,经分析,其中不合理部分为200万元,预计本年度销售下降5%,资金周转速度会下降2%。则本年度资金需要量=(2 200-200)×(1-5%)×(1+2%)=1 938(万元)

(三)比率预测法

比率预测法是依据有关财务比率与资金需要量之间的关系预测资金需要量的方法。能用于预测的比率可能会很多,如存货周转率、应收账款周转率等,但最常用的是销售百分比法。

销售百分比法是在假定变动资产、变动负债与销售收入之间存在稳定的百分比关系的基础上,根据计划期销售增加额及假定不变的百分比关系,预测计划期资金需要量的一种方法。

应用销售百分比法预测资金需要量的基本步骤:

1.区分变动项目和非变动项目

在资产负债表中,有一些项目会随着销售收入的增长而相应增加,通常将这些项目称为"变动项目"或"敏感项目",比如,库存现金、应收账款、存货、应付票据、应付账款等。而有些项目不会随着销售收入的增长而相应增加,通常称为"非变动项目"或"非敏感项目",比如,短期借款、短期融资券、长期负债、实收资本、对外投资等。

【业务实例 4-1-2】下列各项中,属于非变动项目的是( )

A. 应付账款　　　B. 应付票据　　　C. 应付债券　　　D. 应付销售人员薪酬

【解析】选项 A、B、D 都属于变动项目。而选项 C 应付债券并不是在经营过程中自发形成的,而是企业根据投资需要筹集的,所以它属于非变动项目。

> **关键提示**
>
> 如果现有的生产能力有剩余,则固定资产是非敏感资产;如果现有的生产能力已经饱和,需要按照销售收入的增长比例增加固定资产投资,则固定资产也是敏感资产;如果现有的生产能力已经饱和,但给出增加固定资产的具体数额,可在对外筹资需求量的公式中直接加上。

2.计算变动项目的销售百分比

$$\text{变动项目的销售百分比} = \frac{\text{基期变动资产(或负债)}}{\text{基期销售收入}}$$

3.确定对外筹资的需要量

对外筹资的需要量=增加的资产-增加的负债-增加的留存收益

其中:

增加的资产=增量收入×基期敏感资产占基期销售额的百分比+非敏感资产的调整数

增加的负债=增量收入×基期敏感负债占基期销售额的百分比

增加的留存收益=预计销售收入×销售净利率×收益留存率

即:

$$\text{对外筹资的需要量} = \frac{A}{S_1} \times \triangle S - \frac{B}{S_2} \times \triangle S - P \times E \times S_2$$

式中：△S——预计年度销售增加额；

A——基期敏感资产总额；

B——基期敏感负债总额；

S_1——基期销售收入；

S_2——预计年度销售收入；

P——净利率；

E——收益留存率。

◆ 你知道吗？

收益留存率=（1－股利支付率）

【业务实例4-1-3】 四方公司2011年12月31日的资产负债表如表4-2所示：

表4-2 四方公司简要资产负债表　2011年12月31日　　　　　　单位：元

资产		负债与所有者权益	
库存现金	5 000	预提费用	5 000
应收账款	15 000	应付账款	10 000
存货	30 000	短期借款	25 000
固定资产净值	30 000	应付债券	1 000
		实收资本	20 000
		留存收益	1 000
资产合计	80 000	负债与所有者权益合计	80 000

2011年，公司的销售收入为100 000元，现在还有剩余生产能力，即增加销售收入不需要进行固定资产方面的投资。假定销售净利率为10%，如果预计2012年的销售收入为120 000元，则用销售百分比法预测2012年需要增加的资金量。

解：(1)区分变动项目和非变动项目并计算变动项目的销售百分比，如表4-3所示。

表4-3 四方公司的销售百分比表

资产	占销售收入（%）	负债与所有者权益	占销售收入（%）
库存现金	5	预提费用	5
应收账款	15	应付账款	10
存货	30	短期借款	不变动
固定资产	不变动	应付债券	不变动
		实收资本	不变动
		留存收益	不变动
合计	50	合计	15

(2)确定需要增加的资金。从表中可看出,每增加 100 元的销售收入,必须增加 50 元(库存现金+应收账款+存货)的资金占用,但同时也自动增加 15 元的资金来源(预提费用+应付账款)。因此,公司每增加 100 元的销售收入必须增加 35 元(即 35%)的资金来源才能满足资产占用。如销售收入增加到 120 000 元,增加了 20 000 元,按照 35%的比例预测要增加资金为:20 000×35%=7 000 元。

(3)确定对外筹资的需要量。上述 7 000 元的资金来源首先可以从内部得到,公司 2012 年的净利润为 12 000 元(120 000×10%),如果公司把利润分配的比率 60%给投资者,则有 40%的利润作为留存收益,即 4 800(=12 000×40%),那么将有 2 200(7 000－4 800)元的资金需要从外界筹资。根据上述过程可计算出对外筹资的需要量:

$$\begin{aligned}对外筹资的需要量 &= 增加的资产－增加的负债－增加的留存收益\\ &= 20\,000×50\%－20\,000×15\%－120\,000×10\%×40\%\\ &= 2\,200(元)\end{aligned}$$

(四)资金习性预测法

资金习性预测法是根据资金习性预测未来资金需要量的一种方法。所谓"资金习性",是指资金变动与产销量之间的依存关系。按照资金习性可将资金分为不变资金、变动资金和半变动资金。

不变资金,是指在一定的产销量范围内,不受产销量变动的影响而保持固定不变的那部分资金。变动资金,是指随产销量的变动而同比例变动的那部分资金。半变动资金,是指虽然受产销量变化的影响,但不成同比例变动的资金。半变动资金可采用一定的方法划分为不变资金和变动资金两部分。

资金习性预测法有两种形式:一种是根据资金占用总额同产销量的关系来预测资金需要量;另一种是采用先分项后汇总的方式预测资金需要量。

设产销量为自变量 x,资金占用量为因变量 y,它们之间的关系可用下式表示:

$$y=a+bx$$

式中:y——资金需要量;

a——不变资金;

b——单位产销量所需变动资金;

x——业务量(产销量)。

其参数数值可采用线性回归分析法或高低点法求得。

1.线性回归分析法

回归分析法是根据有关历史资料,运用最小平方法(也称最小二乘法)原理,用线性回归分析法求解 a 和 b,得出二者之间的函数方程式,最终根据产销量 x 的变动计算得到资金需要量 y。

a 和 b 可以通过如下方程组得到：

$$\sum y = na + b\sum x$$
$$\sum xy = a\sum x + b\sum x^2$$

也可以直接记忆 a 和 b 公式：

$$b = \frac{n\sum xy - \sum x \sum y}{n\sum x^2 - (\sum x)^2}$$

$$a = \frac{\sum x^2 \sum y - \sum x \sum xy}{n\sum x^2 - (\sum x)^2}$$

另外，求出 b 后，a 还可以这样求解：

$$a = \frac{\sum y}{n} - b\frac{\sum x}{n} = \bar{y} - b\bar{x}$$

【业务实例 4-1-4】红日公司 2008~2012 年的产销量和资金需要量如下表 4-4 所示，若预测 2013 年的预计产销量为 78 000 吨，则试建立资金的回归直线方程，并预测 2013 年的资金需要量。

表 4-4 红日公司产销量与资金需要量表

年度	产销量(x)(万吨)	资金需要量(y)(万元)
2008	6.0	500
2009	5.5	475
2010	5.0	450
2011	6.5	520
2012	7.0	550

解：(1) 根据上表资料计算出的有关数据，如表 4-5 所示。

表 4-5 回归直线方程数据计算表

年度	产销量(x)	资金需要量(y)	xy	x^2
2008	6.0	500	3 000	36
2009	5.5	475	2 612.5	30.25
2010	5.0	450	2 250	25
2011	6.5	520	3 380	42.25
2012	7.0	550	3 850	49
n=5	$\sum x = 30$	$\sum y = 2\ 495$	$\sum xy = 15\ 092.5$	$\sum x^2 = 182.5$

(2) 将表 4-5 的数据代入联立方程得：

$$b = \frac{n\sum xy - \sum x \sum y}{n\sum x^2 - (\sum x)^2} = \frac{5 \times 15\ 092.5 - 30 \times 2\ 495}{5 \times 182.5 - 30^2} = 49 (万元)$$

$$a=\frac{\sum y-b\sum x}{n}=\frac{2\,495-49\times30}{5}=205(万元)$$

因而,y=205+49x

将 2013 年的预计产销量 x 为 7.8 万吨代入上式得:

2013 年的资金需要量 y＝205+49×7.8 ＝587.2(万元)

2.高低点法

根据两点可以决定一条直线原理,把高点和低点的值代入直线方程就可以求出 a 和 b。这里的高点是指产销业务量最大点及其对应的资金占用量,低点是指产销业务量最小点及其对应的资金占用量。将高点和低点代入直线方程:

最大产销业务量对应的资金占用量＝a+b×最大产销业务量

最小产销业务量对应的资金占用量＝a+b×最小产销业务量

解方程得:

$$b=\frac{最大产销量对应的资金占用量－最小产销量对应的资金占用量}{最大产销量－最小产销量}$$

a＝最大产销业务量对应的资金占用量－b×最大产销业务量

或＝最小产销业务量对应的资金占用量－b×最小产销业务量

◆ **特别提示**

高点产销业务量最大,但对应的资金占用量可能最大,也可能不是最大;同样,低点产销业务量最小,但对应的资金占用量可能最小,也可能不是最小。

【业务实例 4-1-5】宏发公司历史上资金占用与销售额之间的关系如表 4-6 所示。

表 4-6 宏发公司历史资料   单位:万元

年度	产销收入(万元)	资金占用(万元)
2008	12	8
2009	14	9
2010	13.6	8.8
2011	16	10
2012	15.8	11

要求:

(1)采用高低点法计算不变资金和单位变动资金。

(2)当 2013 年的销售收入为 19 万元时,预测其需要占用的资金数额。

解:(1)第一,选择最高销售额和最低销售额作为高点和低点。本例中 2011 年为高点,

2008年为低点。

第二,求出参数a、b的值。参数a的值即不变资金,参数b的值即单位变动资金。

$$b = \frac{最大产销量对应的资金占用量-最小产销量对应的资金占用量}{最大产销量-最小产销量}$$

$$= (10-8) \div (16-12) = 0.5$$

将b代入y=a+bx,以高点值或低点值为据可求得a。

高点:10=a+0.5×16,则a=2(万元)

或低点:8=a+0.5×12,则a=2(万元)

第三,将a、b的值代入y=a+bx建立预测方程:y=2+0.5x

(2)2013年的资金占用数额=2+0.5×19=11.5(万元)

想一想

产销量和资金需要量是不是必须为线性关系?

任务实施

1.(1)计算增加的资产、增加的负债和增加的留存权益。

(2)根据公式:对外筹资的需要量=增加的资产-增加的负债-增加的留存收益,计算需要补充多少外部资金。

2.计算步骤同上。

知识拓展

筹资方式选择的程序

企业要谋生存求发展,就必须拓宽思路、更新观念、加强管理、提升企业的国际竞争力。另外,企业在筹集资金时还要注重企业的筹资效益。筹资方式选择的程序,可以总结为以下几点:其一,明确投资需要,制定筹资计划;其二,分析寻找筹资渠道,明确可筹资金的来源;其三,计算各个筹资渠道的筹资成本费用,即计算筹资费用率——每1万元资金所需筹资成本;其四,分析企业现有负债结构,明确还债风险时期;其五,分析企业未来现金收入流量,明确未来不同时期的还债能力;其六,对照计算还债风险时期,在优化负债机构的基础上,选择安排新负债;其七,权衡还债风险和筹资成本,拟订筹资方案;其八,选择筹资方案,在还债风险可承担的限度内,尽可能选择筹资成本低的筹资渠道以取得资金。

任务二　筹集权益资金

◆ 任务引入

就中国上市公司筹资现状,股权筹资是其主要融资方式。这与发达国家"内源融资优先,债务融资次之,股权融资最后"的融资顺序大相径庭。中国上市公司历年来的负债比例都低于正常水平,但又频频申请配股。人们不禁要问:我国上市公司累积那么多募股资金,闲置不用,为什么又要向股东配股"收钱"? 有人说:上市公司不懂得投资;有人说:上市公司在"圈钱"。

关于我国上市公司负债比例较低的原因,绝不是企业经济效益像微软或3M公司那样很好而不需要负债,即使是微软公司,近年来最低负债比例也约在15％以上,最低净资产收益率在35％以上。如何解释我国上市公司这种低负债现象呢? 以下是几种常见的说法:其一,股东的钱为零成本,可以不还本付息;其二,没有最佳资本结构意识;其三,配股和增发新股被视为"经济效益高"或"经营、财务、管理状况良好"的嘉奖;其四,不懂得使用合适的融资工具,造成配股成为"唯一的"融资工具;其五,对高负债怀有"恐惧症",实行稳健的财务政策;其六,募股和配股的投资计划形同虚设,无法落实,造成资金闲置;其七,利用募股和配股资金,转还银行贷款;其八,主业发展受限,一时难以寻找到高效益的投资项目;其九,上市公司的收益率低于银行贷款利息率(6个月是5.58％;1年是5.85％)。

任务要求:

你认为我国上市公司负债比例偏低的主要原因是什么? 造成负债比例偏低的原因是否因公司而异?

◆ 相关知识

权益资金也称为"自有资金",是指企业通过吸收直接投资、发行股票、内部积累等方式筹集的资金。

一、吸收直接投资筹集资金

吸收直接投资(以下简称"吸收投资"),是指企业按照"共同投资、共同经营、共担风险、共享利润"的原则,直接吸收国家、法人、个人投入资金的一种筹资方式。它不是以有价证券为中介,而是以协议、合约形式存在的。投资者之间共同经营、共担风险、共享利润。吸收直接投资是非股份制企业吸收自有资金的主要方式。

(一) 吸收直接投资的种类

1. 吸收国家投资

吸收国家投资,是指有权代表国家投资的部门或机构以国有资产投入企业,形成国有资本金。吸收国家投资一般具有以下特点:

(1) 产权归属国家。

(2) 资金的运用和处置受国家约束较大。

(3) 在国有企业中采用比较广泛。

2. 吸收法人投资

吸收法人投资,是指法人单位以其依法可以支配的资产投入企业形成法人资本金。吸收法人投资一般具有以下特点:

(1) 发生在法人单位之间。

(2) 以参与企业利润分配为目的。

(3) 出资方式灵活多样。

3. 吸收个人投资

吸收个人投资,是指社会个人或企业内部职工以个人合法财产投入企业形成个人资本金。吸收个人投资一般具有以下特点:

(1) 参加投资的人员较多。

(2) 每人投资的数额较少。

(3) 以参与企业利润分配为目的。

4. 吸收外商投资

吸收外商投资,是指外国投资者以及我国香港、澳门和台湾地区投资者以其合法财产投入企业形成的资本金。吸收外商投资一般具有以下特点:

(1) 以参与企业利润分配为目的。

(2) 出资方式灵活多样。

(二) 吸收直接投资的出资方式

企业在采用吸收投资方式筹集资金时,投资者可以用货币资金、厂房、机器设备、材料物资、无形资产等出资。出资方式主要有以下几种:

1. 货币出资

货币出资是吸收直接投资中一种最重要的出资方式。企业有了货币资金,便可获取其他物质资源。因此,企业应尽量动员投资者采用货币资金方式出资。

2. 实物出资

实物出资就是投资者以厂房、建筑物、设备等固定资产和原材料、商品等流动资产进行的投资。企业吸收的实物应符合如下条件:

(1)为企业科研、生产、经营所需。

(2)技术性能比较好。

(3)作价公平合理。

3. 工业产权出资

工业产权出资,是指投资者以专有技术、商标权、专利权等无形资产进行的投资。企业吸收的工业产权应符合以下条件:

(1)能帮助研究和开发出新的高科技产品。

(2)能帮助生产出适销对路的高科技产品。

(3)能帮助改进产品质量,提高生产效率。

(4)能帮助大幅度降低各种消耗。

(5)作价比较合理。

4. 土地使用权出资

投资者也可以用土地使用权来进行投资。土地使用权,是指按照有关法规和合同的规定使用土地的权利。企业吸收土地使用权投资应符合以下条件:

(1)是企业科研、生产、销售活动所需要的。

(2)交通、地理条件比较适宜。

(3)作价公平合理。

除货币资金出资,以其他方式出资的要对资产进行作价。双方可以按公平合理原则协商作价,也可以请资产评估机构进行资产评估,按评估后的价格确认出资。

(三)吸收直接投资的程序

1. 确定筹资数量

吸收投资一般是在企业开办时所使用的一种筹资方式。企业在经营过程中,如果发现自有资金不足,也可采用吸收投资的方式筹集资金,但在吸收投资之前,必须确定所需资金的数量,以利于正确筹集所需资金。

2. 寻找投资单位

企业在吸收投资之前,需要做一些必要的宣传,以便使出资单位了解企业的经营状况和财务情况,有目的地进行投资。这将有利于企业在比较多的投资者中寻找最合适的合作伙伴。

3. 协商投资事项

寻找到投资单位后,双方便可进行具体的协商,以便合理确定投资的数量和出资方式。在协商过程中,企业应尽量说服投资者以现金方式出资。如果投资者拥有较先进的适用于企业的固定资产、无形资产等,则也可用实物、工业产权和土地使用权进行投资。

4. 签署投资协议

双方经初步协商后,如没有太大异议,便可进一步协商。这里关键问题是以实物投资、工业产权投资、土地使用权投资的作价问题。一般而言,双方应按公平合理的原则协商定价。如果争议比较大,则可聘请有关资产评估的机构来评定。当出资数额、资产作价确定后,便可签署投资的协议或合同,以明确双方的权利和责任。

5. 共享投资利润

企业在吸收投资之后,应按合同中的有关条款,从实现利润中对吸收的投资支付报酬。投资报酬是企业利润的一个分配去向,也是投资者利益的体现,企业要妥善处理,以便与投资者保持良好关系。

(四)吸收直接投资的优缺点

1. 吸收直接投资的优点

(1)有利于提高企业的资信和借款能力。吸收直接投资所筹集的资金属于自有资金,能增强企业的信誉和借款能力,对扩大企业经营规模、壮大企业实力具有重要作用。

(2)有利于尽快形成生产能力。吸收直接投资可以直接获取投资者的先进设备和先进技术,有利于尽快形成生产能力,更好地开拓市场。

(3)有利于降低财务风险。吸收直接投资可以根据企业的经营状况向投资者支付报酬。企业经营状况好,则可向投资者多支付一些报酬;企业经营状况不好,则可不向投资者支付报酬或少支付报酬。报酬支付较为灵活,所以,财务风险较小。

2. 吸收直接投资的缺点

(1)资金成本较高。一般而言,采用吸收直接投资方式筹集资金所需负担的资金成本较高,特别是当经营状况较好和盈利较多时,更是如此。因为,向投资者支付的报酬是根据其出资的数额和企业实现利润的多寡来计算的。

(2)容易分散企业控制权。采用吸收直接投资方式筹集资金,投资者一般都要求获得与投资数量相适应的经营管理权,这是企业接受外来投资的代价之一。如果外部投资者的投资较多,则投资者会有相当大的管理权,甚至会对企业实行完全控制,这是吸收直接投资的不利因素。

◆ 想一想

企业筹集权益资金主要依靠吸收直接投资,因为只有少数符合条件的企业才能发行股票,请问企业如何吸引投资者直接投资?

二、发行股票筹集资金

(一)股票的特点与分类

股票是股份公司为筹集权益资本而签发的、证明股东所持股份的有价证券,它代表了股东对企业的所有权。

1. 股票的特点

(1)永久性。永久性,是指发行股票所筹集的资金属于权益资本,没有期限,不需归还。

(2)流通性。股票作为一种有价证券,在资本市场上可以自由转让、买卖和流通,也可以继承、赠送或作为抵押品。

(3)风险性。由于发行股票所筹资金的永久性,所以股东成为企业风险的主要承担者。这种风险的表现形式一般有:股票价格的波动性、股利的不确定性、破产清算时股东处于剩余财产分配的最后顺序等。

(4)参与性。股东作为股份公司的所有者,拥有经营者选择权、重大决策权、财务监督权、获取收益权等权利,同时承载着有限责任、遵守公司章程等义务。

2. 股票的种类

(1)按股东权利和义务的不同,可将股票分为普通股和优先股。普通股是股份公司依法发行的具有管理权而股利不固定的股票,是公司资本结构中基本的部分。普通股股东在权利义务方面的特点是:

①普通股股东对公司有经营管理权。在股东大会上有表决权,可以选举董事会,从而实现对公司的经营管理。

②普通股股利分配在优先股分红之后进行,股利多少取决于公司的经营情况。

③公司解散、破产时,普通股股东的剩余财产求偿权位于公司各种债权人和优先股股东之后。

④在公司增发新股时有认股优先权,可以优先购买新发行的股票。

优先股是股份公司发行的、相对于普通股票具有一定优先权的股票。其优先权利表现在:

①优先获得股利。优先股股利的分发通常在普通股之前,其股利率是固定的。

②优先分配剩余财产。当公司解散、破产时,优先股的剩余财产求偿权虽位于债权人之后,但位于普通股之前。优先股股东在股东大会上无表决权,在参与公司经营管理上受到一定限制,仅对涉及优先股权利的问题有表决权。

(2)按股票票面是否记名,可将股票分为记名股票和无记名股票。记名股票,是指在股票上载有股东姓名或名称并将其记入公司股东名册的股票。记名股票要同时附有股权手册,只有同时具备股票和股权手册,才能领取股息和红利。记名股票的转让、继承都要办理过户手续。无记名股票,是指在股票上不记载股东姓名或名称,也不将股东姓名或名称记入公司股东名册的股票。凡持有无记名股票者,都可成为公司股东。无记名股票的转让、继承无须办理过户手续,只要将股票交给受让人,就可发生转让效力,移交股权。

(3)按发行对象和上市地区,可将股票分为 A 股、B 股、H 股和 N 股等。在我国内地上市交易的股票主要有 A 股和 B 股。A 股的正式名称是"人民币普通股票",是以人民币标明票面金额并以人民币认购和交易的股票。B 股的正式名称是"人民币特种股票",是指以人民币标明票面金额,以外币认购和交易的股票。另外,还有 H 股和 N 股。H 股是指注册地在内地,上市地在香港的股票;N股是指在纽约上市的股票。

(二)股票的发行

1. 股票发行的目的

股票发行的目的比较复杂,除了筹集资金、满足企业发展需要这一主要目的以外,其他一些目的(如调整公司的财务结构、进行资产重组、维护股东利益等)都可引起股票发行。概括起来主要有以下几个方面:

(1)新建股份有限公司筹集资金,满足企业经营需要。股份有限公司的成立有两种形式:一种是发起设立,即由公司发起人认购全部股票。发起设立程序简单,发起人出资后公司设立即告完成,但这类公司规模较小。另一种是募集设立,即除发起人本身出资外,还需向社会公开发行股票募集资金。按照我国《公司法》的规定,以募集设立方式设立股份有限公司的发起人认购的股份不得少于股份总额的35%。这类公司的规模一般较大。

(2)现有股份有限公司改善经营。现有股份有限公司为扩大经营规模或范围,提高公司的竞争能力而投资新的项目时,需增加发行股票筹集资金,人们通常称之为"增资发行"。

(3)改善公司财务结构,保持适当的资产负债比例。当公司负债率过高时,通过发行股票增加公司资本,可以有效地降低负债比例,改善公司财务结构。

(4)满足证券上市标准。股票在证券交易所上市需要满足的条件有很多,其中一个重要的方面就是股本总额。我国《公司法》规定,股份有限公司的股票要在证券交易所上市,其股本总额不得少于人民币5 000万元。因而,有些公司为了争取股票在证券交易所挂牌上市,就要通过发行新的股票的方式来增加股本总额,满足上市标准。

(5)公积金转增股本及股票派息。当股份有限公司的公积金累计到一定的水平时,在留足了法律规定的比例以后,可以将其余的公积金转为资本金,向公司现有股东按比例无偿增发新股。另外,当公司需要资金用于扩大投资时,会选择用股票而不是现金来分红派息。

(6)其他目的。

①转换证券。转换证券指当公司需要将发行在外的可转换债券或其他类型的证券转换成公司股票时,要向债权人发行股票。

②股份的分割与合并。股份的分割又称为"拆股",股份的合并又称为"缩股"。拆股或缩股时须向原股票持有人换发新股票。

③公司兼并。公司可以向目标企业发行本公司的股票,目标企业以其资产作为出资缴纳股款,由此完成对目标企业的兼并。

2. 股票发行的条件

(1)首次公开发行股票的条件。首次公开发行的发行人应当是依法设立并合法存续的股份有限公司;持续经营时间应当在3年以上;注册资本已足额缴纳;生产经营合法;3年内主营业务、高级管理人员、实际控制人没有重大变化;股权清晰。发行人应具备资产完整、人员独立、财务独立、机构独立、业务独立的独立性。发行人应规范运行。

发行人财务指标应满足以下要求：

①3个会计年度净利润均为正数且累计超过人民币3 000万元,净利润以扣除非经常性损益后较低者为计算依据。

②连续3个会计年度经营活动产生的现金流量净额累计超过人民币5 000万元;或者3个会计年度营业收入累计超过人民币3亿元。

③发行前股本总额不少于人民币3 000万元。

④至今连续1期末无形资产(扣除土地使用权、水面养殖权和采矿权等后)占净资产的比例不高于20%。

⑤至今连续1期末不存在未弥补亏损。

(2)首次公开发行股票并在创业板上市的条件。依照2009年3月发布的《首次公开发行股票并在创业板上市管理暂行办法》(以下简称《管理办法》),首次公开发行股票并在创业板上市主要应符合如下条件:

①发行人应当具备一定的盈利能力。为适应不同类型企业的融资需要,创业板对发行人设置了两项定量业绩指标,以便发行申请人选择:第一项指标要求发行人至今连续2年盈利,至今连续2年净利润累积不少于1 000万元且持续增长;第二项指标要求发行人至今连续1年盈利且净利润不少于500万元,至今连续1年营业收入不少于5 000万元,至今连续2年营业收入增长率均不低于30%。

②发行人应当具有一定的规模和存续时间。根据《证券法》第50条关于申请股票上市的公司股本总额应不少于3 000万元的规定,《管理办法》要求发行人具备一定的资产规模,具体规定至今连续1期末净资产不少于2 000万元,发行后股本不少于3 000万元。规定,发行人具备一定的净资产和股本规模,有利于控制市场风险。

《管理办法》规定,发行人应具有一定的持续经营记录,具体要求发行人应当是依法设立且持续经营3年以上的股份有限公司。有限责任公司按原账面净资产值折股整体变更为股份有限公司,持续经营时间可以从有限责任公司成立之日起计算。

③发行人应当主营业务突出。创业板企业规模小且处于成长发展阶段,如果业务范围分散,缺乏核心业务,既不利于有效控制风险,也不利于形成核心竞争力。因此,《管理办法》要求发行人集中有限的资源主要经营一种业务并强调符合国家产业政策和环境保护政策。同时,要求募集资金只能用于发展主营业务。

④对发行人公司治理提出从严要求。根据创业板公司特点,在公司治理方面参照主板上市公司从严要求,要求董事会下设审计委员会,强化独立董事职责,明确控股股东职责。

发行人应当保持业务、管理层和实际控制人的持续稳定,规定发行人至今连续2年内主营业务和董事、高级管理人员均没有发生重大变化,实际控制人没有发生变更。

发行人应当资产完整,业务及人员、财务、机构独立,具有完整的业务体系和直接面向市场独立经营的能力。发行人与控股股东、实际控制人及其控制的其他企业间不存在同业竞争,严重影响公司独立性或者显失公允的关联交易。

发行人及其控股股东、实际控制人至今连续3年内不存在损害投资者合法权益和社会公共利益的重大违法行为。发行人及其控股股东、实际控制人至今连续3年内不存在未经法定机关核准擅自公开或者变相公开发行证券,或者有关违法行为虽然发生在此之前但仍处于持续状态的情形。

(3)上市公司公开发行证券的条件。中国证监会于2006年5月制定并发布《上市公司证券发行管理办法》,对上市公司发行证券的一般性条件及上市公司配股、增发及非公开发行股票的条件作出了规定。

①上市公司公开发行证券条件的一般规定包括:上市公司组织机构健全、运行良好;上市公司的盈利能力具有可持续性;上市公司的财务状况良好;上市公司至今连续36个月内财务会计文件无虚假记载、不存在重大违法行为;上市公司募集资金的数额和使用符合规定;上市公司不存在严重损害投资者的合法权益和社会公共利益的违规行为。

②向原股东配售股份(配股)的条件。除一般规定的条件,还有以下条件:其一,拟配售股份数量不超过本次配售股份前股本总额的30%;其二,控股股东应当在股东大会召开前公开承诺认配股份的数量;其三,采用《证券法》规定的代销方式发行。

③向不特定对象公开募集股份(增发)的条件。除一般规定的条件,还有以下条件:其一,至今连续3个会计年度加权平均净资产收益率平均不低于6%,扣除非经常性损益后的净利润与扣除前的净利润相比以低者为计算依据;其二,除金融类企业外,至今连续1期末不存在持有金额较大的交易性金融资产和可控出售的金融资产、借予他人款项、委托理财等财务性投资的情形;其三,发行价格应不低于公告招股意向书前20个交易日公司股票均价或前一交易日的均价。

④非公开发行股票的条件。上市公司非公开发行股票应符合以下条件:其一,发行价格不低于定价基准日前20个交易日公司股票均价的90%;其二,本次发行的股份自发行结束之日起,12个月内不得转让;控股股东、实际控制人及其控制的企业认购的股份,36个月内不得转让;其三,募集资金使用符合规定;其四,本次发行导致上市公司控股权发生变化的,还应当符合中国证监会的其他规定。非公开发行股票的发行对象不得超过10名。发行对象为境外战略投资者的,应当经国务院相关部门事先批准。

3.股票发行价格

股票发行价格是股票发行时所使用的价格,也就是投资者认购股票时所支付的价格。股票发行价格通常由发行公司根据股票面额、股市行情和其他有关因素决定。以募集设立方式设立公司首次发行的股票价格,由发起人决定;公司增资发行新股的股票价格,由股东大会作出决议。

股票的发行价格可以和股票的面额一致,但多数情况下不一致。股票的发行价格一般有以下3种:

(1)等价。等价是以股票的票面金额为发行价格,也称为"平价发行"。这种发行价格,一般在股票的初次发行或在股东内部摊增资的情况下采用。等价发行股票容易推销,但无从取得股票溢价收入。

(2)时价。时价是以本公司股票在流通市场上买卖的实际价格为基准确定的股票发行价格。其原因是股票在第2次发行时已经增值,收益率已经变化。选用时价发行股票,考虑了股票的现行市场价值,对投资者也有较大的吸引力。

(3)中间价。中间价是以时价和等价的中间值确定的股票发行价格。

按时价或中间价发行股票,股票发行价格会高于或低于其面额。前者称"溢价发行",后者称"折价发行"。如属溢价发行,则发行公司所获的溢价款列入资本公积。

我国《公司法》规定,股票发行价格可以等于票面金额(等价),也可以超过票面金额(溢价),但不得低于票面金额(折价)。

知识拓展

我国确定股票发行价格多采用两种方式:一是固定价格方式,即在发行前由主承销商和发行人根据市盈率法来确定新股发行价格:新股发行价=每股税后利润×发行市盈率。二是区间寻价方式,又叫"竞价发行"方式,即确定新股发行的价格上限和下限,在发行时根据集合竞价的原则,以满足最大成交量的价格作为确定的发行价。比如,某新股竞价发行时的上限是10元,下限是6元,发行时认购者可以按照自己能够接受的价格进行申购,结果是8元可以满足所有申购者最大的成交量,所以8元就成了最终确定的发行价格。所有高于和等于8元的申购可以认购到新股,而低于8元的申购则不能认购到新股。这种发行方式,多在增发新股时使用。新股的发行价主要取决于每股税后利润和发行市盈率这两个因素。

(三) 股票上市

股票上市指股份有限公司公开发行的股票经批准在证券交易所进行挂牌交易。经批准在交易所上市交易的股票称为"上市股票"。股票获准上市交易的股份有限公司简称为"上市公司"。我国《公司法》规定,股东转让其股份,即股票流通必须在依法设立的证券交易场所进行。

1. 股票上市的目的

股份公司申请股票上市,一般出于以下目的:

(1)资本大众化,分散风险。股票上市后,会有更多的投资者认购公司股份,公司则可将部分股份转售给这些投资者,再将得到的资金用于其他方面,这就分散了公司的风险。

(2)提高股票的变现力。股票上市后便于投资者购买,自然提高了股票的流动性和变现力。

(3)便于筹措新资金。股票上市必须经过有关机构的审查批准并接受相应的管理,执行各种信息披露和股票上市的规定,这就大大增强了社会公众对公司的信赖,使之乐于购买公司的股票。同时,由于一般人认为上市公司实力雄厚,也便于公司采用其他方式(如负债)筹措资金。

(4)提高公司知名度,吸引更多顾客。股票上市公司为社会所知,并被认为经营优良,会带来良好声誉,吸引更多的顾客,从而扩大销售量。

(5)便于确定公司的价值。股票上市后,公司股价有市价可循,便于确定公司价值,有利于促进公司财富最大化。

但股票上市也有对公司不利的一面。这主要指:公司将负担较高的信息披露成本;各种信息公开的要求可能会暴露公司的商业秘密;股价有时会歪曲公司的实际状况,丑化公司声誉;可能会分散公司的控制权,造成管理上的困难。

2. 股票上市的条件

公司公开发行的股票进入证券交易所交易必须受严格的条件限制。我国的《公司法》规定,股份有限公司申请股票上市必须符合以下条件:

(1)股票经国务院证券管理部门批准已向社会公开发行,不允许公司设立时直接申请上市。

(2)公司股本总额不少于人民币5 000万元。

(3)开业时间在3年以上,最近3年连续盈利;属于国有企业依法改建而设立股份有限公司的,或者在《公司法》实施后新组建成立、其主要发起人为国有大中型企业的股份有限公司,可连续计算。

(4)持有股票面值1 000元以上的股东不少于1 000人,向社会公开发行的股份达股份总额的25%以上;公司股本总额超过人民币4亿元的,其向社会公开发行股份的比例为15%以上。

(5)公司在最近3年内无重大违法事件,财务会计报告无虚假记载。

(6)国务院规定的其他条件。

具备上述条件的股份有限公司经申请,有国务院或国务院授权的证券管理部门批准,其股票方可上市。

3. 股票上市的暂停与终止

股票上市公司有下列情形之一的,由国务院证券管理部门决定暂停其股票上市:

(1)公司股本总额、股权分布等发生变化,不再具备上市条件(限期内未能消除的,终止其股票上市)。

(2)公司不按规定公开其财务状况,或者对财务报告作虚假记载(后果严重的,终止其股票上市)。

(3)公司有重大违法行为(后果严重的,终止其股票上市)。

(4)公司最近3年连续亏损(限期内未能消除的,终止其股票上市)。

另外,公司决定解散、被行政主管部门依法责令关闭或者宣告破产的,由国务院证券管理部门决定终止其股票上市。

◆ 想一想

股票发行与股票上市的关系？

(四)股票筹资的优缺点

1.发行股票筹资的优点

(1)能提高公司的信誉。发行股票筹集的是主权资金。普通股本和留存收益构成公司借入一切债务的基础。有了较多的主权资金,就可为债权人提供较大的损失保障。因而,发行股票筹资既可以提高公司的信用程度,又可为使用更多的债务资金提供有力的支持。

(2)没有固定的到期日,不用偿还。发行股票筹集的资金是永久性资金,在公司持续经营期间可长期使用,能充分保证公司生产经营的资金需求。

(3)没有固定的利息负担。公司有盈余并且认为适合分配股利,就可以分给股东;公司盈余少,或虽有盈余但资金短缺,或有有利的投资机会,就可以少支付或不支付股利。

(4)筹资风险小。由于普通股票没有固定的到期日,所以不用支付固定的利息,不存在不能还本付息的风险。

2.发行股票筹资的缺点

(1)资本成本较高。一般来说,股票筹资的成本要大于债务资金,股票投资者要求有较高的报酬。而且股利要从税后利润中支付,而债务资金的利息可在税前扣除。另外,普通股的发行费用也较高。

(2)容易分散控制权。企业发行新股时,出售新股票、引进新股东会导致公司控制权的分散。

另外,新股东分享公司未发行新股前积累的盈余,会降低普通股的净收益,从而可能引起股价的下跌。

◆ 知识拓展

我国股票发行制度有以下三个阶段：

第一阶段(1990~2000年),我国股票发行采取的是行政审批制,这期间大量国有企业通过改制完成了上市融资。

第二阶段(2000年3月~2012年2月)采取的是核准制,公司上市由券商进行辅导,由证监会发审委审核。不少企业通过各种形式的攻关达到了上市的目的。企业上市后,负责推荐的券商不再负责,因此,出现了不少企业上市后业绩即变脸的情况。

第三阶段从2012年2月1日起至今,我国开始推行保荐人制度,这在世界上绝无仅有。它是为了避免公司虚假上市、包装上市,把中介机构和上市公司紧紧捆在了一起。公司的上市要由保荐人和保荐机构推荐担保,上市以后,保荐机构和保荐人也要负持续督导责任。如果出现上市公司造假上市或上市后就出现亏损等情况,保荐机构和保荐人根据规定,可能受到停办承销业务或被除名的处罚。

三、利用企业内部积累筹集资金

企业内部积累主要是指企业税后利润进行分配所形成的公积金。企业的税后利润并不是全部分配给投资者,而是按规定的比例提取法定盈余公积金,有条件的还可提取任意盈余公积金。此项公积金可用以购建固定资产、进行固定资产更新改造、增加流动资产储备、采取新的生产技术措施和试制新产品、进行科学研究和产品开发等。因此,税后利润的合理分配关系企业筹资问题。

企业利润的分配一般是在年终或会计期末进行结算的,因此,在利润未被分配以前,可作为公司资金的一项补充来源。企业年末未分配的利润也具有此种功能。企业平时和年末未分配的利润,使用期最长不超过半年,使用时应加以注意。此外,企业因计提折旧从销售收入中转化来的新增货币资金并不增加企业的资金总量,但却能增加企业可以周转使用的营运资金,因而,也可视为一种资金来源和筹资方式。

企业内部积累是补充企业生产经营资金的一项重要来源。利用这种筹资方式不必向外部单位办理各种手续,简便易行,而且不必支付筹资、用资的费用,经济合理。

◆ 想一想

企业如何合法增加留存收益?

◆ 任务实施

1. 掌握权益资金不同筹资方式的优缺点。
2. 上网查询我国公司发行股票的相关程序和制度规定。
3. 比较中国上市公司和欧美上市公司股票发行成本。
4. 了解我国银行推行贷款管理终身责任制对企业筹资的影响。
5. 通过对以上知识的了解,说明我国上市公司以股权筹资为主,负债比例偏低的主要原因。

◆ 知识拓展

关于普通股的特别处理

上市公司出现财务状况或其他状况异常的,其股票交易将被交易所"特别处理"。

财务状况异常表现为:其一,最近2个会计年度的审计结果显示的净利润为负值;其二,最近1个会计年度的审计结果显示其股东权益低于注册资本;其三,最近1个会计年度经审计的股东权益扣除注册会计师、有关部门不予确认的部分,低于注册资本;其四,注册会计师对最近1个会计年度的财产报告出具无法表示意见或否定意见的审计报告;其五,最近1份经审计的财务报告对上年度利润进行调整,导致连续2个会计年度亏损;其六,经交易所或中国证监会认定为财务状况异常的;其七,其他状态异常,指自然灾害、重大事故等导致生产经营活动基本中止,公司涉及可能赔偿金额超过公司净资产的诉讼等情况。

股票交易被交易所"特别处理",是指股票报价日涨跌幅限制为5%;股票名称改在原股票名前加"ST";上市公司的中期报告必须经过审计。

任务三 筹集负债资金

◆ 任务引入

田大妈借钱难

位于成都市近郊新津县、拥有2亿多资产、占有全国泡菜市场60%份额的新蓉新公司,近年来却被流动资金的"失血"折磨得困苦不堪。企业创始人、总经理田玉文(人称"田大妈")日前在一次座谈会上大倒苦水:"我始终弄不懂,像我们这样的企业,一年上缴税收三四百万元,解决了附近十几个县的蔬菜出路,安排了六七千农民就业,从来没有烂账,为啥就贷不到款?"

新蓉新公司最近的流动资金状况的确很成问题。四五月份正是蔬菜收购和泡菜出厂的旺季,该公司这段时间每天从农民手中购进价值70余万元的大蒜、萝卜等蔬菜,但田大妈坦言,她已经向农民打了400多万元的"白条"。

这种状况让田大妈非常苦恼。她能有今天,据她自己说,全靠她一诺千金。在她看来,"白条"所带来的信誉损失是难以接受的。新蓉新公司从0开始做到如今的2亿多元,只有工行的少量贷款,大部分资金是"向朋友借的"。也正是为了维护这种民间信用关系,田大妈近日一气偿还了"朋友"的借款共2 000多万元。据说,现在,新蓉新公司的民间借款几乎已经偿清。

这也正是新蓉新公司目前面临流动资金困境的主要原因之一。此外,为了引进设备建一个无菌车间,田大妈花了100多万元,购进土地110亩。近日,田大妈同她的长子、新蓉新董事长陈卫东为此发愁:如果弄不到800万元贷款,下一步收购四季豆就没办法了。

田大妈说,一周前,公司已向工行提出了800万元贷款申请,但目前还没有动静。

据田大妈说,新蓉新公司现有资产2.63亿元,资产负债率10%。另据新津县委办公室负责人介绍,该公司目前已签了3亿多元供货合同,在国内增加了几百个网点,预计年内市场份额能达到80%。像这样的企业,银行为何惜贷呢?(资料来源:《成都商报》1999年5月3日)

　　任务要求:
　　1.请同学们分析上世纪90年代末田大妈向银行借钱难的原因。
　　2.请同学们根据所学知识为田大妈设计筹资方案。

◆ 相关知识

　　筹集负债资金,是指企业向银行、其他金融机构、其他企业单位等吸收的资金,又称"债务资金"。负债资金的出资人是企业的债权人,对企业拥有债权,有权要求企业按期还本付息。企业负债资金的筹集方式主要有银行借款、发行债券、融资租赁、商业信用等。

一、利用银行借款筹集资金

　　银行借款,是指企业根据借款合同向银行(以及其他金融机构,下同)借入的需要还本付息的款项。利用银行的长期和短期借款是企业筹集资金的一种重要方式。

(一)银行借款的种类

　　银行借款的种类有很多,按不同的标准可进行不同的分类。

　　1.按借款的期限,可分为短期借款、中期借款和长期借款

　　短期借款期限在1年内,中期借款期限为1~5年,长期借款期限在5年以上。

　　2.按借款的条件,可分为信用借款、担保借款和票据贴现

　　信用借款是以借款人的信用为依据而获得的借款,企业取得这种借款不需要财产抵押。担保借款指以一定的财产做抵押或以一定的保证人做担保为条件而取得的借款。它分为以下三类:保证借款、抵押借款和质押借款。票据贴现,是指企业以持有的未到期的商业票据向银行贴付一定的利息而取得的借款。

　　3.按借款的用途不同,可分为基本建设借款、专项借款和流动资金借款

　　基本建设借款,是指企业因为从事新建、改建、扩建等基本建设项目需要资金时而向银行申请借入的款项。专项借款,是指企业为了对原有的厂房、设备进行技术改造,挖掘增产节约潜力,提高经济效益,向银行借入的专用款项。流动资金借款,是指企业从银行申请借入的用于正常生产经营周转或临时性资金需要的款项。

　　4.按提供贷款的机构,可分为政策性银行贷款和商业银行贷款

　　政策性银行贷款,是指执行国家政策性贷款业务的银行向企业发放的贷款。如国家开发银行为满足企业承建国家重点建设项目的资金需要而提供的贷款;进出口信贷银行为大型设备的进出口提供买方或卖方信贷。商业银行贷款是各商业银行向企业提供的贷款。这类贷款主要满足企业生产经营的资金需要。此外,企业还可从信托投资公司取得实物或货币形式的信托投资贷款,从财务公司获得各种贷款等。

(二)银行借款的程序

银行借款的程序有以下几个方面:

其一,企业提出贷款申请。

其二,银行审查借款申请。

其三,签订借款合同。

其四,企业取得借款。

其五,借款偿还。

(三)银行借款的信用条件

按照国际惯例,银行发放贷款时往往要加一些信用条件,主要有以下几个方面:

1. 信贷额度(贷款限额)

信贷额度,是指借款人与银行签订协议,规定的借入款项的最高限额。如果借款人超过限额继续借款,则银行将停止办理。此外,如果企业信誉恶化,则银行也有权停止借款。对信贷额度,银行不承担法律责任,也没有强制义务。同理,若企业在限期内没有使用完限额,则不会承担责任。它是银、企之间的一种协议,不具有法律效力。

2. 周转信贷协定

周转信贷协定,是指银行具有法律义务地承诺提供不超过某一最高限额的贷款协定。在协定的有效期内,银行必须满足企业在任何时候提出的借款要求。企业享用周转信贷协定必须对贷款限额的未使用部分向银行支付一笔承诺费。该协定对双方都有法律效力。

【**业务实例 4-3-1**】绿地公司与银行协定的信贷限额是 2 000 万元,承诺费率为 0.5%,绿地公司年度内使用了 1 400 万元,余额为 600 万元,那么,绿地公司应向银行支付多少承诺费?

解:绿地公司应向银行支付的承诺费为:$600 \times 0.5\% = 3$(万元)

【**业务实例 4-3-2**】华美公司取得银行为期 1 年的周转信贷额 100 万元,华美公司年度内使用了 60 万元,平均使用期只有 6 个月,借款利率为 12%,年承诺费率为 0.5%,要求计算年终华美公司需要支付的利息和承诺费总计是多少。

解:

$$需支付的利息:60 \times 12\% \times \frac{6}{12} = 3.6(万元)$$

$$需支付的承诺费:\left(100 - 60 \times \frac{6}{12}\right) \times 0.5\% = 0.35(万元)$$

华美公司需要支付的利息和承诺费总计为:$3.6 + 0.35 = 3.95$(万元)

3. 补偿性余额

补偿性余额,是指银行要求借款人在银行中保留按借款限额或实际借用额的一定百分比计算的最低存款余额。企业在使用资金的过程中,始终保持一定的补偿性余额在银行存款的账户上。这实际上增加了借款企业的利息,提高了借款的实际利率,加重了企业的财务负担,但有助于银行降低贷款风险,补偿其可能遭受的损失。

$$补偿性余额贷款实际利率 = \frac{年利息}{实际可用借款} = \frac{名义利率}{1-补偿性余额}$$

【业务实例 4-3-3】 绿地公司按利率 8% 向银行借款 100 万元,银行要求保留 20% 的补偿性余额。那么,绿地公司可以动用的借款只有 80 万元,问该项借款的实际利率为多少?

解:

$$补偿性余额贷款实际利率 = \frac{年利息}{实际可用借款} = \frac{100 \times 8\%}{80} = 10\%$$

或:

$$补偿性余额贷款实际利率 = \frac{名义利率}{1-补偿性余额} = \frac{8\%}{1-20\%} = 10\%$$

4. 借款抵押、质押

银行向财务风险较大的企业或对其信誉不甚有把握的企业发放贷款,往往需要有抵押品、质押品担保,以减少自己损失的风险。短期借款的抵押、质押品经常是借款企业或第三方的应收账款、存货、股票、债券以及房屋、专利权等。

5. 以实际交易为贷款条件

当企业发生经营性临时资金需求,向银行申请贷款以求解决时,银行则以企业将要进行的实际交易为贷款基础,单独立项,单独审批,最后作出决定并确定贷款的相应条件和信用保证。

6. 其他承诺

银行有时还要求企业为取得借款而作出其他的承诺,如及时提供财务报表,保持适当的水平(如特定的流动比率)等。

(四)借款利息的支付方式

1. 利随本清法

利随本清法又称"收款法",即在短期借款到期时向银行一次性支付利息和本金的方法。采用这种方法,借款的名义利率等于实际利率。

2. 贴现法

贴现法是银行向企业发放贷款时,先从本金中扣除利息部分,而借款到期时企业再偿还全部本金的方法。这种方法,贷款的实际利率高于名义利率。

$$\text{实际利率} = \frac{\text{本金} \times \text{名义利率}}{\text{实际借款额}} = \frac{\text{本金} \times \text{名义利率}}{\text{本金} - \text{利息}} = \frac{\text{名义利率}}{1 - \text{名义利率}}$$

【业务实例 4-3-4】绿地公司从银行取得借款 200 万元,期限 1 年,名义利率为 10%,利息为 20 万元。按照贴现法支付利息,则该项贷款的实际利率为多少?

解:

$$\text{实际利率} = \frac{\text{利息}}{\text{贷款金额} - \text{利息}} = \frac{20}{200 - 20} = 11.11\%$$

或:

$$= \frac{10\%}{1 - 10\%} = 11.11\%$$

3. 加息法

加息法,是指银行发放分期等额偿还贷款时采用的利息收取方法。在分期等额偿还贷款的情况下,银行要将根据名义利率计算的利息加到贷款本金上,计算出贷款的本息和,要求企业在贷款期内分期偿还贷款的本息之和。

【业务实例 4-3-5】华美公司借入(名义)年利率为 10% 的贷款 30 万元,分 12 个月等额偿还本息,该项贷款的实际利率是多少?

解:

$$\text{该项贷款的实际利率} = \frac{\text{贷款额} \times \text{利息率}}{\text{贷款额} \div 2} \times 100\% = \frac{30 \times 10\%}{30 \div 2} \times 100\% = 20\%$$

4. 定期付息,到期还本

现在大多数银行贷款时,要求企业按季定期支付利息,到期偿还本金。在这种情况下,其实际利率也会高于名义利率。

【业务实例 4-3-6】绿地公司向银行申请 1 年期短期贷款 500 万元,年利率为 8%,每季度支付利息一次。问其实际贷款利率是多少?

解:

$$i = \left(1 + \frac{r}{m}\right)^m - 1 = \left(1 + \frac{8\%}{4}\right)^4 - 1 = 8.24\%$$

该公司在按季支付利息的情况下,实际利率为 8.24%,高于名义利率 8%。

(五)银行借款筹资的优缺点

1. 银行借款筹资的优点

(1)筹资速度快。银行借款与发行证券相比,一般所需时间较短,可以迅速获得资金。

(2)筹资成本低。就我国目前的情况看,利用银行借款所支付的利息比发行债券所支付的利息低,另外,也无须支付大量的发行费用。

(3)借款弹性好。企业与银行可以直接接触,商谈确定借款的时间、数量和利息。借款期间如企业经营情况发生了变化,也可与银行协商,修改借款的数量和条件。借款到期后如有正当理由,还可延期归还。

2. 银行借款筹资的缺点

(1)财务风险大。企业若举借长期借款,必须定期付息,在经营不利的情况下,企业有不能偿付的风险,甚至会导致破产。

(2)限制条款多。企业与银行签订的借款合同中一般都有一些限制条款,如定期报送有关部门报表、不能改变借款用途等。

(3)筹资数量有限。银行一般不愿借出巨额的长期借款,因此,利用银行借款筹资有一定的上限。

二、发行债券筹集资金

企业债券是企业为了筹集资金而发行的,约定在一定期限还本付息的有价证券。由于有资格发行债券的企业大多是公司,所以,狭义上的企业债券即指公司债券。

(一)债券的种类

1. 按债券是否记名,可将债券分为记名债券和无记名债券

记名债券,是指在券面上注明债权人姓名或名称,同时在发行公司的债权人名册上进行登记的债券。无记名债券,是指债券票面未注明债权人姓名或名称,也不用在债权人名册上登记债权人姓名或名称的债券。

2. 按债券能否转换为公司股票,可将债券分为可转换债券和不可转换债券

可转换债券,是指在一定时期内,可以按一定的程序,按规定的价格或一定比例,由持有人自由地选择转换为普通股的债券。不可转换债券,是指不能转换为普通股的债券。

3. 按有无特定的财产担保,可将债券分为信用债券和抵押债券

信用债券,是指没有抵押品作抵押或担保人作担保,仅凭债券发行者的信用发行的债券。抵押债券,是指以特定财产作为抵押品而发行的债券。抵押债券按抵押物品的不同,又可分为不动产抵押债券、设备抵押债券和证券信托债券。

(二)债券的基本要素

1. 债券的面值

债券的面值包括两个基本内容:一是币种,二是票面金额。面值的币种既可用本国货币,又可用外币,这取决于发行者的需要和债券的种类。债券的票面金额是债券到期时偿还债务的金额,面值印在债券上,固定不变,到期必须足额偿还。

2. 债券的期限

债券有明确的到期日,债券从发行日起,至到期日之间的时间称为"债券的期限"。在债券的期限内,公司必须定期支付利息,债券到期时,必须偿还本金。

3. 利率和利息

债券上通常载明利率,一般为固定利率,也有少数是浮动利率。债券的利率为年利率,面值与利率相乘可得出年利息。

4. 债券的价格

理论上债券的面值就是它的价格。但实际操作中,由于发行者的考虑或资金市场上供求关系、利息率的变化,所以债券的市场价格常常脱离它的面值,但差额并不大。发行者计算利息,偿付本金都以债券的面值为根据,而不以价格为根据。

(三) 债券的发行

1. 发行债券的资格和条件

我国《公司法》规定,股份有限公司、国有独资公司和2个以上的国有企业或者其他2个以上的国有投资主体投资设立的有限责任公司,有资格发行公司债券。发行公司债券,必须具备以下条件:

(1) 股份有限公司的净资产额不低于3 000万元,有限责任公司的净资产额不低于6 000万元。

(2) 累积债券总额不超过公司净资产的40%。

(3) 最近3年平均可分配利润足以支付公司债券1年的利息。

(4) 所筹集资金的投向符合国家产业政策。

(5) 债券的利率不得超过国务院限定的利率水平。

(6) 国务院规定的其他条件。

2. 发行债券的程序

发行公司债券要经过一定的程序,办理规定的手续。一般为:

(1) 发行债券的决议或决定。股份有限公司和国有有限责任公司发行公司债券,由董事会制定方案,股东大会作出决议;国有独资公司发行公司债券,由国家授权投资的机构或者国家授权的机构作出决定。可见,发行公司债券的决议和决定,是由公司最高机构作出的。

(2) 发行债券的申请与批准。凡欲发行债券的公司,先要向国务院证券管理部门提出申请并提交公司登记证明、公司章程、公司债券募集办法、资产评估报告和验资报告等文件。国务院证券管理部门根据有关规定,对公司的申请予以核准。

(3) 募集借款。公司发出公司债券募集公告后,开始在公告所定的期限内募集借款。一般,公司债券的发行方式有公司直接向社会发行(私募发行)和由证券经营机构承销发行(公募发行)两种。在我国,根据有关法规,公司发行债券须与证券经营机构签订承销合同,由其承销。由承销机构发售债券时,投资人直接向其付款购买,承销机构代理收取债券款、交付债券。然后,承销机构向发行公司办理债券款的结算。

(四)债券的发行价格

债券发行价格的确定其实就是一个求现值的过程,等于各期利息的现值和到期还本的现值之和,折现率以市场利率为标准。债券发行时的市场利率有三种情况,具体为:市场利率与债券利率一致,平价发行(以债券面值为发行价格);市场利率高于债券利率,折价发行(以低于债券面值的价格为发行价格);市场利率低于债券利率,溢价发行(以高于债券面值的价格为发行价格)。债券发行价格的计算公式为:

$$债券发行价格 = \sum_{t=1}^{n} \frac{债券面值 \times 票面利率}{(1+市场利率)^t} + \frac{债券面值}{(1+市场利率)^n}$$

$$= 债券面值 \times 票面利率 \times (P/A,i,n) + 债券面值 \times (P/F,i,n)$$

式中:n——债券利息支付期数;
　　　t——付息的期数。

❖ 你知道吗?

债券之所以会存在溢价发行和折价发行,这是因为资金市场上的利息率是经常变化的,而公司债券一经发行,就不能调整其票面利息率。从债券的开印到正式发行,往往需要经过一段时间,在这段时间内,如果资金市场上的利率发生变化,就要靠调整发行价格的方法来使债券顺利发行。影响债券发行价格的因素有债券面额、票面利率、市场利率、债券期限等。

【业务实例4-3-7】华北公司发行面值为1 000元,利息率为10%,期限为9年,每年年末付息的债券。若发行债券时市场利率为12%,则华北公司债券的发行价格应为多少?

解:

债券发行价格 = 债券面值×票面利率×(P/A,i,n) + 债券面值×(P/F,i,n)
　　　　　　= 1 000×10%×(P/A,12%,9) + 1 000×(P/F,12%,9)
　　　　　　= 1 000×0.361 + 100×5.328 = 893.8(元)

【业务实例4-3-8】红方电脑公司发行面值为1 000元,利息率为10%,期限为10年,每年年末付息的债券。公司决定发行债券时,认为10%的利率是合理的。如果到债券发行时,市场上的利率发生变化,就要调整债券的发行价格。试分析市场利率分别为10%、15%、5%时,债券发行价格变化情况。

解:

(1)资金市场上利率保持不变,即票面利率与市场利率相等,可用等价发行,发行价格计算如下:

债券发行价格 = 1 000×10%×(P/A,10%,10) + 1 000×(P/F,10%,10)

$$=100×6.1446+1\,000×0.3855$$
$$=1\,000(元)$$

(2)资金市场利率上升,达到15%,高于票面利率,则采用折价发行。发行价格计算如下：

$$债券发行价格=1\,000×10\%×(P/A,15\%,10)+1\,000×(P/F,15\%,10)$$
$$=100×5.0188+1\,000×0.2472$$
$$=749.08(元)$$

红方电脑公司只有按低于或等于749.08元的价格出售,投资者才会购买并获得15%的报酬。

(3)资本市场上利率下降为5%,低于债券的票面利率,则可采用溢价发行。发行价格计算如下：

$$债券发行价格=1\,000×10\%×(P/A,5\%,10)+1\,000×(P/F,5\%,10)$$
$$=100×7.7217+1\,000×0.6139$$
$$=1\,386.07(元)$$

也就是说,投资者把1 386.07元资金投资于红方电脑公司面值为1 000元的债券,可以获得5%的报酬。

【业务实例4-3-9】黄河公司发行债券,债券面值为1 000元,3年期,票面利率为8%,单利计息,到期一次还本付息。若发行债券时市场利率为10%,则黄河公司债券的发行价格为多少？

解：黄河公司债券的发行价格为：

$$(1\,000×8\%×3+1\,000)×(P/F,10\%,3)=1\,240×0.751=931.24(元)$$

(五)债券的还本付息

1. 债券的偿还

债券偿还时间按其实际偿还时间与规定的到期日之间的关系,分为提前偿还与到期偿还,其中后者又包括分批偿还和一次性偿还两种。

到期偿还,是指当债券到期后还清债券所载明的义务。

提前偿还又称"提前赎回",是指在债券尚未到期之前就予以偿还。只有在企业发行债券的契约中明确规定了有关允许提前偿还的条款,企业才可以进行此项操作。提前偿还所支付的价格通常要高于债券的面值,并随到期日的临近而逐渐下降。具有提前偿还条款的债券可使企业融资有较大的弹性。当企业资金有结余时,可提前赎回债券;当预测利率下降时,也可提前赎回债券,而后以比较低的利率来发行新债券。

2. 债券的付息

债券的付息主要表现在利息率的确定、付息频率和付息方式三个方面。利息率的确定有固定利率和浮动利率两种形式。债券付息频率主要有按年付息、按半年付息、按季付息或按月付息和一次性付息(利随本清、贴现发行)。付息方式有两种：一种是采取现金、支票或汇款的方式；另一种是采用息票债券的方式。

(六)债券筹资的优缺点

1.债券筹资的优点

(1)资金成本较低。和发行股票相比，债券的发行费用较低，另外，债券利率一般低于股票红利率，加之债券利息在税前支付，具有抵减所得税作用，因而，利用债券筹资的成本要比股票筹资的成本低。

(2)保证股东对公司的控制权。债券持有人只享有到期收回本金和利息的权利，无权参与公司的决策和经营管理。如果现有股东担心控制权旁落，则可采用债券筹资。

(3)可以发挥财务杠杆作用。债券利息固定，在企业投资效益良好的情况下，更多的收益可分配给股东，增加其财富，或留归企业以扩大经营。

2.债券筹资的缺点

(1)筹资风险高。债券筹资属于企业的债务资本，有固定的到期日，并定期支付利息。利用债券筹资，要承担还本付息的义务。在企业经营不景气时，向债券持有人还本、付息，会给企业带来更大的困难，甚至导致企业破产。

(2)限制条件多。债券的契约书中往往有一些限制条款。这种限制比优先股和短期债务严格得多，可能会影响企业的正常发展和以后的筹资能力。

(3)筹资额有限。利用债券筹资有一定的限度，当公司的负债比率超过一定程度后，债券筹资的成本会迅速上升，有时甚至会使债券发行不出去。

三、融资租赁

融资租赁，是指由出租人(租赁公司)按照承租人(承租企业)的要求融资购买设备，并在契约或合同规定的较长时期内提供给承租人使用的信用业务。它通过融物来达到融资的目的，是现代租赁的主要形式。它具有以下特点：其一，设备租赁期较长；其二，不得任意中止租赁合同或契约；其三，租赁期满后，按事先约定的方法处置资产；其四，租金较高。

(一)融资租赁的形式

融资租赁包括直接租赁、售后租回和杠杆租赁三种形式。

1.直接租赁

它是指承租人直接向出租人租入所需要的资产，并支付租金，是融资租赁的典型形式。

2.售后租回

它是指企业根据协议先将某资产卖给出租人，再作为承租企业将其租回使用，按期向出租人支付租金。

3.杠杆租赁

它涉及承租人、出租人和资金出借者三方当事人。从承租人的角度来看,这种租赁与其他租赁形式并无区别,同样是按合同的规定,在基本租赁期内定期支付定额租金,取得资产的使用权。但对出租人却不同,出租人只出购买资产所需的部分资金作为自己的投资;另外,以该资产作为担保向资金出借者借入其余资金。因此,它既是出租人又是贷款人,同时拥有对资产的所有权;既收取租金又要偿还债务。如果出租人不能按期偿还借款,则资产的所有权就要转归资金的出借者。

(二)融资租赁的程序

融资租赁的程序有以下方面:

其一,选择租赁公司。

其二,办理租赁委托。

其三,签订购货协议。

其四,签订租赁合同。

其五,办理验货与投保。

其六,支付租金。

其七,租赁期满处理设备。

(三)融资租赁租金的计算

融资租赁每期租金的多少,取决于设备原价、预计设备残值、利息、租赁手续费、租赁期限等几项因素。其中,前四项是决定租金总额的基本因素,租赁期限的长短决定了分期支付时每期应付的租金数额。

1.融资租赁租金的构成

融资租赁租金包括设备价款(成本)和租息两部分,其中租息又可分为租赁公司的融资成本、租赁手续费等。

设备价款(成本)是租金的主要内容,包括资产的买价、运杂费和途中保险费等。

融资成本,是指租赁公司为购买租赁资产所筹资金的成本,即资产租赁期间的利息。

租赁手续费包括租赁公司承办业务的营业费用和一定的盈利。

2.融资租赁租金的支付形式

融资租赁租金通常采用分次支付的方式,具体类型有:按支付间隔期的长短,可以分为年付、半年付、季付和月付等方式。按支付时期先后,可以分为先付租金和后付租金两种。按每期支付金额,可以分为等额支付和不等额支付两种。

3.租金的计算办法

在我国租赁实务中,租金一般采用平均分摊法与等额年金法来确定。

(1)平均分摊法。平均分摊法是按事先确定的利息率和手续费率计算租赁期间的利息

和手续费总额,然后连同设备成本按支付次数进行平均。其计算公式为:

$$每次支付租金=\frac{(设备成本-预计残值)+租期内利息+租赁手续费}{租期}$$

【业务实例 4-3-10】金兰公司采用融资租赁方式从租赁公司租入设备一套,该设备原价为 100 万元,租期 5 年,预计租赁期满时的残值为 20 万元,归租赁公司。年利息率为 10%,租赁手续费为设备价值的 5%,租金每年年末支付一次。要求:计算金兰公司租赁该设备每次应支付的租金。

解:租期内利息$=100\times(1+10\%)^5-100=61.05$(万元)

租赁手续费$=100\times 5\%=5$(万元)

$$每次支付租金=\frac{(100-20)+61.05+5}{5}=29.21(万元)$$

(2)等额年金法。这种方法是考虑到资金时间价值的支付方式。它先将利息率和手续费率综合在一起确定一个租费率,作为贴现率。再根据年金现值的计算公式,计算出每年的应付租金。每期期末等额支付的租金称为"后付租金",每期期初支付的租金称为"先付租金"。

①后付租金的计算。后付等额租金即普通年金,根据普通年金现值的计算公式,可推导出后付租金的计算公式:

$$每次支付租金=\frac{购置成本现值}{年金现值系数}=\frac{P}{(P/A,i,n)}$$

【业务实例 4-3-11】红方公司采用融资租赁方式于 2011 年 1 月 1 日租入一设备,价款为 40 000 元,租期为 8 年,到期后归公司所有。为了保证租赁公司完全弥补融资成本和相关的手续费,并有一定的盈利,双方协定采用 18% 的折现利率,试计算红方公司每年年末应付的等额租金。

解:$$每次支付租金=\frac{40\ 000}{(P/A,18\%,8)}=\frac{40\ 000}{4.0776}\approx 9\ 808.69(元)$$

②先付租金的计算。根据先付年金的现值公式,可得到先付租金的计算公式:

$$每次支付租金=\frac{P}{(P/A,i,n-1)+1}$$

【业务实例 4-3-12】假如上例采用先付等额租金的方式,则每年年初支付租金额如何计算?

解:$$每次支付租金=\frac{40\ 000}{(P/A,18\%,8-1)+1}=\frac{40\ 000}{3.8115+1}\approx 8\ 313.42(元)$$

(四)融资租赁的优缺点

1.融资租赁的优点

(1)迅速获得所需资产。融资租赁集"融资"和"融物"于一身,比借款购置设备更迅速、更灵活。租赁是筹资与设备购置同时进行,可以缩短设备的购进、安装时间,使企业尽快形成生产经营能力。

(2)限制条款少。企业采用股票、债券和长期借款等筹资方式,都受到很多限制条款的约束。虽然类似的限制在租赁公司中也有,但一般比较少。

(3)设备陈旧过时风险小。科学技术的迅速发展使固定资产更新周期日趋缩短。因而,企业设备陈旧过时的风险很大,利用租赁融资可减少这一风险。融资租赁的期限一般为资产使用年限的一定比例,不会像自己购买设备那样整个期间都要承担风险,且多数租赁协议都规定由出租人承担设备陈旧过时的风险。

(4)财务风险小。租金在整个租期内分摊,不用到期归还大量本金,可适当减少不能偿付的风险。

(5)税收负担轻。租金可在税前扣除,具有抵免所得税的效用。

2.融资租赁的缺点

融资租赁的资金成本较高。一般来说,其租金要比举借银行借款或发行债券所负担的利息高得多。在企业财务困难时,固定的租金也会构成一项较沉重的负担。另外,采用租赁筹资方式如果不能享有设备残值,也可视为承租企业的一种机会损失。

◆ 你知道吗?

按租赁业务性质,租赁分为经营租赁和融资租赁两种。经营租赁又称"服务性租赁",是指由承租人向出租人交付租金,由出租人向承租人提供资产使用及相关的服务,并在租赁期满由承租人把资产归还给出租人的租赁。经营租赁中租赁物所有权引起的成本和风险全部由出租人承担。经营租赁的对象主要是那些技术进步快、用途较广泛或使用具有季节性的物品。

四、商业信用

商业信用是企业在商品购销活动过程中因延期付款或预收贷款而形成的借贷关系,它是由商品交易中货物与货款在时间上与空间上的分离而形成的企业间的直接信用行为,属于自然性融资。商业信用是企业短期资金的重要来源,其主要形式有应付账款、应付票据和预收账款。

(一)商业信用的条件

商业信用条件,是指收款人为了早日收到款项,对付款人付款时间、现金折扣和折扣期限作出的具体规定。它主要有以下几种形式:预收账款;延期付款,但不涉及现金折扣;延期付款,但早付款可享受现金折扣。

1.预收账款

它是企业销售商品时,要求买方在卖方发出货物之前支付货款的情形。一般用于以下两种情况:已知买方信用欠佳或销售的产品生产周期长、售价高。在这种信用条件下,销货单位可以得到暂时的资金来源,购货单位则要预先垫支一笔资金。

2. 延期付款,但不提供现金折扣

这种信用条件是指企业购买商品时,销售方允许购货方在交易发生后一定时期内按发票金额支付货款的情形,如"net40"或"n/40",是要求付款方在40天内按发票金额付款。这种条件下信用期一般为30～60天,但有些季节性的生产企业可能为其顾客提供更长的信用期间。在这种情况下,买卖双方存在商业信用,买方可因延期付款而筹集到部分短期资金。

3. 延期付款,但早付款可享受现金折扣

在这种条件下,若买方提前付款,则卖方可给予一定的现金折扣;如买方不享受现金折扣,则必须在一定时期内付清款项。如"2/10,n/30"便属于此种信用条件。它的含义是指:如果买方在购货后10天内付款,则可享受2%的现金折扣,只需支付货款的98%;如果在10～30天付款,则不会享受现金折扣,必须支付100%的款项。

在这种条件下,双方存在信用交易。若买方在折扣期内付款,则可获得短期的资金来源,并能得到现金折扣;若放弃现金折扣,则可在稍长时间内占用卖方的资金。

(二)放弃现金折扣成本的计算

在采用商业信用形式销售产品时,为鼓励购买单位尽早付款,销货单位往往都规定一些信用条件,这主要包括现金折扣和付款期间两部分内容。如果销货单位提供现金折扣,则购买单位应尽量争取获得此项折扣,因为放弃现金折扣的机会成本很高。

$$放弃现金折扣成本 = \frac{现金折扣率}{1-现金折扣率} \times \frac{360}{信用期限-折扣期限}$$

一般情况下,企业财务人员需要将放弃现金折扣的成本与银行借款利息进行比较,如果成本率大于银行借款利率,则企业放弃现金折扣的代价较大,对企业不利,反之,则结论相反。

◆ 小提示

若存在逾期支付,则在放弃现金折扣成本的计算中只需将信用期改为信用期和逾期时间之和。

【业务实例4-3-12】红方公司购入一批设备,对方开出的信用条件是"2/10,n/30"。要求:请帮助公司判断是否应该争取享受这个现金折扣并说明原因。

解:放弃现金折扣成本 $= \dfrac{现金折扣率}{1-现金折扣率} \times \dfrac{360}{信用期限-折扣期限}$

$$= \frac{2\%}{(1-2\%)} \times \frac{360}{(30-10)} \times 100\% = 36.7\%$$

由于该公司放弃现金折扣的成本较高(为 36.7%),所以应接受现金折扣,在 10 天内付清货款。

(三)商业信用融资的优缺点

1.商业信用融资的优点

(1)筹资便利。利用商业信用筹措资金非常方便。因为,商业信用与商品买卖同时进行,属于一种自然性融资,不用做非常正规的安排。

(2)筹资成本低。如果没有现金折扣或企业不放弃现金折扣,则利用商业信用融资没有实际成本。

(3)限制条件少。如果企业利用银行借款筹资,则银行往往对贷款的使用规定一些限制条件,而商业信用则限制较少。

2.商业信用融资的缺点

商业信用的期限一般较短,如果企业取得现金折扣,则时间会更短;如果放弃现金折扣,则要付出较高的资本成本。

◆ 任务实施

1.掌握企业负债资金筹集方式及其优缺点。

2.请同学们分组上网查询近几年国家颁布的关于中小企业融资的相关文件、措施。

3.各小组同学根据查询资料和所学知识为田大妈设计合理的筹资方案(方案要目标明确、内容完整、理由充分)。

◆ 知识拓展

安然事件——震惊世界的丑闻

"安然"曾经是叱咤风云的"能源帝国"。1985 年由两家天然气公司合并而成,在短短 16 年内一路飞腾,2000 年总收入高达 1 000 亿美元,名列《财富》杂志"美国 500 强"中的第 7 位。过去 10 年来,它一直是美国乃至世界最大的能源交易商。在其最辉煌的年代,掌控着美国 20%的电能、天然气交易。"安然"不仅是天然气、电力行业的巨擘,而且还是涉足电信、投资、纸业、木材和保险业的大户。2001 年 10 月 16 日,安然公司公布该年度第 3 季度的财务报告,宣布公司亏损总计达 6.18 亿美元,引起投资者、媒体和管理层的广泛关注,从此,拉开了安然事件的序幕。2001 年 12 月 2 日,安然公司正式向破产法院申请破产保护,破产清单所列资产达 498 亿美元,成为当时美国历史上最大的破产企业。短短 2 个月,能源巨擘轰然倒地,实在令人难以置信。安然公司多年来为了避免扩张融资危及原有股权或加大财务风险,利用关联企业隐藏大量债务。丑闻曝光后人们才发现：安然公司大部分价值都来源于被隐藏的债务。事件发生已经多年了，现在回头重新审视以安然事件为代表的美国财务舞弊案件风波，对我国资本市场的完善和发展也有一定的借鉴作用。（资料来源：《中国会计视野》）

◆ 项目小结

1. 筹资，是指企业根据其经营活动、投资活动和调整资本结构等长期需要，通过资本市场、运用各种筹资方式，从各种渠道筹措资金的活动。

2. 筹资渠道，是指企业取得资金的来源和途径，体现着资金的源泉；筹资方式，是指企业筹措资金采取的具体方法和手段，体现着资金的属性。企业筹集资金需要通过一定的渠道，采用一定的方式，并使两者合理地配合起来。

3. 资金需要量的预测方法有：因素分析法；销售百分比法；资金习性预测法。

4. 筹集权益资金主要有吸收直接投资、发行股票、利用企业内部积累等筹资方式。

5. 筹集负债资金主要有银行借款、发行债券、融资租赁、商业信用等筹资方式。

职业能力与技能训练

一、职业能力训练

（一）单选题

1. 下列（　　）可以为企业筹集自有资金。
   A. 内部积累　　　B. 融资租赁　　　C. 发行债券　　　D. 向银行借款

2. 按照资金的来源渠道不同，可将筹资分为（　　）
   A. 内源筹资和外源筹资　　　B. 直接筹资和间接筹资
   C. 权益筹资和负债筹资　　　D. 表内筹资和表外筹资

3. 不能利用吸收直接投资方式筹集资金的筹资渠道是（　　）
   A. 国家财政资金　　　B. 银行信贷资金
   C. 非银行金融机构资金　　　D. 企业自留资金

4. 下列（　　）可以为企业筹集短期资金。
   A. 融资租赁　　　B. 商业信用　　　C. 内部积累　　　D. 发行股票

5. 我国目前各类企业最为重要的资金来源是（　　）
   A. 银行信贷资金　　　B. 国家财政资金
   C. 其他企业资金　　　D. 企业自留资金

6. 下列各项中,( )不属于吸收直接投资的优点。
   A. 有利于增强企业信誉   B. 有利于尽快形成生产能力
   C. 资金成本较低   D. 有利于降低财务风险

7. 下列权利中,不属于普通股股东权利的是( )
   A. 公司管理权   B. 分享盈余权
   C. 优先认股权   D. 优先分享剩余财产权

8. 某公司发行面值为1 000元,利率为12%,期限为2年的债券,当市场利率为10%时,其发行价格为( )元。
   A. 1 150   B. 1 000   C. 1 030   D. 985

9. 普通股和优先股筹资方式共有的缺点包括( )
   A. 财务风险大   B. 筹资成本高   C. 容易分散控制权   D. 筹资限制多

10. 放弃现金折扣的成本大小与( )
    A. 折扣百分比的大小呈反向变化
    B. 信用期的长短呈同向变化
    C. 折扣百分比的大小、信用期的长短均呈同向变化
    D. 折扣期的长短呈同向变化

11. 某企业以"2/20,n/40"的信用条件购进原料一批,则企业放弃现金折扣的机会成本为( )
    A. 2%   B. 36.73%   C. 18%   D. 36%

12. 下列各项中,不属于商业信用的是( )
    A. 应付工资   B. 应付账款   C. 应付票据   D. 预提费用

13. 某企业与银行商定的周转信贷额为800万元,年利率为2%,承诺费率为0.5%,年度内企业使用了500万元,平均使用10个月,则企业本年度应向银行支付的承诺费为( )万元。
    A. 6.83   B. 0.42   C. 1.92   D. 1.5

14. 某企业向银行借款100万元,企业要求按照借款总额的10%保留补偿性余额,并要求按照贴现法支付利息,借款的利率为6%,则借款实际利率为( )
    A. 7.14%   B. 6.67%   C. 6.38%   D. 7.28%

15. 补偿性存款余额的约束使借款企业受到的影响是( )
    A. 增加了所需支付的借款利息额   B. 增加了实际可用借款额
    C. 提高了实际借款利率   D. 降低了实际借款利率

16. 与其他负债资金筹集方式相比,下列各项属于融资租赁缺点的是( )
    A. 资金成本较高   B. 财务风险大   C. 税收负担重   D. 筹资速度慢

17. 下列各项中,不属于融资租赁租金构成项目的是( )
    A. 租赁设备的价款   B. 租赁期间利息

C. 租赁手续费　　　　　　　　　　D. 租赁设备维护费

18. 相对于股票筹资,债券筹资的缺点是(　　)
    A. 筹资速度慢　　B. 筹资成本高　　C. 筹资限制少　　D. 财务风险大

19. 以债务人或第三人将其动产或财产权利移交债权人占有,将该动产或财产权利作为债权取得担保的贷款为(　　)
    A. 信用贷款　　　B. 保证贷款　　　C. 抵押贷款　　　D. 质押贷款

20. 企业向租赁公司租入一台设备,价值500万元,租期为5年,租赁费综合率为12%。若采用先付租金的方式,则平均每年支付的租金为(　　)万元。
    A. 123.8　　　　B. 138.7　　　　C. 245.4　　　　D. 108.6

(二)多项选择题

1. 影响债券发行价格的因素有(　　)
   A. 债券面额　　　B. 市场利率　　　C. 票面利率
   D. 债券期限　　　E. 通货膨胀率

2. 长期资金主要通过何种筹集方式(　　)
   A. 预收账款　　　B. 吸收直接投资　　C. 发行股票
   D. 发行长期债券　E. 应付票据

3. 下列(　　)属于企业自留资金。
   A. 法定公积金　　B. 任意公积金　　C. 资本公积金　　D. 未分配利润

4. 企业进行筹资需要遵循的基本原则包括(　　)
   A. 规模适当原则　B. 筹措及时原则　C. 来源合理原则　D. 方式经济原则

5. 采用销售百分比法预测对外筹资需要量时,对外筹资需要量受到(　　)因素的影响。
   A. 销售增长率　　B. 资产利用率　　C. 股利支付率　　D. 销售净利率

6. 股票的特征包括(　　)
   A. 法定性　　　　B. 收益性　　　　C. 价格波动性　　D. 参与性

7. 企业在负债筹资决策中,除了考虑资金成本因素外,还需要考虑的因素有(　　)
   A. 财务风险　　　B. 偿还期限　　　C. 偿还方式　　　D. 限制条件

8. 普通股股东的权利包括(　　)
   A. 投票权　　　　　　　　　　　　B. 查账权
   C. 出让股份权　　　　　　　　　　D. 优先分配剩余财产权

9. 股票上市的好处包括(　　)
   A. 利用股票收购其他公司　　　　　B. 利用股票可激励职员
   C. 提高公司知名度　　　　　　　　D. 增强经理人员操作的自由度

10. 银行借款按照是否需要担保分为(　　)
    A. 信用借款　　　B. 直接借款　　　C. 担保借款　　　D. 票据贴现

11. 银行借款筹资的优点包括(　　)
   A. 筹资速度快　　B. 筹资成本低　　C. 限制条款少　　D. 借款弹性好
12. 债券与股票的区别在于(　　)
   A. 债券是债务凭证,股票是所有权凭证
   B. 债券的投资风险大,股票的投资风险小
   C. 债券的收入一般是固定的,股票的收入一般是不固定的
   D. 股票在公司剩余财产分配中优先于债券
13. 按照有无抵押担保可将债券分为(　　)
   A. 收益债券　　B. 信用债券　　C. 抵押债券　　D. 担保债券
14. 融资租赁的租金中的租赁手续费包括(　　)
   A. 租息　　B. 营业费用　　C. 一定的盈利　　D. 融资成本
15. 可以导致企业实际负担利率高于名义利率的有(　　)
   A. 利随本清法付息　　　　　　　B. 贴现法付息
   C. 补偿性余额　　　　　　　　　D. 到期一次偿还贷款

(三)判断题

1. 与直接筹资相比,间接筹资具有灵活便利、规模经济、提高资金使用效益的优点。(　　)
2. 按照资金与产销量之间的依存关系,可以把资金区分为不变资金、变动资金和半变动资金,其中,原材料的保险储备属于不变资金。(　　)
3. 股票面值的主要功能是表明在有限公司中股东对每股股票所负有限责任的最高限额。(　　)
4. 在债券面值与票面利率一定的情况下,市场利率越高,则债券的发行价格越低。(　　)
5. 股票价格有广义和狭义之分,广义的股票价格包括股票发行价格和股票交易价格,狭义的股票价格仅是指股票发行价格,股票发行价格具有事先的不确定性和市场性。(　　)
6. 优先认股权是优先股股东的优先权。(　　)
7. 股份有限公司申请上市,如果公司的股本总额是4.5亿元,则向社会公开发行股份达到股份总数的25%才符合条件。(　　)
8. 信贷额度是银行从法律上承诺向企业提供不超过某一最高限额的贷款协定。(　　)
9. 抵押借款由于有抵押品担保,所以其资金成本往往较非抵押借款低。(　　)
10. 债券面值的基本内容即票面金额。(　　)
11. 可转换债券的利率一般低于普通债券。(　　)
12. 杠杆租赁中出租人也是借款人,他既收取租金又偿付债务,从这个角度看,杠杆租赁与直接租赁是不同的。(　　)

13. 企业在利用商业信用筹资时,如果企业不放弃现金折扣,则没有实际成本。（ ）

14. 如果企业在发行债券的契约中规定了允许提前偿还的条款,则当预测年利息率下降时,一般应提前赎回债券。（ ）

15. 从承租人的角度来看,杠杆租赁与售后租回或直接租赁并无区别。（ ）

(四)计算题

1. B公司2008～2012年资金占用与销售收入之间关系如下：

年度	销售收入(万元)	资金占用(万元)
2008	160	120
2009	210	130
2010	200	125
2011	260	150
2012	220	160

要求：

根据以上资料运用高低点法预测2013年的资金占用量（假设2013年的销售收入为305万元）。

2. C公司2012年的财务数据如下：

项目	金额(万元)
流动资产	4 000
长期资产	8 000
流动负债	400
长期负债	6 000
当年销售收入	4 000
净利润	200
分配股利	60
留存收益	140

假设企业的流动资产和流动负债均随销售收入的变化同比例变化。

要求：

(1)2013年预计销售收入达到5 000万元,销售净利率和收益留存比率维持2012年水平,计算需要补充多少外部资金。

(2)如果留存收益比率为100%,销售净利率提高到6%,目标销售收入为4 800万元,计算需要补充多少外部资金。

3. A公司拟发行8年期债券进行筹资,债券票面金额为1 200元,票面利率为10%,当时市场利率为10%,计算以下2种情况下该公司债券发行价格应为多少才是合适的。

(1)单利计息,到期一次还本付息。
(2)每年付息一次,到期一次还本。

二、职业技能训练

(一)计算分析

1.某企业采用融资租赁的方式于2013年1月1日融资租入一台设备,设备价款为60 000元,租期为10年,到期后设备归企业所有,租赁双方商定采用的折现率为20%,计算并回答下列问题:
(1)租赁双方商定采用的折现率为20%,计算每年年末等额支付的租金额。
(2)租赁双方商定采用的折现率为18%,计算每年年初等额支付的租金额。
(3)如果企业的资金成本为16%,说明哪一种支付方式对企业有利。

2.液晶公司欲采购一批材料,目前正面对着A、B两家提供不同信用条件的卖方,A公司的信用条件为"3/10,n/40",B公司的信用条件为"2/20,n/40",请回答下面问题并说明理由。
(1)已知该公司目前有一投资机会,投资收益率为40%,该公司是否应享受A公司提供的现金折扣?
(2)如果该公司准备放弃现金折扣,那么应选择哪家供应商;如果该公司准备享有现金折扣,那么应选择哪家供应商?

(二)案例分析

1.GX股份有限公司是一家高科技民营企业,其开发和生产的某种纳米材料的市场潜力巨大,公司未来有着非常光明的发展前景。公司目前正处于创业阶段,急需资金支持。但是,由于公司规模较小,且受到目前(初创阶段)的盈利水平和现金净流量较低等诸多条件的限制,公司难以通过向公众发行股票的方式来筹集资金。GX公司采取的筹资方案是,定向(非公开)向若干战略投资者发行价值800万元、利率为10%的抵押公司债券。债券投资者认为,如果任GX公司的股东和管理者以公司的资产作为保证借入新的债务,显然将使原有债权人暴露在更大的风险之下。出于保持或增加其索偿权的安全性的愿望,经与GX公司协商后双方共同在债务契约中写入若干保护性条款,其中,规定允许公司只有在满足下列条件的前提下才能发行其公司债券:
(1)税前利息保障倍数大于4。
(2)抵押资产的净折余价值保持在抵押债券价值的2倍以上。
(3)负债与权益比率不高于0.5。

从公司财务报表得知,公司现有税后净收益240万元,权益资金4 000万元,资产折余价值3 000万元(已被用于抵押)。公司所得税税率为25%。假定一项新发行债券收入的50%

用于增加被抵押资产,则到下年为止公司不支付偿债基金。

请分析:在抵押债券契约中规定的 3 种条件下,GX 公司可分别再发行多少利率为 10% 的债券?说明上述保护性条款中哪项是有约束力的。

2. 金华公司拟采购一批零件,价值 5 400 元,供应商规定的付款条件如下:

A 立即付款,付 5 238 元;

B 第 20 天付款,付 5 292 元;

C 第 40 天付款,付 5 346 元;

D 第 60 天付款,付全额。

每年按 360 天计算,请分析回答以下互不相关的问题:

(1)假设银行短期贷款利率为 15%,请你计算放弃现金折扣的成本(比率),并确定对该公司最有利的付款日期和价格。

(2)假设目前有一短期投资报酬率为 40%,请你确定对该公司最有利的付款日期和价格。

三、模拟实训

(一)实训目的

1. 通过实训教学,使学生进一步掌握企业筹资规模的确定、筹资渠道和方式的选择等主要内容。

2. 通过实训教学,提高学生分析和解决问题的能力、独立观察和思考的能力、实际操作和协作能力。

(二)实训学时

2 学时

(三)实训内容

1. ABC 公司为一上市公司,有关资料如下:

资料一:

(1)2012 年度的营业收入(销售收入)为 10 000 万元,营业成本(销售成本)为 7 000 万元。2013 年的目标营业收入增长率为 100% 且销售净利率和股利支付率保持不变。适用的企业所得税税率为 25%。

(2)2012 年度相关财务指标数据如表 1 所示:

表 1

财务指标	应收账款周转率	存货周转率	固定资产周转率	销售净利率	资产负债率	股利支付率
实际数据	8	3.5	2.5	15%	50%	1/3

(3)2012年12月31日的比较资产负债表(简表)如表2所示：

表2
单位：万元

资产	2012年年初数	2012年年末数	负债和股东权益	2012年年初数	2012年年末数
现金	500	1 000	短期借款	1 100	1 500
应收账款	1 000	(A)	应付账款	1 400	(D)
存货	2 000	(B)	长期借款	2 500	1 500
长期股权投资	1 000	1 000	股本	250	250
固定资产	4 000	(C)	资本公积	2 750	2 750
无形资产	500	500	留存收益	1 000	(E)
合计	9 000	10 000	合计	9 000	10 000

(4)根据销售百分比法计算2012年年末资产、负债各项目占销售收入的比重数据如表3所示(假定增加销售无需追加固定资产投资)：

表3

资产	占销售收入比重	负债和股东权益	占销售收入比重
现金	10%	短期借款	·
应收账款	15%	应付账款	·
存货	(F)	长期借款	·
长期股权投资	·	股本	·
固定资产(净值)	·	资本公积	·
无形资产	·	留存收益	·
合计	(G)	合计	20%

(说明：上表中用"·"表示省略的数据。)

资料二：2013年年初该公司以970元/张的价格新发行每张面值1 000元、3年期、票面利息率为5%、每年年末付息的公司债券。假定发行时的市场利息率为6%，则发行费率忽略不计。部分时间价值系数如下：

i	(P/F,i,3)	(P/A,i,3)
5%	0.8638	2.7232
6%	0.8396	2.6730

实训要求：

(1)根据资料一计算或确定以下指标：

①计算2012年的净利润。

②确定表2中用字母表示的数值(不需要列示计算过程)。

③确定表3中用字母表示的数值(不需要列示计算过程)。

④计算2013年预计留存收益。
⑤按销售百分比法预测该公司2013年需要增加的资金数额(不考虑折旧的影响)。
⑥计算该公司2013年需要增加的外部筹资数据。
(2)根据资料一及资料二计算下列指标：
①发行时每张公司债券的内在价值。
②新发行公司债券的资金成本。
2.某公司因生产急需准备借款购进一批材料,供应商提供的信用条件如下：
(1)立即付款,价格为9 700元。
(2)30天内付款,价格为9 800元。
(3)30～60天内付款,价格为10 000元。

实训要求：
该公司只想借入期限3个月的生产周转借款,此种借款年利率为15%,银行要求采用贴现法支付利息。按对该公司最有利的付款条件计算,公司至少应向银行借款多少元？(全年按360天计算)

四、校外实习

实习项目　资金筹集管理岗位实习

(一)实习性质

资金筹集管理岗位实习是在学生学习了筹资管理理论内容后进行的,是学生了解企业的财务预测方法,资金筹集渠道、方式的实践性教学环节,是学生了解和掌握筹资管理内容的一次实践活动。通过岗位实习,让学生明确企业筹资的目的,在筹资之前必须进行资金需要量的预测,学会比较各种筹资方式的优缺点,确定企业合理的筹资方案。资金筹集管理岗位实习是巩固筹资管理理论不可缺少的环节,是课程教学大纲的重要组成部分。

(二)实习目的

1.通过资金筹集管理岗位实习,了解企业资金的构成。
2.通过资金筹集管理岗位实习,了解企业资金筹集渠道、方式和与资金筹集相关的政策规定以及各筹资方式的优缺点。
3.通过资金筹集管理岗位实习,了解企业如何进行资金需要量的预测。

(三)实习组织方法

1.资金筹集管理岗位实习在会计学院院长领导下,由财务管理专业教研室主任负责,2名专业教师组成实习指导团队,组织一个班级进行岗位实习。
2.资金筹集管理岗位实习安排在筹资管理课程理论内容学习后进行,为期半天。

3.资金筹集管理岗位实习前联系一家在筹资管理方面有着成功经验的企业,组织学生实习。

4.学生岗位实习过程中,邀请资金筹集管理岗位实习指导师傅现场讲授,并结合企业的实际情况,设计企业筹资管理方面的案例,组织学生参与讨论、计算、分析和判断。

5.资金筹集管理岗位实习学生返校后,由学生完成资金筹集管理岗位实习体会。

(四)实习内容及要求

1.了解实习企业概况,生产经营主要产品、经济效益、行业特点、行业地位等。

2.了解实习企业关于筹资管理的财务制度。

3.了解实习企业资金需要量的预测方法。

4.了解实习企业资金筹集渠道、方式,各筹资方式的优缺点。

5.根据实习指导师傅设计的筹资管理案例,进行讨论、计算、分析和判断。

6.了解目前国家关于企业筹资的相关政策、规定。

(五)实习成果

学生岗位实习后,对实习指导师傅介绍的企业相关情况应认真记录,以便为撰写岗位实习体会积累资料,返校后,每位学生必须撰写资金筹集管理岗位实习报告,其内容包括:

1.企业概况

实习企业的性质、生产经营情况、行业特点、行业地位。

2.企业资金筹集管理情况

它包括企业资金需要量的预测、资金筹集渠道、方式等内容。

3.评价企业资金筹集管理

它包括企业资金筹集管理方面的优缺点及可以借鉴的成功经验。

4.实习心得

它主要阐明资金筹集管理在企业财务管理中的重要性,岗位实习后对资金筹集管理的理解和认识。

(六)成绩评定

根据学生岗位实习体会的内容、完整性及深度,结合学生实习态度及遵守纪律情况,按优、良、中、及格、不及格评定成绩,并按一定比例计入课程学习成绩。

项目五
计算资金成本与选择资本结构

◎**知识目标**

- 理解资金成本的概念及作用
- 掌握个别资金成本、加权平均资金成本和边际资金成本的计算方法
- 掌握经营杠杆、财务杠杆和复合杠杆的计算方法及相互关系
- 掌握每股收益无差别分析法
- 熟悉资本结构理论

◎**能力目标**

- 学会如何确定最佳资本结构
- 能够运用资金成本和资本结构的知识,合理进行筹资决策
- 能够利用杠杆原理测量企业的风险

任务一 计算及应用资金成本

◆**任务引入**

某海运公司拟筹措一笔资金投资组建一支集装箱船队,通过分析资金市场状况及该海运公司的有关条件,得到各种筹资方式之下筹资规模与资金成本的资料如表 5-1 所示:

表 5-1　各种筹资方式下的筹资规模与资金成本

筹资方式	筹资规模(万元)	资金成本(%)
发行债券	0~10 000	9.0
	10 000~20 000	10.2
	超过 20 000	12.4
发行优先股	0~5 000	11.1
	5 000~15 000	12.5
	超过 15 000	15.2
发行普通股	0~13 000	15.4
	13 000~26 000	16.7
	超过 26 000	20.1

公司管理层通过分析,确定新增资金的最佳资本结构为债务25%,优先股10%,普通股65%。

经航运市场调查,了解到目前有 A、B、C、D、E 5 条航线可供选择投入船舶进行营运,假设这 5 条航线的营运不是互斥,公司可以都选或选其中的几条航线投入船舶营运。经调查和测算,这 5 条航线所需投入船舶的投资额及预期投资报酬率如表 5-2 所示。

表 5-2　5 条航线所需投入船舶的投资额及预期投资报酬率

航线	投资(内含)报酬率(%)	船舶投资额(万元)
A	22.8	12 000
B	20.6	25 000
C	17.4	18 000
D	16.2	21 000
E	15.8	29 000

任务要求:
根据资金成本原理对该海运公司的筹资与投资作出决策。

❖ 相关知识

资金成本是衡量资金结构优化程度的标准,也是对投资获得经济效益的最低要求。企业筹得的资金付诸使用以后,只有投资报酬率高于资金成本,才能表明所筹集的资金取得了较好的经济效益。

一、资金成本的含义和作用

(一) 资金成本的含义

资金成本,是指企业为筹集和使用资金而付出的代价,也称"资本成本",具体包括筹资费用和占用费用。资金成本是资金所有权与资金使用权分离的结果。对出资者而言,由于让渡了资金使用权,必须要求取得一定的补偿,资金成本表现为让渡资金使用权所带来的投资报酬。对筹资者而言,由于取得了资金使用权,必须付出一定代价,资金成本表现为取得资金使用权所付出的代价。

1. 筹资费

筹资费,是指企业在筹集资金过程中,为取得资金而支付的费用。如借款时向银行支付的借款手续费;发行股票、公司债券支付的发行手续费、律师费、资信评估费、公证费、担保费、广告费等。筹资费用通常在资金筹集时一次性发生,在资金使用过程中不再发生,因此,在计算资金成本时可作为筹集金额的一项扣除费用。

2. 占用费

占用费,是指企业占用资金而付出的代价,如向银行等债权人支付的利息,向股东支付的股利等。占用费用是因为占用了他人资金而必须支付的,是资金成本的主要内容。

(二) 资金成本的作用

1. 资金成本是比较筹资方式、选择筹资方案的依据

各种资金的资金成本率,是比较、评价各种筹资方式的依据。在评价各种筹资方式时,一般会考虑的因素包括对企业控制权的影响、对投资者吸引力的大小、融资的难易和风险、资金成本的高低等,而资金成本是其中的重要因素。在其他条件相同时,企业筹资应选择资金成本最低的方式。

2. 平均资金成本是衡量资金结构是否合理的依据

企业财务管理目标是企业价值最大化,企业价值是企业资产带来的未来经济利益的现值。计算现值时采用的贴现率通常会选择企业的平均资金成本,当平均资金成本率最小时,企业价值最大,此时的资本结构是企业理想的最佳资本结构。

3. 资金成本是评价投资项目可行性的主要标准

资金成本通常用相对数表示,它是企业对投入资金所要求的报酬率(或收益率),即最低必要报酬率。任何投资项目,如果它预期的投资报酬率超过该项目使用资金的资金成本率,则该项目在经济上就是可行的。因此,资金成本率是企业用以确定项目要求达到的投资报酬率的最低标准。

4. 资金成本是评价企业整体业绩的重要依据

一定时期企业资金成本的高低,不仅反映企业筹资管理的水平,还可作为评价企业整体经营业绩的标准。企业的生产经营活动,实际上就是所筹集资金经过投放后形成的资产营运活动,企业的总资产报酬率应高于其平均资金成本率,才能带来剩余收益。

二、个别资金成本的计算

个别资金成本,是指单一融资方式的资金成本,包括银行借款资金成本、公司债券资金成本、融资租赁资金成本、普通股资金成本和留存收益成本等,其中,前三类是债务资金成本,后两类是权益资金成本。个别资金成本率可用于比较和评价各种筹资方式。

(一)资金成本计算的一般公式

资金成本在财务管理中一般用相对数(即资金成本率)来表达,即表达为年资金占用费与实际筹资额(筹资总额减去筹资费用)的比率。其计算公式为:

$$资金成本率 = \frac{年资金占用费}{筹资总额 - 筹资费用} = \frac{年资金占用费}{筹资总额 \times (1 - 筹资费用率)}$$

(注:若资金来源为负债,则还存在税前资金成本和税后资金成本的区别。计算税后资金成本需要从年资金占用费中减去资金占用费税前扣除导致的所得税节约额。)

(二)银行借款资金成本的计算

银行借款资金成本包括借款利息和借款手续费用。利息费用税前支付,可以起抵税作用,因此,一次还本、分期付息借款的成本为:

$$K_L = \frac{I_L(1-T)}{L(1-F_L)} = \frac{R_L(1-T)}{1-F_L}$$

式中:K_L——银行借款成本率;

I_L——银行借款利息;

L——银行借款余额(借款本金);

F_L——银行借款筹资费用率;

R_L——银行借款的利率。

当银行借款的筹资费(主要是借款的手续费)很小时,也可以忽略不计。

则上式可简化为:

$$K_L = R_L(1-T)$$

【业务实例 5-1-1】宏达公司从银行取得长期借款 100 万元,年利率为 10%,期限为 4 年,每年付息一次,到期一次还本。假定筹资费率为 1‰,企业所得税率为 25%,则其借款成本为:

$$K_L = \frac{100 \times 10\% \times (1-25\%)}{200 \times (1-1‰)} \times 100\% = 3.75\%$$

【业务实例5-1-2】宏达公司从银行取得长期借款2 000万元,年利率为8%,期限为10年,每年付息一次,到期一次还本,筹资费用率为0.5%,企业所得税率为25%。则其借款成本为：

$$K_L = \frac{2\,000 \times 8\% \times (1-25\%)}{2\,000 \times (1-0.5\%)} = \frac{8\% \times (1-25\%)}{1-0.5\%} = 6.03\%$$

【业务实例5-1-3】宏达公司取得5年期银行贷款100万元,年利率为5%,每年付息一次,到期一次还本,所得税率为25%。则其贷款成本为：

$$K_L = 5\% \times (1-25\%)$$
$$= 3.75\%$$

(三)公司债券资金成本的计算

公司债券资金成本包括债券利息和借款发行费用。债券可以溢价发行,也可以折价发行,其资金成本率按一般模式计算为：

$$K_b = \frac{\text{年利息} \times (1-\text{所得税税率})}{\text{债券筹资总额} \times (1-\text{手续费率})} \times 100\% = \frac{I(1-T)}{L(1-f)} \times 100\%$$

式中：L——公司债券筹资总额；

I——公司债券年利息。

【业务实例5-1-4】宏达公司平价发行面值1 000元、期限5年、票面利率8%的债券4 000张,每年结息一次。发行费率为5%,所得税税率为25%。则该批债券筹资成本为：

$$\text{债券筹资成本} = \frac{1\,000 \times 8\% \times (1-25\%)}{1\,000 \times (1-5\%)} = 6.32\%$$

如果债券溢价100元发行,则债券筹资成本为：

$$\text{债券筹资成本} = \frac{1\,000 \times 8\% \times (1-25\%)}{1\,100 \times (1-5\%)} = 5.74\%$$

如果债券折价50元发行,则债券筹资成本为：

$$\text{债券筹资成本} = \frac{1\,000 \times 8\% \times (1-25\%)}{950 \times (1-5\%)} = 6.65\%$$

(四)普通股资金成本的计算

普通股资金成本主要是向股东支付的各期股利。而股利是以所得税后净利支付的,不能抵减所得税。由于各期股利并不一定固定,随企业各期收益波动,所以,普通股的资金成本只能按折现模型计算,并假定各期股利的变化具有一定的规律性。如果是上市公司普通股,则其资金成本还可以根据该公司的股票收益率与市场收益率的相关性,按资本资产定价模型法估计。

1. 股利折现模型

股利折现模型的基本形式是：

$$P_0 = \sum_{t=1}^{n} \frac{D_t}{(1+K_S)^t}$$

式中：P_0——普通股筹资净额，即发行价格扣除发行费用；

D_t——普通股第 t 年的股利；

K_S——普通股资金成本率。

运用上面的模型测算普通股资金成本率，又因具体的股利政策而有所不同。

(1) 公司采用固定股利政策。如果公司采用固定股利政策，即每年分派固定数额的现金股利，则普通股资金成本率可按下列公式计算：

$$普通股资金成本率 K_s = \frac{每年固定股利}{普通股筹资金额 \times (1-普通股筹资费用率)} \times 100\%$$

$$= \frac{D}{P \times (1-f)} \times 100\%$$

【业务实例 5-1-5】金兰公司准备发行一批普通股，发行价格是 18 元，每股筹资费用率是 2%，预定每年分派现金股利每股 2 元，则该普通股的资金成本率为：

$$K_s = \frac{2}{18 \times (1-2\%)} = 11.34\%$$

(2) 公司采用固定股利增长率的政策。如果公司采用固定股利增长率的政策，则普通股的资金成本率可按下列公式计算：

$$普通股资金成本率 K_s = \frac{第一年预期股利}{普通股筹资金额 \times (1-普通股筹资费用率)} \times 100\% + 股利年增长率$$

$$= \frac{D_0 \times (1+g)}{P \times (1-f)} \times 100\% + g = \frac{D_1}{P \times (1-f)} \times 100\% + g$$

式中：D_0——股票上期支付的股利；

P——股票市场价格；

g——股利年增长率；

D_1——股票第一年预期股利。

【业务实例 5-1-6】金兰公司普通股每股市价为 30 元，筹资费用率为 2%，上期发放现金股利每股 0.6 元，今后预期股利年增长率为 10%。则普通股资金成本率为：

$$K_s = \frac{0.6 \times (1+10\%)}{30 \times (1-10\%)} + 10\% = 12.24\%$$

2. 资本资产定价模型

资本资产定价模型的含义可以简单地描述为：普通股投资的必要报酬率等于无风险报酬率加上风险报酬率，则普通股筹资的资金成本率计算公式为：

$$K_s = R_f + \beta(R_m - R_f)$$

式中：K_s——普通股资金成本率；

R_f——无风险报酬率；

β——股票贝塔系数；

R_m——市场平均报酬率。

【业务实例 5-1-7】金兰公司普通股 β 系数为 1.5，此时一年期国债利率为 5%，市场平均报酬率为 15%，则该普通股资金成本率为：

$$K_s = 5\% + 1.5 \times (15\% - 5\%) = 20\%$$

(五)留存收益资金成本率的计算

留存收益包括盈余公积和未分配利润，其所有权属于普通股股东。因此，企业采用留存收益筹资，等同于股东对企业追加投资。股东对这部分投资与以前交给企业的股本一样，要求获得同普通股等价的报酬，所以留存收益也要计算成本。留存收益筹资成本的计算与普通股基本相同，但不用考虑筹资费用。

(1)在普通股股利固定的情况下，留存收益资金成本率的计算公式为：

$$留存收益资金成本率 = \frac{每年固定股利}{普通股筹资金额} \times 100\%$$

(2)在普通股股利以固定增长率增长的情况下，留存收益资金成本率的计算公式为：

$$留存收益资金成本率 = \frac{第一年预期股利}{普通股筹资金额} \times 100\% + 股利年增长率$$

【业务实例 5-1-8】金兰公司普通股目前的股价是 18 元/股，筹资费用率是 6%，第一年预期每股股利为 2 元，股利固定增长率是 4%，则该公司留存收益资金成本率为：

$$留存收益资金成本率 = \frac{2}{18} \times 100\% + 4\% = 15.11\%$$

(六)优先股资金成本率的计算

公司发行优先股需要支付发行费用且优先股的股息通常是固定的，因此，其计算公式为：

$$K_P = \frac{D}{P(1-f)}$$

式中：K_P——优先股资金成本率；

$\quad\quad$ D——每年的股息；

$\quad\quad$ P——筹资总额，按发行价计算；

$\quad\quad$ f——优先股筹资费率。

【业务实例5-1-9】金兰公司拟按面值发行优先股，面值总额为100万元，固定股息率为20%，筹资费用率为5%，则该优先股的资金成本率为：

$$K_P = \frac{100 \times 20\%}{100 \times (1-5\%)} \times 100\% = 21.05\%$$

◆ 关键提示

只有银行借款和债券的资金成本要考虑所得税的影响，而普通股、优先股和留存收益的资金成本不需要考虑所得税的影响。

三、加权平均资金成本的计算

由于受多种因素的制约，所以企业筹资时不可能只用某种单一的筹资方式，往往需要通过多种方式筹集所需资金。为进行筹资决策，就要计算确定企业筹资全部长期资金的加权平均资金成本。加权平均资金成本一般是以各种资金占全部资金的比重为权数，对个别资金成本进行加权平均确定的，又称"综合资金成本"。其计算公式为：

$$K_W = \sum_{j=1}^{n} K_j W_j$$

式中：K_W——平均资金成本；

$\quad\quad K_j$——第j种个别资金成本；

$\quad\quad W_j$——第j种个别资金占全部资金的比重。

【业务实例5-1-10】宏达公司2012年末账面反映的长期资金共10 000万元，其中，长期借款1 000万元，应付长期债券2 000万元，普通股5 000万元，保留盈余2 000万元。其资本成本分别为5%、9%、10%、12%，该企业的加权平均资本成本为：

$$加权平均资本成本 = 5\% \times \frac{1\,000}{10\,000} + 9\% \times \frac{2\,000}{10\,000} + 10\% \times \frac{5\,000}{10\,000} + 12\% \times \frac{2\,000}{10\,000}$$
$$= 9.7\%$$

◆ 知识拓展

上述计算中的个别资本占全部资本的比重是按账面价值确定的，其资料容易取得。但当资本的账面价值与市场价值差别较大时，如股票、债券的市场价格相对账面价值发生较大变动，则计算结果会与预计有较大的差距，从而影响筹资决策的正确性。为了克服这一缺陷,个别资本占全部资本的比重还可以按市场价值或目标价值确定,分别称为"市场价值权数"、"目标价值权数"。

【业务实例5-1-11】万达公司2012年期末的长期资金账面总额为1 000万元,其中:银行长期贷款为400万元,占40%;长期债券为150万元,占15%;普通股为450万元,占45%。长期贷款、长期债券和普通股的个别资金成本分别为:5%、6%、9%。普通股市场价值为1 600万元,债务市场价值等于账面价值。该公司的加权平均资金成本为:

(1)按账面价值计算:

$$K_w = 5\% \times 40\% + 6\% \times 15\% + 9\% \times 15\% = 6.95\%$$

(2)按市场价值计算:

$$K_w = \frac{5\% \times 400 + 6\% \times 150 + 9\% \times 1\ 600}{400 + 150 + 1\ 600} = \frac{172}{2\ 150} = 8.05\%$$

市场价值权数指债券、股票以市场价格确定权数。这样计算的加权平均资本成本能反映企业目前的实际情况。同时,为弥补证券市场变动频繁的不便,也可选用平均价格。

目标价值权数是指债券、股票以未来预计的目标市场价值确定权数。这种权数能体现期望的资本结构,而不是像账面价值权数和市场价值权数那样只反映过去和现在的资本结构,所以按目标价值权数计算得到的加权平均资本成本更适用于企业筹措新资金。然而,企业很难客观合理地确定证券的目标价值,使这种计算方法不易推广。

四、边际资金成本

(一)边际资金成本的概念

边际资金成本是企业追加筹资的成本,即每增加1元资金所需增加的成本。企业的个别资金成本和加权平均资金成本是企业过去筹集的单项资金的成本和目前使用全部资金的成本。在实际工作中,企业无法以某一固定的资金成本来筹集无限的资金,当企业筹集的资金超过一定限度时,原来的资金成本就会增加。所以,当企业筹措新的资金时,不能仅仅考虑目前所使用资金的成本,还要考虑新筹集资金的成本,即边际资金成本。当筹资数额较大或在目标资本结构既定的情况下,往往需要通过多种筹资方式的组合来实现,这时应通过计算边际资金成本来确定最优筹资方式的组合。

【业务实例5-1-12】A企业资金总额为100万元,其中,负债为30万元,优先股为10万元,普通股为60万元,负债年利率为10%,优先股资金成本率为12%,普通股资金成本率为14.2%,股利每年增长6.6%,所得税率为30%。则该A企业的加权平均资金成本率为:

$$K_w = 10\% \times (1-30\%) \times 30\% + 12\% \times 10\% + 14.2\% \times 60\% = 11.82\%$$

该企业最优资本结构要求负债占30%,优先股占10%,普通股占60%。所以,每增加

1元资金,就要求增加负债0.3元、优先股0.1元、普通股0.6元。在各资金成本率不变的条件下,加权平均资金成本率是11.82%。企业能否始终保持11.82%的资金成本率进行筹资呢?答案是否定的。企业筹资越多,负债和权益资金的成本一般都会上升,任何企业都无法在同一成本水平上无限规模地筹集资金。因此,这里有一个筹资数额的决策问题,即企业筹集规模达到多少时,才会使资金成本率上升。企业能否在这个规模点内完成筹资任务,这个点就是间断点,或称为"筹资突破点"。

(二)边际资金成本的确定

计算边际资金成本有以下四个步骤:

第一步,确定目标资本结构;

第二步,测算各种筹资方式的资本成本;

第三步,计算间断点(又称"筹资突破点")。根据目标资本结构和各种资金成本率变动的分界点,可计算公司筹资突破点。其计算公式为:

$$筹资突破点 = \frac{某种筹资方式的筹资限额}{该种方式追加的资金占全部追加资金的比重}$$

第四步,计算边际资金成本。根据上一步骤计算出的分界点,可得出新的筹资范围。对新的筹资范围分别计算加权平均资金成本,即可得到各种筹资范围的边际资金成本。

【业务实例5-1-13】某企业拥有长期资金400万元。其中,长期借款60万元,长期债券100万元,普通股240万元。由于扩大经营规模的需要,所以拟筹集新资金。要求测算追加筹资的边际资金成本。

(1)确定目标资本结构。经分析,认为筹集新资金后仍应保持目前的资本结构,即长期借款占15%、长期债券占25%、普通股占60%。

(2)确定个别资金成本。财务人员根据资金市场状况和企业在资金市场上的筹资能力,测算各种资金的成本率。测算结果如表5-3所示:

表5-3 企业筹资资料

资金种类	目标资本结构	追加筹资额范围	资金成本率
长期借款	15%	0~45 000 45 000~90 000 大于90 000	3% 5% 7%
长期债券	25%	0~200 000 200 000~400 000 大于400 000	10% 11% 12%
普通股	60%	0~300 000 300 000~600 000 大于600 000	13% 14% 15%

(3)计算间断点。企业筹资突破点计算如表5-4所示:

表 5-4 间断点计算表

资金种类	资金成本	各种筹资方式的筹资范围(元)	间断点	筹资总额范围(元)
长期借款	3% 5% 7%	0~45 000 45 000~90 000 大于 90 000	45 000/0.15=300 000 90 000/0.15=600 000	0~300 000 300 000~600 000 大于 600 000
长期债券	10% 11% 12%	0~200 000 200 000~400 000 大于 400 000	200 000/0.25=800 000 400 000/0.25=1 600 000	0~800 000 800 000~1 600 000 大于 1 600 000
普通股	13% 14% 15%	0~300 000 300 000~600 000 大于 600 000	300 000/0.6=500 000 600 000/0.6=1 000 000	0~500 000 500 000~1 000 000 大于 1 000 000

(4)计算边际资金成本。根据第三步计算出的筹资总额间断点,重新确定筹资范围并计算每个新筹资范围内的资金成本率。计算过程如表 5-5 所示:

表 5-5 边际资金成本计算表

序号	筹资总额范围(元)	资金种类	目标资本结构	个别资金成本	边际资金成本
1	0~300 000	长期借款	15%	3%	3%×15%=0.45%
		长期债券	25%	10%	10%×25%=2.5%
		普通股	60%	13%	13%×60%=7.8%
		第一个筹资范围的边际资金成本=10.75%			
2	300 000~500 000	长期借款	15%	5%	5%×15%=0.75%
		长期债券	25%	10%	10%×25%=2.5%
		普通股	60%	13%	13%×60%=7.8%
		第二个筹资范围的边际资金成本=11.05%			
3	500 000~600 000	长期借款	15%	5%	5%×15%=0.75%
		长期债券	25%	10%	10%×25%=2.5%
		普通股	60%	14%	14%×60%=8.4%
		第三个筹资范围的边际资金成本=11.65%			
4	600 000~800 000	长期借款	15%	7%	7%×15%=1.05%
		长期债券	25%	10%	10%×25%=2.5%
		普通股	60%	14%	14%×60%=8.4%
		第四个筹资范围的边际资金成本=11.95%			
5	800 000~1 000 000	长期借款	15%	7%	7%×15%=1.05%
		长期债券	25%	10%	11%×25%=2.75%
		普通股	60%	14%	14%×60%=8.4%
		第五个筹资范围的边际资金成本=12.2%			
6	1 000 000~1 600 000	长期借款	15%	7%	7%×15%=1.05%
		长期债券	25%	10%	11%×25%=2.75%
		普通股	60%	15%	15%×60%=9%
		第六个筹资范围的边际资金成本=12.8%			
7	大于 1 600 000	长期借款	15%	7%	7%×15%=1.05%
		长期债券	25%	12%	12%×25%=2.75%
		普通股	60%	15%	15%×60%=9%
		第七个筹资范围的边际资金成本=13.05%			

由此可见,如果企业筹资总额在30万元以下,其资金成本为10.75%,如果筹资总额超过30万元,但小于50万元,则其资金成本为11.05%,以此类推,并根据这一变化,决定最终筹资额度,从而使企业的筹资成本最经济合理。

企业的筹资管理,不仅要合理选择筹资方式,而且还要科学安排资本结构。资本结构优化是企业筹资管理的基本目标,也会对企业的生产经营安排产生制约性的影响。资金成本是资本结构优化的标准,不同性质的资金所具有的资金成本特性,带来了杠杆效应。

◆ 任务实施

1. 测算追加筹资的边际资金成本。
2. 根据5条航线所需投入船舶的投资额及预期投资报酬率确定最佳的筹资额度。

任务二 财务杠杆、经营杠杆、复合杠杆系数计算和风险衡量

◆ 任务引入

星海公司是一个生产和销售通讯器材的股份公司。该公司适用的所得税税率为25%,对于明年的预算出现三种意见:

第一方案:维持目前的生产和财务政策。预计销售45 000件,售价为240元/件,单位变动成本为200元,固定成本为120万元。公司的资本结构为:400万元负债(利息率为5%),普通股20万股。

第二方案:更新设备并用负债筹资。预计更新设备需投资600万元,生产和销售量不会变化,但单位变动成本将降低至180元/件,固定成本将增加至150万元。借款筹资600万元,预计新增借款的利率为6.25%。

第三方案:更新设备并用股权融资。更新设备情况与第二方案相同,预计新股发行价为每股30元,需要发行20万股,以筹集600万元资金。

任务如下:

其一,三个方案下的每股收益、经营杠杆、财务杠杆和复合杠杆。

其二,第二方案和第三方案每股收益相等时的销售量。

其三,根据上述结果分析,哪个方案的风险最大,哪个方案的报酬最高。

◆ 相关知识

财务管理中存在着类似于物理学中的杠杆效应,表现为:由于特定固定支出或费用的存在,所以导致当某一财务变量以较小幅度变动时,另一相关变量会发生较大幅度变动。财务

管理中的杠杆效应,包括经营杠杆、财务杠杆和总杠杆三种效应形式。杠杆效应既可以产生杠杆利益,也可能带来杠杆风险。

一、成本习性、边际贡献与息税前利润

(一)成本习性及分类

成本习性,是指成本总额与业务量之间在数量上的依存关系。成本按习性可划分为固定成本、变动成本和混合成本三类。

1. 固定成本

固定成本,是指其总额在一定时期或一定产销量范围内不随业务量的变动而发生任何变动的那部分成本,包括按直线法计提的折旧费、管理人员的月工资、财产保险费、广告费、职工培训费、租金等。虽然其成本总额固定不变,但在产销量变动的情况下,分摊到每个产品中的成本却在变化,产销量越大,每个产品分担的固定成本就越少,即单位固定成本随产销量的增加而逐渐降低。

固定成本还可进一步区分为约束性固定成本和酌量性固定成本两类。约束性固定成本属于企业"经营能力"成本,是企业维持一定业务量所必须负担的最低成本,如厂房、设备的折旧费、管理人员工资等。这部分成本也是指管理当局的决策都无法改变其支出数额的固定成本。否则,就会影响企业的经营活动。酌量性固定成本属于企业"经营方针"成本,管理者可以根据经营方针的需要改变其支出数额的大小,如广告宣传费、研究开发费用、职工培训费等。

2. 变动成本

变动成本,是指其总额与业务量成正比例变动的那部分成本。但是,其单位业务量的成本保持不变,即单位变动成本是不变的,如在产品制造成本中,直接人工、直接材料都是典型的变动成本。

3. 混合成本

混合成本,顾名思义是指"混合"了不同性质的固定成本和变动成本的成本。这类成本的特征是,其总额随着业务量的变动而变动,但不是成正比例变动。其实,企业总成本就是典型的混合成本。混合成本按其与业务量的关系可分为以下两类:

(1)半变动成本。此类成本通常有个基数部分,该部分不随业务量的变化而变化,体现着固定成本性态;但在基数部分以上,则随业务量的变化成正比例变化,呈现着变动成本性态。企业的公共事业费,如电费、水费、电话费等均属半变动成本。如图5-1所示。

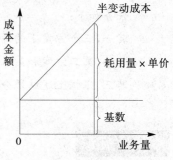

图5-1 半变动成本习性模型

(2)半固定成本。此类成本的特征是在一定业务量范围内,其发生额的数量是不变的,体现着固定成本性态;但当业务量的增长达到一定限额时,其发生额会突然跃升到一个新的水平;然后,在业务量增长的一定限度内(即一个新的相关范围内),其发生额的数量又保持不变,直到另一个新的跃升为止。如图 5-2 所示。

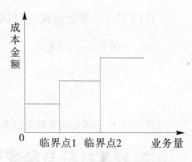

图 5-2 半固定成本习性模型

4. 总成本习性模型

成本按习性可分为变动成本、固定成本和混合成本三类,其中,混合成本又可以按一定方法分解成变动部分和固定部分,那么,总成本习性模型可以表示为:

$$y = a + bx$$

式中:y——总成本;

　　　a——固定成本;

　　　b——单位变动成本;

　　　x——业务量(如产销量,这里假定产量与销量相等,下同)。

当公式中的 a 和 b 确定后,就可以利用这个公式进行成本预测了。

(二)边际利润及其计算

边际利润又称为"边际贡献",是指销售收入减去变动成本以后的差额,常常被人们称作"毛利"。其计算公式为:

$$\text{边际利润} = \text{销售收入} - \text{变动成本}$$
$$= (\text{销售单价} - \text{单位变动成本}) \times \text{产销量}$$
$$= \text{单位边际利润} \times \text{产销量}$$

若以 M 代表边际利润总额,p 代表销售单价,b 代表单位变动成本,x 代表产销量,m 代表单位边际利润,则上式可表示为:

$$M = px - bx = (p - b)x = mx$$

(三)息税前利润及其计算

息税前利润,是指企业支付利息和缴纳所得税前的利润。

其计算公式为:

$$\text{息税前利润} = \text{销售收入总额} - \text{变动成本总额} - \text{固定成本}$$
$$= (\text{销售单价} - \text{单位变动成本}) \times \text{产销量} - \text{固定成本}$$
$$= \text{边际利润总额} - \text{固定成本}$$

若以 EBIT 表示息税前利润,a 代表固定成本,则上式可表示为:

$$EBIT = px - bx - a$$
$$= (p-b)x - a$$
$$= M - a$$

(注:上式中的固定成本和变动成本不应包括利息费用因素。)

二、经营杠杆与经营风险

(一)经营杠杆的概念

经营杠杆,是指在企业生产经营中,由于存在固定成本而使息税前利润变动率大于产销量变动率的现象。根据成本形态,在一定产销量范围内,产销量的增加一般不会影响固定成本总额,但会使单位产品固定成本降低,从而提高单位产品利润,并使息税前利润增长率大于产销量增长率;反之,产销量减少,会使单位产品固定成本升高,从而降低单位产品利润,并使息税前利润下降率大于产销量的下降率。

想一想

如果在没有固定成本的条件下,所有的成本都是变动的,那么,边际利润是否就是息税前利润?这时的息税前利润变动率与产销量变动率是否一致?

(二)经营杠杆的计量

企业只要存在固定成本,就存在着经营杠杆的作用。对经营杠杆的计量最常用的指标是经营杠杆系数或经营杠杆度。经营杠杆系数,是指息税前利润变动率相当于产销业务量变动率的倍数。其计算公式为:

$$经营杠杆系数(DOL) = \frac{息税前利润变动率}{产销量变动率}$$

或:

$$DOL = \frac{\triangle EBIT / EBIT}{\triangle Q / Q}$$

式中:DOL——经营杠杆系数;
　　　EBIT——变动前的息税前利润;
　　　△EBIT——息税前利润的变动额;
　　　Q——变动前的产量或销量;
　　　△Q——产量或销量的变动数。

上述公式是计算经营杠杆系数的理论公式,经营杠杆系数还可以按以下简化公式计算:

$$\text{经营杠杆系数(DOL)} = \frac{\text{基期边际贡献}}{\text{基期息税前利润}}$$

或:

$$\text{DOL} = \frac{M}{\text{EBIT}}$$

式中:M——基期边际贡献;
　　　EBIT——基期息税前利润。

【业务实例5-2-1】宏达公司A产品2012年销售量为10 000台,单位售价为40元,产品单位变动成本为20元,固定成本总额为50 000元。如果2013年销售量上升5%,那么请计算该公司2013年的经营杠杆系数。

解法一:2012年息税前利润=10 000×40-10 000×20-50 000=150 000(元)
　　　　2013年息税前利润=10 000×(1+5%)×40-10 000×(1+5%)×20-50 000
　　　　　　　　　　　　=160 000(元)

$$\text{息税前利润变动率} = \frac{160\,000 - 150\,000}{150\,000} \times 100\% = 6.67\%$$

销售量变动率=5%

$$\text{经营杠杆系数(DOL)} = \frac{6.67\%}{5\%} = 1.33$$

解法二:2012年边际贡献=10 000×40-10 000×20=200 000(元)
　　　　2012年息税前利润=10 000×40-10 000×20-50 000=150 000(元)

$$\text{经营杠杆系数} = \frac{200\,000}{150\,000} = 1.33$$

(三)经营杠杆与经营风险

引起企业经营风险的主要原因是市场需求和成本等因素的不确定性,经营杠杆本身并不是利润不稳定的根源。但是,产销量增加时,息税前利润将以DOL倍数的幅度增加,从而扩大了市场和生产等不确定因素对利润变动的影响。而且通过上述计算可以看出,经营杠杆系数越大,利润变动越激烈,企业的经营风险就越大。一般来说,在其他条件相同的情况下,经营性固定成本占总成本的比例越大,经营杠杆系数越高,经营风险就越大。如果经营性固定成本为0,则经营杠杆系数为1,息税前利润变动率将恒等于产销量变动率,企业就没有经营风险。

◆ 知识拓展

杜邦公司为保证其竞争战略不受融资限制的干扰,融资政策一向侧重于财务弹性最大化。然而,其1981年与科纳克公司的大合并使公司放弃了长期坚持的全部权益资本的资本结构。为筹集收购资金,杜邦公司发行了38.5亿元的浮动利率债务,并承担了科纳克公司19亿美元的债务,收购使杜邦公司负债高达42%,债券等级下降。这些变化对杜邦公司重新审视其融资政策而言,既是挑战又是机遇。

三、财务杠杆与财务风险

(一)财务杠杆的概念

财务杠杆也称"融资杠杆"或"资本杠杆",通常指由于债务的存在而导致每股利润的变动率大于息税前利润变动率的杠杆效应。不论企业的营业利润为多少,债务的利息、融资租赁的租金和优先股的股息通常都是固定不变的。这种由于固定性财务费用的存在而导致普通股每股收益变动率大于息税前利润变动率的杠杆效应,称为"财务杠杆效应"。

(二)财务杠杆的计量

只要企业存在固定的债务利息及优先股股利,就会存在财务杠杆效应。财务杠杆效应的大小通常用财务杠杆系数来表示。所谓"财务杠杆系数",是指普通股每股利润的变动率相当于息税前利润变动率的倍数。其计算公式为:

$$财务杠杆系数(DFL) = \frac{普通股每股利润变动率}{息税前利润变动率}$$

或:

$$DFL = \frac{\triangle EPS/EPS}{\triangle EBIT/EBIT}$$

式中:DFL——财务杠杆系数;
　　　EPS——基期普通股每股利润;
　　　$\triangle$EPS——普通股每股利润的变动额;
　　　EBIT——基期息税前利润;
　　　$\triangle$EBIT——息税前利润变动额。

由于

$$EPS = \frac{(EBIT-I)(1-T)}{N}$$

$$\triangle EPS = \frac{\triangle EBIT(1-T)}{N}$$

因此,该公式可进一步推导为:

$$DFL = \frac{EBIT}{EBIT - I - \frac{d}{(1-T)}}$$

式中,I——债务筹资的利息,在负债筹资额不变条件下,利息保持不变;

(EBIT-I)——扣除利息的税前利润;

d——优先股股息。

如果企业没有发行优先股,那么其财务杠杆系数的计算公式可以进一步简化为:

$$DFL=\frac{EBIT}{EBIT-I}$$

注:上述公式中 EBIT、I、d、T 均为基期值。

【业务实例5-2-2】有 A、B、C 3 个公司,资金总额均为 1 000 万元,所得税税率均为 30%,每股面值均为 1 元。A 公司资金全部由普通股组成;B 公司债务资金为 300 万元(利率10%),普通股为 700 万元;C 公司债务资金为 500 万元(利率10.8%),普通股为 500 万元。3 个公司 2012 年 EBIT 均为 200 万元,2013 年 EBIT 均为 300 万元,EBIT 增长了 50%。有关财务指标如表 5-6 所示:

表 5-6 普通股收益及财务杠杆的计算 单位:万元

利润项目		A公司	B公司	C公司
普通股股数		1 000 万股	700 万股	500 万股
利润总额	2012 年	200	170	146
	2013 年	300	270	246
	增长率	50%	58.82%	68.49%
净利润	2012 年	140	119	102.2
	2013 年	210	189	172.2
	增长率	50%	58.82%	68.49%
归属普通股的收益	2012 年	140	119	102.2
	2013 年	210	189	172.2
	增长率	50%	58.82%	68.49%
每股收益	2012 年	0.14 元	0.17 元	0.2044 元
	2013 年	0.21 元	0.27 元	0.3444 元
	增长率	50%	58.82%	68.49%
财务杠杆系数		1.000	1.176	1.370

可见,债务资金所占比重越高,财务杠杆系数就越大。A 公司由于不存在债务资金,所以没有财务杠杆效应;B 公司存在债务资金,其普通股收益增长幅度是息税前利润增长幅度的1.176倍;C 公司存在债务资金并且债务资金的比重比 B 公司高,其普通股收益增长幅度是息税前利润增长幅度的 1.370 倍。

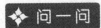

企业既没有发行优先股,也没有向银行借款时,则财务杠杆系数为多少?

(三)财务杠杆与财务风险

财务风险,是指企业为了取得财务杠杆的利益而利用负债资金,增加了破产机会或普通股每股利润大幅度变化的机会所带来的风险。财务杠杆具有两方面的作用,既可以较大幅度地提高每股收益,也可以较大幅度地降低每股收益。企业为了取得财务杠杆利益,就要增加负债。但当企业息税前利润下降,不足以补偿固定利息支出时,企业的每股利润则会比息税前利润下降得更快。这就是说,财务杠杆会给企业带来财务风险。一般来说,企业的资本构成中都会有债务资金,因而,都会存在财务风险,在其他因素一定的情况下,负债越多,财务杠杆系数越大,企业财务风险也就越大。

四、复合杠杆与公司风险

(一)复合杠杆的概念

复合杠杆又称为"总杠杆",是由经营杠杆和财务杠杆共同作用形成的。如前所述,由于存在固定性的经营成本,产生经营杠杆作用,所以使息税前利润的变动幅度大于产销业务量的变动幅度;同样,由于存在固定财务费用,所以产生财务杠杆效应,使企业每股收益的变动率大于息税前利润的变动率。如果两种杠杆共同起作用,那么销售量稍有变动就会使每股收益产生很大的变动。这种由于固定成本和固定财务费用的共同存在,而导致每股收益变动率大于产销量变动率的杠杆效应,称为"复合杠杆"。

(二)复合杠杆的计量

对于经营杠杆和财务杠杆综合程度的大小,可以用复合杠杆系数来反映。复合杠杆系数,亦称"总杠杆系数",是指普通股每股收益变动率相当于产销量变动率的倍数;也是经营杠杆系数与财务杠杆系数的乘积。用公式表示如下:

$$复合杠杆系数(DTL) = \frac{普通股每股收益变动率}{产销量变动率}$$

$$= 经营杠杆系数 \times 财务杠杆系数$$

$$= \frac{基期边际贡献}{基期息税前利润 - 基期利息}$$

或:

$$DTL = \frac{\triangle EPS/EPS}{\triangle Q/Q} = DOL \cdot DFL = \frac{M}{EBIT - I}$$

式中:DTL——复合杠杆系数;

△EPS——普通股每股利润的变动额;

EPS——基期普通股每股利润;

Q——变动前的产量或销量；
△Q——产量或销量的变动数；
DOL——经营杠杆系数；
DFL——财务杠杆系数；
M——基期边际贡献；
EBIT——基期息税前利润；
I——基期利息。

【业务实例5-2-3】百安公司销售甲产品一批，共30万件，单价为50元，单位变动成本为25元，固定成本总额为200万元，企业负债总额为1 000万元，负债年利率为10%。计算该企业的经营杠杆系数、财务杠杆系数和复合杠杆系数。

解：百安公司的经营杠杆系数、财务杠杆系数和复合杠杆系数分别为：

$$DOL = \frac{(50-25) \times 30}{(50-25) \times 30 - 200} = 1.36$$

$$DFL = \frac{(50-25) \times 30 - 200}{(50-25) \times 30 - 200 - 1\,000 \times 10\%} = 1.22$$

$$DTL = 1.36 \times 1.22 = 1.66$$

百安公司复合杠杆系数为1.66，表明当该公司销售收入增加1倍时，每股收益(EPS)将以1.66倍数的幅度增加；反之，当该公司销售收入减少1倍时，每股收益(EPS)将以1.66倍数的幅度减少。

(三)复合杠杆与公司风险

公司风险包括企业的经营风险和财务风险。复合杠杆系数反映了经营杠杆和财务杠杆之间的关系，用以评价企业的整体风险水平。在其他因素不变的情况下，复合杠杆系数越大，公司风险越大；复合杠杆系数越小，公司风险越小。在复合杠杆系数一定的情况下，经营杠杆系数与财务杠杆系数此消彼长。复合杠杆效应的意义在于：第一，能够说明产销业务量变动对普通股收益的影响，据以预测未来的每股收益水平；第二，揭示了财务管理的风险管理策略，即要保持一定的风险状况水平，需要维持一定的复合杠杆系数，经营杠杆和财务杠杆可以有不同的组合。

◆ 知识拓展

经营杠杆、财务杠杆和总杠杆与企业筹资

一般来说，固定资产比较重大的资金密集型企业，经营杠杆系数高，经营风险大，企业筹资主要依靠权益资金，以保持较小的财务杠杆系数和财务风险；变动成本比重较大的劳动密集型企业，经营杠杆系数低，经营风险小，企业筹资主要依靠债务资金，保持较大的财务杠杆系数和财务风险。

在企业初创阶段,产品市场占有率低,产销业务量小,经营杠杆系数大,此时,企业筹资主要依靠权益资金,在较低程度上使用财务杠杆;在企业扩张成熟期,产品市场占有率高,产销业务量大,经营杠杆系数小,此时,企业资本结构中可扩大债务资金,在较高程度上使用财务杠杆。

◆ 任务实施

1. 计算3个方案下的每股收益、经营杠杆、财务杠杆和复合杠杆。
2. 根据结果分析每个方案的风险与报酬,从而决定明年的财务政策。

任务三　选择与优化筹资结构

◆ 任务引入

蓝天公司是经营机电设备的一家国有企业,改革开放以来,由于该企业重视开拓新的市场和保持良好的资本结构,所以逐渐在市场上站稳了脚跟,同时也使企业得到了不断的发展和壮大,在建立现代企业制度的过程中走在了前面。为进一步拓展国际市场,公司需要在国外建立一全资子公司。公司目前的资金来源包括面值为1元的普通股1 000万股和平均利率为10%的3 200万元的负债。预计企业当年能实现息税前利润1 600万元。开办这个全资子公司就是为了培养新的利润增长点,该全资子公司需要投资4 000万元。预计该子公司建成投产之后会为公司增加销售收入2 000万元,其中,变动成本为1 100万元,固定成本为500万元。该项资金来源有三种筹资形式:其一,以11%的利率发行债券;其二,按面值发行股利率为12%的优先股;其三,按每股20元价格发行普通股。

在不考虑财务风险的情况下,试分析该公司应选择哪一种筹资方式。

◆ 相关知识

一、资本结构的含义

资本结构,是指企业各种资本的构成及其比例关系。广义的资本结构,是指企业全部资本的构成及其比例关系。狭义的资本结构,是指企业长期资本的构成及其比例关系,尤其是指长期的股权资本与债务资本的构成及其比例关系。

二、资本结构决策意义

资本结构的优化主要是指债务资本的比例安排问题。在企业的资本结构决策中,合理安排债务资本比例对企业具有以下重要意义。

(一)可以降低企业的综合资本成本率

由于债务利息率通常低于股票股利率,而且债务利息在税前利润中扣除,可以减少企业所得税,所以债务资本成本率低于权益资本成本率。因此,在一定的限度内合理地提高债务资本的比例可以降低企业的综合资本成本率。

(二)可以获得财务杠杆利益

由于债务利息通常是固定不变的,当息税前利润增大时,每一元利润所负担的固定利息会相应降低,分配给权益所有者的税后利润会相应增加。所以,在一定的限度内合理地利用债务资本,可以发挥财务杠杆的作用,给企业所有者带来财务杠杆利益。

(三)可以增加公司的价值

一般而言,一个公司的价值应该等于其债务资本的市场价值与权益资本的市场价值之和。资本结构对公司的债务资本市场价值、权益资本市场价值和公司总资本的市场价值(即公司的总价值)都具有重要的影响。因此,合理安排资本结构有利于增加公司的市场价值。

三、最优资本结构决策

从上面的分析可以看出,利用负债资金具有双重作用。一方面,适当负债可以降低企业资本成本;另一方面,负债比率过高时,会给企业带来很大的财务风险。因此,企业必须权衡财务风险和资本成本的关系,确定最佳资本结构。最佳资本结构,是指在一定条件下使企业加权平均成本最低,企业价值最大的资金结构。

> **小提示**
>
> 从理论上讲,最佳资本结构是存在的,但由于企业内部和外部环境和条件的变化,寻找最佳资本结构是很困难的。
>
> 筹资决策的目标就是要确定最佳的资本结构以求得股权收益最大化(即普通股每股收益最多或自有资金利润率最高)或资金成本最小化。资本结构决策的方法有许多种,常见的有比较资金成本法和每股收益无差别点分析法。

(一)比较资金成本法

比较资金成本法是计算不同资本结构(或筹资方案)的加权平均资金成本,并通过相互比较,选择加权平均资金成本最低的资本结构作为最优的资本结构的方法。

在实际中,企业对拟定的筹资总额,可以采用多种筹资方式来筹集。同时,每种筹资方式的筹资数额亦可有不同安排,由此形成若干资本结构(或筹资方案)可供选择。

【业务实例5-3-1】宏达公司初创时有如下3个筹资方案可供选择,有关资料经测算汇入表5-7。

表5-7 宏达公司筹资方案　　　　　　　　　　　　　　　　　　　　　　　　单位:万元

筹资方式	筹资方案1		筹资方案2		筹资方案3	
	筹资额	资金成本(%)	筹资额	资金成本(%)	筹资额	资金成本(%)
长期借款	400	6	500	6.5	800	7.0
债券	1 000	7	1 500	8.0	1 200	7.5
优先股	600	12	1 000	12.0	500	12.0
普通股	3 000	15	2 000	15.0	2 500	15.0
合计	5 000	—	5 000	—	5 000	—

下面分别测算3个筹资方案的加权平均资金成本,并比较其高低,从而确定最优筹资方案亦即最佳资本结构。

方案1:

(1)计算各种筹资方式筹资数额占筹资总额的比重。

长期借款　　400÷5 000＝0.08

债券　　　　1 000÷5 000＝0.2

优先股　　　600÷5 000＝0.12

普通股　　　3 000÷5 000＝0.6

(2)计算加权平均资金成本。

0.08×6％＋0.2×7％＋0.12×12％＋0.6×15％＝12.32％

方案2:

(1)计算各种筹资方式筹资数额占筹资总额的比重。

长期借款　　500÷5 000＝0.1

债券　　　　1 500÷5 000＝0.3

优先股　　　1 000÷5 000＝0.2

普通股　　　2 000÷5 000＝0.4

(2)计算加权平均资金成本。

0.1×6.5％＋0.3×8％＋0.2×12％＋0.4×15％＝11.45％

方案3:

(1)计算各种筹资方式筹资数额占筹资总额的比重。

长期借款　　800÷5 000＝0.16

债券　　　　1 200÷5 000＝0.24

优先股　　　500÷5 000＝0.1

普通股　　　　2 500÷5 000=0.5

(2) 计算加权平均资金成本。

0.16×7%+0.24×7.5%+0.1×12%+0.5×15%=11.62%

以上3个筹资方案相比较,方案2的加权平均资金成本最低。因此,在其他有关因素大体相同的条件下,方案2是最好的筹资方案,其形成的资本结构可确定为该企业的最优资本结构。企业可按此方案筹集资金,以实现其资本结构的最优化。

(二)每股收益无差别点分析法

每股收益无差别点法,又称"每股利润无差别点法"或"息税前利润——每股收益分析法(EBIT-EPS分析法)"。它是通过分析资本结构与每股收益之间的关系,计算各种筹资方案的每股收益的无差别点,进而确定合理的资本结构的方法。这种方法确定的最佳资本结构即每股收益最大的资本结构。

1.每股利润无差别点处的息税前利润的计算公式

$$\frac{(EBIT-I_1)(1-T)-D_1}{N_1}=\frac{(EBIT-I_2)(1-T)-D_2}{N_2}$$

式中,EBIT——息税前利润平衡点,即每股利润无差别点;

I_1,I_2——两种增资方式下的长期债务年利息;

D_1,D_2——两种增资方式下优先股年股利;

N_1,N_2——两种增资方式下的普通股股数。

$$EBIT=\frac{N_2I_1-N_1I_2}{N_2-N_1}$$

2.图示

进行每股利润无差别点分析时,当预计的EBIT大于每股利润无差别点的EBIT时,运用负债筹资可获得较高的每股利润;反之,当预计的EBIT小于每股利润无差别点的EBIT时,运用权益筹资可获得较高的每股利润。如图5-3所示。

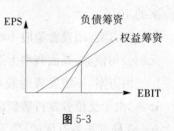

图 5-3

> **知识拓展**
>
> 根据每股利润无差别点,可以分析判断在什么样的销售水平下,适于采用何种资本结构。每股利润无差别点既可以用销售量、销售额、息税前利润表示,又可以用边际贡献表示。

【业务实例5-3-2】宏达公司原有资本为5 000万元,其中,长期债务资本为2 000万元,优先股为1 000万元,普通股本为2 000万元,每年负担的利息费用为200万元,每股优先股股利为100万元。普通股为100万股,每股面值为20元。企业所得税税率为25%。现公司决定扩大经营规模,为此需要追加筹资 2 500 万元长期资金。现有 2 种备选方案。

方案 1:全部筹措长期债务资本,债务利率为 10%,年利息为 250 万元。

方案 2:全部发行普通股,增发 100 万股,每股面值 25 元。

解:$I_1 = 250 + 200 = 450$ 万元　　$I_2 = 200$ 万元

$N_1 = 100$ 万股　　　　　　　　$N_2 = 100 + 100 = 200$ 万股

$D_1 = D_2 = 100$ 万元

$$\frac{(EBIT - 450)(1 - 25\%) - 100}{100} = \frac{(EBIT - 200)(1 - 25\%) - 100}{200}$$

EBIT = 700 万元

当预期息税前利润为 700 万元时,权益筹资和债务筹资方式均可,即选择方案 1 和方案 2 均可;当预期息税前利润高于 700 万元时,应选择债务筹资方式,即选择方案 1,以获得较高的普通股每股收益;当预期息税前利润低于 700 万元时,应选择权益筹资方式,即选择方案 2,以获得较高的普通股每股收益。

当企业需要的资金额较大时,可能会采用多种筹资方式组合融资。这时,需要详细比较分析各种组合筹资方式下的资金成本及其对每股收益的影响,选择每股收益最高的筹资方式。

【业务实例 5-3-3】兴华公司目前资本结构为:总资金为 1 000 万元,其中,债务资金 400 万元(年利息 40 万元);普通股资金为 600 万元(600 万股,面值 1 元,市价 5 元)。企业由于扩大经营规模,需要追加筹资 800 万元,所得税率为 20%,不考虑筹资费用因素。有 3 种筹资方案:

甲方案:增发普通股 200 万股,每股发行价 3 元;同时向银行借款 200 万元,利率保持原来的 10%。

乙方案:增发普通股 100 万股,每股发行价 3 元;同时溢价发行 500 万元面值为 300 万元的公司债券,票面利率为 15%。

丙方案:不增发普通股,溢价发行 600 万元面值为 400 万元的公司债券,票面利率为 15%;由于受债券发行数额的限制,所以需要补充向银行借款 200 万元,利率为 10%。

3 种方案各有优劣:增发普通股能够减轻资金成本的固定性支出,但股数增加会摊薄每股收益;采用债务筹资方式能够提高每股收益,但增加了固定性资金成本负担,受到的限制较多。基于上述原因,筹资方案需要两两比较。

甲、乙方案的比较:$\dfrac{(\overline{EBIT} - 40 - 20) \times (1 - 20\%)}{600 + 200} = \dfrac{(\overline{EBIT} - 40 - 45) \times (1 - 20\%)}{600 + 100}$

解得:$\overline{EBIT} = 260$(万元)

乙、丙方案的比较:$\dfrac{(\overline{EBIT} - 40 - 45) \times (1 - 20\%)}{600 + 100} = \dfrac{(\overline{EBIT} - 40 - 80) \times (1 - 20\%)}{600 + 100}$

解得:$\overline{EBIT} = 330$(万元)

甲、丙方案的比较:$\dfrac{(\overline{EBIT} - 40 - 20) \times (1 - 20\%)}{600 + 200} = \dfrac{(\overline{EBIT} - 40 - 80) \times (1 - 20\%)}{600 + 100}$

解得:$\overline{EBIT}=300$(万元)

筹资方案两两比较时,产生了3个筹资分界点,上述分析结果可用图5-4表示。从图5-4中可以看出:企业EBIT预期为260万元以下时,应当采用甲筹资方案;EBIT预期为260~330万元之间时,应当采用乙筹资方案;EBIT预期为330万元以上时,应当采用丙筹资方案。

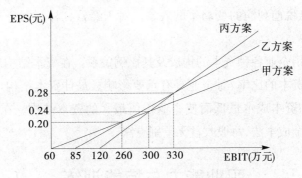

图5-4 每股收益无差别点分析图

◆ 知识拓展

确定最佳资本结构——公司价值分析法。公司价值分析法是在充分反映公司财务风险的前提下,以公司价值的大小为标准,经过测算确定公司最佳资本结构的方法。与每股收益分析法和资金成本比较法相比,公司价值分析法充分考虑了公司的财务风险和资金成本等因素的影响,以公司价值最大化为标准进行资本结构的决策,更符合公司价值最大化的财务目标,但其测算原理及测算过程较为复杂,通常用于资金规模较大的上市公司。

◆ 任务实施

1. 利用每股收益无差别点分析法计算债券筹资与普通股筹资的无差别点。
2. 计算优先股与普通股每股收益无差别点。
3. 分析各种组合筹资方式下的资金成本及其对每股收益的影响,选择最优的筹资方式。

◆ 项目小结

1. 资金成本是企业取得和使用资金而支付的代价,包括资金占用费和资金筹集费用。资金成本最基本的性质是投资收益的再分配,属于利润范畴。对投资者来说是收益,对企业来说是成本。资金成本对于企业财务管理具有重要作用,主要体现在是企业筹资管理的主要依据,也是企业投资管理的重要标志,还可作为评价企业经营业绩的依据。资金成本的计算包括个别资金成本、加权平均资金成本和边际资金成本。

2. 财务管理中的杠杆效应,是指由于固定成本或固定财务费用的存在而引起的,当某一财务变量以较小幅度变动时,另一相关财务变量会以较大幅度变动的现象。它包括经营杠杆、财务杠杆和复合杠杆3种形式。经营杠杆,是指由于固定成本的存在而导致息税前利润的变动率大于产销量变动率的现象。财务杠杆,是指由于固定财务费用的存在而导致每股利润的变动率大于息税前利润的变动率的现象。对于经营杠杆和财务杠杆的综合程度,可以用复合杠杆来反映。

3. 资本结构,是指企业各种资本的构成及其比例关系。在资本结构决策中,合理地利用债务筹资,安排债务资本的比率,对企业具有重要影响。最佳资本结构,是指企业在一定时期使企业的加权平均资本成本最低而使企业价值最大的资本结构。在确定最佳资本结构时,可以运用比较资金成本法、每股收益无差别点法。

职业能力与技能训练

一、职业能力训练

(一)单选题

1. 企业在进行追加筹资决策时,使用(   )
   A. 个别资金成本　　B. 加权平均资金成本　　C. 综合资金成本　　D. 边际资金成本
2. 下列个别资金成本属于权益资金的是(   )
   A. 长期借款成本　　B. 债券成本　　C. 普通股成本　　D. 租赁成本
3. 下列筹资方式,资金成本最低的是(   )
   A. 长期债券　　B. 长期借款　　C. 优先股　　D. 普通股
4. 留存收益成本是一种(   )
   A. 机会成本　　B. 相关成本　　C. 重置成本　　D. 税后成本
5. 在固定成本不变的情况下,下列表述正确的是(   )
   A. 经营杠杆系数与经营风险为正比例关系
   B. 销售额与经营杠杆系数为正比例关系
   C. 经营杠杆系数与经营风险为反比例关系
   D. 销售额与经营风险为正比例关系
6. 下列对最佳资本结构的表述,正确的是(   )
   A. 最佳资本结构是使企业总价值最大,而不一定是每股收益最大,同时加权平均资金成本最低的资本结构
   B. 最佳资本结构是使企业每股收益最大,同时加权平均资金成本最低的资本结构

C. 最佳资本结构是使企业息税前利润最大,同时加权平均资金成本最低的资本结构

D. 最佳资本结构是使企业税后利润最大,同时加权平均资金成本最低的资本结构

7. 按( )计算的加权平均资金成本更适用于企业筹措新资金。

A. 账面价值权数　　　　　　　　　　B. 市场价值权数

C. 目标价值权数　　　　　　　　　　D. 可变现净值权数

8. 企业的( )越小,经营杠杆系数就越大。

A. 产品售价　　　B. 单位变动成本　　　C. 固定成本　　　D. 利息费用

9. 某企业生产一种产品,该产品的边际贡献率为60%,企业平均每月发生固定性费用20万元,当企业年销售额达到800万元时,经营杠杆系数等于( )

A. 1.04　　　　　B. 1.07　　　　　C. 2　　　　　D. 4

10. 当企业负债筹资额为0时,财务杠杆系数为( )

A. 0　　　　　B. 1　　　　　C. 不确定　　　　　D. ∞

11. 某企业发行面额为1 000万元的10年期企业债券,票面利率为10%,发行费用率为2%,发行价格为1 200万元,假设企业所得税率为25%,则该债券资金成本为( )

A. 5.58%　　　　　B. 5.70%　　　　　C. 6.38%　　　　　D. 10%

12. 某企业发行在外的股份总额为1 000万股,2012年净利润为2 000万元。企业的经营杠杆系数为2,财务杠杆系数为3,如果在现有基础上,销售量增加10%,那么企业的每股盈利为( )

A. 3元　　　　　B. 3.2元　　　　　C. 10元　　　　　D. 12元

13. 某企业长期资金的账面价值合计为1 000万元,其中,年利率为10%的长期借款为200万元,年利率为12%的应付长期债券为300万元,普通股为500万元,股东要求的最低报酬率为15%,假设企业所得税率为25%,则企业的加权平均资金成本是( )

A. 9.9%　　　　　B. 13.1%　　　　　C. 14%　　　　　D. 11.7%

14. 某企业生产A产品,年固定成本为120万元,变动成本率为60%。当企业的销售额为800万元时,经营杠杆系数是( )

A. 1.18　　　　　B. 1.33　　　　　C. 1.6　　　　　D. 6.67

15. 某企业生产产品的单位售价为50元,年固定成本为10万元,变动成本率为60%。当企业的产销量为( )时,企业的经营杠杆系数最大。

A. 3 000件　　　　　B. 5 000件　　　　　C. 6 000件　　　　　D. 7 000件

16. 宏达公司经营杠杆系数为3,当其产销业务量的增长率为10%时,该公司的息税前利润将会增长( )

A. 60%　　　　　B. 20%　　　　　C. 30%　　　　　D. 70%

17. 假定某企业的权益资金与负债资金的比例为60∶40,据此可断定该企业( )

A. 只存在经营风险　　　　　　　　B. 经营风险大于财务风险

C. 经营风险小于财务风险　　　　　D. 同时存在经营风险和财务风险

18. 已知某企业目标资本结构中长期债务的比重为20%,债务资金的增加额在0～10 000元范围内,其利率维持5%不变。该企业与此相关的筹资总额分界点为(　　)元。
   A. 5 000　　　　B. 20 000　　　　C. 50 000　　　　D. 200 000

19. 某企业权益和负债资金的比例为6∶4,债务平均利率为10%,股东权益资金成本是15%,所得税率为30%,则加权平均资金成本为(　　)
   A. 11.8%　　　　B. 13%　　　　C. 8.4%　　　　D. 11%

20. 某企业2011年息税前利润为800万元,固定成本(不含利息)为200万元,预计企业2012年销售量增长10%,则2012年企业的息税前利润会增长(　　)
   A. 8%　　　　B. 10%　　　　C. 12.5%　　　　D. 15%

(二)多选题

1. 下列项目中,属于变动成本的是(　　)
   A. 直接材料　　B. 广告费　　C. 直接人工　　D. 职业培训费

2. 资金成本的计量形式有(　　)
   A. 个别资金成本　　B. 债券成本　　C. 加权平均资金成本
   D. 权益成本　　E. 边际资金成本

3. 决定资金成本高低的主要因素有(　　)
   A. 总体经济环境　　　　　　B. 证券市场条件
   C. 企业内部的经营和融资状况　　D. 项目融资规模

4. 下列属于权益资金成本的是(　　)
   A. 银行借款成本　　B. 债券成本　　C. 普通股成本　　D. 留存收益成本

5. 下列项目中,属于资金成本中资金筹集费的是(　　)
   A. 发行股票的手续费　　　　B. 银行借款利息
   C. 发行股票的广告费　　　　D. 股票的股息

6. 关于经营杠杆系数,下列说法正确的有(　　)
   A. 在固定成本不变的情况下,经营杠杆系数说明了销售额增长(减少)所引起利润增长(减少)的幅度
   B. 在固定成本不变的情况下,销售额越大,经营杠杆系数越小,经营风险也就越小
   C. 其他因素不变,固定成本越大,经营杠杆系数越大
   D. 当固定成本趋于0时,经营杠杆系数趋于1

7. 影响企业加权平均资金成本的因素有(　　)
   A. 资本结构　　　　　　B. 个别资金成本的高低
   C. 企业总价值　　　　　D. 筹资期限长短

8. 下列说法正确的是(　　)
   A. 边际资金成本是追加筹资时所使用的加权平均成本

B. 当企业筹集的各种长期资金同比例增加时,资金成本应保持不变

C. 当企业缩小其资金规模时,无需考虑边际资金成本

D. 当企业无法以某一固定的资金成本来筹措无限的资金,且其筹集的资金超过一定的限度时,原来的资金成本就会增加

9. 资金成本的作用有(　　)

A. 是选择资金来源、确定筹资方案的重要依据

B. 是评价投资项目、决定投资取舍的重要标准

C. 是衡量企业经营成果的尺度

D. 是投资项目的机会成本

10. 计算加权平均资金成本的权重形式有(　　)

A. 账面价值权数　　　　　　　　　B. 市场价值权数

C. 目标价值权数　　　　　　　　　D. 可变现净值权数

(三)判断题

1. 边际资金成本是资金每增加一个单位而增加的成本。　　　　　　　　(　　)
2. 经营杠杆系数同经营风险为正比例关系。　　　　　　　　　　　　　(　　)
3. 财务风险是由于企业利用负债筹资而引起的所有者权益的变动。　　　(　　)
4. 财务杠杆系数越大,财务风险越小。　　　　　　　　　　　　　　　(　　)
5. 在企业经营中,杠杆作用是指销售量的较小变动会引起利润的较大变动。(　　)
6. 公司使用留存收益不需付出代价。　　　　　　　　　　　　　　　　(　　)
7. 企业负债越多,财务杠杆系数就越高,财务风险就越大。　　　　　　(　　)
8. 根据每股盈余无差别点,可以分析判断在什么样的销售水平下适于采用何种融资方式来安排和调整资本结构。　　　　　　　　　　　　　　　　　　　　　　(　　)
9. 债务资金比率越低,财务风险越小;债务资金比率越高,财务风险越大。(　　)
10. 固定成本占企业总资金的比重越大,经营风险越大。　　　　　　　　(　　)

二、职业技能训练

(一)计算分析

1. 某公司初创时拟筹资 1 200 万元,其中:向银行借款 200 万元,利率为 10%,期限为 5 年,手续费率为 0.2%;发行 5 年期债券为 400 万元,利率为 12%,发行费用为 10 万元;发行普通股 600 万元,筹资费率为 4%,第一年末股利率为 12%,以后每年增长 5%。假定公司适用所得税率为 25%。

要求:计算该企业的加权平均资金成本。

2. 某企业拟采用 3 种方式筹资,并拟定了 3 个筹资方案,资料如下表所示,请选择最佳

筹资方案。

某企业筹资方案

筹资方式	资金成本(%)	资本结构(%)		
		A	B	C
发行股票	15%	50	40	40
发行债券	10%	30	40	30
长期借款	8%	20	20	30

3.某公司年初拥有权益资金和长期债务资金共计1 000万元,债务资金比重为40%,年内资金状况没有变化,债务利息率为10%。假设该公司适用所得税率为25%,年末税后净利40万元,请计算该公司财务杠杆系数。

4.某公司2012年资金总额为1 000万元,其中,债务资金为400万元,债务利率为10%,普通股600万元(10万股,每股面值60元)。2013年,该公司要扩大业务,需要追加筹资300万元,有2种筹资方式:

甲方案:发行债券300万元,年利率为12%;

乙方案:发行普通股300万元,6万股,每股面值50元。

假定公司的变动成本率为60%,固定成本为200万元,所得税率为25%。

要求:(1)计算每股利润无差别点销售额。

(2)计算无差别点的每股利润。

5.宏达公司只生产和销售甲产品,其总成本习性模型为y=10 000+3x。假设该公司2012年度甲产品销售量为10 000件,每件售价为5元;按市场预测2013年甲产品的销售数量将增长10%。请计算:

(1)2012年该公司的边际贡献总额。

(2)2012年该公司的息税前利润。

(3)2013年的经营杠杆系数。

(4)2013年息税前利润增长率。

(5)假定公司2012年发生负债利息5 000元,计算2013年复合杠杆系数。

6.某公司有3个投资方案,每个投资方案的投资成本和预期报酬率如下表所示:

某公司投资方案

投资方案	投资成本(元)	内部报酬率
A	165 000	16%
B	200 000	13%
C	125 000	12%

公司计划40%通过负债,60%通过普通股融资。未超过120 000元的负债融资税后资金成本为7%,超过部分为11%,企业共有留存盈利180 000元,普通股要求的报酬率为19%。若新发行普通股,资金成本为22%,则该公司应接受哪一些投资方案?

(二)案例分析

万科增发 A 股、发行公司债券分析

"股权融资之后,摊薄万科的负债率,但是万科选择继续发债,又增加负债率,不断循环,这就形成了一个'融资怪圈'。"

距公开募集 100 亿元资金后不到 7 天,2008 年 8 月 30 日,万科再次公告,计划发行价值不超过人民币 59 亿元(约合 7.8 亿美元)的公司债。万科高密度大面积融资造成业绩摊薄、财务指标出现异化,受到投资者的质疑。

2008 年 8 月 30 日,万科公告公司董事会审议并通过了关于公司拟发行不超过 59 亿元公司债券的议案,公告称本次公司债券的期限为 3~7 年,可以为单一期限品种,也可以是多种期限的混合品种。募集资金用途为:拟用 15 亿元调整公司目前的负债结构,优化负债比例;拟用剩余募集资金补充公司流动资金,改善公司资金状况。

截至 2007 年 9 月 3 日,万科收盘价为 33.70 元,wind 资讯计算万科 2006 年静态市盈率为 68 倍,2007 年调整后动态市盈率为 56 倍,调整后 EPS 为 0.59,股价已经相当高。

实际上,自 2006 年以来,万科从资本市场已融资 142 亿元,如果加上此次公司债的发行,万科这 2 年的融资额就高达 200 亿元。

2006 年 8 月,万科公告股东大会同意向社会非公开发行 A 股股票,发行股票数量 40 000 万股,发行价格人民币 10.5 元/股,募集资金人民币 420 000 万元,同年 12 月 19 日增发资金到位。

3 个月之后,万科宣布再次启动融资计划,在 A 股市场上,增发公开募集资金总额不超过 100 亿元,增发价格 31.53 元,拟发行不超过 317 261 股。2008 年 8 月 22 日,该融资计划获得发审会通过。29 日公告增发 A 股发行结果,募集资金 100 亿元。

2008 年 8 月 30 日,万科再次公告董事会通过拟发行公司债券,融资不超过 59 亿元的计划。

相应的是,万科股价 1 年之间狂飙。根据 wind 资讯的统计,自 2007 年 8 月 7 日起截至 2008 年 8 月 30 日,万科股价升幅为 792.82%。

然而,万科的业绩是否能支持如此高密度、大面积的融资?

2008 年 8 月 23 日,在全景网举行增发路演上,投资者就质疑万科市值超过美国四大房地产公司市值总和,已经是美国四大房地产公司市值总和的大约 1.5 倍。

对此,万科总经理郁亮将万科的成长性因素作为重要的理由。他认为,在中国、印度这样的新兴市场,市值体现的是投资者对行业前景和公司未来业绩的看好。

大规模增发使万科面临着每股盈利的全面摊薄。事实上,2008 年中报显示,万科的各项指标比 2007 年情况有所走弱。

就万科的盈利来说,2008 年比 2007 年营业收入增加 66%,营业利润增长 39.78%,但是,中期业绩增长并没有能够使每股价值上升。相反,加速融资使万科每股的含金量下降。

根据 2008 年中报显示万科基本每股收益为 0.25 元,创造了近 3 年中报的最低水平,比 2007 年同期的 0.31 元下降了 19.35%,每股净资产也由 2007 年同期的 3.42 元下降到 2.41 元,降幅 29.53%,销售净利润下降 18.52%,资产净利润下降达到 38%,主营业务利润以及净资产收益率都有不同程度下降。

快速融资的要求来源于快速的土地扩张,根据 2008 年中报显示,截至报告披露日即 8 月 23 日,公司规划中项目建筑面积合计 2 157 万平方米,按万科权益计算建筑面积为 1 818 万平方米,2008 年以来,公司新增项目按万科权益计算的规划建筑面积 562 万平方米。同时,万科的高层在网上交流中表示还将投资约超过百亿元的资金用于土地储备。

快速滚动使万科整个产业链条不断紧绷,2008 年中报显示,万科资产负债水平达到 71.36%,年初数为 64.31%,增长 7.05%。一方面,相比郁亮一直坚持的 65% 资产负债率,已经出现了较大的出入,显示出恶化倾向;另一方面,万科流动负债增长迅速,与 2008 年初相比增长 34.81%。

"股权融资之后,摊薄万科的负债率,但是万科选择继续发债,又增加负债率,不断循环。"这位分析师认为,这就形成了一个"融资怪圈"。

其中,最大的风险会体现在实体经济中。分析师认为,股市融资更为容易,那么上市公司在土地市场上竞争能力增加,在土地招拍挂制度中,不断举牌圈地,客观上土地价格随之上升。

"拿到项目能够融资,融资以后拿项目,这鼓励了开发商不断拿项目,股东的钱是否能够理性的运用,还是在客观上推高了土地的价格,这值得深思。"分析师认为,一些这样的激进非理性的迹象已经出现,最让人担心的就是流动性通过这样流入土地市场,同时提高了房地产市场和资本市场的风险,形成融资背后双向风险。

资金与实体经济双向驱动,扩大规模并同样也面临风险,2009 年,万科酝酿的产能爆发是否能够实现,同样也酝酿着公司规模快速扩大引致的风险。

中信建投研究所则在其对万科中报的分析中给出一个很有意思的风险提示,中信证券认为,如公司不能继续在资本市场大规模、高密度地再融资,公司成长性将受到影响。

(本文根据《拟发 59 亿公司债筹资 万科融资背后双向风险》改编)

案例思考题:

1. 假设万科增发 A 股前的资本结构是合理的,则你作为投资者,是否会预计到万科继续采用举债方式融资?为什么?

2. 你如果作为万科的财务经理,是先选择增发 A 股还是先选择发行债券方式筹资?你认为是否应该对筹资的次序进行决策?为什么?

3. 增发 A 股后,为何会造成业绩摊薄、短期内会对哪些财务指标出现扭曲,公司有何对策防止每股收益下降?

4. 任何筹资都是为企业发展战略服务的,你能否从目前的金融环境、法律环境及其房地产本身的行业特点等角度分析万科筹资的必要性?

5. 公司拟用筹集的长期资金来增加企业的流动资金,属于比较激进、保守、稳健中的哪种营运资金筹集政策? 这种做法是否带有行业特性?

6. 公司从非定向增发到公开增发再到债券筹资,请你从财务角度分析上述过程的合理性。

7. 融资背后的双向风险是指哪些? 为什么? 如果你是万科的财务经理,那么你对中信证券研究报告中"如公司不能继续在资本市场大规模、高密度地再融资,公司成长性将受到影响"这句话如何理解,如何确保融资与成长性达到双赢?

三、模拟实训

(一)实训目的

1. 通过实践和分析,使学生理解资金成本和财务杠杆等基本知识。
2. 培养学生利用杠杆原理测量企业风险的能力以及计量企业资金成本和经济利润的能力。

(二)实训学时

2学时

(三) 实训内容

1. A公司2011年12月31日资产负债表上的长期负债与股东权益的比例为40:60。该公司计划于2012年为一个投资项目筹集资金,可供选择的筹资方式包括:向银行申请长期借款和增发普通股。A公司以现有资本结构作为目标结构。其他有关资料如下:

(1)如果A公司2012年新增长期借款在40 000万元以下(含40 000万元)时,借款年利息率为6%;如果新增长期借款在40 000~100 000万元,那么年利息率将提高到9%;A公司无法获得超过100 000万元的长期借款。银行借款筹资费忽略不计。

(2)如果A公司2012年度增发的普通股规模不超过120 000万元(含120 000万元),那么预计每股发行价为20元;如果增发规模超过120 000万元,那么预计每股发行价为16元。普通股筹资费率为4%(假定不考虑有关法律对公司增发普通股的限制)。

(3)A公司2012年预计普通股股利为每股2元,以后每年增长5%。

(4)A公司适用的企业所得税税率为25%。

实训要求:

(1)分别计算下列不同条件下的资金成本:

①新增长期借款不超过40 000万元时的长期借款成本。

②新增长期借款超过40 000万元时的长期借款成本。

③增发普通股不超过 120 000 万元时的普通股成本。

④增发普通股超过 120 000 万元时的普通股成本。

(2)计算所有的筹资总额分界点。

(3)计算 A 公司 2012 年最大筹资额。

(4)根据筹资总额分界点确定各个筹资范围,并计算每个筹资范围内的资金边际成本。

(5)假定上述项目的投资额为 180 000 万元,预计内部收益率为 13%,根据上述计算结果,确定本项筹资的资金边际成本,并作出是否应当投资的决策。

2. ABC 公司正在着手编制明年的财务计划,公司财务主管请你协助计算其加权平均资金成本。有关信息如下:

(1)公司银行借款利率当前是 9%,明年将下降为 8.93%。

(2)公司债券面值为 1 元,票面利率为 8%,期限为 10 年,分期付息,当前市价为 0.85 元;如果按公司债券当前市价发行新的债券,那么发行费用为市价的 4%。

(3)公司普通股面值为 1 元,当前每股市价为 5.5 元,本年派发现金股利为 0.35 元,预计每股收益增长率维持 7%,并保持 25% 的股利支付率。

(4)公司当前(本年)的资本结构为:

银行借款　　150 万元

长期债券　　650 万元

普通股　　　400 万元(400 万股)

留存收益　　420 万元

(5)公司所得税税率为 25%。

(6)公司普通股的 β 值为 1.1。

(7)当前国债的收益率为 5.5%,市场上普通股平均收益率为 13.5%。

实训要求:

(1)计算银行借款的税后资金成本。

(2)计算债券的税后资金成本。

(3)分别使用股利折现模型和资本资产定价模型估计权益资金成本,并计算 2 种结果的平均值作为权益资金成本。

(4)如果仅靠内部融资,则明年不增加外部融资规模,计算其加权平均资金成本(权数按账面价值确定,计算时单项资金成本百分数保留 2 位小数)。

四、校外实习

实习项目　筹资管理岗位实习

(一)实习性质

本课程资金筹集管理岗位实习是在学生学习了筹资管理相关理论内容后进行的,是其了解企业的财务预测方法,资金筹集渠道、方式,企业资金成本的计算和资本结构安排的实践性教学环节。通过岗位实习,让学生明确企业筹资的目的,掌握预测资金需要量的方法,学会计算各种筹资方式的资金成本及综合资金成本,确定企业的最佳资本结构。该实习是巩固资金筹集理论不可缺少的环节,是课程教学大纲的重要组成部分。

(二)实习目的

1. 了解实习企业资金筹集渠道、方式和相关的政策规定以及各筹资方式的优缺点。
2. 了解实习企业如何进行资金需要量的预测。
3. 了解实习企业资金成本的计算方法。
4. 了解实习企业目前的资本结构,各种筹资方式的资金成本及相应的综合资金成本,分析实习企业的资本结构是否合理。
5. 了解实习企业如何运用财务杠杆,进一步理解财务杠杆的意义。

(三)实习组织方法

1. 资金筹集管理岗位实习应在专业教师指导下,以一个班级为单位进行岗位实习。
2. 该实习安排在资金成本与资本结构理论课程内容学习后进行,为期半天。
3. 在资金筹集管理岗位实习前,联系一家在资金筹集管理方面有成功经验的企业,组织学生实习。
4. 学生岗位实习过程中,邀请企业资金筹集管理岗位实习指导师傅现场讲授并结合企业的实际情况,设计企业筹资管理案例,组织学生参与讨论、计算、分析和判断。
5. 实习结束学生返校后,由学生完成资金筹集管理岗位实习体会。

(四)实习内容及要求

1. 了解实习企业概况,生产经营主要产品、经济效益、行业特点、行业地位等。
2. 了解目前国家关于企业筹资的相关政策、规定。
3. 了解实习企业关于资金筹集管理的财务制度。
4. 了解实习企业资金需要量的预测方法。
5. 了解实习企业资金筹集渠道、方式,各筹资方式的优缺点。
6. 了解实习企业各种筹资方式的基本程序。
7. 根据实习企业给出的资料,计算企业的资金成本、财务杠杆系数,分析企业的资本结构。
8. 了解各种筹资方式对企业控制权和企业日常经营活动的影响。
9. 写出关于实习企业筹资情况的说明书。

(五)实习成果

学生岗位实习时,应对实习指导师傅介绍的企业相关情况认真记录,以便为撰写岗位实

习体会积累资料,返校后,每位学生必须撰写企业筹资管理岗位实习报告,其内容包括:

1. 企业概况:实习企业的性质、生产经营情况、行业特点、行业地位。

2. 企业资金筹集管理情况:包括企业资金需要量的预测、资金筹集渠道、方式、资金成本及资本结构等内容。

3. 评价企业资金筹集管理:包括企业资金筹集管理方面的优缺点及可以借鉴的成功经验。

4. 实习心得:主要阐明资金筹集管理在企业财务管理中的重要性,岗位实习后对资金筹集管理的理解和认识。

(六)成绩评定

根据学生岗位实习体会的内容、完整性及深度,结合学生实习态度及遵守纪律情况,按优、良、中、及格、不及格评定成绩,并按一定比例计算课程学习成绩。

项目六
项目投资管理

✥ 知识目标

- 认知项目投资的含义、特点及项目投资的程序
- 掌握项目现金流量的含义及现金净流量的计算方法
- 掌握投资回收期、投资报酬率、净现值、净现值率、现值指数、内含报酬率等项目投资决策评价指标的计算方法

✥ 能力目标

- 能够分析项目投资现金流量的构成,准确估算项目投资现金流量
- 能够计算项目投资决策评价指标,并对企业的项目投资作出科学的财务决策

任务一 估算项目投资的现金流量

◆ 任务引入

远大集团某项目投资总额为 150 万元,其中,固定资产投资为 110 万元,建设期为 2 年,于建设起点分 2 年平均投入。无形资产投资 20 万元,于建设起点投入。流动资金投资 20 万元,于投产开始垫付。该项目经营期 10 年,固定资产按直线法计提折旧,期满有 10 万元净残值;无形资产于投产开始分 5 年平均摊销;流动资金在项目终结时可一次全部收回。另外,预计项目投产后,前 5 年每年可获得 40 万元的营业收入,并发生 38 万元的总成本;后 5 年每年可获得 60 万元的营业收入,发生 25 万元的变动成本和 15 万元的付现固定成本。

要求:估算该项目投资在项目计算期内各年的现金净流量。

◆ 相关知识

一、项目投资的含义与特点

投资,是指企业将财力投放于一定对象,以期望在未来获取收益的行为。企业投资按其内容可以分为项目投资和证券投资。项目投资是一种以特定建设项目为对象,直接与新建项目或更新改造项目有关的长期投资行为。与其他形式的投资相比,项目投资具有投资内容独特(每个项目都至少涉及一项固定资产投资)、投资数额多、影响时间长(至少一年或一个营业周期以上)、发生频率低、变现能力差和投资风险大的特点。

二、项目投资的程序

项目投资的程序主要包括以下步骤:

1. 确定投资领域和对象

这需要在把握良好投资机会的情况下,根据企业的长远发展战略、中长期投资计划和投资环境的变化来确定。

2. 评价投资方案的可行性

在评价投资项目的环境、市场、技术和生产可行性的基础上,重点评价其是否具备财务可行性。

3. 投资方案比较与选择

在财务可行性评价的基础上,对可供选择的多个投资方案进行比较与选择。

4. 投资方案的执行

投资方案的执行指投资行为的具体实施。

5. 投资方案的再评价

在投资方案的执行过程中,应注意原来作出的投资决策是否合理、正确。一旦出现新的情况,就要随时根据变化的情况作出新的评价与调整。

三、项目计算期的构成

项目计算期,是指项目从投资建设开始到最终清理结束整个过程所涉及的时间,包括建设期和生产经营期。

建设期,是指从项目资金正式投入开始到项目建成投产为止所需要的时间,建设期的第一年初称为"建设起点(记作第 0 年)",建设期的最后一年末称为"投产日(记作第 s 年)"。项目计算期的最后一年年末称为"终结点(记作第 n 年)",从投产日到终结点之间的时间间隔称为"生产经营期",其包括试产期和达产期两个阶段。试产期,是指项目投入生产,但生产能力尚未完全达到设计能力时的过渡阶段。达产期,是指生产运营达到设计预期水平后的时间。

项目计算期、建设期和生产经营期之间存在以下关系:

项目计算期＝建设期＋生产经营期。如图 6-1 所示。

图 6-1　项目计算期

【业务实例 6-1-1】美达公司拟购建一项固定资产,预计使用寿命为 10 年。

要求:就以下各种不相关情况分别确定该项目的项目计算期。

(1)在建设起点投资并投产;(2)建设期为 1 年。

解:(1)项目计算期(n)＝0＋10＝10(年)

　　(2)项目计算期(n)＝1＋10＝11(年)

四、现金流量的概念

在项目投资决策中,现金流量,是指和项目投资有关的现金流入和流出的数量。它是评价投资方案必须计算的一个基础性指标。

现金流量中的"现金"一词,是指广义的现金,它不仅包括现金、银行存款等各种货币资金,而且还包括项目需要投入的、企业拥有的非货币资产的变现价值。例如,因项目需要投入的土地、厂房、设备和原材料的变现价值等都属于现金流量的内容。

◆ 关键提示

对决策者来说,现金的作用非常重要,企业进行现金投资,目的是为了将来能够取得较多的现金报酬。企业只有收到现金,才能进行再投资,向债权人支付借款本息,向投资者分配利润,而会计上的营业收入和营业支出没有考虑资金的时间价值。由于会计核算采用的是权责发生制,应收未收的款项要作为收入,应付未付的款项要作为支付,所以,会计上的营业收入和营业支出不能真实反映企业实际收到和支付的现金数。在分析评价投资项目的经济效益时,现金流量所表示的现金流入和现金流出数,是指实际收到和支付的现金数,而不是指会计上营业收入和营业支出所表示的预期的收入和支出。

五、现金流量的假设

为了便于确定现金流量的具体内容,简化现金流量的计算过程,本书特作以下假设:

1. 全投资假设

假设在确定项目的现金流量时,只考虑全部投资的运动情况,不论是自有资金还是借入资金等具体形式的现金流量,都将其视为自有资金。

2. 建设期投入全部资金假设

项目的原始总投资不论是一次投入还是分次投入,均假设它们是在建设期内投入的。

3. 项目投资的经营期与折旧年限一致假设

假设项目主要固定资产的折旧年限或使用年限与其经营期相同。

4. 时点指标假设

现金流量的具体内容所涉及的价值指标,不论是时点指标还是时期指标,均假设按照年初或年末的时点处理。其中,建设投资在建设期内有关年度的年初发生;垫支的流动资金在建设期的最后一年末即经营期的第一年初发生;经营期内各年的营业收入、付现成本、折旧(摊销等)、利润、所得税等项目的确认均在年末发生;项目最终报废或清理(中途出售项目除外),回收流动资金均发生在经营期最后一年末。

5. 确定性假设

假设与项目现金流量估算有关的价格、产销量、成本水平、所得税率等因素均为已知常数。

六、现金流量的内容

项目投资的现金流量,主要包括现金流入量、现金流出量和净现金流量。

(一)现金流出量

1. 建设投资(含更改投资)

建设投资包括固定资产投资、无形资产投资、开办费(即房屋、建筑物的购建支出、机器设备的购进价、运杂费、安装费及途中保险费等)。

2. 垫支流动资金

垫支流动资金指项目投产前后分次或一次投放于流动资产项目的投资增加额。

3. 经营成本

经营成本又被称为"付现的营运成本"或简称"付现成本"。它是生产经营阶段上最主要的现金流出项目。某年经营成本等于当年的总成本费用(含期间费用)扣除该年折旧额、无形资产摊销额等项目后的差额。

4. 所得税支出

虽然所得税也是投资所产出的一部分价值,但只有缴过所得税后的剩余现金才是由投资者掌握的,所以,所得税支出是现金流量中的一项重要内容。

5. 其他现金流出

其他现金流出指不包括以上内容中的现金流出项目(如营业外支出等)。

(二)现金流入量

1. 营业收入

营业收入指项目投产后每年实现的全部销售收入或营业收入。在按总价法核算现金折扣和销售折让的情况下,营业收入应当指不包括折扣和折让的净额。一般纳税人企业在确定营业收入时,应当按不含增值税的净价计算。营业收入是经营期主要的现金流入项目。

2. 回收固定资产余值

回收固定资产余值指项目投资的固定资产在终结点报废清理或中途变价转让处理时所回收的价值,即处理固定资产净收益。

3. 回收流动资金

回收流动资金主要指项目计算期完全终止时(终结点),回收的原垫付的全部流动资金额。

4. 其他现金流入

其他现金流入指以上三项指标以外的现金流入项目。

(三)现金净流量

现金净流量,也称"净现金流量(NCF)",是指一定时期的现金流入量和流出量相抵后的净额。它是项目投资决策评价指标计算的重要依据。其计算公式为:

$$某年现金净流量(NCF_t)=该年现金流入量-该年现金流出量(t=0,1,2,……,n)$$

由于现金流出流入在项目计算期内的不同阶段上的内容不同,所以使得各阶段上的现金净流量表现出不同的特点:如在建设期内,现金净流量一般小于或等于0;在经营期内,现金净流量一般大于0。

七、现金流量的分阶段预测

按照现金流量发生的时间,项目投资的现金流量一般分为初始现金流量、营业现金流量和终结点现金流量三部分。

(一)初始现金流量

初始现金流量,是指项目开始投资时所发生的现金流量,具体包括以下内容:

1. 建设投资。
2. 垫支流动资金。
3. 土地等不计价资产的机会成本。
4. 其他投资费用,如筹建经费、职工培训费、谈判费、注册费用等。
5. 原有固定资产变价收入,主要指固定资产更新时原有固定资产变卖所得的现金收入。

> **知识拓展**
>
> 初始现金流量除原有固定资产变价收入为现金流入量外,其他部分均为现金流出量,以负数表示。

(二)营业现金流量

营业现金流量,也称"经营期净现金流量",是指项目投资完成后,在其寿命周期内由于生产经营所带来的现金流入和流出的数量。它等于营业收入扣除付现成本和所得税后的差额。其计算公式为:

营业现金流量(NCF_t)＝营业收入－付现成本－所得税

由于,付现成本＝营业成本－非付现成本

　　　　　＝营业成本－折旧

所以,营业现金流量(NCF_t)＝营业收入－(营业成本－折旧)－所得税

　　　　　　　　　　　＝税后利润＋折旧

营业现金流量＝税后利润＋折旧

　　　　　＝(收入－成本)×(1－税率)＋折旧

　　　　　＝(收入－付现成本－折旧)×(1－税率)＋折旧

　　　　　＝收入×(1－税率)－付现成本×(1－税率)－折旧×(1－税率)＋折旧

　　　　　＝收入×(1－税率)－付现成本×(1－税率)＋折旧×税率

　　　　　＝税后收入－税后成本＋税负减少

◆ **想一想**

现金流量与营业现金流量有何区别?

(三)终结点现金流量

终结点现金流量指项目投资寿命终结时所发生的现金流量,主要包括以下几个部分:
1. 固定资产的残值收入或变价收入。
2. 原垫支的流动资金回收额。
3. 停止使用土地的变现收入等。

◆ **知识拓展**

终结点现金流量可以单独确认,也可以并入经营期最后一年的现金流量之中。

【业务实例6-1-2】欣欣公司计划年度拟投资A项目,经可行性分析,有关资料如下:

A项目共需固定资产投资450 000元,其中,第1年年初和第2年年初分别投资250 000元和200 000元,第1年年末部分竣工并投入试生产,第2年年末全部竣工交付使用。

A项目投产时需垫支相应流动资金320 000元,用于购买材料、支付工资等。其中,第1

年年末垫支 200 000 元,第 2 年年末垫支 120 000 元。

A 项目经营期预计为 5 年,固定资产按直线法计提折旧。A 项目正常终结处理时预计清理费用 3 000 元,残余价值 123 000 元。

根据市场预测,A 项目投产后第 1 年营业收入为 320 000 元,以后 4 年每年营业收入均为 450 000 元。第 1 年的付现成本为 150 000 元,以后 4 年每年的付现成本均为 210 000 元。

该企业适用所得税税率为 25%。

要求:估算 A 项目预计 5 年的现金流量。

解:首先,计算 A 项目的每年折旧额:

年折旧额 = (450 000 − 123 000 + 3 000) ÷ 5 = 66 000(元)

其次,计算经营期净现金流量(如表 6-1 所示):

表 6-1 经营期净现金流量计算表　　　　　　　　　　　　　　　　　　单位:元

项目	第 1 年	第 2 年	第 3 年	第 4 年	第 5 年
营业收入	320 000	450 000	450 000	450 000	450 000
一付现成本	150 000	210 000	210 000	210 000	210 000
一折旧	66 000	66 000	66 000	66 000	66 000
税前净利	104 000	174 000	174 000	174 000	174 000
一所得税	26 000	43 500	43 500	43 500	43 500
税后净利	78 000	130 500	130 500	130 500	130 500
+折旧	66 000	66 000	66 000	66 000	66 000
经营期净现金流量	144 000	196 500	196 500	196 500	196 500

最后,在 A 项目经营期净现金流量计算出来后,便可通过加上项目建设期的投资现金流量和报废时的终结点现金流量,一并计算该项目的全部现金流量。计算过程如表 6-2 所示:

表 6-2 现金流量计算表　　　　　　　　　　　　　　　　　　单位:元

t	0	1	2	3	4	5	6
固定资产投资	−250 000	−200 000					
流动资金投资		−200 000	−120 000				
经营期净现金流量			144 000	196 500	196 500	196 500	196 500
固定资产净残值							12 000
流动资金回收							320 000
现金流量合计	−250 000	−400 000	24 000	196 500	196 500	196 500	528 500

(注:在上表中,t=0 代表第 1 年年初,t=1 代表第 1 年年末,t=2 代表第 2 年年末……t=6 代表第 6 年年末。)

◆ **你知道吗?**

投资决策中使用现金流量的原因

财务会计按权责发生制计算企业的收入和成本,并以收入减去成本后的利润作为收益,用来评价企业的经济效益。但是,在项目投资决策中,则不能以这种方法计算的收入和支出作为评价项目经济效益高低的基础,而应以现金流入作为项目的收入,以现金流出作为项目的支出,以净现金流量作为项目的净收益,在此基础上评价投资项目的经济效益。之所以如此,主要有以下原因:

其一,整个投资有效年限内,利润总额和现金流量总计是相等的,现金流量可以替代利润作为评价投资盈利性的指标。

其二,采用现金流量有利于科学地考虑时间价值因素。科学的投资决策必须认真考虑资金的时间价值,要求我们在决策时一定要弄清每笔预期收入款项和支出款项的具体时间,因为,不同时间的资金具有不同的价值。

其三,用现金流量能使投资决策更符合客观实际情况。一是利润的计算没有一个统一的标准,它在各年的分布在一定程度上受折旧方法、存货估计等影响;二是利润反映的是某一会计期间"应计"的现金流量,而不是实际的现金流量。

其四,在投资分析中,现金流动状况比盈亏状况更重要。因为,一个项目能否维持下去,不取决于一定时期是否盈利,而取决于有没有现金用于各种支付。

◆ **任务实施**

第一步,计算建设期现金净流量。

$NCF_0 = -550\,000 - 200\,000 = -750\,000$(元)

$NCF_1 = -550\,000$(元)

$NCF_2 = -200\,000$(元)

第二步,计算营业现金净流量。

固定资产年折旧额 $= \dfrac{1\,100\,000 - 10\,000}{10} = 100\,000$(元)

无形资产年摊销额 $= \dfrac{200\,000}{5} = 40\,000$(元)

$NCF_{3-7} = 400\,000 - 380\,000 + 100\,000 + 40\,000 = 160\,000$(元)

$NCF_{8-11} = 600\,000 - 250\,000 - 150\,000 = 200\,000$(元)

第三步,计算终结点现金净流量。

$NCF_{12} = 200\,000 + 100\,000 + 200\,000 = 500\,000$(元)

任务二　计算及应用项目投资决策评价指标

◆ 任务引入

绿叶公司拟引进一条流水线,投资额为110万元,分2年投入。第1年初投入70万元,第2年初投入40万元,建设期为2年,净残值为10万元,折旧采用直线法。在投产初期投入流动资金为20万元,项目使用期满仍可全部回收。该项目可使用10年,每年销售收入为60万元,总成本为45万元。假定公司期望的投资报酬率为10%。

要求:计算该项目的净现值、内含报酬率,并帮助绿叶公司判断该项目是否可行。

◆ 相关知识

投资决策评价指标是用来衡量投资方案优劣的标准。主要有:投资回收期、投资报酬率、净现值、净现值率、现值指数和内含报酬率等指标。这些指标可以按不同的标志进行分类。按照是否考虑资金时间价值,可分为静态评价指标和动态评价指标;按照指标性质不同,可分为在一定范围内越大越好的正指标、在一定范围内越小越好的反指标两大类(只有投资回收期属于反指标);按照指标在决策中的重要性可分为主要指标、辅助指标。净现值、内含报酬率等为主要指标;投资回收期、投资报酬率和净现值率等为辅助指标。

一、静态评价指标

静态评价指标,是指在计算过程中不考虑资金时间价值因素的指标,又称为"非贴现现金流量指标",包括投资回收期和投资报酬率等指标。

(一)投资回收期

静态投资回收期(简称"回收期"),是指收回初始投资所需要的时间,是以投资项目经营期净现金流量抵偿原始总投资所需要的全部时间。它有"包括建设期的投资回收期(记作PP)"和"不包括建设期的投资回收期(记作pp′)"两种形式。

确定静态投资回收期指标可分别采取公式法和列表法。

1.公式法

如果某一项目的投资均集中发生在建设期内,则投产后一定时间内每年经营期净现金流量相等,且其合计大于或等于原始投资额,可按以下简化公式直接求出不包括建设期的投资回收期:

$$\text{不包括建设期的投资回收期(PP′)} = \frac{\text{原始投资合计}}{\text{投产后前若干年每年相等的净现金流量}}$$

包括建设期的投资回收期＝不包括建设期的投资回收期＋建设期

【业务实例6-2-1】某方案的初始投资额为100万元,建设期S＝1年,投产后2～5年每年经营期净现金流量为34万元,求该方案的投资回收期。

解：该方案不包括建设期的投资回收期＝100/34＝2.94（年）

包括建设期的投资回收期＝2.94＋1＝3.94（年）

公式法所要求的应用条件比较特殊,包括：项目投产后开头的若干年内每年的净现金流量必须相等,这些年内经营期净现金流量之和应大于或等于原始总投资。如果不能满足上述条件,就无法采用这种方法,必须采用列表法。

2.列表法

所谓"列表法"是指通过列表计算"累计净现金流量"的方式,来确定包括建设期的投资回收期,进而再推算出不包括建设期的投资回收期的方法。因为,不论在什么情况下,都可以通过这种方法来确定静态投资回收期,所以此法又为一般方法。其公式为：

$$投资回收期 = \begin{bmatrix} 累计净现金流量 \\ 开始出现正值的年份 \end{bmatrix} - 1 + \frac{上年累计净现金流量绝对值}{当年净现金流量}$$

【业务实例6-2-2】某方案初始投资额为100万元,每年的营业现金流量不相等,第1年41万元,第二年37.5万元,第3年34万元,第4年30.5万元,第5年67万元,求该方案的投资回收期。

解：如果每年营业现金流量不相等,那么计算时应根据每年年末尚未回收的投资额加以确定。各年累计净现金流量如表6-3所示。

表6-3 该方案累计现金流量表　　　　　　　　　　　　　　　　　　　　单位：万元

项目计算期	0	1	2	3	4	5
净现金流量	－100	41	37.5	34	30.5	67
累计净现金流量	－100	－59	－21.5	12.5	43	110

该方案的投资回收期＝（3－1）＋21.5/34＝2.63（年）

(二)投资报酬率

投资报酬率,又称"投资收益率"（记作ROI）,是指项目建成后平均年息税前利润与项目投资总额之间的比例关系。

计算公式为：

$$投资报酬率(ROI) = \frac{年息税前利润或年均息税前利润}{项目总投资} \times 100\%$$

【业务实例6-2-3】有关资料见【业务实例6-2-2】。要求：计算该项目的投资收益率指标。

解：年均息税前利润 $= \frac{(41+37.5+34+30.5+67)}{5} = 42$（万元）

由于项目总投资为 100 万元,则投资收益率(ROI)=42/100=42%

投资收益率法计算简便,易于理解和掌握,资料也易于收集,因为它应用的是财务会计报表上的数据。但是,它没有考虑资金时间价值因素,而且以息税前利润为基础不能正确反映投资项目的真实收益。因此,这个指标只能作为辅助指标使用。

二、动态评价指标

动态评价指标,是指在指标计算过程中充分考虑和利用资金时间价值的指标,又称为"贴现现金流量指标",包括净现值、净现值率、获利指数、内含报酬率等。

(一)净现值

净现值,是指在项目计算期内,按一定贴现率计算的各年现金净流量现值的代数和,即某一特定方案未来现金流入量的现值与未来现金流出量的现值之间的差额,记作 NPV。所用的贴现率可以是企业的资本成本,也可以是企业所要求的最低报酬率、行业基准折现率或其他特定折现率。净现值的计算公式为:

净现值=现金流入量现值总和－现金流出量现值总和

$$NPV = \sum_{t=0}^{n} \frac{I_t}{(1+i)^t} - \sum_{t=0}^{n} \frac{Q_t}{(1+i)^t}$$

$$= \sum_{t=0}^{n} \frac{NCF_t}{(1+i)^t}$$

$$= \sum_{t=0}^{n} NCF_t \times (P/F, i, n)$$

式中:n——投资涉及的年限;

I_t——第 t 年的现金流入量;

O_t——第 t 年的现金流出量;

i——预定的贴现率;

NCF_t——第 t 年的净现金流量。

所谓"净现值法",就是以净现值作为评价投资方案优劣的标准的方法。其决策规则为:对于独立投资项目,净现值大于 0,说明投资项目的报酬率大于预定的报酬率,投资项目可以接受;反之,净现值小于 0,说明投资项目的报酬率小于预定的报酬率,投资项目不可接受。对于互斥投资项目,选择净现值大于 0 且净现值最大的方案。

【业务实例 6-2-4】绿叶公司购入设备一台,价值为 30 000 元,按直线法计提折旧,使用寿命为 6 年,期末无残值。预计投产后每年可获得利润 4 000 元,假定贴现率为 12%。

要求:计算该项目的净现值。

解:$NCF_0 = -30\ 000(元)$

$NCF_{1-6} = 4\ 000 + \dfrac{30\ 000}{6} = 9\ 000(元)$

$NPV = 9\,000 \times (P/A, 12\%, 6) - 30\,000 = 9\,000 \times 4.1114 - 30\,000 = 7\,002.6(元)$

【业务实例 6-2-5】 假定【业务实例 6-2-4】中,投产后每年可获得利润分别为 3 000 元、3 000 元、4 000 元、4 000 元、5 000 元、6 000 元,其他资料不变。

要求:计算该项目的净现值。

解:$NCF_0 = -30\,000(元)$

年折旧额 $= \dfrac{30\,000}{6} = 5\,000(元)$

$NCF_1 = 3\,000 + 5\,000 = 8\,000(元)$

$NCF_2 = 3\,000 + 5\,000 = 8\,000(元)$

$NCF_3 = 4\,000 + 5\,000 = 9\,000(元)$

$NCF_4 = 4\,000 + 5\,000 = 9\,000(元)$

$NCF_5 = 5\,000 + 5\,000 = 10\,000(元)$

$NCF_6 = 6\,000 + 5\,000 = 11\,000(元)$

$NPV = 8\,000 \times (P/F, 12\%, 1) + 8\,000 \times (P/F, 12\%, 2) + 9\,000 \times (P/F, 12\%, 3) + 9\,000 \times (P/F, 12\%, 4) + 10\,000 \times (P/F, 12\%, 5) + 11\,000 \times (P/F, 12\%, 6) - 30\,000$
$= 8\,000 \times 0.8929 + 8\,000 \times 0.7972 + 9\,000 \times 0.7118 + 9\,000 \times 0.6355 + 10\,000 \times 0.5674 + 11\,000 \times 0.5066 - 30\,000 = 6\,893.1(元)$

【业务实例 6-2-6】 宏发公司计划某项投资活动,拟有甲、乙 2 个方案。有关资料为:甲方案原始投资为 150 万元,其中,固定资产投资 100 万元,流动资产投资 50 万元,全部资金于建设起点一次投入,该项目经营期 5 年,到期残值收入 5 万元,预计投产后年营业收入为 90 万元,年总成本为 60 万元。

乙方案原始投资为 210 万元,其中,固定资产投资为 120 万元,无形资产投资为 25 万元,流动资产投资为 65 万元,全部资金于建设起点一次投入,该项目建设期 2 年,经营期 5 年,到期残值收入 8 万元,无形资产自投产年份起分 5 年摊销完毕。该项目投产后,预计年营业收入 170 万元,年经营成本 80 万元。

该公司按直线法计提折旧,全部流动资金于终结点一次收回,适用所得税率为 25%,资金成本率为 10%。

要求:采用净现值法评价甲、乙方案是否可行。

解:(1) 甲方案:

年折旧额 $= (100 - 5) \div 5 = 19(万元)$

$NCF_0 = -150(万元)$

$NCF_{1\sim4} = (90 - 60) \times (1 - 25\%) + 19 = 41.5(万元)$

$NCF_5 = 41.5 + 5 + 50 = 96.5(万元)$

$NPV = 96.5 \times (P/F, 10\%, 5) + 41.5 \times (P/A, 10\%, 4) - 150 = 41.47(万元)$

(2)乙方案：

年折旧额＝(120－8)÷5＝22.4(万元)

无形资产摊销额＝25÷5＝5(万元)

$NCF_0 = -210$(万元)

$NCF_{1\sim2} = 0$

$NCF_{3\sim6} = (170-80-22.4-5) \times (1-25\%) + 22.4 + 5 = 74.35$(万元)

$NCF_7 = 74.35 + 65 + 8 = 147.35$(万元)

$NPV = 147.35 \times (P/F,10\%,7) + 74.35 \times [(P/A,10\%,6)-(P/A,10\%,2)] - 210 = 60.40$(万元)

甲、乙方案均为可行方案，但应选择乙方案。

净现值是一个贴现的绝对值正指标，其优点在于：一是综合考虑资金时间价值，能较合理地反映投资项目的真正经济价值；二是考虑项目计算期的全部现金净流量；三是考虑投资风险性，因为贴现率的大小与风险大小有关，风险越大，贴现率就越高。但是，该指标的缺点也是明显的，即无法直接反映投资项目的实际投资收益率水平；当各项目投资额不同时，难以确定最优的投资项目。

(二)净现值率与现值指数

上述的净现值是一个绝对数指标，与其相对应的相对数指标是净现值率与现值指数。净现值率(记作 NPVR)，是指投资项目的净现值与原始投资现值总和的比值；现值指数又称"获利指数（记作 PI)"，是指投资项目的现金流入量现值总和与现金流出量现值总和的比值。其计算公式为：

$$净现值率(NPVR) = \frac{投资项目净现值}{原始投资现值} = \frac{NPV}{\left|\sum_{t=0}^{S} NCF_t(1+i)^{-t}\right|}$$

$$现值指数(PI) = \frac{现金流入量现值总和}{现金流出量现值总和} = \frac{\sum_{t=s+1}^{n} NCF_t(P/F,i,t)}{\left|\sum_{t=0}^{S} NCF_t(P/F,i,t)\right|}$$

式中：S——建设期；

$\sum_{t=s+1}^{n} NCF_t(P/F,i,t)$——投产后的各年现金净流量现值合计；

$\left|\sum_{t=0}^{S} NCF_t(P/F,i,t)\right|$——原始投资现值之和的绝对值。

◆ 你知道吗？

净现值率与现值指数有如下关系：现值指数＝净现值率＋1

净现值率大于0，现值指数大于1，表明项目的报酬率高于贴现率，存在额外收益；

净现值率等于0,现值指数等于1,表明项目的报酬率等于贴现率,收益只能抵补资本成本;净现值率小于0,现值指数小于1,表明项目的报酬率小于贴现率,收益不能抵补资本成本。所以,对于单一方案的项目,净现值率大于或等于0,现值指数大于或等于1是项目可行的必要条件。当有多个投资项目可供选择时,由于净现值率或现值指数越大,企业的投资报酬水平就越高,所以应采用净现值率大于0或现值指数大于1中的最大者。

【业务实例6-2-7】有关净现值数据见【业务实例6-2-6】,要求:计算甲、乙方案的净现值率和现值指数(保留四位小数)。

解:(1)甲方案的净现值率=41.47÷150=0.2765

乙方案的净现值率=60.40÷210=0.2876

(2)甲方案的现值指数=191.47÷150=1.2765

乙方案的现值指数=270.40÷210=1.2876

甲、乙方案均为可行方案,但两者比较应选择乙方案。

❖ 重点提示

投资额和项目计算期相同的方案,用净现值法和净现值率法可以得出相同的结论,但如果投资额不同,则两种方法可能得出的结论相反,此时,采用净现值法的决策结论更合理。

净现值率指标的优点是可以从动态的角度反映项目投入与净产出之间的关系,计算过程比较简单;缺点是无法直接反映投资项目的实际收益率。

获利指数法的优点是可以从动态的角度反映项目投入与产出之间的对比关系;其缺点和净现值法相同,也是不能反映投资项目真实的收益率水平,且现金流量和折现率的确定在一定程度上受主观因素的影响。

(三)内含报酬率

内含报酬率也称"内部收益率"(记作IRR),是指项目投资真实的动态收益率,实质上,它是指能使项目的净现值等于0时的贴现率。即IRR满足下列等式:

$$\sum_{t=0}^{n} NCF_t \cdot (P/F, IRR, t) = 0$$

式中:NCF_t——第t年的现金净流量;

IRR——内含报酬率;

n——项目计算期。

内含报酬率的计算,可以分为以下两种情况:

1. 如果全部投资均于建设起点一次投入,建设期为0,并且投产后每年的NCF相等,则内含报酬率可以按照下列公式计算：

$$年金现值系数 = \frac{初始投资额}{每年现金净流量} \quad 即(P/A, IRR, n) = \frac{I}{NCF}$$

式中：I——建设起点一次性的原始投资；

NCF——经营期每期相等的现金净流量；

IRR——内含报酬率；

n——项目计算期。

根据计算出的年金现值系数，查表得出实际内含报酬率；或查表得出2个相邻的年金现值系数，再用内插法，计算出方案的实际内含报酬率。

2. 如果每年的NCF不相等，则需要按下列步骤计算：

第一步：先预估一个贴现率，并按此贴现率计算净现值。如果计算的净现值为正数，则表示预估的贴现率小于该项目的实际内含报酬率，应提高贴现率，再进行测算；如果计算的净现值为负数，则表明预估的贴现率大于该方案的实际内含报酬率，应降低贴现率，再进行测算。经过如此反复测算，找到净现值由正到负并且比较接近于0的2个贴现率。

第二步：根据上述2个相邻的贴现率再用内插法，计算出方案的实际内含报酬率。

内含报酬率法的决策规则：对于独立投资项目，内含报酬率同样是一个无量纲指标，它本身不能判断投资项目的优劣。在应用内含报酬率法时，必须寻找一个参照指标，这个指标就是最低期望报酬率。如果投资项目的内含报酬率大于最低期望报酬率，则投资项目可以接受；反之，如果投资项目的内含报酬率小于最低期望报酬率，则项目不可接受。对于互斥投资项目，应该从可接受方案中，选择内含报酬率最高的方案。

【业务实例6-2-8】万豪公司有甲、乙2种长期投资方案，甲方案一次投资额为21万元，乙方案一次投资额为18万元，有效使用期均为4年，甲方案期满无残值，乙方案期满有残值2万元。2个方案的有关现金流量资料如表6-4所示：

表6-4 甲、乙方案的现金流量资料

年　份	甲方案的现金净流量(元)	乙方案的现金净流量(元)
1	70 000	50 000
2	70 000	60 000
3	70 000	60 000
4	70 000	70 000

要求：计算2个方案的内含报酬率。

解：甲方案的年金现值系数$(P/A, IRR, 4) = \frac{初始投资额}{每年现金净流量} = \frac{21}{7} = 3$

查年金现值系数表，n=4时，贴现率为14%时，年金现值系数为2.914；贴现率为15%时，年金现值系数为2.855。则内含报酬率在14%和15%之间，现用内插法计算如下：

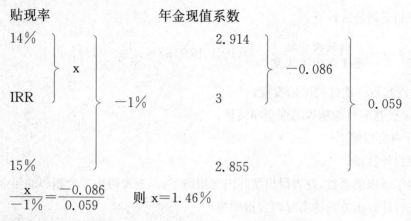

$$\frac{x}{-1\%}=\frac{-0.086}{0.059} \quad 则\ x=1.46\%$$

甲方案的内含报酬率(IRR)=14%-1.46%=12.54%

乙方案每年的NCF不相等,因而,必须逐次进行测算,测算过程见表6-5。在表6-5中,先按14%的贴现率进行测算,净现值为正数,于是把贴现率调高到15%,进行第二次测算,净现值为负数,说明该项目的内含报酬率一定在14%～15%。

表6-5 乙方案中每年的净现值　　　　　　　　　　　　　　　　　　　　　　　单位:万元

时间(t)	NCF_t	测试14%		测算15%	
		复利现值系数$(P/F,14\%,t)$	现值	复利现值系数$(P/F,15\%,t)$	现值
0	-18	1.00	-18	1.00	-18
1	5	0.877	4.385	0.870	4.35
2	6	0.770	4.62	0.756	4.536
3	6	0.675	4.05	0.658	3.948
4	9	0.592	5.328	0.572	5.148
/	/	/	0.383		-0.018

现用内插法计算如下:

贴现率		净现值	
14%		0.383	
	x		0.383
IRR	-1%	0	0.401
15%		-0.018	

$$\frac{x}{-1\%}=\frac{0.383}{0.401} \quad 则\ x=-0.96\%$$

乙方案的内含报酬率(IRR)=14%+0.96%=14.96%

从以上计算两个方案的内含报酬率可以看出,乙方案的内含报酬率较高,故乙方案优于甲方案。

内含报酬率的优点是考虑资金的时间价值,它反映投资项目的真实报酬率,概念也易于理解。但这种方法的计算过程比较复杂。特别是对于每年 NCF 不相等的投资项目,一般要经过多次测算才能算出。

想一想

内含报酬率法与净现值法是项目投资决策分析中两种考虑了货币时间价值的专门方法,广泛应用于单个项目投资方案是否可行的决策分析以及从多个相互排斥的项目投资方案中选取最优方案的决策分析。在对单个投资方案是否可行的决策分析中,两种方法得出的结论完全一致。也就是说,如果一个方案的净现值大于0。那么它的内含报酬率必然高于资金成本,无论采用哪种方法均能得到该方案可行的结论。但在若干个相互排斥的项目投资方案中选取最优方案决策分析,两种方法有可能得到相互矛盾的结论,即内含报酬率最高的方案,其净现值不一定最大;而净现值最大的方案,其内含报酬率也不一定最高。在此情形下,以什么指标为标准来选取最优方案,就成了一个值得人们认真研究和慎重对待的问题。

任务实施

第一步,分阶段估算现金净流量。

$NCF_0 = -70(万元)$

$NCF_1 = -40(万元)$

$NCF_2 = -20(万元)$

年折旧额 $= \dfrac{110-10}{10} = 10(万元)$

$NCF_{3-11} = 60 - 45 + 10 = 25(万元)$

$NCF_{12} = 25 + (10+20) = 55(万元)$

第二步,估算该项目的净现值。

$NPV = 25 \times [(P/A,10\%,11) - (P/A,10\%,2)] + 55 \times (P/F,10\%,12) - [70 + 40 \times (P/F,10\%,1) + 20 \times (P/F,10\%,2)]$

$= 25 \times (6.4951 - 1.7355) + 55 \times 0.3186 - (70 + 40 \times 0.9091 + 20 \times 0.8264)$

$= 13.621(万元)$

第三步,估算该项目的内含报酬率。

当 $i=12\%$ 时,测算 NPV

$NPV = 25 \times (5.9377 - 1.6901) + 55 \times 0.2567 - (70 + 40 \times 0.8929 + 20 \times 0.7972)$

$= -1.3515(万元)$

```
          i=10%              IRR              i=12%
        NPV=13.621          NPV=0           NPV=-1.3515
```

用插入法计算 IRR

$$IRR=10\%+\frac{13.621-0}{13.621-(-1.3515)}\times(12\%-10\%)=11.82\% 大于贴现率10\%$$

第四步，帮助绿叶公司判断该项目是否可行。

计算表明，该项目净现值为 13.621 万元，大于 0，内含报酬率为 11.82%，大于贴现率 10%，所以，该项目在财务上是可行的。一般来说，用净现值和内含报酬率对独立方案进行评价，不会出现相互矛盾的结论。

任务三　学会应用项目投资决策方法

◆ 任务引入

华丽公司急需一台不需要安装的设备，设备投入使用后，第 1 年到第 9 年每年可增加营业收入 900 万元，第 10 年可增加营业收入 833.33 万元，每年增加付现的经营成本 600 万元。市场上该设备的购买价（含税）为 1 200 万元，折旧年限为 10 年，预计净残值为 50 万元。若从租赁公司按经营租赁的方式租入同样的设备，则需每年支付 200 万元租金，可连续租用 10 年。假定基准折现率为 10%，适用的企业所得税税率为 25%。

要求：(1)计算购买设备的各年净现金流量。

(2)经营租赁固定资产的各年净现金流量。

(3)按差额投资内部收益率法作出购买或经营租赁固定资产的决策。

◆ 相关知识

一、生产设备最优更新期的决策

生产设备最优更新期的决策就是选择最佳淘汰旧设备的时间，此时，该设备的年平均成本最低。设备的平均年成本，是指该设备引起的现金流出的年平均值。如果不考虑时间价值，则它是未来使用年限内的现金流出总额与使用年限的比值。如果考虑时间价值，则它是未来使用年限内现金流出总现值与年金现值系数的比值，即平均每年的现金流出。

与生产设备相关的总成本在其被更新前共包括两大部分：一部分是运行费用。运行费用又包括设备的能源消耗及其维护修理费用等。运行费用的总数不仅会随着使用年限的增加而增多，也将随着设备的不断老化而逐年上升。另一部分是消耗在使用年限内的设备本身的价值，它是以设备在更新时能够按其折余价值变现为前提的，即从数量关系上看，它是设备的购入价与更新时的变现价值之差。因此，生产设备在更新前的现值总成本为：

$$\text{现值总成本} = C - \frac{S_n}{(1+i)^n} + \sum_{t=1}^{n} \frac{C_n}{(1+i)^t}$$

式中：C——设备原值；

S_n——第 n 年（设备被更新年）时的设备余值；

C_n——第 n 年设备的运行成本；

n——设备被更新的年份；

i——设定的投资报酬率。

在考虑了货币的时间价值的基础上，生产设备的平均年成本就不再是总成本与年限的比值，而将其看作是以现值总成本为现值、期数为 n 的年金，即考虑到货币时间价值时每年的现金流出：

$$UAC = \frac{\text{现值总成本}}{\text{年金现值系数}} = \left[C - \frac{S_n}{(1+i)^n} + \sum_{t=i}^{n} \frac{C_n}{(1+i)^t} \right] \div (P/A, i, n)$$

设备最佳更新期决策也就是找出能够使上式的得数最小的年数 n，其方法通常是把计算出若干个不同更新期的平均年成本进行比较，然后从中找出最小的平均年成本及其年限。

【业务实例 6-3-1】设某设备的购买价格是 70 000 元，预计使用寿命为 10 年，无残值。资金成本为 10%。其各年的折旧额、折余价值及运行费用如表 6-6 所示。

表 6-6 各年的折旧额、折余价值及运行费用　　　　　　　　　　　　　　单位：元

更新年限	1	2	3	4	5	6	7	8	9	10
折旧额	7 000	7 000	7 000	7 000	7 000	7 000	7 000	7 000	7 000	7 000
折余价值	63 000	56 000	49 000	42 000	35 000	28 000	21 000	14 000	7 000	0
运行费用	10 000	10 000	10 000	11 000	11 000	12 000	13 000	14 000	15 000	16 000

要求：确定最优使用年限。

解：根据上述资料，可计算出不同年份的平均年成本，如表 6-7 所示。

表 6-7 某设备不同年份的平均年成本　　　　　　　　　　　　　　　　　单位：元

更新年限	1	2	3	4	5	6	7	8	9	10
①原值	70 000	70 000	70 000	70 000	70 000	70 000	70 000	70 000	70 000	70 000
②余值	63 000	56 000	49 000	42 000	35 000	28 000	21 000	14 000	7 000	0
③贴现系数	0.9091	0.8264	0.7513	0.6830	0.6209	0.5645	0.5132	0.4665	0.4241	0.3855
④余值现值	57 273	46 278	36 814	28 686	21 732	15 806	10 777	6 531	2 969	0
⑤运行成本	10 000	10 000	10 000	11 000	11 000	12 000	13 000	14 000	15 000	16 000
⑥运行成本现值	9 091	8 264	7 513	7 513	6 830	6 774	6 672	6 531	6 361	6 168
⑦累计运行成本现值	9 091	17 355	24 868	32 381	39 211	45 985	52 657	59 188	65 549	71 718
⑧现值总成本	21 818	41 077	58 054	73 695	87 479	100 179	111 880	122 657	132 580	141 718
⑨年金现值系数	0.9091	1.7355	2.4869	3.1699	3.7908	4.3553	4.8684	5.3349	5.7590	6.1446
⑩平均年成本	24 000	23 669	23 344	23 248	23 077	23 002	22 981	22 991	23 021	23 064

表中：④=②×③　　⑥=⑤×③　　⑦=∑⑥　　⑧=①+⑦-④　　⑩=⑧÷⑨

比较上表的平均年成本可知,该设备运行到第 7 年时的平均年成本最低,因此,应在设备使用 7 年后,立即将其更新。

二、固定资产修理和更新的决策

固定资产修理和更新的决策是在假设维持现有生产能力水平不变的情况下选择继续使用旧设备(包括对其进行大修理),还是将其淘汰重新选择性能更优异、运行费用更低廉的新设备的决策。由于假设新旧设备的生产能力相同,所以对企业而言,销售收入没有增加,即现金流入量未发生变化,但是生产成本却发生了变化。另外,新旧设备的使用寿命往往不同,因此,固定资产修理和更新决策实际上就是比较两方案的年平均成本。

新旧设备的总成本包括 2 个组成部分:即设备的资本成本和运行成本。在计算新旧设备的年平均成本时,要特别注意运行成本、设备大修理费和折旧对所得税的影响。

下面举例说明固定资产修理和更新的决策方法。

【业务实例 6-3-2】梅花鹿公司有一台旧设备,重置成本为 8 000 元,可大修 2 次(目前需继续使用时和第二年末大修),每次大修理费为 8 000 元,年运行成本为 3 000 元,4 年后报废无残值。如果用 40 000 元购买一台新设备,则年运行成本为 6 000 元,使用寿命 8 年,不需大修,8 年后残值为 2 000 元。新旧设备的产量及产品销售价格相同。另外,公司计提折旧的方法为直线法,公司的资金成本率为 10%,公司所得税税率为 25%。

问:公司是继续使用旧设备还是将其更新为新设备?

解:

(1)如果继续使用旧设备:

重置成本:(8 000)

大修理: (8 000)　　　　(8 000)

运行成本:　　　(3 000)(3 000)(3 000)(3 000)

折旧:　　　　　2 000　2 000　2 000　2 000

大修理费用的现值 = 8 000×(1−25%)+8 000×(1−25%)×(P/F,10%,2)

　　　　　　　= 6 000+6 000×0.826 = 10 956(元)

运行成本的现值 = 3 000×(1−25%)×(P/A,10%,4)

　　　　　　　= 1 800×3.170 = 7 132.5(元)

折旧抵税的现值 = $\frac{8\ 000}{4}$×25%×(P/A,10%,4)

　　　　　　　= 800×3.170 = 1 585(元)

现值总成本＝8 000＋10 956＋7 132.5－1 585＝24 503.5(元)

平均年成本＝$\frac{24\ 503.5}{(P/A,10\%,4)}$＝$\frac{24\ 503.5}{3.170}$

＝7 729.8(元)

(2)改用新设备：

购置成本：(40 000)
运行成本：　　(6 000)(6 000)(6 000)(6 000)(6 000)(6 000)(6 000)(6 000)
折旧：　　　　4 750　4 750　4 750　4 750　4 750　4 750　4 750　4 750
残值：　　　　　　　　　　　　　　　　　　　　　　　　　　　　　　2 000

运行成本的现值＝6 000×(1－25%)×(P/A,10%,8)

＝4 500×5.335＝24 007.5(元)

折旧抵税的现值＝$\frac{40\ 000-2\ 000}{8}$×25%×(P/A,10%,8)

＝4 750×25%×5.335＝1 187.5×5.335＝6 335.3(元)

收回残值的现值＝2 000×(P/F,10%,8)

＝2 000×0.467＝934(元)

现值总成本＝40 000＋24 007.5－6 335.3－934

＝56 738.2(元)

平均年成本＝$\frac{56\ 738.2}{(P/A,10\%,8)}$＝$\frac{56\ 738.2}{5.335}$＝10 635.09(元)

由上述计算结果可知,更新设备的平均年成本高于继续使用旧设备,因此,不应当更新。

三、固定资产租赁或购买的决策

在进行固定资产租赁或购买决策时,由于所用设备相同(即设备的生产能力与产品的销售价格相同),同时设备的运行费用也相同,所以只需比较两种方案的成本差异及成本对企业所得税所产生的影响差异即可。

固定资产租赁指的是固定资产的经营租赁,与购买设备相比,每年将多支付一定的租赁费用。另外,由于租赁费用是在成本中列支的,所以,企业还可以减少缴纳所得税；购买固定资产是一种投资行为,企业将支出一笔可观的设备款,但同时每年可计提折旧费进行补偿,折旧费作为一项成本,能使企业得到纳税利益,并且企业在项目结束或设备使用寿命到期时,还能够得到设备的残值变现收入。

【业务实例6-3-3】大地公司在生产中需要一种设备,若公司自己购买,则需支付设备买入价200 000元,该设备使用寿命为10年,预计残值率为5%；若公司采用租赁的方式进行生产,则每年将支付 40 000 元的租赁费用,租赁期为 10 年。假设贴现率为 10%,所得税税率为 25%。问:公司是自己购买还是租赁该设备?

解:

购买设备:

设备折余价值＝200 000×5%＝10 000(元)

年折旧额＝(200 000－10 000)÷10＝19 000(元)

购买设备支出＝200 000(元)

折旧抵税的现值＝19 000×25%×(P/A,10%,10)＝4 750×6.145＝29 188.8(元)

设备折余价值变现值＝10 000×(P/F,10%,10)＝10 000×0.386＝3 860(元)

购买设备的现值总支出＝200 000－29 188.8－3 860＝166 951.2(元)

租赁设备:

租赁费支出现值＝40 000×(P/A,10%,10)＝40 000×6.145＝245 800(元)

因租赁减少纳税现值＝40 000×25%×(P/A,10%,10)＝10.000×6.145＝61 450(元)

租赁设备的现值总支出＝245 800－61 450＝184 350(元)

上述计算结果表明,租赁设备的总支出数大于购买设备的总支出数,因此公司应购买该设备。

四、有风险情况下的投资决策

前面在讨论投资决策时,我们假定现金流量是确定的,即可确知现金收支的金额及其发生时间。实际上,投资活动充满了不确定性。如果决策面临的不确定性比较小,则一般可忽略它们的影响,把决策视为确定情况下的决策。如果决策面临的不确定性和风险比较大,足以影响方案的选择,那么就应对它们进行计量并在决策时加以考虑。

投资风险分析的常用方法是风险调整贴现率法和风险调整现金流量法。

(一)风险调整贴现率法

将与特定投资项目有关的风险报酬加入资本成本或企业要求的最低投资报酬率中构成按风险调整的贴现率,据以计算投资决策指标并进行决策分析的方法称为"风险调整贴现率法"。采用该方法的基本原理是:如果现金流量包含风险报酬,则贴现率必须考虑风险报酬率,通过加大贴现率把现金流量中包含的风险影响(即风险报酬)予以消除,使指标能正确地反映无风险条件下的决策。

可以考虑以下三种方法调整贴现率。

1. 用资本资产定价模型(CAPM)调整贴现率

由于企业投资往往面临两种风险,即可分散风险和不可分散风险,不可分散风险又可以由 β 系数值表述,所以,特定投资项目按风险调整的贴现率可按下式计算:

$$K_i = R_F + \beta_i(K_m - R_F)$$

式中:K_i——第 i 种股票或第 i 种证券组合的必要收益率;

R_F——无风险收益率;

K_m——所有股票或所有证券的平均收益率;

β_i——第 i 种或第 i 种证券组合的 β 系数。

2.按风险等级调整贴现率

该方法的基本思路是对影响投资项目风险的各个因素进行评分,然后根据评分确定风险等级并据以调整贴现率。操作时,可以根据不同期间影响因素及其变动情况确定各因素得分,然后计算各期间的总得分;随总得分的增加,风险等级也随之增加,然后由专业人员根据经验等确定相应的贴现率。

3.用风险报酬率模型调整贴现率

任何一项投资的报酬率均由两部分组成,即无风险报酬率和风险报酬率,其计算公式如下:

$$K_i = R_F + b \times V$$

式中:K_i——第 i 种股票或第 i 种证券组合的必要收益率;

R_F——无风险收益率;

V——标准离差率;

b——风险价值系数。

风险价值系数 b 的大小由投资者根据经验并结合其他因素加以确定。通常有以下几种方法:

(1)根据以往同类项目的有关数据确定。根据以往同类投资项目的投资收益率、无风险收益率和收益标准离差率等历史资料可以求得风险价值系数。假设企业进行某项投资,其同类项目的投资收益率为 10%,无风险收益率为 6%,收益标准离差率为 50%。

根据公式:$K_i = R_F + b \times V$

可计算如下:$b = \dfrac{K_i - R_F}{V} = \dfrac{10\% - 6\%}{50\%} = 8\%$

(2)由企业领导或有关专家确定。如果现在进行的投资项目缺乏同类项目的历史资料,则不能采用上述方法计算,可根据主观经验加以确定。可以由企业领导,如总经理、财务副总经理、财务总监等研究确定,也可由企业组织有关专家确定。这时,风险价值系数的确定在很大程度上取决于企业对风险的态度。比较敢于冒风险的企业,往往把风险价值系数定得低些;而比较稳健的企业,则往往定得高些。

(3)由国家有关部门组织专家确定。国家财政、银行、证券等管理部门可组织有关专家,根据各行业的条件和有关因素确定各行业的风险价值系数。这种风险价值系数的国家参数由有关部门定期颁布,供投资者参考。

【业务实例 6-3-4】蓝田公司目前有两个投资项目,它们都需要投资 2 000 元,但是其现金流量却不同。表 6-8 列示了这两个投资项目的现金流量及其概率分布。

表 6-8 投资项目现金流量及其概率分布

年份	A 项目		B 项目	
	现金流量(元)	概率分布	现金流量(元)	概率分布
基年	−2 000	1.00	−2 000	1.00
第三年	1 500	0.20	3 000	0.10
	4 000	0.60	4 000	0.80
	6 500	0.20	5 000	0.10

假设无风险折现率为 6%,中等风险程度的项目变化系数为 0.5,通常要求的含有风险报酬的最低报酬率为 11%。

要求:采用按风险调整折现率计算 A 项目和 B 项目的净现值,并对之进行评价。

解:

(1)确定风险程度(标准离差率 V)。

首先,计算各个项目的期望值:

$E_A = 1\,500 \times 0.20 + 4\,000 \times 0.60 + 6\,500 \times 0.20 = 4\,000(元)$

$E_B = 3\,000 \times 0.10 + 4\,000 \times 0.80 + 5\,000 \times 0.10 = 4\,000(元)$

其次,计算各个项目的标准差:

$d_A = \sqrt{(1\,500-4\,000)^2 \times 0.20 + (4\,000-4\,000)^2 \times 0.60 + (6\,500-4\,000)^2 \times 0.20}$
$= 1\,581(元)$

$d_B = \sqrt{(3\,000-4\,000)^2 \times 0.10 + (4\,000-4\,000)^2 \times 0.80 + (5\,000-4\,000)^2 \times 0.10}$
$= 447(元)$

再次,计算各个项目的变异系数(V=d÷E):

$V_A = \dfrac{1\,581}{4\,000} = 0.4$

$V_B = \dfrac{477}{4\,000} = 0.11$

(2)确定风险价值系数(b)。

因为:$K_i = R_F + b \times V$

故:$b = \dfrac{K_i - R_F}{V} = \dfrac{11\% - 6\%}{0.5} = 0.1$

(3)确定风险调整贴现率。

$K_A = 6\% + 0.1 \times 0.4 = 10\%$

$K_B = 6\% + 0.1 \times 0.11 = 7.1\%$

(4)计算净现值。

$$NPV_A = \frac{4\ 000}{(1+10\%)^3} - 2\ 000 = 3\ 005 - 2\ 000 = 1\ 005(元)$$

$$NPV_B = \frac{4\ 000}{(1+7.1\%)^3} - 2\ 000 = 3\ 256 - 2\ 000 = 1\ 256(元)$$

(5)评价：根据净现值的决策准则，B项目优于A项目，应采用B项目。

如果不考虑风险，以最乐观的现金流量作为确定的现金流量，则各项目的净现值计算如下：

$$NPV_A = \frac{4\ 000}{(1+6\%)^3} - 2\ 000 = 3\ 358 - 2\ 000 = 1\ 358(元)$$

$$NPV_B = \frac{4\ 000}{(1+6\%)^3} - 2\ 000 = 3\ 358 - 2\ 000 = 1\ 358(元)$$

由此可见，不考虑风险，无法区别A、B两个项目的优劣，考虑风险之后A项目的风险较大，便相形见绌。

从逻辑上说，风险调整贴现率法较好，但是它可能把时间价值和风险价值混为一谈，并据此对各期现金流量进行贴现。这意味着风险会随着时间的推移而增大，从而对远期的现金流量以较大的调整。有时这与事实不符，例如，果园、饭店等行业的投资前几年的现金流量极不稳定，也难以确定，而越往后反而更有把握、更确定。

(二)风险调整现金流量法

风险调整现金流量法又称"肯定当量法"，该方法的基本思路是先用一个系数把有风险的现金收支调整为无风险的现金收支，然后用无风险的贴现率去计算净现值，以便用净现值法的规则判断投资机会的可取程度。

$$NPV = \sum_{t=0}^{n} a_t \times NCF_f \times (P/F, i_C, f)$$

式中：a_t——第t年现金流量的肯定当量系数，它在0~1之间；

i_C——无风险的贴现率；

NCF_f——第i年现金流量。

肯定当量系数，是指不肯定的1元现金流量期望值相当于使投资者满意的、肯定的金额的系数，它可以把各年不肯定的现金流量换算成肯定的现金流量。

$$a_f = \frac{肯定的现金流量}{不肯定的现金流量期望值}$$

【业务实例6-3-5】华安公司计划投资A项目，该项目计算期为5年，各年现金流量及项目规划人员根据计算期内不确定因素测定的肯定当量系数如下表所示。另外，该公司无风险报酬率为8%，问该项目是否可行？

表 6-9 A 项目的现金流量及肯定当量

t	0	1	2	3	4	5
NCF_i(元)	−50 000	20 000	20 000	20 000	20 000	20 000
a_i	1.0	0.95	0.90	0.85	0.8	0.75
$(P/F, i, t)$	1.0	0.926	0.857	0.794	0.735	0.681

解：根据资料，采用肯定当量法利用净现值进行项目评价：

$$NPV = \sum_{t=0}^{n} a_t \times NCF_t \times (P/F, i_C, t)$$

$= 0.95 \times 20\,000 \times 0.926 + 0.9 \times 20\,000 \times 0.857 + 0.85 \times 20\,000 \times 0.794 +$
$\quad 0.8 \times 20\,000 \times 0.735 + 0.75 \times 20\,000 \times 0.681 - 50\,000$

$= 68\,493 - 50\,000$

$= 18\,493(元)$

从上面的计算结果可以看出，A 项目可以进行投资。

风险调整现金流量法是用调整净现值公式分子的办法来考虑风险，风险调整贴现率法是用调整净现值公式分母的办法来考虑风险，这是两者的重要区别。风险调整现金流量法克服了风险调整贴现率法夸大远期风险的缺点，可以根据各年不同的风险程度，分别采用不同的肯定当量系数，但如何确定当量系数是个困难的问题。

◆ 任务实施

第一步，计算购买设备的相关指标。

购买设备的投资 = 1 200(万元)

购买设备每年增加的折旧额 = (1 200 − 50)/10 = 115(万元)

购买设备 1~9 年增加的营业利润 = 每年增加营业收入 −（每年增加经营成本 + 购买设备每年增加的折旧额）= 900 − (600 + 115) = 185(万元)

购买设备第 10 年增加的营业利润 = 833.33 − (600 + 115) = 118.33(万元)

购买设备 1~9 年增加的净利润 = 购买设备每年增加的营业利润 ×（1 − 所得税税率）
= 185 × (1 − 25%) = 138.75(万元)

第 10 年增加的净利润 = 118.33 × (1 − 25%) = 88.75(万元)

购买设备方案缴纳所得税后的净现金流量为：

$NCF_0 = -$购买固定资产的投资 $= -1\,200$(万元)

$NCF_{1\sim 9} =$ 购买设备每年增加的净利润 + 每年增加的折旧额 $= 138.75 + 115 = 253.75$(万元)

$NCF_{10} = 88.75 + 115 + 50 = 253.75$(万元)

第二步，计算租入设备的相关指标。

租入固定资产的投资＝0(万元)

租入设备每年增加的折旧＝0(万元)

租入设备 1~9 年每年增加的营业利润＝每年增加营业收入－(每年增加经营成本＋租入设备每年增加的租金)＝900－(600＋200)＝100(万元)

租入设备 1~9 年每年增加的净利润＝租入设备每年增加的营业利润×(1－所得税税率)

＝100×(1－25％)＝75(万元)

租入设备第 10 年增加的营业利润＝833.33－(600＋200)＝33.33(万元)

租入设备第 10 年增加的净利润＝33.33×(1－25％)＝25(万元)

租入设备方案缴纳所得税后的净现金流量为：

NCF_0＝－租入固定资产的投资＝0(万元)

$NCF_{1\sim9}$＝租入设备每年增加的净利润＋租入设备每年增加的折旧额＝75＋0
＝75(万元)

NCF_{10}＝25＋0＝25(万元)

第三步,计算购买和租入设备的差额净现金流量。

$\triangle NCF_0$＝－1 200(万元)

$\triangle NCF_{1\sim9}$＝253.75－75＝178.75(万元)

$\triangle NCF_{10}$＝253.75－25＝228.75(万元)

第四步,逐步测试法和内插法相结合,计算$\triangle IRR$。

NPV＝0

－1 200＋178.75×(P/A,$\triangle IRR$,9)＋228.75×(P/F,$\triangle IRR$,10)＝0

$\triangle IRR$＝8.42％

∵$\triangle IRR$＝8.42％＜基准折现率＝10％

∴不应当购买设备,而应租入设备。

◆ 项目小结

1.企业项目投资,指的是一种以特定项目为对象,直接与新建项目或更新改造项目有关的长期投资行为。

2.项目投资具有下列特点：

(1)投资内容独特,每个项目都至少涉及一项固定资产投资。

(2)投资数额多。

(3)影响时间长,至少一年或一个营业周期以上。

(4)发生频率低。

(5)变现能力差。

(6)投资风险大。

3. 项目投资的程序主要包括以下步骤：

(1)确定投资领域和对象。

(2)可行性分析。

(3)评价与决策。

(4)方案的执行。

(5)投资方案的再评价。

4. 现金流量，是指与投资项目有关的现金流入和现金流出的数量。一定时期内现金流入量减去现金流出量的差额，称为"净现金流量"(NCF)。按照现金流量发生的时间，现金流量由初始现金流量、营业现金流量、终结点现金流量三部分构成。

5. 投资决策指标，是指评价投资方案是否可行的标准。按照是否考虑资金时间价值可分为静态评价指标和动态评价指标。

6. 静态评价指标，是指在计算过程中不考虑资金时间价值因素的指标，又称为"非贴现现金流量指标"，包括投资回收期和投资报酬率。

7. 动态评价指标，是指在指标计算过程中充分考虑和利用资金时间价值的指标，又称为"贴现现金流量指标"，包括净现值、净现值率、现值指数、内含报酬率等。

8. 上述指标各有优劣，在实际应用中，贴现现金流量指标占主导地位，并形成了以贴现现金流量指标为主，以投资回收期为辅的多种指标并存的指标体系。

职业能力与技能训练

一、职业能力训练

(一)单选题

1. 所谓现金流量，在投资决策中是指一个项目引起的企业(　　)

A. 现金收入和现金支出额　　　　　B. 货币资金收入和货币资金支出额

C. 流动资金增加或减少额　　　　　D. 现金收入和现金支出增加的数额

2. 下列项目投资决策评价指标中，没有考虑货币时间价值的指标是(　　)

A. 净现值　　　B. 现值指数　　　C. 投资利润率　　　D. 内含报酬率

3. 现值指数与净现值指标相比，其优点是(　　)

A. 便于投资额相同的方案的比较　　B. 便于投资额不同投资方案的比较

C. 考虑了现金流量的时间价值　　　D. 考虑了投资风险

4. 当贴现率与内含报酬率相等时(　　)

A. 净现值大于 0　　　　　　　　　B. 净现值等于 0

C. 净现值小于 0 D. 净现值不能确定

5. 下列长期投资评价指标中,其数值越小越好的指标是( )
   A. 现值指数 B. 内含报酬率
   C. 投资收回期 D. 投资报酬率

6. 计算投资项目某年经营现金流量时,不应包括的项目是( )
   A. 该年的税后利润 B. 该年的固定资产折旧额
   C. 该年的长期待摊费用摊销额 D. 该年的投资回收额

7. 净现值率和现值指数指标的分母都是原始投资的现值,因此两者的关系是( )
   A. 现值指数=1+净现值率 B. 现值指数=1-净现值率
   C. 净现值率=1-现值指数 D. 净现值率=现值指数+1

8. 某投资方案贴现率为 16% 时,净现值为 6.12;贴现率为 18% 时,净现值为 -3.17,则该方案的内含报酬率为( )
   A. 14.68% B. 17.32% C. 18.32% D. 16.68%

9. 某企业投资方案 A 的年销售收入为 180 万元,年销售成本和费用为 120 万元,其中,折旧为 20 万元,所得税率为 30%,则该投资方案的年现金净流量为( )
   A. 42 万元 B. 62 万元 C. 60 万元 D. 48 万元

10. 长期投资决策中,不宜作为贴现率进行投资项目评价的是( )
    A. 活期存款利率 B. 投资项目的资金成本
    C. 投资的机会成本 D. 行业平均资金收益

11. 当两个投资方案为独立选择时,应优先选择( )
    A. 净现值大的方案 B. 项目周期短的方案
    C. 投资额小的方案 D. 现值指数大的方案

12. 某投资项目原始投资为 30 000 元,当年完工投产,有效期为 5 年,每年可获得现金净流量 8 400 元,则该项目内含报酬率为( )
    A. 12.4% B. 12.59% C. 13.41% D. 11.59%

13. 若净现值为负数,则表明该投资项目( )
    A. 为亏损项目,不可行
    B. 它的投资报酬率小于 0,不可行
    C. 它的投资报酬率没有达到预定的贴现率,不可行
    D. 它的投资报酬率不一定小于 0,因此,也有可能是可行方案

14. 某公司当初以 100 万元购入一块土地,目前市价为 80 万元,如欲在这块土地上兴建厂房,则应( )
    A. 以 100 万元作为投资分析的机会成本考虑
    B. 以 80 万元作为投资分析的机会成本考虑
    C. 以 20 万元作为投资分析的机会成本考虑

D. 以180万元作为投资分析的机会成本考虑

15. 已知某投资项目的项目计算期是8年,全部资金均于建设起点一次投入,建设期为0,投产后每年的净现金流量相等。经预计该项目不包括建设期的静态投资回收期是2.5年,则按内含报酬率确定的年金现值系数是( )

  A. 3.2   B. 5.5   C. 2.5   D. 4

16. 已知某投资项目的原始投资额为100万元,建设期为2年,投产后第1~8年每年NCF=25万元,第9~10年每年NCF=20万元,则该项目包括建设期的静态投资回收期为( )

  A. 4年   B. 5年   C. 6年   D. 7年

17. 在计算确定项目计算期的净现金流量时,NCF_1是指( )

  A. 建设期第一年年初的净现金流量   B. 建设期第一年年末的净现金流量
  C. 经营期第一年年初的净现金流量   D. 经营期第一年年末的净现金流量

18. 下列长期投资决策评价指标中,其计算结果不受建设期的长短、资金投入的方式、回收额的有无以及净现金流量的大小等条件影响的是( )

  A. 投资利润率   B. 投资回收期   C. 内部收益率   D. 净现值率

19. 某投资项目在建设期内投入全部原始投资,该项目的净现值率为25%,则该项目的获利指数为( )

  A. 0.75   B. 1.25   C. 4.0   D. 25

20. 在以下各种投资当中,不属于项目投资类型的是( )

  A. 固定资产投资   B. 证券投资   C. 更新改造投资   D. 新建项目投资

(二)多选题

1. 确定一个投资方案可行的必要条件是( )

  A. 内含报酬率大于1   B. 净现值大于0
  C. 现值指数大于1   D. 内含报酬率不低于贴现率
  E. 现值指数大于0

2. 对于同一方案,下列表述正确的是( )

  A. 资金成本越高,净现值越高
  B. 资金成本越低,净现值越高
  C. 资金成本等于内含报酬率时,净现值为0
  D. 资金成本高于内含报酬率时,净现值小于0
  E. 资金成本低于内含报酬率时,净现值小于0

3. 降低贴现率,下列指标可变大的是( )

  A. 净现值   B. 现值指数   C. 内含报酬率
  D. 投资回收期   E. 平均报酬率

4. 有两个投资方案,投资的时间和金额相同,甲方案从现在开始每年现金流入 400 元,连续 6 年,乙方案从现在开始每年现金流入 600 元,连续 4 年,假设它们的净现值相等且小于 0,则( )

  A. 甲方案优于乙方案   B. 乙方案优于甲方案
  C. 甲、乙均不是可行方案   D. 甲、乙均是可行方案
  E. 甲、乙在经济上是等效的

5. 若净现值为负数,则表明该投资项目( )
  A. 各年利润小于 0,不可行
  B. 它的投资报酬率小于 0,不可行
  C. 它的投资报酬率没有达到预定的贴现率,不可行
  D. 它的现值指数小于 1
  E. 它的内含报酬率小于投资者要求的必要报酬率

6. 净现值法的优点包括( )
  A. 考虑了资金时间价值   B. 考虑项目计算期的全部净现金流量
  C. 考虑了投资风险   D. 可以从动态上反映项目的实际收益率

7. 判断一个独立投资项目是否具有财务可行性的评价标准有( )
  A. 净现值大于 0
  B. 获利指数大于 0
  C. 内含报酬率大于 0
  D. 内含报酬率大于投资者要求的最低收益率

8. 下列因素中影响内含报酬率的有( )
  A. 现金净流量   B. 贴现率
  C. 投资总额   D. 投资项目有效年限

9. 生产经营期包括( )
  A. 试产期   B. 投资建设期   C. 达产期   D. 最终清理期

10. 如果其他因素不变,一旦贴现率提高,则下列指标中其数值将会变小的是( )
  A. 净现值率   B. 净现值   C. 内含报酬率   D. 获利指数

(三)判断题

1. 在全部投资均于建设起点一次投入,建设期为 0,投产后每年净现金流量相等的条件下,为计算内含报酬率所求得的年金现值系数的数值应等于该项目的静态投资回收期指标的值。( )

2. 获利指数法可从动态的角度反映项目投资的资金投入与总产出之间的关系,可以使投资额不同的方案之间直接用获利指数进行对比。( )

3. 在不考虑资金时间价值的前提下,投资回收期越短,投资获利能力越强。( )

4. 包括建设期的投资回收期应等于累计净现金流量为 0 时的年限再加上建设期。（   ）

5. 一般情况下，使某投资方案的净现值小于 0 的贴现率，一定高于该投资方案的内含报酬率。（   ）

6. 在投资项目决策中，只要投资方案的投资利润率大于 0，该方案就是可行方案。（   ）

7. 投资方案的回收期越长，表明该方案的风险程度越小。（   ）

8. 在几个投资项目中，净现值最大的项目为最优的投资项目。（   ）

9. 某贴现率可以使某投资方案的净现值等于 0，则该贴现率可以称为该方案的内含报酬率。（   ）

10. 净现值与现值指数之间存在一定的对应关系，当净现值大于 0 时，现值指数大于 0 但小于 1。（   ）

二、职业技能训练

(一)计算分析

1. 蓝天公司拟建一项固定资产，需投资 550 000 元，按直线法计提折旧，使用寿命为 10 年，期末有 50 000 元净残值。该项工程建设期为 1 年，投资额分别于年初投入 300 000 元，年末投入 250 000 元。预计项目投产后每年可增加营业收入 150 000 元，总成本 100 000 元，假定贴现率为 10%。

要求：计算该投资项目的现金净流量、净现值、净现值率、现值指数。

2. 实达公司准备购入一项设备以扩充公司的生产能力。现有甲、乙两个方案可供选择，甲方案需投资 10 000 元，使用寿命为 5 年，采用直线法计提折旧，5 年后设备无残值。5 年中每年销售收入为 6 000 元，每年的付现成本为 2 000 元。乙方案需投资 12 000 元，采用直线法计提折旧，使用寿命也为 5 年，5 年后有残值收入 2 000 元。5 年中每年的销售收入为 8 000 元，付现成本第一年为 3 000 元，以后随着设备陈旧，逐年将增加修理费 400 元，另需垫支营运资金 3 000 元，假设所得税率为 25%。

要求：计算两个方案的现金流量。

3. 资料：某企业现有资金 100 000 元，可以用于以下投资方案一或二：

方案一：购入国库券（五年期，年利率 14%，不计复利，到期一次还本付息）。

方案二：购买新设备（使用期五年，预计残值收入为设备总额的 10%，按直线法计提折旧；设备交付使用后每年可以实现 12 000 元的税前利润）。

该企业的资金成本率为 10%，适用所得税率为 25%。

要求：(1)计算投资方案一的净现值。

(2)计算投资方案二的各年现金流量及净现值。

(3)运用净现值法对上述投资方案进行选择。

4. A、B 是相互排斥的两个投资项目,预计的现金流量表如下:

年份	0	1	2	3	4
A	−20 000	10 000	10 000	10 000	10 000
B	−20 000	0	0	0	60 000

要求:计算 A、B 两个项目的内含报酬率及资本成本为 10% 时的净现值,并回答应采纳哪一项目,为什么?

(二)案例分析

天齐锂业斥资 5 180 万元建设氢氧化锂项目

天齐锂业 24 日晚间发布公告,拟使用超募资金 5 180 万元建设"年产 4 000 吨电池级氢氧化锂项目"。

天齐锂业表示,该项目达产后正常生产经营年份可以实现年销售收入 1270 万元,税后每年净利润为 1 369.39 万元,该项目投资利润率为 26.44%,投资回收期 3.95 年(含建设期 8 个月),经济效益良好。

(资料来源:网易财经 2011—05—24)

案例思考题:

1. 请你写出投资利润率的计算公式,并分析项目投资利润率的计算结果是否正确。
2. 请你说出净利润与息税前利润两个指标之间的联系,作为项目可行性分析的负责人,你更关注项目带来的息税前利润还是其净利润?该公司股东呢?
3. 什么是项目投资回收期,它包括哪两种形式?不包括建设期的投资回收期为几年?平均每年的经营现金净流量为多少元?平均每年的折旧额为多少元?(提示:将月折算成年)
4. 假设项目投资 5 180 万元中包括流动资金投资 1 180 万元,预计净残值率为原值的 5%,若采用直线法计提折旧,则该项目的折旧年限预计为多少?
5. 该项目达产后正常年份的销售净利率为多少?

浙江省××公司项目投资方案评价分析

浙江省××市永固混凝土搅拌有限公司拟投资"年产 80 万方商品混凝土及年产 140 万米混凝土管桩生产线项目"。

该项目新建年产 80 万方商品混凝土及年产 140 万米混凝土管桩生产线,新建厂房、仓库 4 500 平方米。

原材料:沙石、水泥、钢筋。

工艺流程:铲车将沙石铲进原料仓——平板运输带电脑称量输送进主机——电脑操作粉煤灰、外加剂、水、水泥进主机——按配比电脑称量自动搅拌——成品放进搅拌车运走——加工管桩。

购置：搅拌主机、全套试验设备、汽车泵等设备。

市场前景广阔，总投资12 000万元。

案例思考题：

1. 预计年产值达4 000万元，每年的现金净流量回收额为1 200万元。该公司近年来资产报酬率为10%，该公司预计多长时间才能收回投资额？（求期限）

2. 按照管桩生产企业一般投资回收期为2年，公司期望在投产后的2年内收回投资，请问每年至少要收回多少经营现金净流量？（已知现值求年金）

3. 若每年现金净流量回收额为1 500元，3年收回投资，则该项目这3年的投资回报应达到多少？（求利率）

4. 若该项目每年的现金净流量回收额为1 200万元，公司预计在2年内收回投资，则投资额为多少？（求现值）

5. 请用资金时间价值原理从投资回收期、资金回报率、投资额、内含报酬率、每年回收额等角度分析评价该项目。

三、模拟实训

(一)实训目的

1. 通过实训，进一步理解项目投资现金流量的构成，能够准确估算项目投资现金流量、项目投资决策评价指标。

2. 学会分析影响项目投资的主要因素，能应用项目投资决策评价指标对企业的项目投资作出科学的财务决策。

(二)实训学时

4学时

(三)实训要求

1. 根据教师给定的资金限额（如30万元），经过思考，确定自己的计划投资项目。
2. 合理预测和估计项目投资计划的现金流量。
3. 计算项目投资的相关财务指标。
4. 应用主要财务评价指标对项目进行财务决策。
5. 根据上述资料写出内容完整、目标明确、步骤严密、文字通顺、条理精练的投资计划书。（字数为1 200左右）。

(四)实训内容

1. 设立金额分别为 30 万元和 50 万元的模拟创业基金。
2. 划分实训小组,并以小组为单位选定投资项目。
3. 对投资项目的影响因素进行分析。
4. 分析评估投资项目的现金流量。
5. 计算投资项目的主要财务指标。
6. 对投资进行财务可行性评价和财务决策。
7. 对投资方案进行阐述与辩论。
8. 选定最优投资项目方案,确定模拟创业基金去向。

(五)实训考核

1. 过程考核:实训的各个步骤的执行与完成情况。
2. 结果考核:模拟投资方案。
3. 结合学生实习态度及投资方案可行性,评定成绩,并按一定比例计入课程学习成绩。

四、校外实习

实习项目 ××企业项目投资方案评价分析

(一)校外实习目的

通过本次校外实习教学,加深学生对投资项目决策的基本程序和方法的理解和认识,进一步熟悉项目投资的目的,掌握项目投资的现金流量的评估方法与决策指标的运用技巧,会分析影响项目投资的主要因素,能应用项目投资决策的基本财务指标进行项目可行性评价。

(二)校外实习要求

1. 在实习教师指导下了解企业近 3 年的项目投资情况,包括投资环境分析、投资决策中的财务决策方法和投资相关资料等。
2. 了解财务决策中使用的各项指标的计算过程。
3. 写出实习活动报告(字数为 1 000 左右)。

(三)校外实习内容

1. 项目投资的目的。
2. 项目投资时应考虑的因素。
3. 项目投资的现金流量的评估。
4. 项目决策的财务评价指标。

(四)校外实习步骤

1. 在实习教师指导下,了解实习基地单位近3年的项目投资情况。
2. 在实习教师指导下,了解这些投资项目的可行性分析情况(包括技术可行性、经济可行性、财务可行性,以财务可行性情况为主)。
3. 在实习教师指导下,了解这些投资现金流量估计的依据和计算的方法。
4. 选定一个投资项目,了解其贴现率确定的原则和方法。
5. 观察和验证选定投资项目的各种财务评价指标的计算过程。
6. 了解选定项目目前现金流量和估计现金流量的差异并分析原因。
7. 如果你认为选定投资项目需要调整,那么提出调整的建议或方案。

(五)校外实习成绩评定

根据学生实习报告和建议项目调整方案(以影响因素、现金流量评价和财务评价指标为主要考核点)的内容、完整性及深度,结合学生实习态度及遵守纪律情况,按优、良、中、及格、不及格评定成绩,并按一定比例计入课程学习成绩。

项目七
证券投资管理

❧ 知识目标

- 了解证券的种类和证券投资的种类
- 了解股票的定义和种类,熟悉股票的风险
- 掌握各种股票价值的计算和市盈率的计算
- 熟悉债券的分类和债券的特征
- 掌握各种债券价值的计算,理解债券的收益率与票面利率的关系
- 掌握基金价值和基金收益的计算
- 熟悉证券投资组合的方法
- 掌握证券投资组合和风险的分析方法

❧ 能力目标

- 培养具备独立计算债券价值和分析债券风险的能力
- 具备对股票投资风险的认知能力和对各种股票价值进行独立计算的能力
- 具备计算和分析市盈率的能力,具备计算基金价值和基金收益的能力
- 具备对证券投资组合的风险进行分析的能力

任务一 认知证券投资

◆ 任务引入

清水公司目前有闲置资金 3 000 万元,若存在银行,则存款年利率为 5%。如果你是该公司财务经理,那么该如何打理这笔资金?

◆ 相关知识

一、证券的概念和种类

(一)证券的概念

证券指发行人为筹集资金而发行的,表示证券持有人或第三者有权取得该证券所拥有的特定权益的书面凭证,包括股票、债券、新股认购权利证书、投资基金证券及其他各种衍生的金融工具。证券的特点主要有流动性、收益性和风险性。

◆ 知识拓展

流动性又称"变现性",是指证券可以随时抛售取得现金。收益性,是指证券持有者凭借证券可以获得相应的报酬。风险性,是指证券持有者面临的预期投资收益不能实现,甚至使本金也受到损失的可能。流动性与收益性成反比,风险性一般与收益性成正比。

(二)证券的种类

1. 按照证券发行主体的不同,可分为政府证券、金融证券和公司证券

政府证券,是指中央政府或地方政府发行的证券;金融证券,是指银行或其他金融机构发行的证券;公司证券是各类企业发行的证券。

2. 按照证券所体现的权益关系,可分为所有权证券和债权证券

所有权证券的持有人是发行单位的所有者,如股票;债权证券的持有人是发行单位的债权人,如公司债券等。

3. 按证券收益的决定因素,可分为原生证券和衍生证券

原生证券收益大小主要取决于发行者的财务状况;衍生证券包括期货合约和期权合约两种基本类型,其收益取决于原生证券的价格。

4. 按照证券收益稳定状况的不同,可分为固定收益证券和变动收益证券

固定收益证券在证券票面上规定有固定收益率;变动收益证券的收益情况随企业经营情况而变。

5. 按照证券到期日的长短,可分为短期证券和长期证券

短期证券的到期日短于一年;长期证券的到期日长于一年。

6. 按照募集方式的不同,可分为公募证券和私募证券

公募证券即公开发行证券,是指发行人向不特定的社会公众广泛发售的证券;私募证券即内部发行的证券,是面向少数特定投资者发行的证券。

二、证券投资的概念和种类

(一)证券投资的概念

证券投资,是指企业或个人为了一定的目的,将资金投资于股票、债券、基金及衍生证券等资产,借以获得收益的一种投资行为。证券投资的目的为:暂时存放闲置资金、与筹集长期资金相配合、满足未来的财务需求、满足季节性经营对现金的需求、获得对相关企业的控制权。

(二)证券投资的分类

依据证券投资的特点不同,可分为股票投资、债券投资、基金投资和组合投资。

1. 股票投资

股票投资,是指投资者通过购买公司的股票,以获取股利和股票增值收益的一种投资活动。

2. 债券投资

债券投资,是指投资者将资金投入各种债券,如国债、公司债和短期融资券等,以取得债券利息收益的一种投资活动。

3. 基金投资

基金投资是一种间接的证券投资方式,是由基金管理公司通过发行基金份额,集中投资者的资金,由基金托管人(即具有资格的银行)托管,由基金管理人管理和运用资金,从事股票、债券等金融工具投资,然后共担投资风险、分享收益。这种方式可使投资者享受专家服务,有利于分散风险,获得较稳定的投资收益。

4. 组合投资

组合投资,是指投资者将投资资金同时投资于多种证券,从而达到规避风险、提高收益目的的投资方式。

三、证券投资的基本程序

证券投资的基本程序包括选择投资对象、开户与委托、交割与清算、过户等。

(一)合理选择投资对象

合理选择投资对象是证券投资成败的关键,企业应根据一定的投资原则,认真分析投资对象的收益水平和风险程度,以便合理选择投资对象,将风险降到最低限度,取得较好的投资收益。

(二)委托买卖

由于投资者无法直接进场交易,买卖证券业务需委托证券商代理。企业可通过电话委托、电脑终端委托、递单委托等方式委托券商代为买卖有关证券。

(三)成交

证券买卖双方通过中介券商的场内交易员分别出价委托,若买卖双方的价位与数量合适,则交易即可达成,这个过程叫"成交"。

(四)清算与交割

清算,是指证券买卖双方结清价款的过程。证券清算后,即办理交割手续。所谓"交割"就是卖方向买方交付证券而买方向卖方支付价款。

(五)办理证券过户

证券过户只限于记名证券的买卖业务。当企业委托买卖某种记名证券成功后,必须办理证券持有人的姓名变更手续。

任务二 投资股票

◆ 任务引入

乙企业计划利用一笔长期资金购买股票。现有 A 公司股票和 B 公司股票可供选择,乙企业只准备投资一家公司股票。已知 A 公司股票现行市价为每股 8 元,上年每股股利为 0.10 元,预计以后每年以 6% 的增长率增长。B 公司股票现行市价为每股 6 元,上年每股股利为 0.50 元,股利政策将一贯坚持固定股利政策。乙企业所要求的投资必要报酬率为 8%。任务要求如下:

1. 利用股票估价模型,分别计算 A、B 公司股票价值。
2. 请你为乙企业作出股票投资决策。

◆ 相关知识

一、股票投资的定义与目的

股票投资,是指企业或个人用货币购买股票,借以获得收益的行为。

企业进行股票投资的目的主要有两种:一是获利,即通过在证券市场上对股票进行交易,从而获得股利收入或股票的买卖差价;二是控制,即通过购买相关企业一定量的股票,获得该企业的控制权。

二、影响股票价格的因素

股票本身是没有价值的,仅是一种凭证。它之所以有价格可以买卖,是因为它能给持有人带来预期收益。一般来说,公司第一次发行时,要规定发行总额和每股金额,一旦股票发行后上市买卖,股票价格就与原来的面值分离。股票价格主要由预期股利和当时的市场利率决定,同时还受整个经济环境变化和投资者心理等因素的影响。

(一)内部因素

1. 公司净资产

净资产或资产净值是总资产减去总负债后的净值,它是全体股东的权益,是决定股票投资价值的重要基准。从理论上讲,净值应与股价保持一定比例,即净值增加,股价上涨;净值减少,股价下跌。

2. 公司盈利水平

预期公司盈利增加,可分配的股利也会相应增加,股票市场价格上涨;预期公司盈利减少,可分配的股利相应减少,股票市场价格下降。

3. 公司股利政策

股利来自于公司的税后盈利,但公司盈利的增加只为股利分配提供了可能,并非盈利增加股利一定增加。公司对股利的分配方式会给股价波动带来一定的影响。一般情况下,股票价格与股利水平成正比,股利水平越高,股票价格越高;反之,股利水平越低,股票价格越低。

4. 股份分割

股份分割又称"拆股"、"拆细",是将原有股份均等地拆成若干较小的股份。股份分割一般在年度决算月份进行,通常会刺激股价上升。

5. 增资和减资

公司发行新股的行为,对不同公司股票价格的影响不尽相同。在增资没有产生相应效益前,增资可能会使每股净资产下降,因而可能会促使股价下跌。但对那些业绩优良、具有发展潜力的公司,增资意味着将增加公司经营实力,会给股东带来更多回报,股价可能还会上涨。当公司宣布减资时,多半是经营不善、亏损严重、需要重新整顿,所以股价会大幅下降。

6. 公司资产重组

公司重组引起公司价值的巨大变动,因而其股价也随之产生剧烈波动。但需要分析公司重组对公司是否有利,这是决定股价变动方向的决定因素。

(二)外部因素

1. 宏观经济因素

宏观经济走向和相关政策是影响股票投资价值的重要因素。

2.行业因素

产业的发展状况和趋势对于该产业上市公司的影响是巨大的,因而产业的发展状况和趋势、国家的产业政策和相关产业的发展都会对该产业上市公司的股票投资价值产生影响。

3.市场因素

证券市场上投资者对股票走势的心理预期会对股票价格走势产生重要的影响。市场中的散户投资者往往有从众心理,对股市产生助涨或助跌的作用。

◆ 你知道吗?

股市上的股票价格分为开盘价、收盘价、最高价和最低价等,投资人在进行股票估价时主要使用收盘价。

三、股票价值的估算

企业进行股票投资时需要对股票的价值进行评估,即必须知道股票内在价值的计算方法,以便将股票的内在价值与股票市价或购买价格进行比较,作为投资参考。

股票作为一种投资,现金流出是其购买价格,现金流入是股利和出售价格。股票未来现金流入的现值,称为"股票的价值"或"股票的内在价值"。股票的价值不同于股票的价格,受社会、政治、经济变化和心理等诸多因素的影响,股票的价格往往背离股票的价值。

(一)几种最常见的股票估价模型

1.短期持有股票,未来准备出售的股票估价模型

一般情况下,投资者投资于股票,不仅希望得到股利收入,更期望在股票价格上涨时出售股票获得资本利得。如果投资者不打算永久地持有该股票,而在一段时间后出售,那么他的未来现金流入是几次股利和出售时的股价。此时的股票估价模型为:

$$V=\sum_{t=1}^{n}\frac{d_t}{(1+K)^t}+\frac{V_n}{(1+k)^n}$$

式中:V——股票内在价值;

d_t——第 t 期的预期股利;

K——投资人要求的必要资金收益率;

V_n——未来出售时预计的股票价格;

n——预计持有股票的期数。

【业务实例7-2-1】某企业拟购买 A 公司发行的股票,该股票预计今后 3 年每年每股股利收入为 2 元,3 年后出售可得 16 元,投资者要求的必要报酬率为 10%。要求:计算该股票的价值。

解:V =2×(P/A,10%,3)+16×(P/F,10%,3)

$$= 2 \times 2.4869 + 16 \times 0.7513$$
$$= 16.99(元)$$

该股票的价值为 16.99 元,若此公司股票的市价低于 16.99 元,则该企业可考虑对此股票进行投资。

2. 长期持有、股利稳定不变的股票估价模型

在每年股利稳定不变,投资人持有期限很长的情况下,股票的估价模型可在第一种模型的基础上简化为:

$$V = d/K$$

式中:V——股票内在价值;
  d——每年固定股利;
  K——投资人要求的资金收益率。

【业务实例 7-2-2】某企业拟购买 A 公司股票并准备长期持有,预计该股票每年股利为 6 元,企业要求的必要收益率为 15%,要求:计算该股票的价值。

解:V = 6/15% = 40(元)

即该股票的价值为 40 元。

3. 长期持有、股利固定增长的股票估价模型

如果一个公司的股利不断增长,投资者的投资期限又非常长,则股票的估价就相对复杂,只能计算近似值。此时的股票估价模型为:

$$V = d_0(1+g)/(K-g) = d_1/(K-g)$$

式中:d_0——上年股利;
  d_1——本年股利;
  g——每年股利增长率。

【业务实例 7-2-3】某企业准备购买 B 公司的股票,该股票今年支付的每股股利为 2 元,预计以后每年以 12% 的增长率增长。企业要求的必要收益率为 16%。要求:请帮企业决策,股票价格为多少时可考虑购买。

解:V = 2×(1+12%)/(16%−12%) = 56(元)

当 B 公司的股票价格在 56 元以下时可以购买。

(二)市盈率分析

前述股票价值的计算方法,在理论上比较健全,根据计算的结果使用起来也较方便,但未来股利的预计很复杂并且要求比较高,一般投资者往往很难办到。有一种粗略衡量股票价值的方法,就是市盈率分析法。

市盈率是普通股每股市价与每股收益之比,以每股市价是每股收益的倍数表示。市盈率可以粗略反映股价的高低,表明投资者愿意用盈利的多少倍的价格来购买这种股票,是市

场对该股票的评价。其计算公式为:

市盈率(倍数)＝普通股每股市价÷普通股每股收益

普通股每股市价＝该股票市盈率×该股票每股收益

普通股每股价值＝行业平均市盈率×该股票每股收益

【业务实例7-2-4】某公司股票每股收益是2元,市盈率是15,行业类似股票的平均市盈率是12。要求:计算该股票的价格和价值。

解:该股票每股价格＝15×2＝30(元)

该股票每股价值＝12×2＝24(元)

因而,市场对该股票的评价略高。

一般认为,过高或过低的市盈率都未必是好兆头,对股票市盈率的判断要根据宏观经济情况、证券市场整体情况以及行业和公司的具体情况进行分析。

四、股票投资的收益

(一)股票投资收益的来源和影响因素

股票投资收益,是指投资者从购入股票开始到出售股票为止整个持有期间所获得的收益,这种收益由股利收入和股票买卖差价两方面组成。股票投资收益主要取决于股票市场股票的价格变化、公司的股利政策及投资者的经验与技巧。

(二)股票投资收益率的计算

1. 短期股票投资收益率

若短期股票投资的持有期限比较短,少于一年,则可以不考虑资金时间价值,其持有期收益率可按如下公式计算:

$$K = (S_1 - S_0 + d)/S_0 \times 100\%$$
$$= (S_1 - S_0)/S_0 + d/S_0$$
$$= 预期资本利得收益率 + 股利收益率$$

式中:K——短期股票收益率;

S_1——股票出售价格;

S_0——股票购买价格;

d——股利。

【业务实例7-2-5】某人2008年1月1日以30元的价格买入A股票1 000股,3月1日收到每股现金股利1元,2008年6月1日以38元的价格全部卖出。问:该投资者的股票持有期收益率是多少?年收益率是多少?

解:短期股票持有期收益率＝(38－30+1)/30＝30%

短期股票投资年收益率＝30％÷5×12＝72％

2.长期股票投资收益率

长期股票投资收益率的持有期限较长,故应考虑资金的时间价值。考虑资金时间价值的股票投资收益率,是指使得股票投资的现金流出现值等于现金流入现值的贴现率。股票投资的现金流出是其购买价格,现金流入是每年股利和出售价格。长期股票投资收益率可按下式计算：

$$V=\sum_{t=1}^{n}\frac{d_t}{(1+k)^t}+\frac{V_n}{(1+k)^n}$$

式中：V——股票的买入价；

d_t——第 t 期的股利；

K——投资收益率；

V_n——股票出售价格；

n——持有股票的期数。

【业务实例7-2-6】某企业在2010年3月16日投资630万元购买某种股票100万股,在2011年和2012年的3月15日每股各分得现金股利0.4元和0.6元,并于2012年3月15日以每股7元的价格全部出售。要求:计算该股票投资的收益率。

解:根据上述公式可得:

630＝40×(P/F,i,1)＋760×(P/F,i,2)

采用逐步测试法,可以发现:

当i＝12％时,40×(P/F,i,1)＋760×(P/F,i,2)－630＝11.59(万元)

当i＝14％时,40×(P/F,i,1)＋760×(P/F,i,2)－630＝－10.09(万元)

因此,采用内插法,可以算出 i＝12％＋11.59/(10.09＋11.59)×2％＝13.07％

五、股票投资的优缺点

(一)股票投资的优点

1.投资收益高

股票投资风险大,收益也高,只要选择得当,就能取得优厚的投资收益。

2.购买力风险低

与固定收益的债券相比,普通股能有效地降低购买力风险。因为通货膨胀率较高时,物价普遍上涨,股份公司盈利增加,股利也会随之增加。

3.拥有经营控制权

股票是代表所有权的凭证,股票投资是权益性投资,普通股股票的持有人作为发行公司的股东,有权参与公司的经营决策。

(二)股票投资的缺点

1.收入不稳定
普通股股利的有无及多少,须视被投资企业经营状况而定,很不稳定。

2.价格不稳定
股票价格受众多因素影响,极不稳定。

3.求偿权居后
企业破产时,普通股投资者对被投资企业的资产求偿权居于最后,其投资有可能得不到全额补偿。

◆ **任务实施**

1. 利用长期持有、股利固定增长的股票估价模型计算 A 公司股票价值。
2. 利用长期持有、股利稳定不变的股票估价模型计算 B 公司股票价值。
3. 根据 A、B 公司股票价值作出股票投资决策。

◆ **知识拓展**

美国次贷危机

美国次贷危机又称"次级房贷危机",也译为"次债危机"。它是指一场发生在美国,因次级抵押贷款机构破产、投资基金被迫关闭、股市剧烈震荡引起的金融风暴。它致使全球主要金融市场出现流动性不足危机。美国"次贷危机"是从 2006 年春季开始逐步显现的。2007 年 8 月,开始席卷美国、欧盟和日本等世界主要金融市场。次贷危机引起美国经济及全球经济增长的放缓,对中国经济的影响不容忽视,而这其中最主要是对出口的影响。2007 年,由于美国和欧洲的进口需求疲软,所以我国月度出口增长率已从 2007 年 2 月的 51.6％下降至 12 月的 21.7％。首先,美国次贷危机造成我国出口增长下降,一方面,将引起我国经济增长在一定程度上放缓;另一方面,由于我国经济增长放缓,社会对劳动力的需求小于劳动力的供给,所以将使整个社会的就业压力增加。其次,我国将面临经济增长趋缓和严峻就业形势的双重压力。实体经济尤其是工业面临巨大压力。而大量的中小型加工企业的倒闭,也加剧了失业的严峻形势。最后,次贷危机将加大中国的汇率风险和资本市场风险。为应对次贷危机造成的负面影响,美国采取宽松的货币政策和弱势美元的汇率政策。美元大幅贬值给中国带来了巨大的汇率风险。在发达国家经济放缓、中国经济持续增长、美元持续贬值和人民币升值预期不变的情况下,国际资本加速流向我国寻找避风港,将加剧中国资本市场的风险。

任务三　投资债券

◆ 任务引入

蓝莓公司拟购买某公司债券作为长期投资,要求的必要收益率为6%。现有三家公司同时发行5年期,面值均为1 000元的债券。其中:甲公司债券的票面利率为8%,每年付息一次,到期还本,债券发行价格为1 041元;乙公司债券的票面利率为8%,单利计息,到期一次还本付息,债券发行价格为1 050元;丙公司债券的票面利率为0,发行价格为750元,到期按面值还本。任务要求如下:

其一,计算蓝莓公司购入甲公司债券的价值和收益率;

其二,计算蓝莓公司购入乙公司债券的价值和收益率;

其三,计算蓝莓公司购入丙公司债券的价值;

其四,根据上述计算结果,评价甲、乙、丙三种公司债券是否具有投资价值,并为蓝莓公司作出购买何种债券的决策;

其五,蓝莓公司购买并持有甲公司债券,1年后将其以1 050元的价格出售,计算该项投资收益率。

◆ 相关知识

一、债券的概念及分类

(一)债券的基本概念

债券是发行者为筹集资金,按法定程序向债权人发行的,在约定时间支付一定比率的利息,并在到期时偿还本金的一种有价证券。发行者必须在债券上载明债券面值、债券利率、付息日及到期日。

(二)债券的分类

1. 按发行主体划分,债券可以分为政府债券、金融债券、公司(企业)债券

政府债券是政府为筹集资金而发行的债券,主要包括国债、地方政府债券等;金融债券是由银行和非银行金融机构发行的债券,目前,我国金融债券主要由国家开发银行、进出口银行等政策性银行发行;公司(企业)债券是企业依照法定程序发行,约定在一定期限内还本付息的债券。

2. 按是否有财产担保划分,债券可以分为抵押债券和信用债券

抵押债券是以企业财产作为担保的债券,按抵押品的不同又可以分为一般抵押债券、不动产抵押债券、动产抵押债券和证券信托抵押债券；信用债券是不以任何公司财产作为担保，完全凭信用发行的债券，政府债券属于此类债券。

3. 按债券形态分类，可分为实物债券、凭证式债券、记账式债券

实物债券是一种具有标准书面格式的债券。它与无实物票券相对应，简单地说，就是发行的债券是纸质的而非账户里的数字。在其券面上，一般印制了债券面额、债券利率、债券期限、债券发行人全称、还本付息方式等各种债券票面要素。凭证式债券，是指国家采取不印刷实物券，而用填制"国库券收款凭证"的方式发行的国债。记账式债券，是指没有实物形态的票券，在电脑账户中作记录，通过证券交易所的交易系统进行发行和交易，所以，记账式国债又称"无纸化债券"。

4. 按债券是否能转换成公司股票，可以分为可转换债券和不可转换债券

可转换债券，是指在特定时期内可以按某一固定的比例转换成普通股的债券，它具有债务与权益双重属性，属于一种混合性筹资方式。由于可转换债券赋予债券持有人将来成为公司股东的权利，所以其利率通常低于不可转换债券。不可转换债券，是指不能转换为普通股的债券，又称为"普通债券"。

5. 按债券偿还方式不同，可以分为一次到期债券和分期到期债券

一次到期债券是发行公司于债券到期日一次偿还全部债券本金的债券。分期到期债券，是指在债券发行时就规定有不同到期日的债券，即分批偿还本金的债券，分期到期债券可以减轻发行公司集中还本的财务负担。

二、债券价值的确定

企业在进行债券投资时，要确认债券的价值。债券价值，是指进行债券投资时，投资者预期可获得的现金流入的现值之和。债券的现金流入主要包括利息和到期收回的本金或出售时获得的现金两部分。只有债券的购买价格低于债券价值时，才值得购买。因为债券付息方式的不同，在计算债券价值时，表现为不同的形式。

1. 分期付息，到期还本债券价值计算公式

$$V = P \times i \times (P/A, k, n) + P \times (P/F, k, n)$$

$$= I \times (P/A, k, n) + P \times (P/F, k, n)$$

式中：V——债券价值；

P——债券面值；

i——票面利率；

I——每年的利息额；

k——当前市场利率，即投资者要求的必要报酬率；

n——债券付息期数。

【业务实例7-3-1】佳美公司债券面值为1 000元，票面利率为6%，期限为3年，某企业要对这种债券进行投资，当前的市场利率为8%，问债券价格为多少时才能进行投资？

解：$V = 1\,000 \times 6\% \times (P/A, 8\%, 3) + 1\,000 \times (P/F, 8\%, 3)$

$$= 60 \times 2.5771 + 1\,000 \times 0.7938$$
$$= 948.43(元)$$

该债券的价格只有低于 948.43 元时,才能进行投资。

2. 单利计息、到期一次还本付息的债券价值计算公式

$$V = (P + P \times i \times n) \times (P/F, k, n)$$

公式中的符号含义同前式。

【业务实例 7-3-2】佳美公司拟购买另一家公司的企业债券作为投资,该债券面值为 1 000 元,期限为 3 年,票面利率为 5%,单利计息,当前市场利率为 6%,问该债券价格为多少时才能购买?

解:$V = 1\,000 \times (1 + 5\% \times 3) \times (P/F, 6\%, 3)$
$\qquad = 1\,000 \times 1.15 \times 0.8396$
$\qquad = 965.54(元)$

该债券的价格只有低于 965.54 元时,才适宜购买。

3. 零息票据价值计算公式

$$V = P \times (P/F, k, n)$$

公式中的符号含义同前式。

【业务实例 7-3-3】宏达公司债券面值为 1 000 元,期限为 3 年,期内不计息,到期按面值偿还,市场利率为 6%,问该债券价格为多少时才能购买?

解:$V = 1\,000 \times (P/F, 6\%, 3)$
$\qquad = 1\,000 \times 0.8396$
$\qquad = 839.6(元)$

该债券的价格只有低于 839.6 元时,才能购买。

三、债券投资收益率

债券投资收益率的计算涉及短期投资收益率和长期投资收益率。通常短期投资收益率可不考虑资金的时间价值;长期债券投资收益率的计算应考虑资金时间价值,应通过折现的方式求出。

(一)短期债券收益率的计算

短期债券投资收益率=(债券卖出价-债券买入价+持有期间所得利息)/债券买入价
即:

$$K = \frac{S_1 - S_0 + I}{S_0}$$

式中:S_0——债券购买价格;
$\qquad S_1$——债券出售价格;

　　　　I——债券利息；
　　　　K——债券投资收益率。

【业务实例7-3-4】某企业于2011年5月8日以920元购进一张面值1 000元,票面利率5%,每年付息一次的债券,并于2012年5月8日以970元的市价出售,问该债券的投资收益率是多少?

解:K=(970−920+50)/920×100%=10.87%

该债券的投资收益率为10.87%。

(二)长期债券收益率的计算

持有至到期的债券投资,其投资收益率即为债券的内含报酬率,它是使债券投资未来现金流入现值等于债券购买价格时的折现率。

即:

V=I×(P/A,K,n)+F×(P/F,K,n)

式中:V——债券的购买价格；
　　　　I——每年获得的固定利息；
　　　　F——债券到期收回的本金或中途出售收回的资金；
　　　　K——债券的投资收益率；
　　　　n——投资期限。

说明:由于无法直接计算收益率,必须采用逐步测试法及内插法计算,即:先设定一个贴现率代入上式,如计算出的V正好等于债券买价,则该贴现率为收益率；如计算出的V与债券买价不等,则须继续测试,再用内插法求出收益率。

【业务实例7-3-5】某公司2007年1月1日用平价购买一张面值为1 000元的债券,其票面利率为8%,每年1月1日计算并支付一次利息,该债券于2012年1月1日到期,按面值收回本金,计算其到期收益率。

解:I=1 000×8%=80(元),F=1 000(元)

设收益率i=8%,则V=80×(P/A,8%,5)+1 000×(P/F,8%,5)=1 000(元)

用8%计算出来的债券价值正好等于债券买价,所以该债券的收益率为8%。可见,平价发行的每年复利计息一次的债券,其到期收益率等于票面利率。

如该公司购买该债券的价格为1 100元,即高于面值,则该债券收益率应为多少?

要求出收益率,必须使下式成立:1 100=80×(P/A,i,5)+1 000×(P/F,i,5)

通过前面计算,已知i=8%时,上式等式右边为1 000元。由于利率与现值呈反向变化,即现值越大,利率越小,而债券买价为1 100元,收益率一定低于8%,所以降低贴现率进一步试算。

用i_1=6%试算:

V_1=80×(P/A,6%,5)+1 000×(P/F,6%,5)

　　=80×4.2124+1 000×0.7473=1 084.29(元)

由于贴现结果仍小于1 100元,所以还应进一步降低贴现率试算。

用 $i_2=5\%$ 试算：

$V_2=80\times(P/A,5\%,5)+1\,000\times(P/F,5\%,5)$
$=80\times4.3295+1\,000\times0.7835=1\,129.86(元)$

因贴现结果 1 129.86 元大于 1 100 元，则用内插法计算贴现率：

$$i=5\%+\frac{1\,129.86-1\,100}{1\,129.86-1\,084.29}\times(6\%-5\%)=5.66\%$$

所以如果债券的购买价格为 1 100 元，则债券的收益率为 5.66%。

(三) 一次还本付息的单利债券收益率的计算

一次还本付息的单利债券价值模型为：

$$V=P(1+i\times n)\times(P/F,K,n)$$

【业务实例7-3-6】蓝光公司2010年1月1日以1 020元购买一张面值为1 000元，票面利率为10%，单利计息的债券，该债券期限为5年，到期一次还本付息，计算其到期收益率。

解：一次还本付息的单利债券价值模型为：

$V=P(1+i\times n)\times(P/F,K,n)$
$1\,020=1\,000\times(1+5\times10\%)\times(P/F,K,5)$
$(P/F,K,5)=1\,020\div1\,500=0.68$

查复利现值系数表，当5年期的复利现值系数等于0.68时，K=8%。

◆ **关键提示**

债券的收益率是进行债券投资时选购债券的重要标准，它可以反映债券投资按复利计算的实际收益率。如果债券的收益率高于投资人要求的必要报酬率，则可购进债券；否则就应放弃此项投资。

四、债券投资的风险

(一) 违约风险

违约风险，是指借款人无法按时支付债券利息和偿还本金的风险。

(二) 债券的利率风险

债券的利率风险，是指由于利率变动而使投资者遭受损失的风险。由于债券价格会随利率变动，所以即使没有违约风险的国库券，也会有利率风险。

(三) 购买力风险

购买力风险，是指由于通货膨胀而使货币购买力下降的风险。

(四)变现力风险

变现力风险,是指无法在短期内以合理价格来卖掉债券的风险。

(五)再投资风险

再投资风险,是指只购买短期债券,而没有购买长期债券产生的风险。

(六)汇率风险

汇率风险,是指由于外汇汇率的变动而给外币债券的投资者带来的风险。

五、债券投资的优缺点

(一)债券投资的优点

1. 安全性高

由于债券发行时就约定了到期后偿还本金和利息,所以其收益稳定、安全性高。特别是对于国债及有担保的公司债、企业债,几乎没有风险,是具有较高安全性的一种投资方式。

2. 收益稳定

投资债券一方面可以获得稳定的利息收入,另一方面可以利用债券价格的变动,买卖债券,赚取价差。

3. 流动性强

上市债券具有较好的流动性。当债券持有人急需资金时,可以在交易市场随时卖出,而且随着金融市场的进一步开放,债券的流动性将会不断加强。

因此,债券作为投资工具,最适合想获取固定收益的投资人。

(二)债券投资的缺点

1. 无经营管理权

债券投资者只能定期取得利息,无权影响或控制被投资企业的经营管理。

2. 购买力风险较大

债券面值和利率是固定的,如投资期间通货膨胀率较高,投资者虽然名义上有利息收入,但实际利息率却可能低于通货膨胀率,导致发生损失。

◆ 任务实施

1. 利用债券价值估算公式测算3家公司债券的价值和收益率。

2. 根据上述计算结果,评价3家公司债券是否具有投资价值并为蓝莓公司作出购买何种债券的决策。

3. 计算蓝莓公司购买甲公司债券1年后出售所获取的投资收益率。

知识拓展

债券投资策略

种类	投资行为	对收益的要求	典型策略
消极投资策略	买入债券后的一段时间内,很少进行买卖或者不进行买卖。	只求获得不超过目前市场平均收益水平的收益。	典型的消极投资策略是买入债券持有至到期日。
积极投资策略	根据市场情况不断调整投资行为。	以期获得超过市场平均收益水平的收益。	(1)通过对预期利率变动主动交易。预期利率下降时,买进债券或增持期限长的债券;预期利率上升时,卖出债券或增加期限短的债券比率。 (2)控制收益率曲线法。由于期限较长的债券一般有较高的收益率,所以投资人购买债券并持有至到期前卖出债券,再购入另一个同样期限的债券,从而能够始终获得较高的收益率。

任务四 投资基金

任务引入

ABC公司是一个基金公司,相关资料如下:

资料一:2011年1月1日,ABC公司的基金资产总额(市场价值)为27 000万元,其负债总额(市场价值)为3 000万元,基金份数为8 000万份。在基金交易中,该公司收取首次认购费和赎回费,认购费率为基金资产净值的2%,赎回费率为基金资产净值的1%。

资料二:2011年12月31日,ABC公司按收盘价计算的资产总额为26 789万元,其负债总额为345万元,已售出10 000万份基金单位。

资料三:假定2011年12月31日,某投资者持有该基金2万份,到2012年12月31日,该基金投资者持有的份数不变,预计此时基金单位净值为3.05元。

任务要求:

1. 根据资料一,计算2011年1月1日ABC公司的下列指标:
(1)基金净资产价值总额;(2)基金单位净值;(3)基金认购价;(4)基金赎回价。

2. 根据资料二,计算2011年12月31日的ABC公司基金单位净值。

3. 根据资料三,计算2012年该投资者的预计基金收益率。

◆ 相关知识

一、投资基金的概念和种类

(一)投资基金的含义

投资基金是一种利益共享、风险共担的集合投资方式,即通过发行基金股份或受益凭证等有价证券聚集众多的不确定投资者的出资,交由专业投资机构经营运作,以规避投资风险并谋取投资收益的证券投资工具。

(二)投资基金的种类

1. 根据组织形态的不同分类

项目 \ 分类		契约型基金(单位信托基金)	公司型基金
含义		是指把受益人(投资人)、管理人、托管人作为基金的当事人,由管理人与托管人通过签订信托契约的形式发行受益凭证而设立的一种基金。	按照公司法以公司形态组成的,通过发行股份的方式募集资金的一种基金。
区别	资金的性质不同	信托财产	公司法人的资本
	投资者地位不同	投资者是受益人,没有管理权。	投资者是公司的股东,有管理权。
	运营的依据不同	基金契约	基金公司章程

2. 根据变现方式的不同分类

项目 \ 分类		封闭式基金	开放式基金
含义		指基金的发起人在设立基金时,限定了基金单位的发行总额,并进行封闭运作。	指基金发起人在设立基金时,基金单位的总数是不固定的,可视经营策略和发展需要追加发行。
区别	期限	通常有固定的封闭期。	没有固定期限,投资人可随时向基金管理人赎回。
	基金单位发行规模要求	在招募说明书中列明其基金规模。	没有发行规模限制。
	基金单位转让方式	封闭式基金的基金单位在封闭期限内不能要求基金公司赎回。基金单位只能在证券交易场所出售或柜台市场上出售给第三者。	可以在首次发行结束一段时间(多为3个月)后,随时向基金管理人或中介机构提出购买或赎回申请。
	基金单位的交易价格计算标准	买卖价格受市场供求关系的影响,并不必然反映公司的净资产值。	交易价格取决于每单位资产净值的大小,基本不受市场供求关系影响。
	投资策略	可进行长期投资。	不能全部用来长期投资。

3. 按投资标的不同分类

分类	特点
股票基金	投资风险较个人投资股票低得多,具有较强的变现性和流动性。
债券基金	风险和收益水平通常较股票基金低。
货币基金	在整个基金市场上属于低风险的安全基金。
期货基金	既可能获得较高的投资收益,也面临较大的投资风险。
期权基金	以期权作为主要投资对象。
认股权证基金	认股权基金属于高风险基金。
专门基金	由股票基金发展演化而成,属于分类行业股票基金或次级股票基金。

> **关键提示**

"封闭式基金"在信托契约期限未满时,不得向发行人要求赎回;而"开放式"是指投资者可以随时赎回从基金公司购买的基金,当然目标应该是卖出价高于买入价,同时在"赎回"的时候,要承担一定的手续费。而投资者的收益主要来自于基金分红。与封闭式基金普遍采取的年终分红不同,根据行情和基金收益状况的"不定期分红"是开放式基金的主流分红方式。

二、投资基金的价值与报价

基金的价值取决于基金净资产的现在价值,主要由基金资产的现有市场价值决定。

(一)基金单位净值

基金单位净值,是指在某一时点每一基金单位(或基金股份)所具有的市场价值,计算公式为:

$$基金单位净值 = R = \frac{M_1 - S}{1 + N} = \frac{基金净资产价值总额}{基金单位总份数} = \frac{基金资产总值 - 基金负债总额}{基金单位总份数}$$

其中:基金净资产价值=基金总资产市场价值-基金负债总额

【**业务实例7-4-1**】假设某基金持有的某三种股票数量分别为10万股、50万股和100万股,每股的市价分别为30元、20元和10元,银行存款为1 000万元,该基金负债有两项:对托管人或管理人应付未付的报酬为500万元、应付税金为500万元,已售出的基金单位为2 000万。要求:计算基金单位净值。

解:基金单位净值=(基金资产总值-基金负债总额)/基金单位总份额
  =(10×30+50×20+100×10+1 000-500-500)/2 000
  =1.15(元)

> **知识拓展**

投资者在查询基金净值的时候,经常会碰到两个净值——单位净值和累计净值。累计净值代表单位净值加上基金成立后每份额分红的总和,也就是加上了过往基金分红之后的净值。用公式表示如下:

累计净值=单位净值+基金成立后每份额累计分红

例如:截至 2012 年 12 月 29 日,A 基金的单位净值为 1.20 元,累计净值为 2.20 元。这说明 A 基金成立以来每份额累计分红 1 元(可能是多次分红)。如果在 2012 年 12 月 29 日收盘前申购该基金,则按 1.20 元的单位净值成交。

累计净值包含了基金过往分红的信息,能够较充分说明该基金成立之后的投资运作成果。因此,看一只基金的过往业绩,不能单看单位净值,还应结合累计净值来看。

例如:A 基金和 B 基金同时成立,1 年后 2 只基金的单位净值均为 1.10 元。不同的是,A 基金的累计净值为 1.15 元,B 基金的累计净值为 1.30 元。假如过去 1 年同时持有 2 只基金,显然 B 基金带来了更高的收益。

(二)基金的报价

类型	价格的确定
封闭型基金二级市场上交易价格	由供求关系和基金业绩决定,围绕基金单位净值上下波动。
开放型基金的柜台交易价格	开放型基金的柜台交易价格完全以基金单位净值为基础,通常采用两种报价形式:认购价(卖出价)和赎回价(买入价)。 基金认购价=基金单位净值+首次认购费 基金赎回价=基金单位净值-基金赎回费

三、基金收益率

基金收益率用以反映基金增值的情况,它通过基金净资产的价值变化来衡量。

$$基金收益率 = R = \frac{年末持有份数 \times 基金单位净值年末数 - 年初持有份数 \times 基金单位净值年初数}{年初持有份数 \times 基金单位净值年初数}$$

【业务实例 7-4-2】华安基金公司发行的是开放式基金,2012 年相关资料如表 7-1 所示:

表 7-1　2012 年华安基金简况　　　　　　　　　　　单位:万元

项目	年初	年末
基金资金账面价值	1 000	1 200
负债账面价值	300	320
基金市场账面价值	1 500	2 000
基金单位	500 万单位	600 万单位

假设公司收取首次认购费,认购费为基金净值的5%,不再收取赎回费。

要求:

1. 计算年初的下列指标

(1)该基金公司基金净资产价值总额。

(2)基金单位净值。

(3)基金认购价。

(4)基金赎回价。

2. 计算年末的下列指标

(1)该基金公司基金净资产价值总额。

(2)基金单位净值。

(3)基金认购价。

(4)基金赎回价。

3. 计算2012年基金的收益率

解:

(1)计算年初的有关指标:

①基金净资产价值总额＝基金资产市场价值－负债总额
$$= 1\,500 - 300 = 1\,200(元)$$

②基金单位净值＝$1\,200 \div 500 = 2.4$(元)

③基金认购价＝基金单位净值＋首次认购费＝$2.4 + 2.4 \times 5\% = 2.52$(元)

④基金赎回价＝基金单位净值－基金赎回费＝2.4(元)

(2)计算年末的有关指标:

①基金净资产价值总额＝$2\,000 - 320 = 1\,680$(万元)

②基金单位净值＝$1\,680/600 = 2.8$(元)

③基金认购价＝$2.8 + 2.8 \times 5\% = 2.94$(元)

④基金赎回价＝基金单位净值－基金赎回费＝2.8(元)

(3)2012年基金收益率＝$\dfrac{600 \times 2.8 - 500 \times 2.4}{500 \times 2.4} \times 100\% = 40\%$

四、基金投资的优、缺点

(一)基金投资的优点

基金投资的最大优点是能够在不承担太大风险的情况下获得较高收益。原因在于投资基金具有专家理财优势,具有资金规模优势。

(二)基金投资的缺点

无法获得很高的投资收益。投资基金在投资组合过程中,在降低风险的同时,也丧失了获得巨大收益的机会。

在大盘整体大幅度下跌的情况下,投资人可能承担较大风险。

❖ 任务实施

1. 计算 2011 年 1 月 1 日 ABC 公司的各基金指标。
2. 计算 2011 年 12 月 31 日的 ABC 公司基金单位净值。
3. 计算 2012 年该投资者的预计基金收益率

❖ 知识拓展

投资基金与股票、债券的区别

1. 反映的经济关系不同

股票反映的是所有权关系,债券反映的是债权债务关系,而基金反映的则是信托关系,但公司型基金除外。

2. 筹集资金的投向不同

股票和债券是直接投资工具,筹集的资金主要投向实业,而基金是间接投资工具,筹集的资金主要投向有价证券等金融工具。

3. 风险水平不同

股票的直接收益取决于发行公司的经营效益,不确定性强,投资于股票有较大的风险。债券的直接收益取决于债券利率,而债券利率一般是事先确定的,投资风险较小。基金主要投资于有价证券,投资选择灵活多样,从而使基金的收益有可能高于债券,投资风险又可能小于股票。因此,基金能满足那些不能或不宜直接参与股票、债券投资的个人或机构的需要。

任务五 学习如何决策证券投资组合

❖ 任务引入

1995～1998 年,美国股票市场交易的股票年平均收益率高于 20%。1998 年,微软和 MCI 世界通信等公司价值翻了一番多,其他公司如美国在线、亚马逊、雅虎等网络公司,增值超过 500%。如果在 1998 年初以 30.13 美元购买了亚马逊的股票,年末以 321.25 美元出售,那么你将获得 966% 的年收益。这些股票虽然获得了无法想象的收益,但是其他股票的损失也是很惨重的。例如,保健服务公司,FPA 药业管理的股票从年初18.63美元下跌至年末的13美分——损失率接近99.3%。同时,CompUSA的股票下跌幅度超过58%,迪斯尼股票下跌幅度超过9%。这些例子表明,那些将"所有鸡蛋放在一个篮子里"的投资者在股票市场中,将面临巨大的风险——如果他们选择的"篮子"是亚马逊公司的股票则会收益颇丰,但是如果"篮子"是FPA药业管理公司的股票则几乎将血本无归。通过投资许多股票或通过共同基金来分散风险的投资者将获得一个平均收益,介于亚马逊、美国在线和雅虎等异常增值和FPA药业管理、CompUSA和其他公司异常下跌之间——这种多样化投资的巨大"篮子"获得的收益将非常接近股票市场的平均收益。投资是有风险的!即使在股票市场业绩良好的1995~1998年,也可能经历价格下滑或平均收益为负的时期。

股票市场变幻莫测——可能是上涨为牛市,也可能下跌到熊市,几乎没有人知道它会如何变化。投资者如何通过创建证券投资组合来降低风险,同时又不减少投资的平均收益呢?任务要求如下:

请结合当前股票市场价格变动,谈谈你的投资理念。

◆ 相关知识

通过有效进行证券投资组合,便可削减证券风险,达到降低风险的目的。证券市场上经常可听到这样一句名言:不要把全部鸡蛋放在同一个篮子里。证券投资组合是证券投资的重要武器,它可以帮助投资者全面捕捉获利机会,降低投资风险。

一、证券投资组合的风险与收益率

(一)证券投资组合的风险

证券投资组合的风险可以分为两种性质完全不同的风险,即非系统性风险和系统性风险。

1. 非系统性风险

非系统性风险又叫"可分散性风险"或"公司特有风险",是指某些因素对单个证券造成经济损失的可能性。这种风险,可通过证券持有的多样化来抵销,又称为"可分散风险"。

当两种股票完全负相关时,所有的风险都可以分散掉;当两种股票完全正相关时,从降低风险的角度来看,分散持有股票没有好处。实际上,大部分股票都是正相关,但又不完全正相关。一般来说,随机取两种股票相关系数为+0.6左右的最多,而对绝大多数两种股票,相关系数将位于+0.5~+0.7。

2. 系统性风险

系统性风险又称"不可分散风险"或"市场风险",是指由于某些因素给市场上所有的证券都带来经济损失的可能性。这些风险影响到所有的证券,因此,不能通过证券组合分散掉。对投资者来说，这种风险是无法消除的，故称"不可分散风险"。

不可分散风险的程度，通常用β系数来计量。作为整个证券市场的β系数为1。如果某种股票的风险情况与整个证券市场的风险情况一致，则这种股票的β系数等于1；如果某种股票的β系数大于1，则说明其风险大于整个市场的风险；如果某种股票的β系数小于1，则说明其风险小于整个市场的风险。单个证券的β系数可以由有关的投资服务机构提供。

3. 投资组合的β系数的计算

投资组合的β系数是单个证券β系数的加权平均数，权数为各种证券在证券组合中所占的比重。其计算公式为：

$$\beta_p = \sum_{i=1}^{n} X_i \cdot \beta_i$$

式中：β_p——证券组合的β系数；

X_i——证券组合中第 i 种股票所占比重；

β_i——第 i 种股票的系数；

n——证券组合中股票的数量。

通过以上分析，可得出如下结论：

(1) 一个股票的风险由两部分组成，它们是可分散风险和不可分散风险。

(2) 可分散风险可通过证券组合来消减，可分散风险随证券组合中股票数量的增加而逐渐减少。

(3) 股票的不可分散风险由市场变动所产生，它对所有股票都有影响，不能通过证券组合而消除。不可分散风险是通过β系数来测量的。

(二)证券投资组合的风险收益

证券组合收益是投资者因承担不可分散风险而要求的，超过时间价值的那部分额外收益。可用下列公式计算：

$$R_p = \beta_p \cdot (K_m - R_F)$$

式中：R_p——证券组合的风险收益率；

β_p——证券组合的β系数；

K_m——所有股票的平均收益率，也就是由市场上所有股票组成的证券组合的收益率，简称"市场收益率"；

R_F——无风险收益率，一般用政府公债的利息率来衡量。

【业务实例7-5-1】某公司持有 A、B、C 三种股票构成的证券组合，它们的β系数分别是 2.0、1.0 和 0.5，它们在证券组合中所占的比重分别是 60%、30% 和 10%，股票的市场收益率为 14%，无风险收益率为 10%，确定该种证券组合的风险收益率。

解：(1)确定证券组合的β系数。

$$\beta_p = \sum_{i=1}^{n} X_i \cdot \beta_i$$
$$= 60\% \times 2.0 + 30\% \times 1.0 + 10\% \times 0.5$$
$$= 1.55$$

(2)计算该证券组合的风险收益率。
$$R_p = \beta_p \cdot (K_m - R_F)$$
$$= 1.55 \times (14\% - 10\%)$$
$$= 6.2\%$$

(三)证券投资组合的必要收益率

证券投资组合的必要收益率等于无风险收益率加上风险收益率,即:
$$K_i = R_F + \beta_i \cdot (K_m - R_F)$$
这就是资本资产定价模型(CAPM)。

式中:K_i——第 i 种股票或第 i 种证券组合的必要收益率;

R_F——无风险收益率;

β_i——第 i 种股票或第 i 种证券组合的 β 系数;

K_m——所有股票或所有证券的平均收益率。

【业务实例7-5-2】腾飞公司股票的 β 系数为1.5,无风险利率为6%,市场上所有股票的平均收益率为10%,确定该公司股票的必要收益率。

解:$K_i = R_F + \beta_i \cdot (K_m - R_F)$
$$= 6\% + 1.5 \times (10\% - 6\%)$$
$$= 12\%$$

也就是说,腾飞公司股票的收益率达到或超过12%时,投资者方肯进行投资。如果低于12%,则投资者不会购买腾飞公司的股票。

二、证券投资组合的策略

在证券组合理论的发展过程中,形成了各种各样的派别,从而也形成了不同的组合策略。

(一)保守型策略

这种策略认为,最佳证券投资组合策略是要尽量模拟市场现状,将尽可能多的证券包括进来,以便分散全部可分散风险,得到与市场所有证券的平均收益同样的收益。这种投资组合有以下好处:能分散掉全部可分散风险;不需要高深的证券投资的专业知识;证券投资的管理费比较低。

(二)冒险型策略

这种策略认为,与市场完全一样的组合不是最佳组合,只要投资组合做得好,就能击败市场和超越市场,取得远远高于平均水平的收益。在这种组合中,一些成长型的股票比较多,而那些低风险、低收益的证券不多。另外,其组合的随意性强,变动频繁。

(三)适中型策略

这种策略认为证券的价格,特别是股票的价格,是由特定企业的经营业绩来决定的。市场上股票价格的一时沉浮并不重要,只要企业经营业绩好,股票就一定会升到其本来的价值水平。各种金融机构、投资基金和企事业单位在进行证券投资时,一般都采用此种策略。

三、证券投资组合的具体方法

进行证券投资组合的方法有很多,但最常见的方法通常有以下几种:

1.选择足够数量的证券进行组合

这是一种最简单的证券投资组合方法。在采用这种方法时,不是进行有目的的组合,而是随机选择证券。随着证券数量的增加,非系统风险会逐步减少,当数量足够时,大部分非系统风险都能分散掉。

2.把风险大、中等、风险小的证券放在一起进行组合

这种组合方法又称"1/3法",是指把全部资金的1/3投资于风险大的证券;1/3投资于风险中等的证券;1/3投资于风险小的证券。这种1/3的投资组合法,是一种进可攻、退可守的组合法,虽不会获得太高收益,也不会承担巨大风险,是一种常见的组合方法。

3.把投资收益呈负相关的证券放在一起组合

一种股票的收益上升而另一种股票的收益下降的两种股票,称为"负相关股票"。把收益呈负相关的股票组合在一起,能有效分散风险。

◆ 任务实施

结合当前股票市场价格变动,谈谈你的投资理念。

◆ 知识拓展

苏格拉底的"麦穗哲理"

古希腊哲学导师苏格拉底的三个弟子曾求教老师,怎样才能找到理想的伴侣。苏格拉底没有直接回答,却带徒弟们来到一片麦田,让他们在麦田行进过程中,每人选摘一支最大的麦穗,不能走回头路且只能摘一支。

其中，两个弟子一个刚走几步便摘了自认为是最大的麦穗，结果发现后面还有更大的；第二个弟子一直是左顾右盼、东挑西拣，一直到了终点才发现前面几个最大的麦穗已经错过了；第三个弟子吸取前两位教训，当他走了三分之一时，即分出大、中、小三类麦穗，再走三分之一时，验证是否正确，等到最后三分之一时，他选择了属于大类中的一支美丽的麦穗。

老张精于理财，这些年他正是按照苏格拉底的这一"麦穗哲理"，投资不孤注一掷，更不因循守旧，总是用他的理智和果敢发现投资过程中"最大的麦穗"。实践证明，老张用"麦穗投资法"的回报率大大高于"不加分析盲目型"和"左顾右盼胆小型"投资者。

项目小结

1. 证券，是指具有一定票面金额，代表财产所有权和债权，可以有偿转让的凭证。证券投资，是指公司将资金投资于股票、债券、基金等证券，并从中获取投资收益的一种投资行为。

2. 股票的内在价值由一系列的股利和将来出售股票时售价的现值所构成，通常当股票的市场价值低于股票的内在价值时，才适宜投资。股票投资的收益率是使各期股利及股票售价的现值之和等于股票买价时的贴现率。

3. 债券的价值，是指进行债券投资时投资者预期可获得的现金流入的现值。其投资收益率一般是指购进债券后一直持有至到期日可获得的收益率。

4. 投资基金，是指通过发行基金股份或收益凭证等有价证券聚集众多的不确定投资者的出资，以规避投资风险并谋取投资收益的证券投资工具。基金的价值取决于基金净资产的现有市场价值，而且基金的价值决定了基金的价格。基金收益率用以反映基金增值的情况，通过基金净资产的价值变化来衡量。

5. 风险性是证券投资的基本特征之一。风险可分为系统风险和非系统风险。为了规避非系统风险，投资者可采用证券投资组合的方式。

职业能力与技能训练

一、职业能力训练

(一) 单选题

1. 某公司股票的 β 系数为 2.0，无风险利率为 6%，市场上所有股票的平均报酬率为 10%，则该股票的报酬率为（ ）

   A. 8%   B. 14%   C. 16%   D. 20%

2. 如果某种证券的β系数为1,则表明该证券(　　)
   A. 基本没有风险　　　　　　　　B. 与市场上的所有证券的平均风险一致
   C. 投资风险很低　　　　　　　　D. 比市场上的所有证券的平均风险高一倍

3. β系数是反映个别股票相对于平均风险的股票的变动程度的指标,它可以衡量(　　)
   A. 个别股票相对于整个市场平均风险的反向关系
   B. 个别股票的公司特有风险
   C. 个别股票的非系统风险
   D. 个别股票的市场风险

4. 某公司发行的股票,预期报酬率为20%,最近刚支付的股利为每股1元,估计股利年增长率为10%,则该种股票的价格为(　　)元。
   A. 20　　　　B. 24　　　　C. 11　　　　D. 18

5. 某企业于2011年4月1日以10 000元购得面额为10 000元的新发行债券,票面利率为12%,2年后一次还本,每年支付一次利息,该公司若持有该债券至到期日,则其到期收益率为(　　)
   A. 12%　　　　B. 16%　　　　C. 8%　　　　D. 10%

6. 下列各项中,不属于证券投资风险的是(　　)
   A. 违约风险　　　B. 流动性风险　　　C. 经营风险　　　D. 期限风险

7. 一般而言,证券风险最小的是(　　)
   A. 政府证券　　　B. 金融证券　　　C. 公司证券　　　D. 股票

8. 投资于国库券时可不必考虑的风险是(　　)
   A. 利率风险　　　B. 违约风险　　　C. 购买力风险　　　D. 再投资风险

9. 进行合理的投资组合能降低投资风险,如果投资组合包括市场上全部股票,则投资者(　　)
   A. 不承担市场风险,也不承担公司特有风险
   B. 既承担市场风险,又承担公司特有风险
   C. 只承担市场风险,不承担公司特有风险
   D. 不承担市场风险,但承担公司特有风险

10. 下列证券中,能够更好地避免证券投资通货膨胀风险的是(　　)
    A. 国库券　　　B. 优先股　　　C. 公司债券　　　D. 普通股

11. 从投资人的角度来看,下列观点中不能被认同的是(　　)
    A. 有些风险可以分散,有些风险则不能分散
    B. 额外的风险要通过额外的收益来补偿
    C. 投资分散化是好的事件与不好的事件的相互抵销
    D. 投资分散化降低了风险,也降低了预期收益

12. 证券投资者购买证券时,可以接受的最高价格是证券的(　　)
    A. 票面价格　　　B. 到期价格　　　C. 市场价格　　　D. 内在价值
13. 一张面额为100元的长期股票,每年可获利10元,如果折现率为8%,则其估价为(　　)元。
    A. 100　　　　　B. 125　　　　　C. 110　　　　　D. 80
14. 企业以债券对外投资,从其产权关系来看属于(　　)
    A. 债权投资　　　B. 股权投资　　　C. 基金投资　　　D. 实物投资
15. 一般而言,下列已上市流通的证券中,变现力风险相对较小的是(　　)
    A. 可转换债券　　B. 普通股股票　　C. 公司债券　　　D. 国库券
16. 对于债券和股票,以下说法不正确的是(　　)
    A. 债券的求偿权优先于股票
    B. 债券的投资风险小于股票
    C. 债券持有人不能参与公司决策,而普通股东有权参与公司决策
    D. 债券的成本高于股票成本
17. 银行为国家重点建设而筹集资金所发行的债券属于(　　)
    A. 政府债券　　　B. 公司股票　　　C. 金融债券　　　D. 企业债券
18. 债券投资的特点是(　　)
    A. 债券投资者有权参与企业的经营决策
    B. 债券投资的风险高于股票投资
    C. 债券投资能获得稳定收益
    D. 债券投资的购买力风险小
19. 投资者由于市场利率变动而遭受损失的风险是(　　)
    A. 购买力风险　　B. 利率风险　　　C. 违约风险　　　D. 变现力风险
20. 投资者购买的债券期限越长,其利率风险(　　)
    A. 越小　　　　　B. 越大　　　　　C. 为零　　　　　D. 无法确定

(二)多选题

1. 与股票投资相比,债券投资的主要缺点有(　　)
    A. 购买力风险大　　　　　　　　　B. 变现力风险大
    C. 没有经营管理权　　　　　　　　D. 投资收益不稳定
2. A公司去年支付每股0.22元现金股利,固定成长率为5%,现行国库券收益率为6%,市场平均风险条件下股票的必要报酬率为8%,股票的β系数为1.5,则(　　)
    A. 股票价值为5.775元　　　　　　B. 股票价值为4.4元
    C. 股票预期报酬率为8%　　　　　 D. 股票预期报酬率为9%

3. 在进行证券投资时,所考虑的基本因素有(   )
   A. 违约风险　　　　B. 利息率风险　　　　C. 购买力风险
   D. 流动性风险　　　E. 证券的投资报酬
4. 影响股票价格的因素有(   )
   A. 股票的预期股利　　　　　　　　B. 市场利率
   C. 经济环境变化　　　　　　　　　D. 投资者心理因素
5. 由影响所有公司的因素引起的风险,可以称为(   )
   A. 可分散风险　　B. 市场风险　　C. 不可分散风险　　D. 系统风险
6. 股票投资与债券投资相比,其特点是(   )
   A. 风险大　　　B. 易变现　　　C. 收益高　　　D. 价格易波动
7. 按照投资基金的组织形式不同,可以分为(   )
   A. 契约型投资基金　　　　　　　　B. 公司型投资基金
   C. 封闭型投资基金　　　　　　　　D. 开放型投资基金
8. 在证券投资中,衡量投资风险的大小通常采用β系数,关于β系数下列表述正确的有(   )
   A. β系数越大,说明风险越大
   B. 某股票β系数＝1,说明其风险等于市场平均风险
   C. 某股票β系数＝0,说明此证券无风险
   D. 某股票β系数＞1,说明其风险大于市场平均风险
9. 下列有关证券投资风险的表述中,正确的有(   )
   A. 证券投资组合的风险有公司特别风险和市场风险两种
   B. 公司特别风险是不可分散风险
   C. 股票的市场风险不能通过证券投资组合加以消除
   D. 当投资组合中股票的种类特别多时,非系统性风险几乎可以全部分散掉
10. 下列各项中,属于投资基金优点的有(   )
    A. 具有专家理财优势　　　　　　B. 具有资金规模优势
    C. 可以完全规避投资风险　　　　D. 可能获得很高的投资收益

(三)判断题

1. 债券的票面利率是评价债券收益的标准。(   )
2. 市盈率指标的高低,代表投资者愿用每股盈余多少倍的货币来购买该种股票。(   )
3. 假设某种股票的β系数是0.5,则它的风险程度是市场平均风险的一半。(   )
4. 股票投资的市场风险是无法避免的,不能用多角化投资来回避,而只能靠更高的报酬率来补偿。(   )
5. 对债券投资收益评价时,应以债券价值和到期收益率作为评价债券收益的标准,票面

利率不影响债券收益。（　　）

6. 股票带给持有人的现金流入有两部分，一是股利收入；二是资本利得。一般投资者最关心的是前者。（　　）

7. 证券投资组合的β系数是个别证券的β系数的加权平均数；证券投资组合的预期报酬率也是个别证券报酬率的加权平均数。（　　）

8. 到期收益率反映的是债券投资人按复利计算的真实收益率。若其高于投资人要求的投资报酬率，则应买进债券。（　　）

9. 证券市场中的投资项目，其风险与预期报酬率有的成正比，有的成反比。（　　）

10. 投资基金的种类根据组织形态不同分为封闭型投资基金和开放型投资基金。（　　）

二、职业技能训练

（一）计算分析

1. 甲投资者拟投资购买 A 公司的股票。A 公司去年支付的股利是 1 元/股，根据有关信息，投资者估计 A 公司年股利增长率可达 10%。A 股票的 β 系数为 2，证券市场所有股票的平均报酬率为 15%，现行国库券利率为 8%。要求计算：

(1) 该股票的预期报酬率。

(2) 该股票的内在价值。

2. LD 公司 2011 年 7 月 1 日发行面值为 1 000 元、票面利率为 8%、期限为 5 年的债券，债券每年 7 月 1 日付息，5 年后还本。

(1) 如果发行时市场利率为 5%，债券发行价格为 1 100 元，请问是否应投资购买该债券？

(2) 若该债券发行价格为 1 080 元，则债券的到期收益率是多少？

3. A 公司股票的 β 系数为 2.5，无风险利率为 6%，市场上所有股票的平均报酬率为 10%。要求：

(1) 计算该公司股票的预期收益率。

(2) 若该股票为固定成长股票，成长率为 6%，预计 1 年后的股利为 1.5 元，则该股票的价值为多少？

(3) 若股票未来 3 年股利为零成长，每年股利额为 1.5 元，预计从第 4 年起转为正常增长，增长率为 6%，则该股票价值为多少？

（二）案例分析

1. 甲公司持有 A、B、C 三种股票，在由上述股票组成的证券投资组合中，各股票所占的比重分别为 50%、30%、20%，其 β 系数分别为 2.0、1.0 和 0.5。市场收益率为 15%，无风险收益率为 10%。A 股票当前每股市价为 12 元，刚收到上一年度派发每股 1.2 元的现金股

利,预计股利以后每年将增长8%。要求:

(1)计算以下指标:甲公司证券组合的β系数;甲公司证券组合的风险收益率(Rp);甲公司证券组合的必要投资收益率(K);投资A股票的必要投资收益率。

(2)利用股票估价模型分析当前出售A股票是否对甲公司有利。

2.甲企业于2010年1月10日以每张1 050元的价格购买乙企业发行的利随本清的企业债券。该债券的面值为1 000元,期限为3年,票面年利率为10%,不计复利。购买时市场年利率为8%。不考虑所得税。

要求:(1)利用债券估价模型评价甲企业购买此债券是否合算?

(2)如果甲企业于2012年1月10日将该债券以1 190元的市价出售,那么请计算该债券的投资收益率。

三、模拟实训

(一)实训目的

1.通过实训,进一步理解证券投资的风险和收益的对称性。

2.通过实训,使学生理解并掌握证券投资的决策方法以及应注意的问题。

(二)实训学时

2学时

(三)实训内容

1.甲在考虑购买同一行业的两家上市公司的股票,除了股利支付政策不同外,其他条件均相同。两家公司年收益的平均水平都是每股3元,A公司的股利政策是所得盈余全部用于支付股利,B公司的股利政策是所得盈余的1/3用于股利发放,即每股支付1元股利。A公司股票的市场价格为每股15元,两家公司风险相同。

实训要求:

请判断以下事项的正确性并进行说明:

(1)B公司的成长速度要快于A公司,因此,其股票市场价值应超过每股15元。

(2)虽然B公司的成长速度快,但A公司现在的股利支付水平高于B公司,因此,A公司的股票市场价格应该较高。

(3)A公司预期收益率和必要收益率都为20%,B公司的预期收益率会更高,因为其预期增长率较高。

(4)如果B公司股票市场价格也是每股15元,则B公司增长率最合理估计是10%。

2.华为公司欲投资购买债券,其要求的报酬率为6%,目前市场上有三家公司的债券可供挑选:其一,神州公司债券,债券面值为1 000元,5年期,票面利率为8%,每年付息一次,到期还本,债券的发行价格为 1 100 元;其二,神龙公司债券,债券面值为 1 000 元,5 年期,票面利率为 8%,单利计息,到期一次还本付息,债券的发行价格为 1 050 元;其三,神凤公司债券,债券面值为 1 000 元,5 年期,为零息票据,发行价格为 600 元,到期还本。

实训要求:

计算三家公司债券的价值分别是多少。华为公司是否值得投资?

四、校外实习

实习项目　投资管理岗位实习

(一)实习性质

财务管理课程投资管理岗位实习是在学生学习了项目投资管理、证券投资管理理论内容后进行的,是加深学生对投资管理理解及提高学生运用理论知识解决问题的实践性教学环节,是获取企业直接知识,巩固课程理论内容不可缺少的环节,是课程教学大纲的重要组成部分。

(二)实习目的

1. 通过投资管理岗位实习,明确企业投资管理在企业财务管理中的重要性。
2. 通过投资管理岗位实习,了解企业项目投资评价决策方法,包括未来现金流量预测和风险衡量。
3. 通过投资管理岗位实习,进一步明确各种项目投资评价决策方法的优缺点。
4. 通过投资管理岗位实习,了解企业证券投资的种类,了解企业在债券投资、股票投资、基金投资上具体操作方法。
5. 通过投资管理岗位实习,明确如何确定证券投资组合、证券投资组合的意义。
6. 通过投资管理岗位实习,了解目前国家关于企业投资的相关政策、规定。

(三)实习组织方法

1. 投资管理岗位实习应在专业教师指导下,以一个班级为单位进行岗位实习。
2. 投资管理岗位实习安排在投资管理理论课程内容学习后进行,为期半天。
3. 投资管理岗位实习前联系一家在投资管理方面有着成功经验的企业,组织学生实习。
4. 学生岗位实习过程中,邀请企业投资管理岗位实习指导师傅现场讲授,并结合企业的实际情况,设计企业投资管理案例,组织学生参与讨论、计算、分析和判断。
5. 投资管理岗位实习学生返校后,由学生完成投资管理岗位实习体会。

(四)实习内容及要求

1. 了解实习企业的基本概况、生产经营主要产品、经济效益、行业特点、行业地位等。

2.了解实习企业关于投资管理的财务制度。

3.了解实习企业项目投资、证券投资情况。

4.了解实习企业项目投资评价、决策方法。

5.了解实习企业证券投资评价、决策方法。

6.请企业投资管理岗位师傅介绍目前企业投资环境、国家关于企业投资的相关政策、规定。

7.请企业投资管理岗位师傅根据企业投资管理实际情况设计投资管理案例,要求学生参与讨论、计算、分析、评价。

8.学生就投资管理方面的问题向投资管理岗位师傅请教。

(五)实习成果

学生岗位实习后,对实习企业投资管理岗位师傅介绍的企业相关情况应认真记录,以便为撰写岗位实习体会积累资料。岗位实习后,每位学生必须撰写投资管理岗位实习报告,其内容包括:

1.企业概况:实习企业的性质、生产经营情况、行业特点、行业地位等。

2.企业投资管理情况:包括企业近年来项目投资、证券投资情况,项目投资决策评价方法,证券投资的策略和方法。

3.评价企业投资管理:包括企业资金投资管理方面的优缺点及可以借鉴的成功经验。

4.实习心得:主要阐明投资管理在企业财务管理中的重要性,岗位实习后对投资管理的理解和认识。

(六)成绩评定

根据学生岗位实习体会的内容、完整性及深度,结合学生实习态度及遵守纪律情况,按优、良、中、及格、不及格评定成绩,并按一定比例计算课程学习成绩。

项目八
营运资金管理

◇ 知识目标

- 了解营运资金的含义及特点
- 认知现金持有的动机及成本
- 掌握确定最佳现金持有量的各种方法
- 掌握存货经济采购批量主要决策模型
- 掌握应收账款的信用期限决策、现金折扣决策及收账政策

◇ 能力目标

- 能够计算并确定最佳现金持有量
- 能够计算并确定存货经济采购批量
- 能够进行信用政策决策

任务一　管理现金及有价证券

◆ 任务引入

飞鸿公司预计 1 个月内经营所需货币资金约为 800 万元,准备用短期有价证券变现取得,证券每次交易的固定成本为 100 元,证券市场年利率为 12%。如果你是公司的财务经理,那么你认为公司最佳现金持有量应是多少?其相应的持有现金的最低总成本是多少?

◆ 相关知识

一、营运资金概述

(一)营运资金的含义

营运资金,是指一个企业维持日常经营所需的资金,即企业生产经营活动中占用在流动

资产上的资金,通常是指流动资产减流动负债后的差额,用公式表示为:

营运资金总额＝流动资产总额－流动负债总额

营运资金的管理既包括流动资产的管理,又包括流动负债的管理。

(二)营运资金的特点

为了有效地管理企业的营运资金,必须研究营运资金的特点,以便有针对性地进行管理。营运资金一般具有以下特点:

1.营运资金的周转期短

企业占用在流动资产上的资金,一般在1年或者超过1年的一个营业周期内可以收回,对企业影响的时间比较短。

2.营运资金的流动性较强

流动资产相对固定资产等长期资产,比较容易转换成现金,这对于满足财务上的临时性资金需求具有重要意义。

3.营运资金的实物形态具有并存性和变动性

企业在循环周转过程中,营运资金的实物形态一般在现金、原材料、在产品、产成品、应收账款、现金之间顺序转换。各种不同形态的流动资产在空间上并存,在时间上继起,不断循环周转。因此,企业必须合理地配置流动资产各项目的资金数额,以保证资金得以顺利周转。

4.营运资金的数量具有波动性

流动资产的数量会随企业内外条件的变化而变化,时高时低,波动很大。季节性企业如此,非季节性企业也如此。随着流动资产数量的变动,流动负债的数量也会相应发生变动。企业应有效地预测和控制这种变动,防止其影响企业正常的生产经营活动。

二、现金及其管理的目标

现金有狭义和广义之分。狭义的现金仅指企业的库存现金;广义的现金是指企业在生产过程中暂时停留在货币形态的资金,包括库存现金、银行存款、短期融资券、商业票据等。这里所讲的"现金"是指广义的现金,其具有流动性强、风险性低、收益性差等特点。

在市场正常的情况下,一般来说,流动性强的资产,其收益性较低。现金是一种非收益性资产,持有量过多会给企业造成较大的机会损失,使资产的收益水平降低,企业应尽可能少地持有现金;但现金结存太少,又可能出现现金短缺,影响生产经营活动。因此,企业面临着现金不足和现金过量的矛盾。企业现金管理的目标,就是要在资产的流动性和收益性之间作出合理的权衡和抉择,既要保持企业资产的流动性,确保企业经营交易所需资金,降低风险,又不使企业过多地持有现金,避免造成现金闲置浪费,确定科学合理的现金持有量,以获取最大的资金效益。

> **关键提示**
>
> 现金是流动性最强的资产,具有普遍可接受性,是企业重要的支付手段,可以满足企业生产经营的各种开支需要,也是履行纳税义务和偿还债务的保证。因此,拥有足够的现金对于降低企业风险、增强企业资产的流动性和债务的可清偿性有着重要意义。

三、现金持有的动机和成本

(一)现金持有动机

1. 交易动机

交易动机,是指企业持有现金,以便满足日常经营及支付的需要。企业为组织日常生产经营活动,必须保留一定数额的现金余额,用于购买原材料、支付工资、缴纳税款、偿付到期债务、派发现金股利等。尽管企业每天都会有一定的现金收入或现金支出,但收入和支出很少同时发生,而且即使是同时发生,收支数额也难以相等。因此,企业保留一定数额的现金应付日常频繁支出的需要是十分必要的。

2. 预防动机

预防动机,是指企业持有现金,以便应付一些突发事件对现金的需求。企业预计的现金余额一般是指正常情况下的需求量,但有时会有许多突发事件影响现金的收入和支出。例如,自然灾害、生产事故、某客户款项不能如期支付以及政策环境突然发生变化等,都会使预计现金需要量与实际情况发生偏差,使现金收支出现不平衡,必然影响企业正常的生产经营秩序。因此,在正常财务活动现金需要量的基础上,追加一定数量的现金余额以应付未来现金收支的随机波动,是非常必要的。

3. 投机动机

投机动机,是指持有现金,以便当市场出现较有利的机会时,进行投机活动,从中获得收益。例如,当证券市价大幅度下跌时购入有价证券,在其价格反弹时卖出以获得高额资本利得(买卖价差收入);伺机买进质高价廉的原材料或其他资产等。投机动机只是企业确定现金余额时所要考虑的次要因素之一。

(二)现金持有成本

现金持有成本,是指企业为了持有一定数量的现金而发生的费用或者现金发生短缺时所付出的代价,通常由以下三个部分组成:

1. 持有成本

持有成本包括两部分:

(1)管理成本,是指企业在持有现金过程中发生的管理费用,如人员工资等。这部分费用具有固定成本的性质,它在一定范围内与现金持有量的多少关系不大,属决策无关成本。

(2)机会成本,是指企业由于持有现金而放弃的再投资收益。它属于变动成本,与现金持有量成正比例。

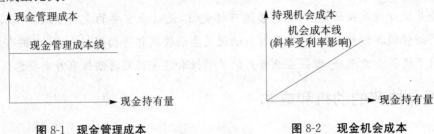

图 8-1 现金管理成本　　　　图 8-2 现金机会成本

2.转换成本

转换成本,是指企业的现金与有价证券在转换过程中所发生的成本。如委托买卖佣金、委托手续费、债券过户费、交割手续费等。

(1)固定转换成本与转换次数关系不大,具有固定成本性质,属于决策无关成本,如委托佣金或手续费。

(2)变动转换成本与证券转换次数为线性关系,即转换成本＝证券变现次数×每次的转换成本。在现金需要总量确定的前提下,现金持有量越少,则需要转换的次数就越多,相应的转换成本就越多;反之,转换成本就越少。

3.短缺成本

现金短缺成本,是指企业在现金持有量不足而又无法及时通过有价证券变现加以补充而给企业造成的损失。如在现金短缺时,因不能按时缴纳税金而支付的滞纳金;因无法购入原材料导致企业的停工损失;因不能按时交货造成的信用损失;因得不到现金折扣的损失等。短缺成本与现金持有量呈反方向变动。

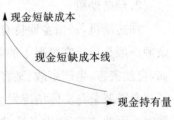

图 8-3 现金短缺成本

四、确定最佳现金持有量

企业持有现金只是为了满足未来支付的需要,但过多会导致盈利水平下降,过少又可能出现现金短缺,影响其正常生产经营。因此,企业需要确定最佳现金持有量。最佳现金持有量,是指能使企业持有现金的总成本最低的现金持有量。常用的确定模式主要有以下几种:

(一)成本分析模式

成本分析模式,是指根据企业持有现金的有关成本,分析、预测使其总成本最低时的现金持有量的一种方法。该模式下的相关总成本包括机会成本和短缺成本。假设不存在转换成本,而管理成本与现金持有量多少的关系不大,属于决策无关成本,机会成本与现金持有量成正比例变动,短缺成本与现金持有量成反方向变动。它们与现金持有量之间的关系可从图 8-4 反映出来。

从图 8-4 可以看出,现金持有量越大,机会成本越高,短缺成本越低;现金持有量越小,机会成本越低,短缺成本越高。因而,现金相关总成本呈抛物线形,抛物线的最低点就是相关总成本最低点,该点所对应的现金持有量即为最佳现金持有量。

【业务实例 8-1-1】顺达公司有 4 种现金持有方案,其相关现金成本如表 8-1 所示。

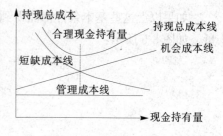

图 8-4 成本分析模式

表 8-1 现金持有量决策方案　　　　　　　　　　　　　　单位:元

项　目	A	B	C	D
现金持有量	50 000	60 000	70 000	90 000
机会成本率	9%	9%	9%	9%
管理费用	2 200	2 200	2 200	2 200
短缺成本	3 400	2 400	900	0

现金总成本=机会成本+管理成本+短缺成本,各方案现金总成本分别计算如下:

C_A=50 000×9%+2 200+3 400=10 100(元)
C_B=60 000×9%+2 200+2 400=10 000(元)
C_C=70 000×9%+2 200+900=9 400(元)
C_D=90 000×9%+2 200+0=10 300(元)

由上表可知,C 方案的总成本最低,因此,企业最佳现金持有量为 70 000 元。

(二)存货模式

存货模式,是指将现金看作企业的一种特殊存货,按照存货管理中的经济批量法原理,确定企业最佳现金持有量的方法。这一模式最早是由美国经济学家 William. J. Baumol 于 1952 年首先提出的,故又称为"鲍莫模型"。

在现金持有成本中,管理成本因其相对稳定并同现金持有量的多少关系不大,所以存货模式将其视为无关成本而不予考虑。由于现金是否会发生短缺、短缺多少、各种短缺情形发生时可能的损失如何等都存在很大的不确定性并且不易计量,所以,存货模式对短缺成本也不予考虑。在存货模式中,只考虑机会成本和转换成本。

采用存货模式测算最佳现金持有量是建立在下列假设基础上的:

(1)企业预算期内的现金需求总量可以预测。

(2)企业所需要的现金可通过出售短期有价证券来获得,且证券变现的不确定性很小。

(3)现金支出是均匀发生的,而且每当现金余额接近于零时,短期证券可随时转换为现金得以补足。

(4)证券的利率或报酬率以及每次固定性交易费用可以获悉。

如果以上这些基本条件都能得到满足,企业便可利用存货模式来确定现金的最佳持有量。如图8-5所示:

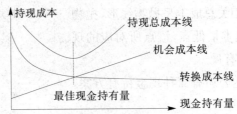

图8-5 存货模式

由上图可知:现金持有总成本＝机会成本＋转换成本。即

$$TC = \frac{Q}{2} \times K + \frac{T}{Q} \times F \quad (1)$$

由于机会成本和转换成本随着现金持有量的变动而成相反的变动趋势,这就要求企业必须对现金与有价证券的分割比例进行合理安排,从而使机会成本与转换成本保持最佳组合。

当持有现金的机会成本与证券变现的交易成本相等时,现金持有的总成本最低,此时的现金持有量为最佳现金持有量,即:

$$Q = \sqrt{\frac{2T \times F}{K}} \quad (2)$$

公式(2)代入公式(1)得:

最佳现金持有总成本

$$TC = \sqrt{2 \times T \times F \times K} \quad (3)$$

式中:Q——最佳现金持有量(每次证券变现的金额);
    T——一个周期内现金总需求量;
    F——每次转换有价证券的固定成本;
    K——有价证券利息率(机会成本);
    TC——现金持有总成本;

【业务实例8-1-2】顺达公司现金收支比较稳定,预计本年需要现金12 000 000元,该企业投资有价证券的收益率为12%,证券转换为现金的每次固定交易成本为312.5元,则:

$$\text{最佳现金持有量} \ Q = \sqrt{\frac{2 \times 12\ 000\ 000 \times 312.5}{12\%}} = 250\ 000(元)$$

$$\text{现金持有总成本} \ TC = \sqrt{2 \times 12\ 000\ 000 \times 312.5 \times 12\%} = 30\ 000(元)$$

◆ 知识拓展

现金持有量的随机模式

现实中,现金流动往往是随机的,随机模式是在企业未来的现金流量呈不规则波动、无法准确预测的情况下采用的确定最佳现金持有量的一种方法。该种方法的基本原理是制定一个现金流量的控制区域,现金流量在上限 H 和下限 L 两个控制界限所组成的区域内。上限代表现金持有量的最高点,下限代表现金持有量的最低点。当现金持有量达到上限时,将现金转换成有价证券;当现金持有量下降到下限时,则将有价证券转换成现金,从而使现金持有量一直处于两个极限之间。

设 H 为现金持有量上限,L 为现金持有量下限,Q 为最佳现金持有量,F 为每次有价证券固定转换成本,i 为有价证券的日利率,δ 为预期每日现金余额的标准差(可根据历史资料测算)。则最佳现金持有量 Q 按下列公式计算:

$$Q=\sqrt[3]{\frac{3F\delta^2}{4i}}+L$$

现金持有量上限(H)的计算公式:

$$H=3Q-2L$$

而下限的确定则要受每日最低现金需要量、管理人员对风险的承受能力等因素的影响,可以为零,也可以是由管理部门制定的其他余额。

【业务实例 8-1-3】某企业有价证券的固定转换成本为 300 元,有价证券的投资收益率为 9%,根据历史资料测算的现金余额波动的标准差为 900 元,已确定的现金持有下限为 2 000 元。则可计算出最佳现金持有量和现金控制上限值如下:

$$Q=\sqrt[3]{\frac{3F\delta^2}{4i}}+L=\sqrt[3]{\frac{3\times 300\times 900^2}{4\times \frac{9\%}{360}}}+2\ 000=11\ 000(元)$$

$$Q-L=11\ 000-2\ 000=9\ 000(元)$$

$$H=3Q-2L=3\times 11\ 000-2\times 2\ 000=29\ 000(元)$$

如果现金余额降低到 2 000 元,则企业将出售(Q-L)即 9 000 元的有价证券,现金余额就恢复到 11 000 元的回归点上。如果现金余额增加到 29 000 元,则企业将用现金购买 2(Q-L)即 18 000 元的有价证券,这样仍将现金余额减回到 11 000 元(29 000-18 000)的回归点上。

随机模式建立在企业的未来现金需求总量和收支难以预测的前提下,充分考虑了现金流转的不确定性,因此,计算出来的现金持有量通常偏大,流动性有余而效益欠佳。

五、现金的日常管理

企业日常除了遵守《现金管理暂行条例》和《银行结算制度》,还应采取各种措施加强现金的日常管理,以确保现金的安全性、流动性和收益性,最大限度地发挥现金的作用。现金的日常管理包括现金收入管理和现金支出管理两个方面。现金收入管理主要是使现金尽可能早地流入企业,现金支出管理的重点是在保证企业信誉的前提下,使现金尽可能推迟流出企业。

(一)现金流入的管理

企业现金流入的主要途径就是企业账款的回收,而企业账款的回收通常需要经过4个时点,即:客户开出付款票据、企业收到票据、票据交存银行、企业收到现金。这样,企业账款的回收时间就由票据的邮寄时间、票据在企业停留时间、票据结算时间3个部分组成。票据在企业停留的时间可以由企业通过建立规章制度、奖惩激励机制等方法来控制,但对于票据邮寄时间和票据结算时间仅靠企业自身的力量是远远不够的,必须采取有效措施充分调动客户和银行的积极性,才能实现有效控制。对此,可采取以下方法:

1. 折扣、折让激励法

企业与客户之间共同寻求的都是经济利益,从这点出发,在企业急需现金的情况下,可以通过一定的折扣、折让来激励客户尽快结付账款。这可以是在双方协商的前提下一次性给予客户一定的折让,也可以是根据不同的付款期限,给出不同的折扣。如:10天内付款,给予客户3%的折扣;20天内给予2%的折扣;30天内给予1%的折扣等。使用这种方法的技巧在于企业本身必须根据现金的需求程度和取得该笔现金后所能发挥的经济效益,以及因折扣、折让而形成的有关成本,进行精确的预测和分析,从而确定一个令企业和客户双方都能满意的折扣或折让比率。

2. 银行业务集中法

这是一种通过建立多个收款中心来加速现金流转的方法。其具体做法是:企业指定一个主要开户行(通常是指定企业总部所在地的基本结算开户行)为集中银行,然后在收款额较为集中的各营业网点所在区域设立收款中心,客户收到账单后直接与当地收款中心联系,办理货款结算,中心收到货款后立即存入当地银行,当地银行在进行票据交换后即转给企业总部所在地的集中银行。

这种方法的优点是可以缩短客户邮寄票据所需时间和票据托收所需时间,也缩短了现金从客户到企业的中间周转时间;其缺点是由于多处设立收款中心,相应增加了现金成本。使用这种方法,还可以将各网点的收款中心业务直接委托给当地银行办理,这样既减少了中间环节,又节省了人力、财力。

3. 大额款项专人处理法

这种方法是通过企业设立专人负责制度,将现金收取的职责明确落实到具体的责任人,在责任人的努力下,提高办事效率,加速现金流转速度。这种方法的优点是便于管理,缺点是缩短的时间相对较少,还会增加相应的管理成本。采用这种方法时,必须保持人员的相对稳定,因为处理同样类型的业务,有经验的通常比没有经验的要方便、快捷。

(二)现金支出管理

从企业角度而言,与现金收入管理相反,尽可能地延缓现金的支出时间是控制企业现金持有量最简便的方法。当然,这种延缓必须是合理合法的,且是不影响企业信誉的,否则,企业延期支付所带来的效益必将远小于为此而遭受的损失。企业延期支付账款的方法主要有：

1. 推迟支付应付账款法

一般情况下,供应商在向企业收取账款时,都会给企业预留一定的信用期限,企业可以在不影响信誉的前提下,尽量推迟支付的时间。

2. 汇票付款法

这种方法是在支付账款时,可以采用汇票付款的尽量使用汇票,而不采用支票或银行本票,更不是直接支付现钞。因为,在使用汇票时,只要不是"见票即付"的付款方式,在受票人将汇票送达银行后,银行就要将汇票送交付款人承兑,并由付款人将一笔相当于汇票金额的资金存入银行,银行才会付款给受票人,这样就有可能合法地延期付款。而在使用支票或银行本票时,只要受票人将支票存入银行,付款人就必须无条件付款。

3. 合理利用"浮游量"

从企业开出支票,收票人收到支票并存入银行,至银行将款项划出企业账户,中间需要一段时间。现金在这段时间的占用称为"现金浮游量"。在这段时间里,尽管企业已开出了支票,却仍可动用活期存款账户上的这笔资金。在使用现金浮游量时,一定要控制好使用的时间,否则会发生银行存款的透支。

4. 分期付款法

对企业而言,无论是谁都不能保证每一笔业务都做到按时足额付款。因此,如果企业与客户是一种长期往来关系,彼此间已经建立了一定的信用,那么在出现现金周转困难时,适当地采取"分期付款"的方法,客户是可以理解的。但拒绝支付又不加以说明或每一笔业务无论金额大小都采用"分期付款法",则对客户的尊重和信用度就会大打折扣。为此,可采用大额分期付款,小额按时足额支付的方法。另外,采用分期付款方法时,一定要妥善拟订分期付款计划,并将计划告之客户,且必须确保按计划履行付款义务,这样就不会失信于客户。

5. 改进工资支付方式法

企业每月在发放职工工资时,都需要大笔的现金,如果这些现金在同一时间提取,会使企业在现金周转困难时陷入危机。解决此危机的方法就是最大限度地避免这部分现金在同一时间被提取。为此,可在银行单独开设一个专供支付职工工资的账户,然后预先估计出开出的支付工资的支票到银行兑现的具体时间与大致金额。例如：

某企业在每月10日发放工资,而根据多年经验判断,工资发放不可能在10日一天结束,通常10日、11日、12日及12日以后各期的兑现率分别为30%、25%、20%、25%,这样,企业就不必在10日足额开出支付工资支票的金额,而是开出月工资的30%即可,这样节余下的现金就可用于其他支出。

6. 外包加工节现法

对于生产型企业,特别是工序繁多的生产型企业,可采取部分工序外包加工的方法,有效地节减企业现金。如,某生产型企业其元器件、零部件的采购必将需要采购成本,加工则需要支付员工的工资费、保险费,生产线的维护、升级等也同样需要大量的流动资金,这样,就可以采取外包加工的方法。外包后,只需要先付给外包单位部分定金就可以了。在支付外包单位的账款时,还可以采用上述诸方法合理地延缓付款时间。

(三)闲置现金投资管理

企业在筹集资金和经营业务时会取得大量的现金,这些现金在用于资本投资或其他业务活动之前,通常会闲置一段时间。对于这些现金,如果让其一味地闲置,就是一种损失、一种浪费。为此,可将其投入到流动性高、风险低、交易期限短且变现及时的投资上,以获取更多的利益,如金融债券投资、可转让大额存单、回购协议等,但股票、基金、期货等投资因风险较大故不提倡。

总的来说,企业现金日常管理的意图是在保证日常生产经营业务现金需求的前提下,最大限度地加速现金周转,从而获得最大的经济利益。由此入手,可以探寻出很多现金日常管理的方法和技巧。

◆ 任务实施

1. 运用存货分析模式,计算该公司最佳现金持有量。
2. 计算相应的现金持有总成本。

任务二 管理应收账款

◆ 任务引入

宏达公司财务经理通过分析认为,如果信用期限为 20 天,则该公司产品的销量可达 50 万件;若将信用期延长到 40 天,则产品销量可增加到 60 万件。假定该企业投资报酬率为 9%,产品单位售价为 4 元,其余条件如表 8-2 所示。

表 8-2 信用期限有关资料　　　　　　　　　　　　　　　单位:万元

信用期	20 天	40 天
销售额	200	240
销售成本		
变动成本	60	72
固定成本	20	20
毛利	120	148
收账费用	10	12
坏账损失	3	5

任务要求：

1. 你认为该公司财务经理应选择哪一个信用期限？
2. 如果该公司采用 40 信用期限的同时，向客户提供"2/10，n/40"的现金折扣，预计将有占销售额 60％的客户在折扣期内付款，而收账费用和坏账损失均比信用期为 40 天的方案下降 8％，那么请你判断该企业要不要向客户提供现金折扣？

◆ 相关知识

应收账款管理是企业流动资产管理的一个重要项目。在商品经济条件下，市场竞争日趋激烈，企业除了以质优价廉的产品和周到的售后服务来吸引客户外，采取赊销方式已日益成为企业促进销售、增加收入、减少存货的重要手段。实行赊销方式一方面可以增强企业的竞争力，扩大销售收入；另一方面也形成了一定的应收账款，企业要为此付出相应的成本并承担一定的风险。因此，应收账款管理的基本目标就是在充分发挥应收账款功能的基础上，降低应收账款投资的成本，使提供商业信用、扩大销售所增加的收益大于有关的各项费用。

一、应收账款的功能

应收账款的功能，是指它在生产经营中所具有的作用。主要表现在以下两个方面：

（一）促进销售

一般地说，企业更希望现金销售，但是市场竞争的压力迫使企业提供信用业务即赊销，以便扩大销售渠道。在赊销方式下，企业在销售产品的同时，一方面向客户提供其所需的商品；另一方面也是向客户提供了一定时间内无偿使用的资金，这对购买方而言具有很大的吸引力。因此，赊销是一种重要的促销手段。在产品销售不畅、市场疲软、竞争不力的情况下，赊销的促销作用是十分明显的，特别是在企业销售新产品、开拓新市场时，赊销更具有重要的意义。当企业出于扩大销售的竞争需要，不得不以赊销或其他优惠方式来吸引客户时，便产生了应收账款。由竞争引起的应收账款，是一种商业信用。

（二）减少存货

通过赊销可以加快产品销售的速度，从而降低存货的产成品数量，有利于减少产成品存货的管理费、仓储费和保险费等支出。因此，在产成品存货较多时，企业可以用较为优惠的条件进行赊销，把存货转化为应收账款，以节约各项存货支出。

二、应收账款的成本

应收账款的成本，是指持有应收账款付出的代价。应收账款的成本有应收账款的机会成本、应收账款的管理成本、应收账款的坏账成本。

（一）机会成本

应收账款的机会成本，是指因应收账款占用资金而失去的将资金投资于其他方面所取得的收益。应收账款机会成本的大小通常与应收账款占用资金多少有关。其计算公式为：

$$应收账款机会成本=应收账款占用资金\times资金成本率$$

其中，应收账款占用资金＝应收账款平均余额×变动成本率

$$应收账款平均余额=(年赊销净额\div360)\times平均收账天数$$
$$=平均每日赊销净额\times平均收账天数$$

【微提示】平均收账天数也就是应收账款周转天数。

【业务实例8-2-1】红叶公司预计年度赊销收入净额为200 000元，应收账款的平均收账天数为45天，变动成本率为60%，资金成本率为10%。要求：计算其应收账款的机会成本。

解：

(1)应收账款平均余额＝$\dfrac{200\ 000}{360}\times 45=25\ 000$（元）

(2)应收账款占用余额＝25 000×60%＝15 000（元）

(3)应收账款机会成本＝15 000×10%＝1 500（元）

（二）管理成本

应收账款的管理成本，是指对应收账款进行日常管理而耗费的开支，主要包括对客户的资信调查费用、收账费用等。对客户的资信调查费用与赊销额没有直接关系。管理成本中主要考虑收账费用，因为赊销额越大，应收账款越多，收账费用越高。

（三）坏账成本

坏账成本，是指应收账款无法收回而给企业带来的损失。赊销额越大，应收账款越多，坏账成本越高。

◆ 知识拓展

应收账款也是一种短期投资行为，是为了扩大销售提高盈利而进行的投资。而任何投资都是有成本的，应收账款投资也不例外。这就需要在应收账款所增加的利润和所增加的成本之间作出权衡。只有当应收账款所增加的利润超过增加的成本时，才应当实施赊销；如果应收账款赊销有着良好的盈利前景，就应当放宽信用条件增加赊销量，否则就减少赊销量。

三、信用政策

应收账款管理的好坏很大程度上依赖于企业的信用政策。信用政策又称"应收账款政策",是指企业对应收账款进行规划与控制而确立的基本原则与行为规范。制定合理的信用政策,是加强应收账款管理、提高应收账款投资效益的重要前提。信用政策主要包括信用标准、信用条件和收账政策。

(一)信用标准

信用标准,是指客户获得本企业商业信用所应具备的条件,如客户达不到信用标准,则本企业将不给予信用优惠或只给较低的信用优惠。信用标准定得过高,会使销售减少并影响企业的市场竞争力;信用标准定得过低,会增加坏账风险和收账费用。因此,企业应根据具体情况,制定适当的信用标准。

企业在制定信用标准时,应考虑以下三个基本因素:

1. 同行业竞争对手的情况

面对竞争,企业首先考虑的是如何在竞争中处于优势地位,保持并不断扩大市场占有率。如果对手实力很强,企业欲取得或保持优势地位,就需采取较低(相对于竞争对手)的信用标准;反之,对其信用标准可以相应严格一些。

2. 企业承担违约风险的能力

企业承担违约风险能力的强弱,对其信用标准的选择有着重要的影响。当企业具有较强的违约风险承担能力时,就可以较低的信用标准提高竞争力,争取客户,扩大销售;反之,如果企业承担违约风险的能力较弱,就只能选择严格的信用标准,以尽可能降低违约风险的程度。

3. 客户的资信程度

企业为了更好地保护自身利益、降低风险,就必须对客户的资信情况进行调查、分析,确定其客户的信用等级并决定是否向客户提供信用。对客户资信程度的评价通常采用5C评估法。所谓"5C评估法",就是指重点分析影响客户信用状况的五个方面,即:品质(Character)、能力(Capacity)、资本(Capital)、抵押(Collateral)和经济状况(Conditions)。

(1)品质。品质,是指客户愿意履行其偿债义务的可能性。客户是否愿意尽自己最大努力来归还账款直接决定着应收账款回收的速度和数量。企业必须设法了解客户过去的付款记录,看其是否具有按期付款的一贯做法,及与其他供货企业的关系是否良好。品质反映了客户履约或违约的可能性,是信用评价体系中的首要因素。

(2)能力。能力,是指客户的还款能力。可以使用流动比率、速动比率和现金比率等方法评价客户的还款能力。同时,还应注意客户流动资产的质量,看是否有存货过多、过时或质量下降进而影响其变现能力和支付能力的情况。

(3)资本。资本,是指客户的财务实力和财务状况,表明客户可能偿还债务的背景。该指标主要是根据有关的财务比率来测定客户净资产的大小及其获利的可能性。

(4)抵押。抵押,是指客户拒付款项或无力支付款项时,能被用作抵押的资产;担保,是指为获得商业信用而向企业提供的担保资产。这两方面对于不知底细或信用状况存有争议的客户尤为重要,一旦收不到这些客户的款项,便可以用抵押品或担保品抵偿。

(5)经济状况。经济状况,是指影响客户还款能力和还款意愿的经济环境。例如,当出现经济不景气时,会对顾客的付款产生什么影响,顾客会如何做等,这都需要了解顾客在过去困难时期的付款历史,分析外部环境的变化对客户偿付能力的影响及客户是否具有较强的应变能力。

企业通过以上五个方面的分析,基本上可以对客户的信用状况作出评价,作为企业向客户提供商业信用的依据。

想一想

信用标准定得过高有利于降低信用成本,但不利于扩大销售;信用标准定得过低有利于扩大销售,但信用成本增加。信用标准的制定,是风险、收益、成本的对称性关系的客观反映。

(二)信用条件

当我们根据信用标准决定给客户信用优惠时,就需考虑具体的信用条件。信用条件,是指企业向客户提供商业信用时的付款要求,主要包括信用期限、折扣期限和现金折扣率等。

1. 信用期限

信用期限,是指企业允许客户从购货到付款之间的时间间隔。信用期限过短不足以吸引顾客,不利于扩大销售;信用期限过长会引起应收账款占用资金的数量和时间相应增加,从而增加机会成本、管理成本、坏账成本。信用期限优化的要点是:延长信用期限增加的销售利润是否超过增加的成本费用。

【业务实例 8-2-2】凤凰公司目前采用 30 天按发票金额(即无现金折扣)付款的信用政策,拟将信用期间放宽至 60 天,仍按发票金额付款。假设该公司风险投资的最低报酬率为 15%,平均收款期与信用期一致。其他有关数据如表 8-3 所示。

表 8-3 信用期限有关资料　　　　　　　　　　　　　单位:元

信 用 期	30 天	60 天
销售额	500 000	600 000
销售成本		
变动成本	400 000	480 000
固定成本	50 000	50 000
毛利	50 000	70 000
收账费用	3 000	4 000
坏账损失	5 000	9 000

要求:确定凤凰公司应该选择哪一个信用期限。

解:在分析时,先计算放宽信用期增加的收益,然后计算增加的成本,最后根据两者相比较的结果作出判断。

(1)收益的增加:增加的收益即放宽信用期增加的毛利。

收益的增加=70 000－50 000=20 000(元)

(2)机会成本的增加:

应收账款的机会成本=日销售额×平均收现期×变动成本率×投资报酬率

30天信用期的机会成本=(500 000÷360)×30×(400 000÷500 000)×15%
=5 000(元)

60天信用期的机会成本=(600 000÷360)×60×(480 000÷600 000)×15%
=12 000(元)

放宽信用期增加的机会成本=12 000－5 000=7 000(元)

(3)管理费用的增加:对同一客户在放宽信用期时主要考虑收账费用的增加。

收账费用增加=4 000－3 000=1 000(元)

(4)坏账损失增加=9 000－5 000=4 000(元)

(5)增加的总信用成本=7 000+1 000+4 000=12 000(元)

(6)比较增加的收益与增加的成本费用:

收益的增加－成本费用的增加=20 000－12 000=8 000(元)

由于收益的增加大于成本增加,所以应采用60天信用期。

2.现金折扣

企业为了既能扩大销售,又能及早收回款项,往往在给予客户信用期限的同时,推出现金折扣条款。现金折扣,是指客户在规定时日内提前偿付货款可按销售收入的一定比率享受折扣,它包括折扣期限和现金折扣率两个要素。如"2/10,1/20,n/60"表示信用期限为60天,如果客户能在10天内付款,则可享受2%的折扣;如果客户能在10天至20天内付款,则可享受1%的折扣;超过20天,无现金折扣,但应在60天内足额付款。其中,10天、20天是折扣期限,1%、2%是现金折扣率。

📖 知识拓展

现金折扣本质上是一种筹资行为,现金折扣成本是筹资费用而非应收账款成本。

现金折扣条款能降低应收账款的机会成本、管理成本和坏账成本,增加企业的销售额和销售利润,但同时也需企业付出一定的代价,即现金折扣成本。因而,在有现金折扣的情况下,信用条件优化的要点是:增加的销售利润能否超过增加的机会成本、管理成本、坏账成本和折扣成本之和。

现金折扣成本=赊销净额×折扣期内付款的销售额比例×现金折扣率

【业务实例8-2-3】红叶公司由于产品销售市场发生了变化,考虑将现行信用条件调整为"n/60",预计全年赊销额为7 200万元。为了加速应收账款的回收,准备向客户提供现金折扣,具体条件为"2/10,n/60"。估计采用该方案后,约有80%的客户(按赊销额计算)会享受2%的现金折扣,坏账损失率将由3%降至1.5%,收账费用由50万元减少到40万元。公司变动成本率为60%,资金成本率为10%,假设固定成本总额保持不变。要求:判断该公司是否应向客户提供现金折扣。

解:如果公司向客户提供现金折扣条件,则有:

现金折扣成本=7 200×80%×2%=115.2(万元)

应收账款平均收账天数=80%×10+(1-80%)×60=20(天)

根据以上资料,计算两个方案的信用成本与收益,如表8-4所示。

表8-4 信用条件分析评价表   单位:万元

项目　　　　方案	现行方案"n/60"	备选方案"2/10,n/60"
年赊销额	7 200	7 200
现金折扣成本	0	115.2
变动成本	7 200×60%=4 320	7 200×60%=4 320
信用成本前收益	2 880	2 764.8
信用成本:		
应收账款机会成本	7 200÷360×60×60%×10%=72	7 200÷360×20×60%×10%=24
坏账损失	7 200×3%=216	7 200×1.5%=108
收账费用	50	40
小计	338	172
信用成本后收益	2 542	2 592.8

通过上述计算可知,采用"2/10,n/60"的信用条件比现行条件"n/60"增加了50.8万元(2 592.8-2 542)收益。因此,在其他条件不变的情况下,公司应调整现行的信用条件,向客户提供"2/10,n/60"的现金折扣条件。

(三)收账政策

收账政策,是指客户违反信用条件,拖欠甚至拒付账款时,企业应采取的策略。

其一,企业应投入一定收账费用以减少坏账的发生。随着收账费用的增加,坏账损失会逐渐减少。但收账费用不是越多越好,因为收账费用增加到一定数额后,坏账损失不再减少,说明在市场经济条件下不可能绝对避免坏账。收账费用的最佳投入量要在权衡增加的收账费用和减少的坏账损失后作出。

其二,企业对客户欠款的催收应做到有理、有利、有节。对超过信用期限不多的客户宜采用电话、发信息等方式"提醒"对方付款。对久拖不还的欠款,应具体调查分析客户欠款不还的原因。如客户确因财务困难而无力支付,则应与客户协商沟通,寻求解决问题的较理想的办法,甚至对客户予以适当帮助、进行债务重整等;如客户欠款属蓄意赖账、品质恶劣,则应逐渐加强催账力度,直至诉诸法律,并将该客户从信用名单中排除。对客户的强硬措施应尽量避免,要珍惜与客户之间的友情,以树立企业的良好形象。

四、应收账款日常管理

信用政策建立以后,企业要做好应收账款的日常管理工作,进行信用调查和信用评价,确定是否同意顾客赊欠货款,当顾客违反信用条件时,还要做好账款催收工作。

(一)企业的信用调查

对顾客的信用进行评价是应收账款日常管理的重要内容。只有正确地评价顾客的信用状况,才能合理地执行企业的信用政策。要想合理地评价顾客的信用,必须对顾客信用进行调查,搜集有关的信息资料。信用调查有直接调查与间接调查。

(二)企业的信用评估

搜集好信用资料后,要对这些资料进行分析,并对顾客信用状况进行评估。信用评估的方法有很多,5C评估法和信用评分法是比较常见的方法。其中,信用评分法是先对一系列财务比率和信用情况指标进行评分,然后进行加权平均,得出顾客综合的信用分数,并以此进行信用评估的一种方法。

(三)收账的日常管理

收账是企业应收账款管理的一项重要工作。收账管理应包括四部分内容:

1.实施应收账款追踪分析,了解应收账款的基本情况

应收账款一旦形成,企业就必须考虑如何按期足额收回的问题。这样,赊销企业就有必要在收款之前,对该项应收账款的运行过程进行追踪分析,重点要放在赊销商品的变现方面。企业要对赊购者今后的经营情况、偿付能力进行追踪分析,及时了解客户现金的持有量与调剂程度能否满足兑现的需要。应将那些挂账金额大、挂账时间长、经营状况差的客户的欠款作为考察的重点,以防患于未然。必要时可采取一些措施,如要求这些客户提供担保等来保证应收账款的回收。

2.进行应收账款账龄分析,为制定收账政策、估计坏账费用做好准备

一般而言,客户逾期拖欠账款时间越长,账款催收的难度越大,成为呆坏账损失的可能性也就越高。企业必须要做好应收账款的账龄分析,密切注意应收账款的回收进度和出现的变化。通过对应收账款的账龄分析,企业财务管理部门可以掌握以下信息:

(1)有多少客户在折扣期限内付款。

(2)有多少客户在信用期限内付款。

(3)有多少客户在信用期限过后才付款。

(4) 有多少应收账款拖欠太久,可能会成为坏账。

表 8-5 ABC公司账龄分析

应收账款账龄	账户数量(个)	金额(万元)	比重(%)
信用期内	200	600	60
超过信用期1个月内	100	160	16
超过信用期2个月内	50	70	7
超过信用期3个月内	30	60	6
超过信用期6个月内	20	35	3.5
超过信用期6~12个月内	15	25	2.5
超过信用期1年以上	25	50	5
应收账款余额总计	—	1 000	100

表 8-5 表明,该企业应收账款总计 1 000 万元,其中,仍在信用期内的账款 600 万元,占全部应收账款的 60%;逾期账款 400 万元,占全部应收账款的 40%。其中,逾期 1 个月、2 个月、3 个月、6 个月及 1 年内分别占 16%、7%、6%、3.5% 和 2.5%,另有 5% 的应收账款已逾期 1 年以上。从总体上看,该企业逾期的应收账款达 40%,比重较大,应引起高度重视。

确定了企业应收账款的账龄结构以后,首先应分析逾期账款属于哪些客户,搞清楚该客户是否经常拖欠及发生拖欠的原因。如果属于企业信用政策的问题,应立即进行信用政策的调整。其次,对不同拖欠时间的账款以及不同信用品质的客户,采取不同的收账措施,制定出经济可行的收账政策和方案。同时,对尚未过期的应收账款,也不能放松监管,以防沦为新的拖欠。

3. 收现保证率分析,确认应收账款的回收程度

应收账款的收现保证率是为适应企业现金收支匹配关系的需要,确定出的有效收现的账款应占全部应收账款的百分比。公式为:

$$\frac{应收账款}{收现保证率} = \frac{当期必要现金支付总额 - 当期其他稳定可靠的现金流入总额}{当期应收账款总计金额}$$

假设当期必要现金支付总额为 1 000 万元,如果固定的有 400 万元国库券利息收入,差额为 600 万元,就有 600 万元现金流入缺口需要靠当年的应收账款的回笼所实现的现金来弥补,再假设应收账款余额为 2 000 万元,用 600 万元除以 2 000 万元就等于 30.33%。这 30.33% 的应收账款收现保证率就意味着每 100 元应收账款至少要收回 30 元的现金,如果少于 30.33%,则企业的现金流转就会出现问题。这个指标越大,说明企业对应收账款收回现金的依赖性就越大。

应收账款收现保证率指标反映了企业既定会计期间预期现金支付数量扣除各种可靠、稳定性来源后的差额,必须通过应收款项有效收现予以弥补的最低保障程度,其意义在于:应收款项未来是否可能发生坏账损失对企业并非最为重要,更为关键的是实际收现的账项能否满足同期必需的现金支付要求,特别是满足具有刚性约束的纳税债务及偿付不得展期或调换的到期债务的需要,所以在财务管理中更为重视的是应收账款的流动性。

4. 建立应收账款坏账准备制度,计提坏账准备,弥补坏账损失

当企业应收账款遭到客户拖欠或拒付时,企业应当首先分析现行的信用标准及信用审批制度是否存在纰漏,然后对违约客户的资信等级重新调查摸底,进行再认识。对于恶意拖欠、信用品质恶劣的客户应当从信用清单中除名,不再对其赊销,并加紧催收所欠,态度要强硬。催收无果,可与其他经常被该客户拖欠或拒付账款的同伴企业联合向法院起诉,以增强其信誉不佳的有力证据。对于信用记录一向正常甚至良好的客户,在去电发函的基础上,再派人与其面对面进行沟通,协商一致,争取在延续、增进相互业务关系中妥善地解决账款拖欠的问题。

企业在制定收账政策时,要在增加收账费用与减少坏账损失、减少应收账款机会成本之间进行比较、权衡,以前者小于后者为基本目标,掌握好宽严界限,拟订可取的收账计划。

(四)建立坏账准备金制度

在市场经济条件下,坏账损失难以避免。为使各会计年度合理负担坏账损失,减少企业的风险,应当建立坏账准备金制度。按现行企业会计制度规定,企业在年末可按应收账款余额的3‰~5‰计提坏账准备金。

◆ 任务实施

1. 计算分析该公司应该采用哪一个信用期限。
2. 计算分析该公司要不要向客户提供现金折扣。

任务三 管理存货

◆ 任务引入

四季公司全年耗用 A 种材料 1 800 千克,该材料单价 20 元,年单位储存成本 4 元,一次订货成本 25 元。

任务要求:

1. 你认为该企业应如何确定采购批量才能使存货相关总成本最小。
2. 在最优采购批量下,该企业一年的最佳订货次数是多少,最佳订货周期为多少天,最佳存货资金占用额是多少?

◆ 相关知识

存货,是指企业在生产经营过程中为销售或者耗用而储备的物资,包括原材料、燃料、低值易耗品、在产品、半成品、产成品、协作件以及商品等。存货在流动资产中所占比重较大,存货管理水平的高低,直接影响企业日常生产经营能否顺利开展,并且最终会影响企业的流动性综合水平和获利能力。因此,存货管理在流动资产管理中占有重要的地位。

一、存货的功能

存货的功能,是指存货在企业生产经营过程中所具有的内在作用。对于一般的企业,持有一定数量的存货是十分必要的。在企业生产经营过程中,存货的功能主要表现在以下几个方面。

(一)防止生产经营过程的中断

对于企业,适量的原材料、在产品和半成品存货是企业生产正常进行的前提和保障。它有利于企业各生产环节和生产活动更加协调,不至于因停工待料影响生产的持续性,给企业造成重大损失。

(二)适应市场变化

存货储备能增强企业在生产和销售方面的机动性,从而适应市场变化。在通货膨胀时,适当储存原材料存货,还能使企业获得市场物价上涨的好处。

(三)降低进货成本

企业采用批量集中进货,往往会获得价格上的优惠。此外,通过增加每次进货的数量,减少购货的次数,可以降低采购费用的支出。

(四)维持均衡生产

为实现企业均衡生产,降低生产成本,就必须适当储备一定的原材料或半成品存货。否则,会出现淡季时生产能力闲置,旺季时超负荷运转的情形,导致生产成本的提高。

二、存货的成本

企业储备一定数量的存货是十分必要的,但由此会产生相应的存货成本。企业存货的成本包括以下几个方面:

(一)取得的成本

存货的取得成本,又称"存货的进货成本",由采购成本和订货成本两部分组成。

1. 采购成本

采购成本又称"购置成本",在数量上等于采购单价与采购数量的乘积。假设物价不变且无采购数量折扣,在一定时期进货总量既定的前提下,无论采购次数如何变动,存货的采购成本通常是保持相对稳定的,因而,它属于决策的无关成本。

2. 订货成本

订货成本又称"进货费用",是指企业为组织进货而发生的差旅费、邮资、电话电报费、折旧费、检验费、运输费及办公费等。订货成本可以分为固定订货成本和变动订货成本两部分。固定订货成本指为维持一定的采购能力而发生的、各期金额比较稳定的成本,如办公费、折旧费等,它与订货次数无关;变动订货成本与订货次数有关,如差旅费、检验费等,与进货次数成正比。

(二)储存成本

储存成本,是指企业为持有存货而发生的成本,主要包括存货占用资金的机会成本(以现金购买存货而丧失的其他投资机会可能带来的投资收益)或资金占用费(以贷款购买存货的利息成本)、仓储费用、保险费用、存货库存损耗等。储存成本按是否与存货的储存数量有关,分为固定性成本和变动性成本。其中,固定性成本在一定范围内与存货储存数量无关,如仓库折旧费用、仓库管理人员的固定工资等。变动性成本与存货的储存数量密切相关,如存货占用资金的机会成本、保险费用等。

(三)缺货成本

缺货成本,是指因存货不足而给企业造成的损失,主要包括由于原材料供应中断造成的停工待料损失或紧急采购增加的额外开支,产成品供应中断导致延误发货的信誉损失以及丧失销售机会的机会损失等。缺货成本能否成为存货经济批量决策的相关成本,应视企业是否允许出现缺货而定。如果允许缺货,则缺货成本与存货数量反向相关,属于决策相关成本;反之,如果企业不允许出现缺货,缺货成本为零,就无须考虑。

> **关键提示**
>
> 存货管理的目标就是要在存货成本与存货效益之间进行权衡,使持有存货的收益大于存货成本。

三、存货决策的经济批量模型

(一)经济采购批量的含义

经济采购批量(Economic Order Quantity)是使一定时期存货的相关总成本之和最低的

进货数量。通过上述对存货成本分析可知,决定进货批量的成本因素包括变动性订货成本、变动性储存成本以及允许缺货时的缺货成本。不同的成本项目与进货批量呈现不同的变动关系。订购的批量大,储存的存货就多,这会使储存成本上升,但由于订货次数相应减少,会使订货成本与缺货成本降低;反之,降低采购批量,可减少库存,降低储存成本,但采购次数的相应增加,会使订货成本与缺货成本的上升。因此,如何协调各项成本间的关系,使其总和保持最低水平,是企业组织进货过程中需解决的主要问题。

(二)经济采购批量的基本模型

与存货总成本有关的变量很多,通过对上述存货成本分析可知,决定存货经济批量的成本因素主要包括变动性进货费用、变动性储存成本。所以,存货决策的重点就是要使存货的变动性进货费用和变动性储存成本之和为最低。用经济采购批量基本模型可以解决这个问题。

所谓"经济采购批量基本模型"就是采用数学的方法计算出最合理的存货采购批量,并确保企业一定时期的订货成本与储存成本之和为最低的决策模型。该模型的建立需要设立一些假设条件。这些假设条件包括:

1. 一定时期的进货总量可以准确地预测。
2. 存货的消耗比较均衡。
3. 价格稳定且不存在数量折扣,每当存货量降为 0 时,下一批存货能马上一次到位。
4. 仓储条件以及所需现金不受限制。
5. 不允许缺货。
6. 存货市场供应充足。

根据上述假设,存货总成本＝变动性进货费用＋变动性储存成本

设:Q——进货批量;
   A——某种存货全年进货总量;
   B——平均每次进货费用;
   C——单位存货年储存成本;
   P——进货单价;
   TC——存货总成本;
   N——进货次数;
   W——经济进货批量平均占用资金,则:

变动性进货费用＝进货次数×平均每次进货费用＝N×B

$$=\frac{存货全年进货总量}{每次进货批量}\times 每次进货费用=\frac{A}{Q}\times B$$

变动性储存成本＝平均储存量×单位存货年储存成本

$$=\frac{Q}{2}\times C$$

因而，
$$TC = \frac{Q}{2} \times C + \frac{A}{Q} \times B$$

当变动性进货费用等于变动性储存成本时，两者总和最低，此时的进货批量就是经济进货批量。则：经济进货批量

$$Q = \sqrt{\frac{2AB}{C}}$$

将经济进货批量 Q 的数据代入存货总成本公式，
$$TC = \frac{Q}{2} \times C + \frac{A}{Q} \times B$$

则 $TC = \sqrt{2ABC}$

所以，经济进货批量平均占用资金

$$W = \frac{Q}{2} \times P$$

年度最佳进货次数

$$N = \frac{A}{Q}$$

【业务实例 8-3-1】宏达公司需要甲材料 36 000 千克，计划单价 20 元，每次采购费用 500 元，单位甲材料年储存成本为 4 元。要求计算甲材料：

(1)经济采购批量；
(2)存货相关总成本；
(3)最佳采购次数；
(4)最佳采购周期；
(5)最佳存货资金占用额。

解：(1)经济订货批量 $Q = \sqrt{\frac{2 \times 36\,000 \times 500}{4}} = 3\,000$（千克）

(2)存货相关总成本 $TC = \sqrt{2 \times 36\,000 \times 500 \times 4} = 12\,000$（元）

(3)最佳采购次数 $N = 36\,000 \div 3\,000 = 12$（次）

(4)最佳采购周期 $t = 360 \div 12 = 30$（天）

(5)最佳存货资金占用额 $W = 20 \times \frac{3\,000}{2} = 30\,000$（元）

(三)有数量折扣情况下经济采购批量的模型

存货经济采购批量基本模型中有存货的价格稳定且不存在数量折扣的假设。为了鼓励

客户购买更多的商品,销售企业通常会给予不同程度的价格优惠,购买越多,所获得的价格优惠越大。此时,存货采购成本已经与进货批量的大小有了直接的联系,属于决策的相关成本。因此,进货企业对经济进货批量的确定,除了考虑相关的订货成本与储存成本外,还应考虑存货的采购成本。

在经济批量模型其他各种假设条件均具备的前提下,存在商业折扣时的存货相关总成本可按下式计算:

存货相关总成本＝采购成本＋相关订货成本＋相关储存成本

有数量折扣的经济采购批量一般按下列步骤进行决策:

其一,按照存货经济采购批量的基本模型计算无数量折扣情况下的经济采购批量及存货总成本;

其二,针对销售企业给予的数量折扣,计算在不同批量下的存货总成本;

其三,比较经济采购批量与不同批量下的存货总成本,总成本最低的批量就是最佳采购批量。

【业务实例8-3-2】某企业全年需要A材料3 000千克,每千克买价100元,每次订货成本60元,单位储存成本4元。该材料的供货方提出,若该材料每次购买500至1 000千克,将享受2%的数量折扣;若该材料每次购买数量在1 000千克以上,则将享受5%的数量折扣。试计算确定A材料经济采购批量。

(1)计算不享受折扣条件的存货相关总成本:

经济采购批量: $Q = \sqrt{\dfrac{2 \times 3\,000 \times 60}{4}} = 300$(千克)

采购成本＝3 000×100＝300 000(元)

订货成本＝(3 000÷300)×60＝600(元)

储存成本＝(300÷2)×4＝600(元)

存货总成本＝300 000＋600＋600＝301 200(元)

(2)计算500千克采购批量的存货相关总成本:

采购成本＝3 000×100×(1－2%)＝294 000(元)

订货成本＝(3 000÷500)×60＝360(元)

储存成本＝(500÷2)×4＝1 000(元)

存货总成本＝294 000＋360＋1 000＝295 360(元)

(3)计算1 000千克采购批量的存货相关总成本:

采购成本＝3 000×100×(1－5%)＝285 000(元)

订货成本＝(3 000÷1 000)×60＝180(元)

储存成本＝(1 000÷2)×4＝2 000(元)

存货总成本＝285 000＋180＋2 000＝287 180(元)

通过比较可以看出,每次进货为1 000千克时的存货相关总成本最低,所以,此时的经济采购批量应为1 000千克。

四、存货的日常管理

(一)存货储存期控制

1. 存货储存费用的分类

存货储存费用,是指企业进行存货投资发生的各种费用,按其与存货储存期的关系分为:

(1)固定储存费:与存货储存期无关,其总额不变。如进货费用、管理费用等。

(2)变动储存费:与存货储存期成正比。如存货资金占用费(应计利息、机会成本)、存货仓储管理费、仓储损耗(在损耗较小时,将其视为固定储存费)。

$$变动储存费 = 每日变动储存费 \times 存货储存天数$$

2. 利润与存货储存期的关系

$$利润 = 毛利 - 固定储存费 - 销售税金及附加 - 变动储存费$$
$$= 毛利 - 固定储存费 - 销售税金及附加 - 每日变动储存费 \times 存货储存天数$$

3. 存货保本储存期

存货保本储存期,是指当利润为0时的存货储存期。即:

$$毛利 - 固定储存费 - 销售税金及附加 - 每日变动储存费 \times 存货保本储存天数 = 0$$

则:

$$存货保本储存天数 = \frac{毛利 - 固定储存费 - 销售税金及附加}{每日变动储存费}$$

4. 存货保利储存期

存货保利储存期,是指恰好能够实现目标利润的存货储存期。即:

$$毛利 - 固定储存费 - 销售税金及附加 - 每日变动储存费 \times 存货保利储存天数 = 目标利润$$

则:

$$存货保利储存天数 = \frac{毛利 - 固定储存费 - 销售税金及附加 - 目标利润}{每日变动储存费}$$

对存货储存期进行分析测算及控制,可以及时地为经营决策者提供存货的储存状态信息,以便决策者对不同的存货采取相应的措施。一般而言,凡是已过保本期的商品大多属于积压的存货,企业应该采取降价促销的办法,尽快将其推销出去;对超过保利期但未过保本期的存货,应当查明原因,找出对策,力争在保本期内将其销售出去;对于尚未超过保利期的存货,应当严密监督,防止发生过期损失。企业每隔一段时间应对各类商品或产品的销售状况作出总结,调整企业未来的产品结构,提高存货的周转速度和投资效益。

(二)存货 ABC 分类管理

ABC 控制法是意大利经济学家巴雷特于 19 世纪首创,经不断发展和完善,现已广泛用于存货管理、成本管理和生产管理。对于一个大型企业,常有成千上万种存货项目,在这些项目中,有的价格昂贵,有的不值几文;有的数量庞大,有的寥寥无几。如果不分主次,面面俱到,对每一种存货都进行周密的规划,严格的控制,就抓不住重点,不能有效地控制主要存货资金。ABC 控制法正是针对这一问题提出来的重点管理方法。

1. ABC 分类管理的含义

存货 ABC 分类管理就是按照一定的标准,将企业的存货划分为 A、B、C 三类,分别实行分品种重点管理、分类别一般控制和按总额灵活掌握的存货管理方法。

2. 存货 ABC 分类的标准

(1)金额标准——基本标准。

(2)品种数量标准——参考标准。

存货类别	特点	金额比重	品种数量比重	管理方法
A	金额巨大,品种数量较少	70%	10%	分品种重点管理
B	金额一般,品种数量较多	20%	20%	分类别一般控制
C	品种数量繁多,金额很小	10%	70%	按总额灵活掌握

3. ABC 法控制存货资金的步骤

(1)计算每一种存货在一定时间内(一般为一年)的资金占用额。

(2)计算每一种存货资金占用额占全部资金占用额的百分比,并按大小顺序排列,编成表格。

(3)根据事先测定好的标准,把最重要的存货划为 A 类,把一般存货划为 B 类,把不重要的存货划为 C 类,并画图表示出来。

(4)对 A 类存货进行重点规划和控制,对 B 类存货进行次重点管理,对 C 类存货只进行一般管理。

◆ 任务实施

1. 计算该企业最佳经济批量及最小存货相关总成本。

2. 计算在该经济批量下企业的最佳采购次数、最佳订货周期和最佳存货资金占用额。

❖ 项目小结

1. 营运资金,是指在企业生产经营活动中占用在流动资产上的资金,具体含义有广义和狭义之分。营运资金具有周转的短期性、实物形态的易变现性和变动性、数量的波动性、来源的灵活多样性等特点。营运资金的管理包括流动资产与流动负债的管理。

2. 现金是流动性最强的资产,企业持有现金的动机有交易动机、预防动机和投机动机。现金管理的目标在于既保证企业交易所需资金,降低风险,又不使企业有过多的闲置现金,以增加收益。现金管理的内容包括最佳现金持有量的确定和现金的日常管理。

3. 应收账款的功能有增加销售、减少存货,应收账款的成本包括机会成本、管理成本和坏账成本。应收账款政策的制定,决定于企业的信用标准、信用条件和收账政策。应收账款的日常控制包括信用调查、信用评估和收账的日常管理。

4. 存货的功能,是指存货在生产经营过程中的作用。存货的成本有进货成本、储存成本和缺货成本。存货的控制方法包括经济批量控制、储存期控制、ABC 控制法。

职业能力与技能训练

一、职业能力训练

(一)单选题

1. A 公司全年需用 C 产品 2 400 吨,每次订货成本为 400 元,每吨产品年储备成本为 12 元,则每年最佳订货次数为(　　)次。
   A. 14　　　　　　B. 5　　　　　　C. 3　　　　　　D. 6

2. 企业置存货币资金的原因主要是(　　)
   A. 满足交易性、预防性、收益性需要　　B. 满足交易性、投机性、收益性需要
   C. 满足交易性、预防性、投机性需要　　D. 满足交易性、投资性、收益性需要

3. 应收账款的成本包括(　　)
   A. 资本成本　　　B. 短缺成本　　　C. 管理成本　　　D. 主营业务成本

4. 企业为应付紧急情况的需要而置存货币资金主要是出于(　　)动机的需要。
   A. 交易　　　　　B. 预防　　　　　C. 投机　　　　　D. 安全

5. 在成本分析模式和存货分析模式下确定最佳货币资金持有量时,都须考虑的成本是(　　)
   A. 现金的机会成本　B. 短缺成本　　　C. 管理成本　　　D. 转换成本

6. 下列(　　)属于应收账款的机会成本。
   A. 对客户的资信调查费用　　　　　　B. 收账费用

C. 坏账损失 D. 应收账款占用资金的应计利息

7. 下列选项中,( )同货币资金持有量成正比例。
   A. 转换成本 B. 机会成本
   C. 货币资金的短缺成本 D. 管理费用

8. 在存货分析模式下,最佳货币资金持有量是使( )之和保持最低的现金持有量。
   A. 机会成本与短缺成本
   B. 短缺成本与转换成本
   C. 现金管理的机会成本与固定性转换成本
   D. 现金管理的机会成本与变动性转换成本

9. 下列各项中,信用条件构成要素不包括的是( )
   A. 信用期限 B. 现金折扣 C. 折扣期限 D. 商业折扣

10. 经济进货批量基本模型所依据的假设不包括( )
    A. 所需存货市场供应充足 B. 存货价格稳定
    C. 仓储条件不受限制 D. 允许缺货

11. 下列有关货币资金的成本中,属于固定成本性质的是( )
    A. 货币资金管理成本 B. 货币资金的机会成本
    C. 转换成本中的委托买卖佣金 D. 货币资金短缺成本

12. 某企业每月现金需要量为 250 000 元,现金与有价证券的每次转换金额和转换成本分别为 50 000 元和 40 元,其每月现金的转换成本为( )元。
    A. 200 B. 1 250 C. 40 D. 5 000

13. 信用标准是( )的重要内容。
    A. 信用条件 B. 信用政策 C. 收账政策 D. 信用期限

14. 通常情况下,企业持有货币资金的机会成本( )
    A. 与货币资金余额成反比 B. 等于有价证券的利息
    C. 与持有时间成反比 D. 是决策的无关成本

15. 假定某企业每月现金需要量为 160 000 元,现金和有价证券的转换成本为 30 元,有价证券的月利率为 0.6%,则该企业最佳现金余额为( )元。
    A. 80 000 B. 40 000 C. 20 000 D. 160 000

16. 对现金折扣的表述,正确的是( )
    A. 又叫商业折扣 B. 折扣率越低,企业付出的代价越高
    C. 目的是为了加快账款的回收 D. 为了增加利润,应当取消现金折扣

17. 在其他因素不变的情况下,企业采用积极的收账政策,可能导致的后果是( )
    A. 坏账损失增加 B. 应收账款投资增加
    C. 收账费用增加 D. 平均收账期延长

18. 存货 ABC 分类控制法中，A 类物资属性是( )
    A. 金额大、数量少　　　　　　　　B. 金额小、数量少
    C. 金额大、数量多　　　　　　　　D. 金额小、数量多
19. 下列不属于应收账款管理成本的是( )
    A. 信用调查费用　　　　　　　　　B. 记录分析费用
    C. 收账人员工资　　　　　　　　　D. 催收账款费用
20. 某公司预计 2012 年应收账款的总计金额为 3 000 万元，必要的现金支付为 2 100 万元，应收账款收现以外的其他稳定可靠的现金流入总额为 600 万元，则该公司 2012 年的应收账款收现保证率为( )
    A. 70％　　　　B. 20.75％　　　　C. 50％　　　　D. 28.57％

(二)多选题

1. 应收账款信用条件的组成要素有( )
    A. 信用期限　　　B. 现金折扣期　　　C. 现金折扣率　　　D. 商业折扣
2. 通常在基本模型下确定经济批量时，应考虑的成本是( )
    A. 采购成本　　　B. 进货费用　　　C. 储存成本　　　D. 缺货成本
3. 利用成本分析模式确定最佳货币资金持有量时，应予考虑的成本费用项目有( )
    A. 货币的机会成本　B. 短缺成本　　C. 转换成本　　　D. 管理成本
4. 应收账款周转率提高意味着( )
    A. 销售成本降低　　　　　　　　　B. 短期偿债能力增强
    C. 收账费用水平降低　　　　　　　D. 赊账业务减少
5. 下列各项中，属于信用政策的有( )
    A. 信用条件　　　B. 信用标准　　　C. 收账政策　　　D. 现销政策
6. 存货的主要成本包括( )
    A. 进货成本　　　B. 缺货成本　　　C. 储存成本　　　D. 管理成本
7. 缩短信用期有可能会使( )
    A. 销售额增加　　　　　　　　　　B. 应收账款减少
    C. 收账费用增加　　　　　　　　　D. 坏账损失减少
8. 货币资金日常管理应注意( )
    A. 缩短收款时间　　　　　　　　　B. 推迟付款日期
    C. 利用闲置资金　　　　　　　　　D. 尽量不用货币资金
9. ABC 分类的标准主要有( )
    A. 重量　　　　　B. 金额　　　　　C. 品种数量　　　D. 体积
10. 客户资信程度的高低通常决定于( )
    A. 客户的信用品质　　　　　　　　B. 偿付能力

C. 资本　　　　　　　　　　　D. 抵押品和经济情况

(三)判断题

1. 置存货币资金的成本包括持有成本、转换成本、短缺成本、管理成本。　　(　　)

2. 增加收账费用，就会减少坏账损失，当收账费用增加到一定程度时，就不会发生坏账损失。　　(　　)

3. 存货的取得成本是由购置成本和订货成本两部分构成的，这两部分成本都是实际发生的，都是存货控制决策中的相关成本。　　(　　)

4. 流动资金在企业正常经营中是必需的，企业的流动资金，特别是其中的货币资金越多越好。　　(　　)

5. 成本分析模式下，使机会成本、管理成本和短缺成本之和最小时的货币资金持有量是最佳的。　　(　　)

6. 企业是否延长信用期限，应将延长信用期后增加的销售利润与增加的机会成本、管理成本和坏账成本进行比较。　　(　　)

7. 存货 ABC 控制法中，C 类物资是指数量少、价值低的物质。　　(　　)

8. 存货的订货成本一般与存货的订货次数有关，而与存货的订货数量无关。　　(　　)

9. 赊销是扩大销售的有力手段之一，企业应尽可能放宽信用条件，增加赊销量。(　　)

10. 存货的经济批量订货模型，经济订货量是使订货成本和储存成本相等的订货批量。
　　(　　)

二、职业技能训练

(一)计算分析

1. 甲企业现金收支状况平稳，预计全年(按 360 天计算)需要现金 100 000 元，现金与有价证券的转换成本为每次 800 元，有价证券的年利率为 10%。

要求：(1)计算最佳现金持有量。

(2)计算最低现金管理相关总成本。

(3)计算转换成本和持有机会成本。

(4)计算有价证券交易次数及有价证券交易间隔期。

2. 振宇股份公司现有 A、B、C 三种现金持有方案，有关资料如下(单位：万元)

项目	A	B	C
现金持有量	100	200	400
机会成本率	10%	10%	10%
短缺成本	56	25	0

要求:选择最佳现金持有方案。

3. 某企业计划年度销售收入为 7 200 万元,全部采用商业信用方式销售,客户在 10 天内付款折扣 2%;超过 10 天但在 20 天内付款,折扣 1%;超过 20 天但在 30 天内付款,按全价付款。预计客户在 10 天内付款的比率为 50%,20 天内付款的比率为 30%,超过 20 天但在 30 天内付款的比率为 20%。同期有价证券年利率为 10%,变动成本率为 50%。

要求:(1)计算企业收款平均间隔天数。

(2)计算每日信用销售额。

(3)计算应收账款余额。

(4)计算应收账款机会成本。

4. 某企业只生产销售一种产品,每年赊销额为 240 万元,该企业产品变动成本率为 80%,资金利润率为 25%。企业现有 A、B 两种收账政策可供选用。有关资料如下所示:

项目	A 政策	B 政策
平均收账期(天)	60	45
坏账损失率(%)	3	2
应收账款平均余额(万元)		
收账成本	×××	×××
应收账款机会成本(万元)		
坏账损失(万元)		
年收账费用(万元)	1.8	7
收账成本合计		

要求:(1)计算填列表中的空白部分(一年按 360 天计算)。

(2)对上述收账政策进行决策。

(3)若企业倾向于选择 B 政策,判断其他条件不变,则 B 政策的收账费用上限为多少?

5. 某企业所需某种材料采购总量为 1 000 吨,材料单价为 5 000 元;每次采购费用为 800 元,每吨材料平均保管费用为 40 元。

要求:计算经济采购批量、订货周期及全年最低相关总成本。

(二)案例分析

大华公司是一家销售小型及微处理电脑的电脑公司,其市场目标是针对小规模的公司,这些公司只需要使用电脑而不需要购买像 IBM 所供的大型电脑设备。公司所生产的产品性能佳,销路很好,市场占有率扩张迅速。该公司 2010 年至 2012 年相关资料如下:

1. 公司的销售条件为(2/10,n/90),约半数的顾客享受折扣,但有许多未享受折扣的顾客延期付款,平均收账期约 60 天。2012 年的坏账损失为 500 万元,信贷部门的成本(分析及收账费用)为 50 万元。

2.如果改变信用条件为(2/10,n/30),那么很可能引起下列变化:
(1)销售额由原来的 1 亿元降为 9 000 万元。
(2)坏账损失减少为 90 万元。
(3)信贷部门成本增加至 100 万元。
(4)享受折扣的顾客由 50%增加到 70%(假定未享受折扣的顾客也能在信用期内付款)。
(5)由于销售规模下降,公司存货资金占用将减少 1 000 万元。
(6)公司销售的变动成本率为 60%,资金成本率为 10%。

请分析计算以下几个问题,为 2013 年公司应采取的信用政策提出意见:
(1)为改善公司目前的财务状况,公司应采取什么措施?
(2)改变信用政策后,预期相关资金变动额是多少?
(3)改变信用政策后,预期利润变动额是多少?
(4)该公司 2013 年是否应该改变其信用政策?

三、模拟实训

(一)实训目标

1.通过实训进一步理解现金、应收账款和存货管理的要求。
2.培养学生运用所学知识分析问题、解决问题的能力。

(二)实训学时

2 学时

(三)实训内容

1.科化公司预计全年(一年按 360 天计算)现金需要量为 500 000 元,有价证券的年利率为 12%,该公司现金管理相关总成本目标为 3 000 元。

要求:(1)计算有价证券转换成本的限额。

(2)计算最优现金余额。

(3)计算最佳有价证券的交易间隔期。

2.某企业全年需从外购入某零件 1 200 件,每批进货费用 400 元,单位零件的年储存成本 6 元,该零件每件进价 10 元。销售企业规定:客户每批购买量不足 600 件,按标准价格计算,每批购买量达到 600 件,价格优惠 3%。

要求:(1)计算该企业进货批量为多少时,才是有利的。

(2)计算该企业最佳的进货次数。

(3)计算该企业最佳的进货间隔期为多少天。

3. A公司2012年销售收入为20 000元,销售利润为4 000元,变动成本率为75%,固定成本为1 000元。假设该公司预测2013年变动成本率和固定成本都无变化,则该公司在2013年延长信用期并提供现金折扣,拟订A、B两个方案如下表:

项目	2012年	2013年A方案	2013年B方案
信用期限	20天	30天	40天
现金折扣	n/20	2/10,n/30	2.5/10,n/40
销售收入	20 000元	24 000元	28 000元
平均收账期	30天	20天	25天
市场利息率	9%	9%	9%
坏账损失率	6%	3%	4%

此外,估计取得现金折扣的销售额占总销售额的百分比为:A方案40%,B方案50%。

要求:分析判断该公司2013年是否变更信用条件,如果变更应采用A方案还是B方案?

4. 宏远公司目前采用信用期为60天、无现金折扣的信用政策,年赊销收入为6 000万元,其变动成本率为65%。在目前信用政策下,收账费用为88万元,坏账损失率为赊销额的6%。为了吸引顾客尽早付款,降低应收账款成本,公司决定采用现金折扣政策。现金折扣的条件是"2/10,1/20,n/60"。预计采用现金折扣不会影响赊销规模,采用现金折扣后的预计收账费用为70万元,坏账损失率为赊销额的4%;预计占赊销额70%的客户会利用2%的现金折扣,占赊销额10%的客户会利用1%的现金折扣。该企业资本成本率为8%。要求:通过计算判断,宏远公司是否应采用现金折扣政策。

四、校外实习

实习项目　营运资金管理岗位实习

(一)实习性质

营运资金管理岗位实习是在学生学习了营运资金管理理论知识后进行的,是加深学生对营运资金管理理解及提高学生运用理论知识解决问题的实践性教学环节,是明确企业的现金管理、应收账款管理、存货管理方法及其在财务管理中的重要性,巩固课程营运资金管理理论知识不可缺少的环节,是课程教学大纲的重要组成部分。

(二)实习目的

1. 通过营运资金管理岗位实习,了解企业现金的日常管理方法。
2. 通过营运资金管理岗位实习,了解最佳现金持有量的确定方法。

3.通过营运资金管理岗位实习,了解企业信用标准、信用条件及收账政策。

4.通过营运资金管理岗位实习,了解企业如何确定企业信用政策。

5.通过营运资金管理岗位实习,了解企业存货的日常管理。

6.通过营运资金管理岗位实习,明确营运资金管理的重要性。

(三)实习组织方法

1.营运资金管理岗位实习是在相关系主任领导下,由教研室主任负责,2名专业教师组成实习指导团队,组织一个班级进行岗位实习。

2.营运资金管理岗位实习安排在营运资金管理理论课程内容学习后进行,为期半天。

3.营运资金管理岗位实习前联系一家在营运资金管理方面有着成功经验的企业,组织学生实习。

4.在学生岗位实习过程中,邀请营运资金管理岗位实习指导师傅现场讲授,并结合企业的实际情况,设计企业营运资金管理案例,组织学生参与讨论、计算、分析和判断。

5.营运资金管理岗位实习学生返校后,由学生完成营运资金管理岗位实习体会。

(四)实习内容及要求

1.了解实习企业的概况,生产经营的主要产品、经济效益、行业特点、行业地位等。

2.了解实习企业关于营运资金管理的财务制度,包括现金日常管理制度、应收账款管理制度、存货管理制度。

3.了解实习企业最佳现金持有量的确定方法。

4.了解实习企业目前应收账款规模、企业信用标准、信用条件及收账政策。

5.了解实习企业存货经济采购批量的确定方法。

6.请企业营运资金管理岗位师傅根据企业营运资金管理实际情况设计营运资金管理案例,要求学生参与讨论、计算、分析、评价。

7.学生就营运资金管理方面的问题向营运资金管理岗位师傅请教。

(五)实习成果

学生岗位实习后,对营运资金管理岗位师傅介绍的企业相关情况应认真记录,以便为撰写岗位实习体会积累资料。岗位实习后,每位学生必须撰写营运资金管理岗位实习报告,其内容包括:

1.企业概况:实习企业的性质、生产经营情况、行业特点、行业地位。

2.企业营运资金管理情况:包括企业现金的日常管理,企业信用标准、信用条件及收账政策方式,存货的日常管理等内容。

3.评价企业营运资金管理:包括企业营运资金管理方面的优缺点及可以借鉴的成功经验。

4. 实习心得：主要阐明营运资金管理在企业财务管理中的重要性，岗位实习后对营运资金管理的理解和认识。

(六)成绩评定

根据学生岗位实习报告的内容、完整性及深度，结合学生实习态度及遵守纪律情况，按优、良、中、及格、不及格评定成绩，并按一定比例计算课程学习成绩。

项目九
收益分配管理

知识目标

- 掌握利润分配的原则和基本程序
- 掌握各种股利分配政策的基本原理、计算方法、优缺点和适用范围

能力目标

- 能够分析评价企业的股利分配政策
- 能够确定企业的股利分配方案

任务一　利润分配管理

◆ 任务引入

2013年2月28日,宏达公司三楼会议室里正在召开一年一度的公司董事会财务决算会议,会议由董事长主持,各相关人员也已到齐。财务部钱部长汇报了2012年度公司实现净利润35 000万元,比去年增长了150%,并提出了以下几种利润分配方案提交大会讨论:

1. 不向投资者分配,全部用于企业新项目的投资。
2. 按照公司盈利的50%发放现金股利,保留50%用于新项目的投资。
3. 只派发股票股利,不发放现金股利。
4. 与前几年一样,每10股派发1元。

假如你是与会董事,你将赞成哪种方案?为什么?

◆ 相关知识

利润分配是企业财务活动的重要环节,正确而合理地进行利润分配,直接关系与企业相关各方的利益,对企业长远发展目标和取得最佳经济效益会产生重要影响。因而,在实践

中,采用何种利润分配政策就显得非常重要,需要我们不断地去探索。

一、利润分配的含义

利润分配,是指企业对一定时期实现的净利润按照国家的有关规定在企业和投资者之间进行的分配。利润分配有广义和狭义之分,广义的利润分配,是指对企业收入和利润进行分配的过程;狭义的利润分配,是指对企业净利润的分配,实际上就是确定企业一定时期实现的净利润在对企业投资者分红与企业留存利润之间的比例。

一个科学的利润分配方案可以做到权衡各方面的利益主体的期望,充分兼顾不同方面的利益主体的要求,处理好投资者近期利益与企业长远发展的关系,特别是能够注意到利润分配与企业内部筹资和投资的密切关系,确保利润分配决策与企业筹资和投资决策的相互协调,更加全面地考虑到企业长远利益与短期利益的协调。

◆ 关键提示

对企业利润进行分配,实际上是一种利用财务手段,包括会计核算在内,确保企业税后利润的合理归属和正确分配的管理过程。

二、利润分配的原则

由于企业利润分配过程涉及多方面利益群体,为了保证各方面利益的均衡,必须遵循以下原则:

(一)依法分配原则

依法分配是企业在进行利润分配时必须遵循的一般原则,也是企业正确处理各项财务关系的关键。为此,国家制定和颁布了若干法律法规,明确了企业利润分配的基本要求、一般程序和重大比例,要求企业必须依法进行分配,严格执行相关政策。

(二)资本保全原则

资本保全要求企业在经营活动中,以保全其资本的完整无损为前提来确认收益。企业的收益分配是对投资者投入资本的增值部分进行的分配,不是投资者资本金的返还。以企业的资本金进行的分配,属于一种清算行为,而不是收益的分配。企业必须在有可供分配留存收益的情况下进行收益分配,只有这样才能充分保护投资者的利益。

(三)兼顾职工利益原则

利润分配的对象是企业的净利润,它归投资者所有。投资者作为资本的投入者和企业的所有者,依法享有分配权,这是企业的基本制度,也是企业所有者对企业投资的根本动力所在。而企业的职工不一定是企业的投资者,净利润原则上不归他们所有,但企业的利润是由他们劳动创造的,因此,职工除了获得薪金外,还应以一定的方式参与企业净利润的分配。如在净利润中提取公益金,就是用于职工集体福利设施的购建开支。公益金是所有者权益的组成部分,职工虽然没有所有权,但对这些福利设施享有使用权和保管权。因此,在进行利润分配时,既要维护投资者的合法权益,又要兼顾全体职工的切身利益。

(四)分配与积累并重原则

企业进行利润分配时,要正确处理长期利益和短期利益的关系,坚持分配与积累并重的原则。企业可用于分配的利润要视具体情况而定。一般来说,企业除按规定提取法定盈余公积金外,还可适当留存一部分利润投入生产经营过程用于周转。这样处理,一方面为企业扩大生产筹措资金,增强了企业的积累;另一方面也提高了企业应对风险的能力,起到未来年度以丰补歉、平抑利润分配数额波动、稳定投资报酬率的作用,使企业经营更安全。总之,企业的利润分配要做到当期利益与长远利益相结合,保证企业的长远发展。

(五)投资与收益对等原则

投资与收益对等原则,是指根据投资者的投资份额进行利润的分配。企业分配利润时应当体现谁投资谁受益、受益大小与投资比例相适应,这是正确处理投资者利益关系的基本条件。投资者因其投资行为而享有利润分配权并同其投资的比例相适应。这就要求企业在向投资者分配利润时,应当遵循公开、公平、公正的"三公"原则,不搞幕后交易,不得以其在企业中的特殊地位牟取私利,这样,才能从根本上保护投资者的利益。

三、利润分配的一般程序

利润分配程序,是指公司制企业依据适用的法律、法规或规定,对企业一定期间实现的净利润进行分配必须经过的先后步骤。

(一)非股份制企业的利润分配程序

根据我国《公司法》等有关规定,非股份制企业当年实现的利润总额应按国家有关税法的规定作相应的调整,然后依法缴纳所得税。缴纳所得税后的净利润按下列顺序进行分配:

1.弥补以前年度亏损

我国现行的所得税法规定,企业当年发生亏损,可以用下一纳税年度的税前利润弥补;如下一纳税年度的税前利润不足弥补的,则可以在连续5年内用税前利润弥补;如5年后仍然不能弥补,则在税后利润中弥补。这里所说的弥补以前年度亏损就是指5年后的弥补。

2.计提法定盈余公积金

法定盈余公积金是企业按照一定比例从税后利润中提取的用于生产经营的资金。它既是保全企业资本、防止因滥分利润而损害债权人的需要,也是企业为了扩大再生产而通过内

部积累资金的需要。具体而言,法定盈余公积金的用途是:

(1)弥补亏损。

(2)转增资本金。法定盈余公积金按照税后利润减去用于罚没损失和弥补亏损后余额的10%提取,当其累计金额已达注册资本的50%以上时,可不再提取;转增资本金以后,余额不得低于注册资本的25%。

随着我国住房分配制度的改革,按照财政部的有关规定,企业已不得再为职工住房筹集资金,因此,新的《公司法》规定,企业原来在税后利润中提取的公益金不再提取并将企业2005年12月31日的公益金结余,转作盈余公积金管理使用;如为赤字的,依次以盈余公积金、资本公积金、以前年度未分配利润弥补,弥补后仍为赤字的,结转到未分配利润账户,用以后年度实现的税后利润弥补。

3. 计提任意盈余公积金

任意盈余公积金,是指企业出于未来发展的需要或基于比较谨慎的财务策略,从税后利润中提取的资金。相对于法定盈余公积,任意盈余公积金没有规定的提取比例,不受外力强制,体现了自愿性。也就是说,计提与否及计提多少可以根据企业的具体情况而定。然而,这并不意味着企业财务人员可以随心所欲地计提,任意盈余公积金的提取必须按照公司章程的有关规定或根据公司董事会及股东大会决议进行。

任意盈余公积金的提取比例较灵活,但其性质属于已指定用途的资金,这样就减少了对普通股股利分配的数额,起到控制向普通股股东分配股利及调整各年股利分配波动的作用。而对普通股股利分配的这种限制来自企业管理部门,目的是为了使企业在未来能更好地发展,其意义是重大的。

4. 向投资者分配利润

净利润扣除上述项目后,再加上以前年度的未分配利润,即为可向投资者分配的利润。本年度的利润也可以留一部分用于次年分配。

【业务实例9-1-1】腾飞公司2008年亏损20万元,2009年盈利2万元,2010年盈利3万元,2011年盈利5万元,2012年盈利8万元,2013年盈利10万元。假设无纳税调整事项,所得税率为25%。

请回答:(1)2012年腾飞公司是否应缴纳所得税?能否进行利润分配?

(2)2013年腾飞公司是否应缴纳所得税?缴纳多少?是否应提取法定盈余公积金?按10%的比率计提法定盈余公积,应提取多少?

解:(1)2012年末未分配利润=-20+(2+3+5+8)=-2(万元)

由于2012年末腾飞公司未分配利润为(-2万元),所以2012年腾飞公司不应缴纳所得税,也不进行利润分配。

(2)2013年末未分配利润=-2+10=8(万元) (应该缴纳所得税)

2013年应缴纳所得税=8×25%=2(万元)

2013年末可供分配利润=8-2=6(万元) (可以提取法定盈余公积金)

2013年末计提法定盈余公积金＝6×10％＝0.6(万元)

(二)股份制企业的利润分配程序

1. 弥补以前年度亏损

2. 提取法定盈余公积金

3. 支付优先股股利

优先股按事先约定的股利率取得股利，不受企业盈利与否或多少的影响。

4. 提取任意盈余公积金

任意盈余公积金是根据企业发展的需要自行提取的公积金，其提取基数与计提法定盈余公积金的基数相同，计提比例由股东会根据需要决定。

5. 支付普通股股利

企业当年无利润时一般不得向投资者分配利润，但考虑到股份有限公司为维护其股票市价和信誉，避免股票市价大幅度波动，在公司当年无利润但用公积金弥补亏损后，经股东大会特别决议，可按照不超过股票面值6％的比率用公积金向股东分配股利，不过留存的法定公积金不得低于注册资本的25％。因此，股份有限公司当年是否向投资者分配利润，并不取决于公司当年是否盈利，而是取决于公司当年是否有可供分配利润。

任务二 确定股利分配方案

◆任务引入

某上市公司自2005年以来经营状况和收益状况一直处于相对稳定状态且在收益分配上，每年均发放了一定比例的现金股利。然而，2008年，由于环境因素的影响，所以公司获利水平大幅下降，总资产报酬率从去年的17％下降至5.5％且现金流量也明显趋于恶化。公司于2008年末召开了董事会，会议的重要议题是就2008年度的收益分配进行讨论，形成预案，以供股东大会决议。以下是两位董事的发言：

董事王庆：我认为公司2008年度应分配一定比例的现金股利，理由在于：第一，公司长期以来均分配了现金股利且呈逐年递增趋势，若2008年停止分配股利，则难免会影响公司的市场形象和理财环境；第二，根据测算，公司若按去年分配水平(0.5元/股)支付现金股利，则约需现金2 500万元，而我公司目前的资产负债率仅为40％，尚有约20％的举债空间，按目前的总资产(约50 000万元)测算，可增加举债约10 000万元，因此，公司的现金流量不会存在问题。

董事孙继：我认为公司2008年度应暂停支付现金股利，理由在于：第一，公司2008年经营及获利状况的不利变化主要是因环境因素所决定的，这些环境因素能否在短期内有明显改观尚难以预测，因此，为保护公司的资本实力，公司不宜分配现金股利；第二,公司尽管有较大的负债融资空间,但由于资产报酬率下降,使举债的财务风险较大,因此,不宜举债发放现金股利。鉴于公司目前尚有近 8 000 万元的未分配利润,建议可实行股票股利,这样一方面有利于稳定公司市场形象,另一方面又能节约现金支出。

你认为公司该如何制定股利政策?

❖ 相关知识

一、股利政策

股利政策是股份公司关于是否发放股利、发放多少以及何时发放的方针和政策。从狭义方面来说的股利政策就是指探讨保留盈余和普通股股利支付的比例关系问题,即股利发放比率的确定。而广义的股利政策则包括股利宣告日的确定、股利发放比例的确定、股利发放时的资金筹集等问题。

股利政策是现代公司理财活动的核心内容之一。一方面,它是公司筹资、投资活动的逻辑延续,是其理财行为的必然结果;另一方面,恰当的股利分配政策,不仅可以树立起良好的公司形象,而且能激发广大投资者对公司持续投资的热情,从而使公司获得长期、稳定的发展条件和机会。

常见的股利政策主要包括固定股利政策、固定股利支付率政策、剩余股利政策和正常股利加额外股利政策。

(一)固定股利政策

固定股利政策,是指公司将每年发放的股利固定下来并在较长时期内保持不变,只有当公司预期未来收益将会有显著的不可逆转的增长时才宣布增加股利。其目的主要是为了避免出现经营不善而削减股利的情况。这种股利政策的优点是能够向投资者传递公司经营业绩稳定、风险较小,公司正常发展的信息。这有利于增强投资者对公司的信心,稳定公司的股价,同时也有利于投资者安排股利收入和支出,特别是对股利有很强依赖性的股东有很强的吸引力。其缺点是股利支付与公司盈利能力脱节,当公司盈利下降或现金紧张时,仍要保证股利的正常发放,容易引起公司资金短缺,甚至发生财务危机。此外,还可能影响投资计划的实施或使公司的资本结构偏离目标值,从而加大资本成本。

采用固定股利政策,要求公司对未来的支付能力作出较好的判断。一般来说,公司确定的固定股利额不应太高,要留有余地,以免形成公司无力支付的困境。在持续通货膨胀的年代,奉行固定股利政策的公司会转而实行稳定增长的股利政策。

(二)固定股利支付率政策

固定股利支付率政策,是指公司每年都按一个固定的股利支付比率从税后利润中支付股利,并且在较长时期内保持不变。其目的是将各年支付给投资者的股利与公司的经营好坏挂钩,获得盈余较多的年份股利额较高,获得盈余较少的年份股利额较低。这种股利政策的优点是能够体现投资收益均衡原则,股利的多少与公司的财务成正相关,不会加大公司的财务压力;其缺点是由于股利变化较大,极易造成公司经营不稳定的现象,不利于股票价格的稳定与上涨,不利于公司的成长,也不可能使公司价值达到最大。

从企业支付能力的角度看,这是一种真正稳定的股利政策,主要适用处于成熟期、盈利相对稳定的公司。但这一政策将导致公司股利分配额的频繁变化,传递给外界一个公司经营不稳定的信息,因此,很少有企业采用这一股利政策。

(三)剩余股利政策

剩余股利政策就是在公司有着良好的投资机会时,根据一定的目标资本结构(最佳资本结构)测算出投资所需权益资本,先从提取过盈余公积金、公益金之后的利润中留用,如果有剩余,则作为股利予以分配;如果没有剩余,则不分配。

剩余股利政策是 MM 理论在股利政策实务上的具体应用。该理论认为,在完全资本市场中,股份公司的股利政策与公司普通股每股市价无关,公司派发股利的高低不会对股东的财富产生实质性的影响,公司决策者不必考虑公司的股利分配方式,公司的股利政策将随公司投资、融资方案的制定而确定。因此,在完全资本市场的条件下,股利完全取决于投资项目需用盈余后的剩余,投资者对于盈利的留存或发放股利毫无偏好。

剩余股利政策的优点是充分利用留存利润筹资成本最低的资本来源,保持理想的资本结构,使综合资金成本最低,实现企业价值的长期最大化;其缺点是股利发放额每年随投资机会和盈利水平的波动而波动,不利于投资者安排收入与支出,也不利于公司树立稳定经营的良好形象。

采用此政策时,应遵循以下四个步骤:

其一,设定目标资本结构,即确定权益资本与债务资本的最佳比例,在此资本结构下,加权平均资本成本将达到最低水平;

其二,利用最优资本结构比例,确定目标资本结构下企业投资项目所需的权益资本数额;

其三,最大限度地利用留存收益来满足投资所需的权益资本数额;

其四,留存收益在满足投资需要后尚有剩余时,再将其作为股利发放给投资者。

【业务实例9-2-1】通达股份公司 2012 年已提取过盈余公积金之后的税后净利润为 8 000万元,由于公司尚处于初创期,所以产品市场前景看好,产业优势明显。确定的目标资本结构为:资产负债率为 60%。如果 2013 年该公司有较好的投资项目,需要投资 6 000 万元,该公司采用剩余股利政策,则该公司应当如何融资和分配股利?

解:(1)按目标资本结构需要筹集的股东权益资本 = 6 000×(1−60%) = 2 400(万元)

(2)应分配的股利总额 = 8 000 − 2 400 = 5 600(万元)

(3)应当筹集负债资金＝6 000－2 400＝3 600(万元)

◆ 想一想

为什么通达股份公司不从应分配的股利5 600万元拿出3 600万元用于投资,而要采用负债融资?

◆ 试一试

阳光股份公司发行在外普通股1 000万股,去年实现净利润5 000万元,并分配现金股利,而今年公司的净利润只有2 800万元。该公司对未来发展仍有信心,决定投资2 500万元引进新生产线,所需要资金的60%来自举债,另外40%来自权益资本。如果公司采用剩余股利分配政策,那么请计算该公司今年可供分配的每股现金股利。

(四)正常股利加额外股利政策

正常股利加额外股利政策,是指公司每年按某一固定的数额向股东支付正常股利,当企业盈利较大幅度增加时,再根据实际需要,向股东追加一笔额外分红。这是一种介于固定与变动股利政策之间的折中股利政策。其目的是为了克服固定股利政策和固定股利支付率政策的缺点,保持各自的优点,使得股利分配政策更具有灵活性,增加了公司财务政策的弹性。当公司盈利较少或投资需要资金时,可以只支付较低的正常股利,股东不会有股利跌落感,这样既不会加大公司的财务压力,又能保证股东稳定的股利收入,可有效避免股价下跌的风险;而当公司盈利较多或没有好的投资机会时,可以通过发放额外股利的方式,让盈利转移到股东的手中,增加股东对公司的信心,也有利于稳定公司的股价。这种股利政策还可使那些对股利有较大依赖性的投资者每年至少可以获得较低但比较稳定的股利收入,从而吸引这部分投资者。

正常股利加额外股利政策对公司和投资者都有好处,因此,适用于大多数企业。

二、确定股利分配方案

股利分配方案的确定,主要是考虑确定以下四个方面的内容:选择股利政策类型;确定是否发放股利;确定股利支付形式;确定股利支付率的高低。

◆ 小博士

股份有限公司股利分配方案的确定与变更,决策权都高度集中于企业最高管理部门——董事会。财务部门提供的各种财务数据是董事会制定股利决策与方案的主要依据。董事会的职责是拟定企业整体的股利政策与具体的分配方案,并提出支持理由。股东大会是企业最高的权利决策机构,在利润方面,主要是检查企业财务报告,审核批准董事会制定的股利政策与分配方案等的预案。

(一)选择股利政策类型,确定是否发放股利

结合前面所述的几种股利政策的特点,企业在选择股利政策时,通常需要考虑以下几个因素:企业所处的成长与发展阶段;企业支付能力的稳定情况;企业获利能力的稳定情况;目前的投资机会;投资者的态度;企业的信誉状况。

结合以上 6 个方面的因素,公司在不同成长与发展阶段所采用的股利政策可用表 9-1 来表示。

表 9-1 公司股利分配政策的选择

公司发展阶段	特点	适用股利政策
初创阶段	经营风险高,融资能力差	剩余股利
高速发展阶段	投资规模大	正常股利加额外股利
稳定增长阶段	收入与盈余稳定增长	固定股利支付率
成熟阶段	产品市场趋于饱和,盈余稳定	固定股利
衰退阶段	收入与盈余减少	剩余股利

(二)确定股利支付水平

股利支付水平通常用股利支付率来衡量。股利支付率是当年发放股利与当年净利润之比或每股股利除以每股收益。一般来说,公司发放股利越多,股利的分配率越高,对股东和潜在的投资者的吸引力越大,越有利于建立良好的公司信誉。但股利的分配也要制定合理的范围。一方面,投资者对公司的信任,会使公司股票供不应求,从而使公司股票市价上升。公司股票的市价越高,对公司吸引投资、再融资越有利;另一方面,过高的股利分配率政策,一是会使公司的留存收益减少,二是如果公司要维持高股利分配政策而对外大量举债,则会增加资金成本,最终必定会影响公司的未来收益和股东权益。

是否对股东派发股利以及股利比率的高低,主要取决于企业对下列因素的权衡:企业所处的成长周期及目前的投资机会;企业的再筹资能力及筹资成本;企业的控制权结构;顾客效应;股利信号传递功能;贷款协议以及法律限制;通货膨胀因素等。

股利支付率是股利政策的核心。确定股利支付率,首先要弄清公司在满足未来发展所需的资本支出需求和营运资本需求,明确有多少现金可用于发放股利,然后考察公司所能获得的投资项目的效益如何。如果现金充裕,投资项目的效益又很好,则应少发或不发股利;如果现金充裕但投资项目效益较差,则应多发股利。

(三)确定股利支付形式

股利支付方式一般有现金股利、股票股利、财产股利和负债股利,其中,最常见的是现金股利和股票股利。我国有关法律规定,股份公司只能采用现金股利和股票股利两种方式。在现实生活中,我国上市公司往往采用现金股利和股票股利两者相结合的方式。

1.现金股利

现金股利,是指股份公司以现金的形式发放给股东的股利,也称为"红利"。现金股利是企业最常见的、也是最容易被股东接受的股利支付方式。现金股利发放的数额主要取决于公司的股利政策和经营业绩。股份公司发放现金股利主要出于以下原因:投资者偏好、减少代理成本和传递公司的未来信息。此外,公司采用现金股利形式时,必须具备两个基本条件:第一,公司要有足够的未指明用途的留存收益(未分配利润);第二,公司要有足够的现金。否则,作为一种承诺,企业会丧失信誉。

◆ **知识链接**

> 从培育资本市场长期投资理念,增强资本市场的吸引力和活力的角度看,现金分红无疑是最重要的方式,具有十分重要的作用。为了实现这一目标,2008年10月9日,中国证监会进一步提高了上市公司申请再融资时上市公司现金分红的标准,由原来的不少于最近3年实现的年均可分配利润的20%提高至30%,且限定是以现金分红的方式,同时可以进行中期现金分红。

2.股票股利

股票股利,是指企业将应分配给投资者的股利以股票的形式发放。以股票形式发放股利,它不会引起公司资产的流出或负债的增加,而只涉及股东权益内部结构的调整。股票股利的最大优点是可将现金留存公司用于追加投资,同时减少筹资费用。因而,常被现金短缺的企业所采用。

企业可用于发放股票股利的,除了当年的可供分配利润外,还有企业的盈余公积金和资本公积金。因此,发放股票股利实际上是企业的一种增资行为,只是与一般的增资行为不同的是,它不增加股东的财富,企业财产的价值和股东的持股结构也不会改变,只是改变所有者权益内部各项目金额的变动。发放股票股利时,一般按股权登记日的股东持股比例来分派,在企业账面上,只需减少未分配利润项目金额,增加股本金额,并通过中央结算登记系统按比例增加各个股东的持股数量。尽管如此,企业发放股票股利对股东和企业都有好处。对于股东,这样的企业通常正处于高速成长期,股价除权后往往会填权,这样股东财富反而会增长;对于企业,既能达到节约现金的目的,又能通过发放股票股利降低每股价值,吸引更多的投资者。

【业务实例9-2-2】宏达公司年终股利分配前的股东权益项目资料如表9-2所示:

表 9-2 发放股票股利前的股东权益情况　　　　　　　　　　　　单位:万元

项目	金额
股本(每股面值3元,200万股)	600
盈余公积	200
资本公积	400
未分配利润	1 200
股东权益合计	2 400

公司股票的每股现行市价为20元。

要求:假设计划按每10股送2股的方案发放股票股利,股票股利的金额按现行市价计算。计算完成这一分配方案后的股东权益各项目数额。

解:未分配利润划出的资金=20×200×20%=800(万元)

普通股股本增加=3×200×20%=120(万元)

资本公积金增加=800－120=680(万元)

发放股票股利后,企业股东权益各项目如表9-3所示:

表 9-3 发放股票股利后的股东权益情况　　　　　　　　　　　　单位:万元

项目	金额
股本(每股面值3元,200万股)	720
盈余公积	200
资本公积	1 080
未分配利润	400
股东权益合计	2 400

可见,发放股票股利后,不会对企业股东权益总额产生影响,只是改变股东权益内部各项目金额的再分配。

需要指出的是,上例中以市价计算股票股利价格的做法,是许多西方国家所常用的,但我国是以股票面值计算股票股利价格的。

◆ 试一试

假如把(业务实例9-2-2)的要求改为:

(1)假设计划按每10股送2股的方案发放股票股利并按发放股票股利后的股数派发每股现金股利0.1元,股票股利的金额按面值计算。计算完成这一分配方案后的股东权益各项目数额。

(2)假设股利分配不改变市净率,公司按每10股送2股的方案发放股票股利,股票股利按现行市价计算并按发放股票股利后的股数发放现金股利,且希望普通股市价达

到每股16元,计算该公司的每股现金股利。(市净率＝股票市价/每股净资产)

3. 财产股利

财产股利,是指股份公司以实物或有价证券的形式向股东发放的股利。

(1)证券股利。证券股利是最常见的财产股利,是公司用所持有的其他公司发行的债券、股票等证券资产来向股东支付股利的一种特殊股利支付形式。证券股利与现金股利相比较,其流动性相对较弱,只有那些声誉好且经济实力又强的大公司发行的证券,在资本市场上才容易变现,股东对这种证券股利与现金股利的偏好没有多大的差别。而对于其他公司发行的证券,其流动性存在差异,当股东收到这种证券股利时,他们从中获得的利益隐含着不确定性。因此,通常情况下,股东都愿意接受那些流动性强、易变现的证券。

(2)实物股利。通常情况下,企业在现金支付能力不足时,所采取的补救措施就是发给股东实物资产甚至企业所生产的产品,从而形成了实物股利的支付方式。公司支付实物股利,掩盖了产品的销售过程,这也常常被一些不法公司当作逃避流转税的一种手段。如果按照合法的操作规程支付实物股利,则公司不能够逃避纳税责任。股东收到公司发放的实物股利,一般会意识到公司经营欠佳,尽管实物股利不是他们所乐意接受的股利形式,但在公司经营状况出现不利时,发放实物股利至少要比不发放好。

4. 负债股利

负债股利是企业以负债形式界定的一种延期支付股利的方式。当然,公司账面上所反映的"应付股利"账户是不表示负债股利的。明智的股东深知货币的时间价值,因此,公司通常以应付票据的负债形式来界定延期支付股利的责任。股东因手中持有带息的期票,补偿了股利没有即期支付的货币时间价值;公司则因此而承受了相应的利息支付压力。显然,只有在公司必须支付股利而现金又不足的特定条件下,才采用这种权宜之策。

(四)确定股利发放日期

企业通常在年度末,计算出当期盈利之后,才决定向股东发放股利。在资本市场中,股票可以自由交换,公司的股东也经常变换。哪些人应该领取股利,对此,公司必须事先确定与股利支付相关的时间界限。这个时间界限包括:

1. 股利宣告日

股利一般是按每年度或每半年进行分配。一般来说,分配股利首先要由公司董事会向公众发布分红预案,在发布分红预案的同时或之后,公司董事会将公告召开公司股东大会的日期。股利宣告日,是指董事会将股东大会决议通过的分红方案(或发放股利情况)予以公告的日期。在公告中将宣布每股股利、股权登记日、除息日和股利支付日等事项。

2. 股权登记日

股权登记日,是指有权领取股利的股东资格登记截止日期。只有在股权登记日前在公司股东名册上有名的股东,才有权分享当期股利,在股权登记日以后列入名单的股东无权领取股利。

3. 除息日

除息日，是指领取股利的权利与股票相互分离的日期。在除息日前，股利权从属于股票，持有股票者即享有领取股利的权利；从除息日开始，股利权与股票相分离，新购入股票的人不能享有股利。

你知道吗？

除息日的确定是由证券市场交割方式决定的。因为股票买卖的交接、过户需要一定的时间。在美国，当股票交割方式采用例行日交割时，股票在成交后的第五个营业日才办理交割，即在股票登记日的四个营业日以前购入股票的新股东，才有资格领取股利。在我国，由于采用次日交割方式，所以除息日与登记日差一个工作日。

4. 股利发放日

股利发放日，是指向股东发放股利的日期。以上海证券交易所为例，某股份公司董事会在股东大会召开后公布最后分红方案的公告中称："在2013年3月10日M公司在某地召开的股东大会上，通过了董事会关于每股普通股分派股息0.4元的2012年度股息分配方案。股权登记日是2013年4月17日；除息日是2013年4月18日；股利支付日为2013年4月24日，特此公告。"此例中，股利宣告日是3月10日；股权登记日是4月17日；除息日是4月18日；股利发放日是4月24日。

小博士

在美国，一般公司前景越好、业绩越好，股利水平相应也会较高，而不分配股利的公司往往是亏损公司。但哈撒韦尔作为一家业绩卓著的保险公司，长期以来坚持既不分红也不分股的股利政策，在1888年，每股价格为3 170美元，到1998年底，该公司的总股本仍仅226万股，而每股价格已近80 000美元。对这样一种股利政策，哈撒韦尔公司的董事长、世界著名的投资大师沃伦·巴菲特作出了解释。他列举的一个重要原因就是，不分红避免了股东与公司被双重征税，并且也不必在支付红利上费什么精力，这样就可以将红利重新投资以获取更多的投资收益。

任务实施

1. 掌握利润分配的项目和顺序。
2. 理解不同股利政策的优缺点及适用范围。
3. 掌握股利支付形式及适用对象。
4. 请你帮助该公司拟订合适的股利分配方案。

项目小结

1. 财务管理中的利润分配,主要指企业的净利润分配,利润分配的实质就是确定给投资者分红与企业留用利润的比例。为了正确处理企业与各方面的财务关系,企业利润分配必须遵循依法分配原则、资本保全原则、分配与积累并重原则、兼顾职工利益原则和投资与收益对等原则。

2. 利润分配程序,是指公司制企业根据适用法律、法规或规定,对企业一定期间实现的净利润进行分派必须经过的先后步骤。根据我国《公司法》等有关规定,非股份制企业当年实现的利润总额应按国家有关税法的规定作相应的调整,然后依法缴纳所得税。缴纳所得税后的净利润按下列顺序进行分配:弥补以前年度的亏损;提取法定盈余公积金;向投资者分配利润。股份制企业的利润分配程序为:弥补以前年度亏损;提取法定盈余公积金;支付优先股股利;提取任意盈余公积金;支付普通股股利。

3. 股利分配政策,是指企业管理层对与股利有关的事项所采取的方针策略,其核心问题是确定股利支付率。目前,在财务管理中,常用的股利政策主要有以下几种类型:剩余股利政策;固定股利政策;固定股利支付率政策;正常股利加额外股利政策。企业股利支付形式一般有现金股利、股票股利、财产股利和负债股利,其中最常见的是现金股利和股票股利。企业通常在利润分配时,必须事先确定与股利支付相关的时间界限。这个时间界限包括:股利宣告日、股权登记日、除息日、股利发放日。

职业能力与技能训练

一、职业能力训练

(一)单选题

1.相对于其他股利政策,既可以维持股利的稳定性,又有利于优化结构的股利政策是( )
    A.剩余股利政策   B.固定股利政策
    C.固定股利支付率政策   D.正常股利加额外股利政策

2.在下列股利政策中,股利与利润之间保持固定比例关系,体现风险投资与风险收益对等关系的是( )
    A.剩余股利政策   B.固定股利政策
    C.固定股利支付率政策   D.正常股利加额外股利政策

3. 某企业注册资本为100万元,盈余公积为80万元,企业用盈余公积转增资本的最高限为( )万元。
   A. 25　　　　　　B. 50　　　　　　C. 40　　　　　　D. 55

4. 公司以股票形式发放股利,可能带来的结果是( )
   A. 引起公司资产减少　　　　　　B. 引起公司负债减少
   C. 引起股东权益内部结构变化　　D. 引起股东权益与负债同时变化

5. 在以下股利政策中,有利于稳定股票价格,树立公司良好形象,但股利的支付与公司盈余相脱节的股利政策是( )
   A. 剩余股利政策　　　　　　B. 固定或持续增长的股利政策
   C. 固定股利支付率政策　　　D. 正常股利加额外股利政策

6. 我国上市公司不得用于支付股利的权益资本是( )
   A. 资本公积　　　　　　B. 任意盈余公积
   C. 法定盈余公积　　　　D. 上年未分配利润

7. 上市公司按照剩余股利政策发放股利的好处是( )
   A. 有利于公司合理安排资本结构　　B. 有利于投资者安排收入与支出
   C. 有利于公司稳定股票的市场价格　D. 有利于公司树立良好的形象

8. 主要依靠股利维持生活的股东最不赞成的公司股利政策是( )
   A. 剩余股利政策　　　　　　B. 固定或持续增长的股利政策
   C. 固定股利支付率政策　　　D. 正常股利加额外股利政策

9. 剩余股利政策的缺点是( )
   A. 最大限度满足企业对再投资的权益资金需要
   B. 有利于保持理想的资本结构
   C. 能使综合资金成本最低
   D. 可能影响股东对企业的信心

10. 下列不属于利润分配的项目是( )
    A. 法定盈余公积　　B. 任意盈余公积　　C. 所得税　　D. 股利

11. 固定股利支付率政策的优点是( )
    A. 使股利与企业盈利脱节　　B. 会增强股东对企业未来经营的信心
    C. 使股利与企业盈利结合　　D. 有利于股价的稳定与上涨

12. 正常股利加额外股利政策的优点是( )
    A. 既能保证股利的稳定又能使股利与企业盈利较好配合
    B. 可最大限度满足企业对再投资的权益资金需要
    C. 有利于保持理想的资本结构
    D. 能使综合资金成本最低

13. 某企业年初未分配利润为借方余额 50 万元,当年净利润为 100 万元,则当年以 10%提取的法定盈余公积为( )万元。
   A. 15   B. 5   C. 7.5   D. 10

14. 我国公司常采用的股利分配方式是( )
   A. 现金股利和财产股利
   B. 现金股利和负债股利
   C. 现金股利和股票股利
   D. 股票股利和财产股利

15. 不能用于弥补亏损的是( )
   A. 盈余公积   B. 资本公积   C. 税前利润   D. 税后利润

16. 剩余股利政策优先保证( )
   A. 发放股利   B. 员工利益   C. 资金需求   D. 生产需要

17. 领取股利的权利与股票相分离的日期是( )
   A. 股权登记日   B. 除息日   C. 股利宣告日   D. 股利发放日

18. 公司采取剩余股利政策分配利润的根本理由,在于( )
   A. 使公司的利润分配具有较大的灵活性
   B. 降低综合资金成本
   C. 稳定对股东的利润分配额
   D. 使对股东的利润分配与公司的盈余紧密配合

19. 按照剩余股利政策,假定某公司负债与所有者权益之比为 2∶3,明年计划投资 600 万元,今年年末分配股利时,应从税后净利中保留( )万元用于投资需要。
   A. 400   B. 200   C. 360   D. 240

20. 某公司采用剩余股利政策,目前的资金结构是 40%的负债资金,60%的股权资金,明年计划投资 1 000 万元,今年税后净利润为 800 万元,则本年可以发放的现金股利额为( )万元。
   A. 1 000   B. 600   C. 200   D. 400

(二)多项选择题

1. 利润分配的基本原则是( )
   A. 依法分配原则
   B. 分配与积累并重原则
   C. 兼顾职工利益原则
   D. 投资与收益对等原则

2. 剩余股利政策( )
   A. 可最大限度满足企业对再投资的权益资金需要
   B. 能使综合资金成本最低
   C. 有可能影响股东对企业的信心
   D. 不利于保持理想的资本结构

3. 固定股利政策( )
   A. 有助于消除投资者的不确定感   B. 股利的支付与盈利相脱节
   C. 有可能使企业财务状况恶化   D. 适用于盈利稳定的企业
4. 固定股利支付率政策( )
   A. 能使股利与企业盈利紧密结合   B. 股利随盈利波动
   C. 会增强股东对企业的信心   D. 有利于股票价格的稳定
5. 正常股利加额外股利政策( )
   A. 能保证股利的稳定性   B. 使股利与盈利相结合
   C. 适用于盈利与现金流不够稳定的企业   D. 适用于盈利稳定或处于成长期的企业
6. 现金股利( )
   A. 是最常见的股利支付方式   B. 最易为投资者接受的股利支付方式
   C. 会减少企业的资产和所有者权益   D. 常被资金短缺的企业采用
7. 股票股利( )
   A. 常被资金短缺的企业采用   B. 可节约企业的现金支出
   C. 会减少企业的资产和所有者权益   D. 不会减少企业的资产和所有者权益
8. 支付现金股利( )
   A. 会使企业的现金减少   B. 会使企业的未分配利润减少
   C. 不会使企业的所有者权益减少   D. 会使企业的所有者权益减少
9. 财务管理中常用的股利政策主要有( )
   A. 剩余股利政策   B. 固定股利政策
   C. 固定股利支付率政策   D. 正常股利加额外股利政策
10. 股票股利对企业的好处是( )
    A. 股东可能得到利得收益   B. 可获得纳税上的好处
    C. 能节约现金   D. 有利于吸引更多的投资者

(三)判断题

1. 采用剩余股利分配政策的优点是有利于保持理想的资本结构,降低企业的加权平均资本成本。（ ）
2. 固定股利政策的一个主要缺点是当企业盈余较少甚至亏损时,仍须支付固定数额的股利,可能导致企业财务状况恶化。（ ）
3. 根据"无利不分"原则,当企业出现年度亏损时,不得分配利润。（ ）
4. 固定股利支付率政策的主要缺点,在于公司股利支付与其盈利能力相脱节,当盈利较低时,仍要支付较高的股利,容易引起公司资金短缺、财务状况恶化。（ ）
5. 采用固定股利支付率政策分配利润时,股利不受经营状况的影响,有利于公司股票价格的稳定。（ ）

6.企业不能用资本发放股利,但可以在没有累计盈余的情况下提取盈余公积金。
（　　）

7.只要公司拥有足够现金,就可以发放现金股利。（　　）

8.按照利润分配的积累优先原则,企业税后利润分配,不论什么条件下均应优先提取法定公积金。（　　）

9.如果发放股票股利的比例小于股价下降的比例,股东就可得到收益。（　　）

10.一个新股东要想取得本期股利,必须在除权日之前购入股票,否则即使持有股票也无权领取股利。（　　）

二、职业技能训练

（一）计算分析

1.某公司本年度利润总额为1 000 000元,5年内未弥补的亏损为200 000元,超过5年弥补期限的亏损额为100 000元,没有其他纳税调整事项,所得税率为25%,按10%的比率计提法定盈余公积,求该公司当年应缴纳的所得税额、应计提的法定盈余公积和可供投资者分配的利润。

2.某公司2011年的净利润为12 000 000元,分配的现金股利为4 200 000元。2012年的净利润为9 000 000元。预计2013年该公司的投资计划需要资金5 000 000元。该公司的目标资本结构为股权资本占60%,债权资本占40%。

（1）如果采用剩余股利政策,那么请计算该公司2012年应分配的现金股利额。

（2）如果采用固定股利政策,那么请计算该公司2012年应分配的现金股利额。

（3）如果采用固定股利支付率政策,那么请计算该公司2012年应分配的现金股利额。

3.红方公司当年实现税后利润3 000万元,股利分配前的所有者权益情况如下：股本5 000万元（面值1元）,资本公积2 000万元,盈余公积1 000万元,未分配利润4 500万元,该公司决定每10股发放股票股利1股,股票股利的金额按现行市价计算;该公司股票目前市价为4元,请问发放股票股利后所有者权益结构有何变化？

（二）案例分析

FPL公司股利政策案例

FPL为美国佛罗里达州最大、全美第四大信誉良好的电力公司。长期以来,FPL公司经营利润一直稳定增长,经营现金流稳定,负债比率较低,资信等级长期维持在A级以上,公司现金红利支付率一直在75%以上,每股现金红利稳中有升,这种情况延续了47年。即使在亏损的1990年,每股仍然派发现金红利2.34美元。1993年,现金红利支付率达到107.39%（当年电力行业上市公司平均现金红利支付率为80%）,是一个典型的价值型公司。

1994年,面对电力市场日益加剧的竞争环境,FPL公司决定继续采用扩张战略,并制定了未来5年39亿美元的投资计划。但公司需要减少非投资方面的现金流出,增强财务能力和流动性,保持A级以上的资信等级,降低财务风险,提高留存收益和内部融资能力。而公司近期的发展并不能立即大幅度提升每股收益,继续维持高的现金红利支付率的经营压力很大。为以积极主动的态度来应对日益变化的竞争环境,保证公司长远发展目标,1994年5月初,FPL公司考虑在其季报中宣布削减30%的现金红利,此举可以使公司减少1.5亿美元的现金支出。尽管相对于公司未来5年39亿美元的资本支出计划来说,这笔钱似乎杯水车薪,但有助于公司减轻今后的经营压力,增加股利政策方面的灵活性,使现金红利在今后几年中有较大的上升空间。

大幅度削减现金红利不可避免导致公司股票价格大幅下跌,动摇投资者的信心,进而影响公司与已有的稳定投资者的关系。历史经验也证实了这种负面影响。大多数投资银行分析家也预期FPL公司将削减30%的现金红利。因此,相继调低了对公司股票评级。投资分析家的这些言论确实导致FPL公司尚未宣布红利政策,股票价格已下跌了6%。FPL公司1994年5月中旬公布了最终的分红方案,把该季度现金红利削减了32.3%。公司同时宣布了在以后3年内回购1 000万股普通股计划,并且承诺以后每年的现金红利增长率不会低于5%。

尽管在宣布削减红利的同时,FPL公司在给股东信中说明了调低现金红利的原因,并且作出回购和现金红利增长的承诺,但股票市场仍然视削减现金红利为利空信号。当天公司股价下跌了14%,这反映了股票市场对FPL公司前景很不乐观的预期。但几个月后,股价随大势上涨回升并超过了宣布削减现金红利以前的价格。

1994年以来,FPL公司扩张战略奏效,每股收益和每股股利继续保持了增长势头,基本上兑现了当初给股东的诺言。公司股价大幅度增长,最高时比1994年翻了近5倍。

案例思考题:
1. 股利政策主要有哪些功能?
2. 股利政策的变动可能产生哪些不利影响?
3. FPL公司股利政策变更取得成功的关键点何在?
4. 从FPL公司对股利政策的把握案例中,你将得到什么启示?

上市公司发放股票股利的偏好

每到年报集中披露的季节,对投资者来说,在关心上市公司业绩的同时,也很关心公司未来可能的分配情况。统计表明,很长一段时期以来,我国的不少上市公司在股利分配方面有一种特别的偏好,就是热衷于股票股利分配,而对现金分配不太感兴趣。不久前管理层有意要把现金股利作为上市公司再筹资的必要条件,这是树立投资者信心、保护投资者利益的重大举措。那么,我国上市公司为什么热衷于股票股利分配?股票股利的分配情况怎样呢?有些什么特征?存在哪些问题?上市公司管理层在分配现金股利时又考虑了哪些因素?这些都是很有意思的问题。

从历史资料看,公司发放股票股利多为趋利动机所致。股票股利最早出现在英国伊丽莎白时代。1600年,英国成立东印度公司。1682年,东印度公司没有足够的现金向股东支付股利,只好以股份来代替现金股利,分配比例是100股送1股,这是世界首例股票股利。18~19世纪,英国公司开始频繁地发放股票股利。而在美国,较早并经常被讨论的股票股利分配案例发生在1869年,当时纽约中心铁路公司在即将与亚得逊河铁路公司合并之前宣布分配股票股利。尽管股票股利也要支付所得税,但股票股利在当时的美国却十分盛行。在1922年之前的7年里,美国最高法院豁免了投资者的股票股利的所得税,当时股票股利的支付比率是14.5%。而在此后的7年里,股票股利的支付比例高达57%。1936~1937年,不少美国上市公司支付股票股利是为了避免"未分配利润税"。到20世纪70年代中期以后,随着资本市场的迅速发展,股票股利在美国开始逐渐减少。目前,国内专门研究股票股利的文献不多,要寻找合适的研究切入口有一定难度。研究结果表明,我国上市公司股票股利分配偏好明显,虽然近年来股票股利分配呈下降趋势,但是股票股利的平均支付水平仍然比较高。而回归分析的结果又显示,流通股股东比较偏好股票股利,而国家股股东和境内法人股股东对股票股利兴趣不大。

案例讨论题:
1. 我国上市公司为什么热衷于股票股利分配?
2. 你认为股利分配与不同国家、不同行业、不同公司有什么关系?

三、模拟实训

(一)实训目的

1. 通过实训,使学生进一步理解不同股利政策特点及适用范围。
2. 培养学生选择股利政策能力。
3. 进一步提高学生运用所学知识进行分析问题和解决问题的能力。

(二)实训学时

2学时

(三)实训内容

1. 弘大公司是一家大型冶金企业,2012年,公司税后利润为10 000 000元,当年发放股利共2 500 000元。2013年,公司面临一个投资机会,投资总额为9 000 000元,公司目标资本结构是负债与权益之比为4:5。假设公司已经进入稳定增长期,其盈余的增长率为3%。现公司正面临股利分配政策选择的问题,可供选择的股利分配政策有固定股利支付率政策、剩余股利政策以及稳定增长的股利政策。

实训要求：

(1)请计算该公司实行不同股利政策的股利水平。

(2)谈谈你对几种股利政策的看法。

2.昌隆公司成立于2010年1月1日,2011年度实现的净利润为10 000 000元,分配现金股利5 500 000元,提取公积金4 500 000元(所提公积金均已指定用途)。2012年实现的净利润为9 000 000元(不考虑计提公积金的因素)。2013年计划增加投资,所需资本为7 000 000元。假定公司目标资本结构为权益资本占60%,长期借入资本占40%。

实训要求：

(1)在保持目标资本结构的前提下,计算2013年投资方案所需的权益资本和需要从外部借入的长期债务资本。

(2)在保持目标资本结构的前提下,如果公司执行剩余股利政策,那么请计算2012年度应分配的现金股利。

(3)在不考虑目标资本结构的前提下,如果公司执行固定股利政策,那么请计算2012年度应分配的现金股利、可用于2013年投资的留存收益和需要额外筹集的资本。

(4)在不考虑目标资本结构的前提下,如果公司执行固定股利支付率政策,那么请计算该公司的股利支付率和2012年度应分配的现金股利。

(5)假定公司2013年面临着从外部筹资的困难,只能从内部筹资,不考虑目标资本结构,计算在此情况下2012年度应分配的现金股利。

四、校外实习

实习项目　收益分配管理岗位实习

(一)实习性质

通过本岗位实习活动的开展,使学生熟悉企业收益分配的过程,认识股利分配政策的影响因素,了解企业不同股利政策形式及其优缺点,把握股利政策与企业筹资、投资和其股票市场价值之间的关系。该实习是提高学生运用理论知识解决问题的实践性教学环节,是获取企业直接知识、巩固课程理论内容不可缺少的环节,是课程教学大纲的重要组成部分。

(二)实习目的

1.通过收益分配管理岗位实习,了解企业收益分配过程。

2.通过收益分配管理岗位实习,了解影响企业利润分配政策的相关因素。

3.通过收益分配管理岗位实习,了解企业利润分配政策的类型。

4.通过收益分配管理岗位实习,进一步掌握不同股利政策特点和运用。

(三)实习组织方法

1.收益分配管理岗位实习在课程教学单位的组织下,由课程教研组(室)负责,2名专业教师组成实习指导团队,组织一个班级进行岗位实习。

2. 收益分配管理岗位实习安排在利润分配及股利政策等理论课程内容学习后进行,为期半天。

3. 收益分配管理岗位实习前联系一家财务制度健全的大型企业,组织学生实习。

4. 在学生岗位实习过程中,邀请收益分配管理岗位实习指导师傅现场讲授,并结合企业的实际情况,设计收益分配管理方面的案例,组织学生参与讨论、计算、分析和判断。

5. 收益分配管理岗位实习学生返校后,由学生完成收益分配管理岗位实习体会。

(四)实习内容及要求

1. 了解实习企业基本概况、生产经营主要产品、经济效益、行业特点、行业地位等。
2. 收集企业利润分配方案的资料。
3. 收集企业筹资、投资和股票走势的资料。
4. 分析企业股利政策的决定因素。

(五)实习成果

学生岗位实习后,对收益分配管理岗位实习指导师傅介绍的企业相关情况应认真记录,以便为撰写岗位实习体会积累资料,岗位实习后,每位学生必须撰写收益分配管理岗位实习报告,其内容包括:

1. 企业概况:实习企业的性质、生产经营情况、行业特点、行业地位等。
2. 该企业利润分配政策。
3. 评价该企业利润分配政策。
4. 实习心得:主要阐明利润分配政策在企业管理中的重要性,岗位实习后对收益分配管理的理解和认识。

(六)成绩评定

根据学生岗位实习报告的内容、完整性及深度,结合学生实习态度及遵守纪律情况,按优、良、中、及格、不及格评定成绩,并按一定比例计入课程学习成绩。

项目十
财务分析

✦ 知识目标

- 认知财务分析的概念、目的、方法
- 掌握企业的偿债能力、营运能力、盈利能力和发展能力的指标计算和分析方法
- 掌握企业财务综合分析的方法

✦ 能力目标

- 能运用恰当的分析方法和财务指标,对企业的偿债能力、营运能力、盈利能力和发展能力作出分析和评价
- 能运用财务综合分析方法评价企业的财务状况和经营业绩

任务一 认知财务分析

◆ 任务引入

登录"证券之星(www.stockstar.com.cn)"等网站,收集××上市公司下列情况:公司概况;股票发行情况;股份构成;公司主要股东;近3年每股收益及分红配股方案;近3年主要财务指标;下载最近3年的资产负债表;下载最近3年的利润表;下载最近3年的现金流量表;仔细阅读财务报表及附注;分别编制资产负债表、利润表、现金流量表、水平分析表和垂直分析表,并结合公司的发展背景作出合理的初步评价。

◆ 相关知识

一、财务分析的概念

财务分析是以企业的财务报告等会计资料为基础,对企业的财务状况和经营成果进行分析和评价。其目的是了解过去、评价现在、预测未来,帮助利益关系集团改善决策。

财务分析是财务管理的重要方法之一,它是对企业一定期间的财务活动的总结,为企业进行下一步的财务预测和财务决策提供依据。因此,财务分析在企业的财务管理工作中具有重要的作用。

◆ 关键提示

财务分析只是认识过程,通常只能发现问题而不能提供解决问题的现成答案,只能作出评价而不能改善企业的状况。财务分析只是检查的手段,如同医疗上的检测设备和程序,能检查一个人的身体状况但不能治病。虽然财务分析不能提供最终的解决问题的办法,但它能指明需要详细调查和研究的项目。

二、财务分析的目的

(一)财务分析的一般目的

1. 评价企业的偿债能力

通过对企业的财务报告等会计资料进行分析,可以了解企业资产的流动性、负债水平以及偿还债务的能力,从而评价企业的财务状况和经营风险,为企业经营管理者、投资者和债权人提供财务信息。

2. 评价企业的资产管理水平

企业的生产经营过程就是利用资产取得收益的过程。资产是企业生产经营活动的经济资源,资产的管理水平直接影响企业的收益,它体现了企业的整体素质。进行财务分析,可以了解到企业资产的保值和增值情况,分析企业资产的管理水平、资金周转状况、现金流量情况等,为评价企业的经营管理水平提供依据。

3. 评价企业的获利能力

获取利润是企业的主要经营目标之一,它也反映了企业的综合素质。企业要生存和发展,必须争取获得较高的利润,这样才能在竞争中立于不败之地。投资者和债权人都十分关心企业的获利能力,获利能力强可以提高企业偿还债务能力,提高企业的信誉。对企业获利能力的分析不能仅看其获取利润的绝对数,还应分析其相对指标,这些都可以通过财务分析来实现。

4. 评价企业的发展能力

无论是企业的经营管理者,还是投资者、债权人,都十分关注企业的发展趋势,这关系他们的切身利益。对企业进行财务分析,可以判断出企业的发展能力,预测企业的经营前景,从而为企业经营管理者和投资者进行经营决策和投资决策提供重要的依据,避免决策失误给其带来重大的经济损失。

（二）财务分析的具体目的

企业财务报表的主要使用人有 7 种，他们分析的具体目的如下：

1. 投资人

投资人为决定是否投资，要分析企业的资产和盈利能力；为决定是否转让股份，要分析企业的盈利状况、股价变动和发展前景；为考查经营者业绩，要分析企业的资产盈利水平、破产风险和竞争能力；为决定股利分配政策，要分析企业的筹资状况。

2. 债权人

债权人不能参与企业剩余收益分享，这决定了债权人最为关注其债权的安全性。因此，债权人为决定是否给企业贷款，要分析其贷款的报酬和风险；为了解债务人的短期偿债能力，要分析企业资产的流动状况；为了解债务人的长期偿债能力，要分析企业的盈利状况；为决定是否出让债权，要评价其价值。

3. 经理人员

经理人员为改善财务决策而进行财务分析，其分析涉及的内容最广泛，包括营运能力、偿债能力、盈利能力及发展能力，几乎涉及外部使用人关心的各个方面。

4. 供应商

供应商要通过分析，看是否能与该企业长期合作，为此要了解企业信用水平，确定是否要延长企业付款期。

5. 政府

政府考核企业经营状况，不仅需要了解企业资金占用的使用效率，预测财政收入增长情况，有效地组织和调整社会资源的配置，而且要借助财务分析，检查企业是否存在违法违纪、浪费国有资产的问题，最后通过综合分析，对企业的发展后劲以及对社会的贡献程度进行考察。

6. 雇员和工会

雇员和工会要通过财务分析判断企业盈利与雇员收入、保险、福利之间是否相符。

7. 中介机构（注册会计师、咨询人员等）

注册会计师通过财务报表分析可以确定审计的重点。此外，随着财务报表分析领域的逐渐扩展与咨询业的发展，"财务分析师"在一些国家已成为专门职业，他们为各类报表使用人提供专业咨询。

尽管不同的利益主体进行财务分析有着各自的侧重点，但就企业总体来看，财务分析的内容可归纳为偿债能力分析、营运能力分析、盈利能力分析、发展能力分析和财务状况综合分析。

三、财务分析的基本方法

财务分析的方法主要有比较分析法、比率分析法、趋势分析法和因素分析法。

(一)比较分析法

比较分析法是通过将两个或两个以上相关指标进行对比确定数量差异,揭示公司财务状况和经营成果的一种分析方法。具体可分为:将分析期的实际数据与计划数据进行对比,以分析实际与计划的差异,比较计划的实际完成情况;将分析期的实际数据与过去某期的实际数据进行对比,以比较分析期实际数据与过去某期实际数据的差异,揭示所比较的指标的变动情况,从而预测公司未来的发展趋势;把公司的实际数据与同行业的平均或先进水平的数据进行比较,从而确定公司财务状况与本行业平均或先进水平的财务状况的差异。

(二)比率分析法

比率分析法是把某些彼此存在关联的项目加以对比,据以揭示企业财务状况和经营成果的一种分析方法。比率是相对数,采用这种方法,能够把某些条件下的不可比指标变为可以比较的指标,以利于进行分析。

根据分析的目的和要求的不同,比率分析主要有以下三种:

1. 构成比率

构成比率又称"结构比率",它是某项经济指标的各个组成部分与总体的比率,反映部分与总体的关系。其计算公式为:

$$构成比率 = (某个组成部分数值 \div 总体数值) \times 100\%$$

利用构成比率,可以考察总体中某个部分的形成和安排是否合理,以便协调各项财务活动。

2. 效率比率

效率比率是某项经济活动中所费与所得的比率,反映投入与产出的关系。利用效率比率指标,可以进行得失比较,考察经营成果,评价经济效益。将利润项目与销售成本、销售收入、资本等项目加以对比,可计算出成本利润率、销售利润率以及资本利润率等利润率指标,进而从不同角度观察比较企业获利能力的高低及其变化情况。

3. 相关比率

相关比率是以某个项目和与其有关但又不同的项目加以对比所得的比率,反映有关经济活动的相互关系。利用相关比率指标,可以考察有联系的相关业务安排是否合理,以保障企业运营活动能够顺畅进行。比如,将流动资产与流动负债加以对比,计算出流动比率,据以判断企业的短期偿债能力。

比率分析法的优点是计算简便,计算结果容易判断,而且使某些指标可以在不同规模的企业之间进行比较,甚至能在一定程度上超越行业间的差别进行比较。

(三)趋势分析法

趋势分析法又称"水平分析法",是通过对比两期或连续数期财务报表中相同的指标,确定其变动的方向、数额和幅度,说明企业财务状况和经营成果变动趋势的一种方法。采用这种方法,可以分析引起变化的主要原因、变动的性质,并预测企业未来的发展前景。

趋势分析法的具体运用主要有以下两种方式:

1. 定基动态比率

它是以某一时期的数额为固定的基期数额计算出来的动态比率。其计算公式为:

$$定基动态比率=(分析期数额÷固定基期数额)\times 100\%$$

2. 环比动态比率

它是以每一分析期的前期数额为基期数额而计算出来的动态比率。其计算公式为:

$$环比动态比率=(分析期数额÷前期数额)\times 100\%$$

采用趋势分析法时,必须注意以下问题:

(1)用于进行对比的各个时期的指标,在计算口径上必须一致。

(2)剔除偶发性项目的影响,作为分析的数据要能反映正常的经营状况。

(3)应用例外原则,对某项有显著变动的指标作重点分析,研究其产生的原因,以便采取对策,趋利避害。

(四)因素分析法

因素分析法也称"连环替代法",是将一项综合性的指标分解为各项构成因素,顺序用各项因素的实际数替换基数,分析各项因素对这一综合指标影响程度的一种方法。因素分析法在进行成本、费用分析时被经常采用。企业的活动是一个有机整体,每个指标的高低,都受若干因素的影响。从数量上测定各因素的影响程度,帮助人们抓住主要矛盾或更有说服力地评价经营状况。

◆ 你知道吗?

如何进行众多信息资料的收集、整理、加工,形成有用的分析结论?采用手工方式是难以全面展开的,而财务分析软件却可以做到这一点。在财务分析软件里设置了绝对数分析、定基分析、对比分析、环比分析、结构分析和趋势分析等多种专门的分析方法,并提供了从经营者、债权人和投资者等多角度的报表分析选择。分析工作者通过数据资源的共享功能,能轻松地完成对财务数据的进一步加工,从而及时、迅速、准确地获取有用的信息,为决策提供正确、客观的依据。

四、财务分析的基本依据

财务分析使用的数据大部分来源于公开发布的财务报表。因此,财务分析的前提是正确理解财务报表。财务报表是反映企业一定时期财务状况、经营成果和现金流动状况的总结性书面文件,包括财务报表、财务报表附注和财务状况说明书。财务报表体系主要由资产负债表、利润表、现金流量表等主要报表构成。

(一)资产负债表

资产负债表是反映企业在某一特定日期财务状况的报表。分析者通过对资产负债表的分析,可以了解企业的偿债能力、资金营运能力等财务状况,为债权人、投资者以及企业管理者提供决策依据。例如,恒远公司资产负债表如表10-1所示:

表10-1　编制单位:恒远公司资产负债表① 　2012年12月31日　　　　单位:万元

资产	期末余额	年初余额	负债和所有者权益	期末余额	年初余额
流动资产:			流动负债:		
货币资金	900	800	短期借款	2 300	2 000
交易性金融资产	500	1 000	应付账款	1 200	1 000
应收账款	1 300	1 200	预收账款	400	300
预付账款	70	40	其他应付款	100	100
存货	5 200	4 000	流动负债合计	4 000	3 400
其他流动资产	80	60	非流动负债:		
流动资产合计	8 050	7 100	长期借款	2 500	2 000
非流动资产:			非流动负债合计	2 500	2 000
持有至到期投资	400	400	负债合计	6 500	5 400
固定资产	14 000	12 000	所有者权益:		
无形资产	550	500	实收资本(或股本)	12 000	12 000
商誉			盈余公积	1 600	1 600
长期待摊费用			未分配利润	2 900	1 000
非流动资产合计	14 950	12 900	所有者权益合计	16 500	14 600
资产总计	23 000	20 000	负债和所有者权益总计	23 000	20 000

(二)利润表

利润表是反映企业在一定会计期间经营成果的报表。通过利润表分析,可以反映企业一定会计期间的收入实现情况;可以反映一定会计期间的费用耗费情况;可以反映企业生产经营活动的成果,即净利润的实现情况,据以判断资本保值、增值情况。例如,恒远公司利润表如表10-2所示。

---

① 此处资产负债表和利润表均为简化格式,仅用于示例。

表 10-2　编制单位:恒远公司利润表　2012 年度　　　单位:万元

项目	本期金额	上期金额
一、营业收入	21 200	18 800
减:营业成本	12 400	10 900
营业税金及附加	1 200	1 080
销售费用	1 900	1 620
管理费用	1 000	800
财务费用	300	200
投资收益(损失以"－"号填列)	300	300
二、营业利润(亏损以"－"号填列)	4 700	4 500
加:营业外收入	150	100
减:营业外支出	650	600
三、利润总额(亏损总额以"－"号填列)	4 200	4 000
减:所得税费用①	1 050	1 000
四、净利润(净亏损以"－"号填列)	3 150	3 000

知识拓展

利润表似乎准确计量了一个企业赚得的可用于经营的资金,其实不然。目前的会计实行的是权责发生制,也就是说,收入与现金收入、费用与现金支出,在数额、时间上并不等同。最典型的例子就是折旧,它是一种现金流入量,但是,在会计上根据权责发生制,它却是一种费用。另外对于赊销,按权责发生制会计它是一种收入,但是,它却没有导致现金收入。也许,企业会计报表上显示出让人惊喜的利润,但是,企业甚至没有足够的现金去支付获得这些利润的税款,更不要说企业再生产的资金。也许利润是企业的,但是钱却在别人的手里。因此,企业有利润却未必有现金流量。这就是为什么"亏损企业发放股利,盈利企业走向破产"的原因。由此可见,资产负债表和利润表都不能反映一个企业的真实现金流动状况,只有现金流量表才能反映企业真实的现金流动状况。

(三)现金流量表

现金流量表是以收付实现制为编制基础,反映企业在一定时期内现金收入和现金支出情况的报表,也叫"账务状况变动表"。通过现金流量表的分析,可以了解企业现金的流入、

---

① 所得税税率为 25%。

流出和结余情况,评价企业当前及未来的偿债能力和支付能力,预测企业未来的财务状况,从而为其科学决策提供充分的、有效的依据。

◆ 小提示

财务报表是企业经理人员理解企业经营管理过程及其结果的重要手段。但是,作为企业经理人员,与专业的会计人员不同,没有必要埋头于繁琐复杂的具体会计事务,没有必要精通会计的所有细枝末节。他们应该侧重于如何去运用财务报表,而不是如何去编制财务报表。

◆ 任务实施

1. 以小组的形式组成一个3～5人的团队。
2. 拟订该公司财务报表分析与阅读的工作计划。
3. 确定查找该公司财务报表及相关财务资料的方法和手段。
4. 分别编制资产负债表、利润表和现金流量表水平分析表和垂直分析表。
5. 对资产负债表、利润表和现金流量表进行初步的财务分析。

任务二 偿债能力分析

◆ 任务引入

依据下载的××上市公司资产负债表、利润表、现金流量表,计算其短期偿债能力指标和长期偿债能力指标并进行分析。

◆ 相关知识

偿债能力,是指企业偿还各种到期债务的能力,分为短期偿债能力和长期偿债能力。偿债能力分析就是通过对企业资产变现能力以及对偿债保障程度的分析,观察和判断企业是否具有偿还到期债务的能力。

一、分析企业短期偿债能力

短期偿债能力,是指企业以其流动资产支付在一年内即将到期的流动负债的能力,它反映了企业偿付日常到期债务的实力。企业有无偿还短期债务的能力对企业的生存、发展至关重要。如果企业短期偿债能力弱,就意味着企业的流动资产对其流动负债偿还的保障能力弱,企业的信用可能会受到损害,而企业信用受损则会进一步削弱企业的短期筹资能力,增大筹资成本和进货成本,从而对企业的投资能力和获利能力产生重大影响。

企业短期偿债能力的大小主要受企业营运资金的多少、流动资产变现能力、流动资产结构状况和流动负债的多少等因素的影响。衡量和评价企业短期偿债能力的指标主要有流动比率、速动比率、现金比率和经营净现金比率等。

(一)流动比率

流动比率,是指企业流动资产与流动负债之间的比率关系,反映每一元钱的流动负债有多少流动资产可以作为支付保证。其计算公式是:

$$流动比率 = \frac{流动资产}{流动负债}$$

流动比率是衡量企业短期偿债能力的一个重要财务指标,这个比率越高,则说明企业偿还流动负债的能力越强,流动负债得到偿还的保障越大。但是,过高的流动比率也并非好现象。因为流动比率越高,可能是企业滞留在流动资产上的资金过多,所以会影响到企业资金的使用效率,进而影响其获利能力。经验表明,流动比率在 2∶1 左右比较合适。

◆ 关键提示

流动比率越高,企业偿还短期债务的流动资产保证程度越强,但这并不等于说企业已有足够的现金或存款用来偿债。流动比率高也许是存货积压、应收账款增多且收账期延长以及其他流动资产增加所致,而真正可用来偿债的现金和存款却可能严重短缺。所以,企业应在分析流动比率的基础上进一步对现金流量加以考察。

从短期债权人的角度看,自然希望流动比率越高越好。但从企业经营者角度看,过高的流动比率通常意味着企业闲置现金的持有量过多,必然造成企业机会成本的增加和获利能力的降低。因此,企业应尽可能将流动比率维持在不使货币资金闲置的水平。

有的行业流动比率较高,有的行业则较低,不应该用统一的标准来评价各企业流动比率合理与否。只有和同行业平均流动比率、本企业历史的流动比率进行比较,才能知道这个比率是高还是低。

在分析流动比率时,还应当剔除一些虚假因素的影响。

【业务实例 10-2-1】根据表 10-1 资料,该公司 2012 年的流动比率为:

年初流动比率:$\frac{7\ 100}{3\ 400} = 2.088$

年末流动比率:$\frac{8\ 050}{4\ 000} = 2.0125$

该企业 2012 年年初、年末流动比率均超过一般公认标准,反映该企业具有较强的短期偿债能力。

(二)速动比率

流动比率在评价企业短期偿债能力时,存在一定的局限性,如果流动比率较高,但流动资产的流动性较差,则企业的短期偿债能力仍然不强。在流动资产中,存货需经过销售,才能转变为现金,若存货滞销,则其变现就成问题。一般来说,流动资产扣除存货后称为"速动资产"。速动资产与流动负债的比率则是"速动比率"。速动比率较之流动比率能够更加准确、可靠地评价企业资产的流动性及其偿还短期负债的能力。其计算公式为:

$$速动比率 = \frac{速动资产}{流动负债}$$

国际上通常认为速动比率为 1 时较为适当。如果速动比率小于 1,则必使企业面临很大的偿债风险;如果速动比率大于 1,尽管债务偿还的安全性很高,但却会因企业现金及应收账款资金占用过多而大大增加企业的机会成本。

上述仅是一般看法,因为行业不同,速动比率会有很大差别,没有统一标准。例如:采用大量现金销售的商店,几乎没有应收账款,速动比率大大低于 1 是很正常的。相反,一些应收账款较多的企业,速动比率可能远大于 1。

影响速动比率可信度的重要因素是应收账款的变现能力。如果企业的应收账款中,有较大部分不易收回,可能会成为坏账,那么速动比率就不能真实地反映企业的偿债能力。

【业务实例 10-2-2】根据表 10-1 资料,该企业 2012 年的速动比率为:

$$年初速动比率:\frac{7\,100-4\,000}{3\,400}=0.912$$

$$年末速动比率:\frac{8\,050-5\,200}{4\,000}=0.713$$

该企业 2012 年末的速动比率比年初有所降低,虽然该企业流动比率超过一般公认标准,但由于流动资产中存货所占比重过大,导致企业速动比率未达到一般公认标准,企业的实际短期偿债能力并不理想,需采取措施加以扭转。

(三)现金比率

现金比率是企业现金类资产与流动负债的比率。现金类资产包括企业所拥有的货币资金和持有的交易性金融资产。它是速动资产扣除应收账款后的余额,由于应收账款存在着发生坏账损失的可能,即使到期的账款不一定能按时收回,所以速动资产扣除应收账款后的金额,可充分反映企业直接偿付流动负债的能力。现金比率的计算公式为:

$$现金比率 = 现金类资产 \div 流动负债$$
$$= (货币资金 + 交易性金融资产) \div 流动负债$$
$$= (速动资产 - 应收账款) \div 流动负债$$

现金比率可以反映企业的直接支付能力,因为现金是企业偿还债务的最终手段。如果企业缺乏现金,就可能会发生支付困难,将面临财务危机,因而现金比率高,这说明企业有较好的支付能力,对偿付债务是有保障的。如果这个比率过高,则可能意味着企业拥有过多的获利能力较低的现金类资产,这说明企业的资产未能得到有效的运用。

(四)经营净现金比率

经营净现金比率是企业一定时期的经营现金净流量同流动负债的比率,它可以从现金流量角度来反映企业当期偿付短期负债的能力。其计算公式为:

$$现金流量比率 = \frac{年经营现金净流量}{年末流动负债}$$

其中,年经营现金净流量指一定时期内,由企业经营活动所产生的现金及其现金等价物的流入量与流出量的差额。

该指标是从现金流入和流出的动态角度对企业实际偿债能力进行考察。由于有利润的年份不一定有足够的现金来偿还债务,所以利用以收付实现制为基础的经营净现金比率指标,能充分体现企业经营活动所产生的现金净流量可以在多大程度上保证当期流动负债的偿还,直观地反映出企业偿还流动负债的实际能力。所以,采用该指标评价企业偿债能力是更加谨慎的方法。该指标越大,表明企业经营活动产生的现金净流量越多,就越能够保障企业按时偿还到期债务。但指标过大则表示企业流动资金利用不充分,收益能力不强。

【业务实例 10-2-3】根据表 10-1 资料,假定该公司 2011 年度和 2012 年度的经营现金净流量分别为 3 000 万元和 5 000 万元,则该企业的经营净现金比率为:

2011 年度的经营净现金比率为: $\frac{3\ 000}{3\ 400} = 0.8824$

2012 年度的经营净现金比率为: $\frac{5\ 000}{4\ 000} = 1.25$

该公司 2012 年度的经营净现金比率比 2011 年度明显提高,这表明该公司的短期偿债能力增强。

(五)影响资产变现能力的其他因素

上述变现能力指标都是按会计报表资料计算的。但是,有些影响变现能力的因素并没有在会计报表中反映出来。报表使用者应了解这些表外因素的影响情况,以作出正确的判断。

1. 增强变现能力的因素

企业流动资产的实际变现能力可能由于以下几个因素的存在而比会计报表项目反映的变现能力要好一些:

(1)可动用的银行贷款指标。银行已同意、企业未办理贷款手续的银行贷款限额是可以随时动用的现金,它的存在必然能够提高企业的支付能力。该项目不在报表中反映,需要时可在财务状况说明书中查找。

(2)准备近期变现的长期资产。由于某种原因,所以企业可能会将某些长期资产在近期出售变现为现金,以增强短期偿债能力。它的存在也将提高企业的支付能力。

(3)企业的信誉。如果企业的偿债能力一贯很好,在融资市场上有着较高的信誉,那么即使在短期偿债方面出现困难,也能够很快地通过发行债券和股票等办法筹措资金,从而提高短期偿债能力。

2.减弱变现能力的因素

未在会计报表中反映的减弱企业流动资产变现能力的因素主要有:

(1)未作记录的或有负债。或有负债是企业可能在未来发生的债务。这些尚未发生的或有负债,按《企业会计准则》规定并不都作为现实负债登记入账以及在会计报表中反映,有些或有事项只是作为附注列示在资产负债表的下端。或有负债由售出产品可能发生的质量事故赔偿、尚未解决的税额争议、未决诉讼案件和经济纠纷案等引起,只有在符合《企业会计准则》规定的确认标准时,才能被确认为一项负债在会计报表中反映。未在会计报表中反映的或有负债一旦成为事实上的负债,会加大企业的偿债负担,应引起报表阅读者的重视。

(2)由担保责任引起的负债。在商业交往中,企业有可能以自己的一部分资产为他人提供担保,如为他人向金融机构借款提供担保,为他人购物担保或为他人履行有关经济责任提供担保等。如果借款单位不能按规定支付,那么这种担保就可能成为企业的一项真实负债,从而增加偿债负担。

二、分析企业长期偿债能力

长期偿债能力是企业以其资产或劳务偿还长期债务的能力。企业的长期债务是指偿还期在1年或者超过1年的一个营业周期以上的负债,包括长期借款、应付债券、长期应付款等。分析一个企业长期偿债能力,主要是为了确定该企业偿还债务本金和支付债务利息的能力。

由于长期债务的期限长,所以企业的长期偿债能力主要取决于企业的资本结构和获利能力。企业的长期偿债能力弱,不仅意味着财务风险增大,也意味着企业目前的资本结构和获利能力出现问题。评价企业长期偿债能力的主要财务比率有资产负债率、产权比率、或有负债比率、已获利息倍数和带息负债比率等五项。

(一)资产负债率

资产负债率是企业负债总额与资产总额的比率。它反映企业全部资产中负债所占的比重以及企业资产对债权人的保障程度。其计算公式为:

$$资产负债率 = \frac{负债总额}{资产总额} \times 100\%$$

资产负债率是反映企业长期偿债能力强弱、衡量企业总资产中所有者权益与债权人权益的比例是否合理的重要财务指标。

对于资产负债率,企业的债权人、股东和企业经营者往往从不同的角度来评价。

1.债权人角度

债权人最关心的是贷给企业的款项的安全程度,也就是能否按期收回本金和利息。如果股东提供的资本与企业资本总额相比,只占较小的比例,则企业的风险将主要由债权人负担,这对债权人来讲是不利的。因此,他们希望债务比例越低越好,企业偿债有保证,贷款不会有太大的风险。

2.股东角度

由于企业通过举债筹措的资金与股东提供的资金在经营中发挥同样的作用,所以,股东关心的是全部资本利润率是否超过借入款项的利率,即借入资本的代价。在企业全部资本利润率超过因借款而支付的利息率时,股东所得到的利润就会加大。如果相反,运用全部资本所得的利润率低于借款利息率,则对股东不利,因为借入资本多余的利息要用股东所得的利润份额来弥补。因此,从股东的立场看,在全部资本利润率高于借款利息率时,负债比例越大越好。

3.经营者角度

如果举债很多,超出债权人心理承受程度,企业就借不到钱。如果企业不举债或负债比例很小,则说明企业畏缩不前,对前途信心不足,利用债权人资本进行经营活动的能力很差。从财务管理的角度来看,企业应当审时度势,全面考虑,在利用资产负债率制定借入资本决策时,必须充分估计预期的利润和增加的风险,在二者之间权衡利害得失,作出正确决策。

至于资产负债率为多少才是合理的,并没有一个确定的标准。国际上通常认为,资产负债率为60%时较为适当。其实,不同的行业、不同类型的企业有较大的差异。一般而言,处于高速成长时期的企业,其负债比率可能会高一些,这样所有者会得到更多的杠杆利益。但是,作为财务管理者在确定企业的负债比率时,一定要审时度势,充分考虑企业内部各种因素和企业外部的市场环境,在收益与风险之间权衡利弊得失,然后才能作出正确的财务决策。

【业务实例10-2-4】根据表10-1资料,该公司2012年的资产负债率为:

$$年初资产负债率:\frac{5\ 400}{20\ 000}\times 100\% = 27\%$$

$$年末资产负债率:\frac{6\ 500}{23\ 000}\times 100\% = 28.26\%$$

该公司2012年初、年末的资产负债率均不高,说明公司长期偿债能力较强,这样有助于增强债权人对公司出借资金的信心。

(二)产权比率

产权比率,也称"负债权益比率",是指企业负债总额与所有者权益总额的比率。该指标反映由债权人提供的资本与股东提供的资本的相对关系,是企业财务结构稳健与否的重要标志。它反映企业所有者对债权人权益的保障程度。产权比率越小,说明所有者对债权的保障程度越高,反之则越小。其计算公式为:

$$产权比率 = \frac{负债总额}{所有者权益总额} \times 100\%$$

对于产权比率分析,可从下面两方面考虑:

其一,股东资本大于借入资本较好,但也不能一概而论。从股东角度来看,在通货膨胀加剧时期,企业多借债可以把损失和风险转嫁给债权人。在经济繁荣时期,多借债可以获得额外的利润;在经济萎缩时期,少借债可以减少利息负担和财务风险。产权比率高,是高风险、高报酬的财务结构;产权比率低,是低风险、低报酬的财务结构。

其二,产权比率反映了企业自有资金偿还全部债务的能力,它又是衡量企业负债经营是否安全有利的重要指标。一般来说,这一比率越低,则表明企业长期偿债能力越强,债权人权益保障程度越高,承担的风险越小,但还应该结合企业的具体情况加以分析。当企业的资金收益率大于资金成本率时,负债经营有利于提高资金收益率,获得额外的利润,这时的产权比率可适当高些。

产权比率与资产负债率的区别是:资产负债率侧重于分析债务偿付安全性的物质保障程度,产权比率侧重于揭示财务结构的稳健程度以及自有资金对偿债风险的承受能力。

【业务实例10-2-5】根据表10-1资料,该公司2012年的产权比率为:

$$年初产权比率为:\frac{5\,400}{14\,600} \times 100\% = 36.99\%$$

$$年末产权比率为:\frac{6\,500}{16\,500} \times 100\% = 39.39\%$$

该公司2012年年初、年末的产权比率都不高,同资产负债率的计算结果可相互印证,表明公司的长期偿债能力较强,债权人的保障程度较高。

(三)或有负债比率

或有负债比率,是指企业或有负债总额对所有者权益总额的比率,反映企业所有者权益对可能发生的或有负债的保障程度。其计算公式为:

$$或有负债比率 = \frac{或有负债总额}{所有者权益总额} \times 100\%$$

$$或有负债总额 = 已贴现商业承兑汇票金额 + 对外担保金额 + 未决诉讼、未决仲裁金额 + 其他或有负债金额$$

一般情况下,或有负债比率越低,则反映企业长期偿债能力较强,所有者权益对或有负债的保障程度越高;或有负债比率越高,则反映企业承担的风险越大。

【业务实例10-2-6】根据表10-1资料,同时假设该公司2012年年初和年末的或有事项只

有对外提供债务担保,担保金额分别为 200 万元和 150 万元,该公司 2012 年的或有负债比率为:

$$年初或有负债比率为:\frac{200}{14\,600}\times 100\% = 1.37\%$$

$$年末或有负债比率为:\frac{150}{16\,500}\times 100\% = 0.91\%$$

该公司 2012 年年末的或有负债比率比 2012 年年初有所降低,表明公司应对或有负债可能引起的连带偿还风险的能力增强。

(四)已获利息倍数

已获利息倍数,是指企业一定时期内息税前利润与利息支出的比率,可用来分析企业在一定盈利水平下支付债务利息的能力。其中,息税前利润总额等于利润总额加上利息支出,利息支出指实际支出的借款利息、债券利息等。其计算公式为:

$$已获利息倍数 = \frac{息税前利润总额}{利息支出}$$

$$其中:息税前利润总额 = 利润总额 + 利息支出$$
$$= 净利润 + 所得税 + 利息支出$$

已获利息倍数不仅反映了企业获利能力的大小,而且反映了获利能力对偿还到期债务的保证程度,它既是企业举债经营的前提依据,也是衡量企业长期偿债能力大小的重要标志。一般情况下,已获利息倍数越高,则表明企业长期偿债能力越强。国际上通常认为,该指标为 3 时较为适当。从长期来看,若要维持正常偿债能力,则已获利息倍数至少应当大于 1;如果已获利息倍数过小,则企业将面临亏损、偿债的安全性与稳定性下降的风险。究竟企业已获利息倍数应为多少,才算偿付能力强,这要根据往年经验结合行业特点来判断。

【业务实例 10-2-7】根据表 10-1 资料,假定表中财务费用全部为利息支出,则该公司已获利息倍数分别为:

$$2011 年度的已获利息倍数为:\frac{4\,000+200}{200}=21$$

$$2012 年度的已获利息倍数为:\frac{4\,200+300}{300}=15$$

从以上计算结果来看,应当说公司 2011 年和 2012 年的已获利息倍数都较高,有较强的偿付负债利息的能力。进一步分析还需结合公司往年的情况和行业的特点进行判断。

在利用已获利息倍数进行分析评价时,应注意的问题是:

(1)合并会计报表中的利润总额应扣除子公司的少数权益和特别股利。

(2)当期的资本化利息应抽出作为利息费用。

(3)需要连续比较多个会计年度(一般在 5 年以上)的已获利息倍数,才能确定其偿债能力的稳定性。

(五)带息负债比率

带息负债比率是企业某一时点的带息负债总额与负债总额的比率,反映企业负债中带息负债的比重,在一定程度上体现了企业未来的偿债(尤其是偿还利息)压力。其计算公式为:

$$带息负债比率=\frac{短期借款+一年内到期的长期借款+长期借款+应付债券+应付利息}{负债总额}\times100\%$$

一般情况下,带息负债比率越低,则表明企业的偿债压力越低,尤其是偿还利息的压力越低;带息负债比率越高,则表明企业承担的偿债风险和偿还利息的风险越大。

【业务实例10-2-8】根据表10-1资料,假定该公司2012年年初和年末的短期借款和长期借款均为带息负债,则该公司2012年的带息负债比率如下:

$$年初带息负债比率为:\frac{2\,000+2\,000}{5\,400}\times100\%=74.07\%$$

$$年末带息负债比率为:\frac{2\,300+2\,500}{6\,500}\times100\%=73.85\%$$

该公司2012年末的带息负债比率虽然比2012年初带息负债比率略低,但带息负债占负债总额的比重达73.85%,这表明公司承担了较大的偿还债务及其利息的压力。

◆ 任务实施

苏宁电器股份有限公司(002024)(以下简称"苏宁电器")偿债能力分析如下:

1. 收集苏宁电器2010年末和2011年末相关财务数据,如表10-3所示:

表10-3 苏宁电器相关财务数据　　　　　　　　　　　　　单位:元

财务指标	2010年末	2011年末
流动负债	24 534 348 000	35 638 262 000
流动资产	34 475 586 000	43 425 335 000
存货	9 474 449 000	13 426 741 000
现金及现金等价物	19 351 838 000	22 740 084 000
资产总额	43 907 382 000	59 786 473 000
负债总额	25 061 991 000	36 755 935 000
所有者权益总额	18 845 391 000	23 030 538 000
无形资产净值	1 309 337 000	4 368 264 000
利润总额	5 402 044 000	6 473 226 000
财务费用	−360 769 000	−403 236 000
经营活动现金净流量	3 881 336 000	6 588 520 000

2.指标计算及分析

(1)短期偿债能力分析。

①流动比率。

  2011年末流动比率＝流动资产/流动负债＝43 425 335 000/35 638 262 000＝1.22
  2010年末流动比率＝34 475 586 000/24 534 348 000＝1.41

②速动比率。

  2011年末速动比率＝速动资产/流动负债＝(流动资产－存货)/流动负债
    ＝(43 425 335 000－13 426 741 000)/35 638 262 000＝0.84
  2010年末速动比率＝(34 475 586 000－9 474 449 000)/24 534 348 000＝1.02

③现金比率。

  2011年末现金比率＝(现金＋现金等价物)/流动负债
    ＝22 740 084 000/35 638 262 000＝0.64
  2010年末现金比率＝19 351 838 000/24 534 348 000＝0.79

④经营现金流比率。

  2011年末经营现金流比率＝经营活动产生的净现金流量/流动负债
    ＝6 588 520 000/35 638 262 000＝0.18
  2010年末经营现金流比率＝3 881 336 000/24 534 348 000＝0.16

2011年家电行业相关指标如表10-4所示：

表10-4　2011年同行业相关指标(家电行业36家公司)

指标	苏宁电器	行业平均值	行业最高值	行业最低值
流动比率	1.22	1.79	3.69	1.14
速动比率	0.84	1.35	2.91	0.85
经营现金流比率	0.18	0.04	0.23	－0.15

(资料来源：中华工商上市公司财务指标指数,2011年度)

通过以上计算我们发现,2011年苏宁电器的流动比率为1.22,速动比率为0.84,现金比率为0.64,经营现金流比率为0.18,与2010年相比,除了经营现金流比率稍微上升外,其他比率都有不同程度的下降。可见,2011年苏宁电器的短期偿债能力较2010年有所降低。苏宁电器2010年和2011年经营现金流情况比较好,但未来面对大量资本支出、运营成本增加的情况,公司应该压缩存货以及资本支出的增长,保证经营现金流,否则,公司的短期偿债能力面临风险。2010年度和2011年度苏宁电器短期偿债能力各指标对比图,如图10-1所示。

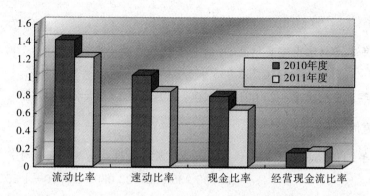

图 10-1　2010 年度和 2011 年度苏宁电器短期偿债能力指标

与偿债能力的经验数值相比,2011 年苏宁电器的流动比率为 1.22,小于 2;速动比率为 0.84,略小于 1;现金比率为 0.64,大于经验数值 0.25。总体而言,苏宁电器短期偿债能力尚可。但是,应注意在保证短期偿债能力的同时,注重提高资金的利用率。

与家电行业 36 家公司的短期偿债能力指标相比,2011 年,苏宁电器的若干短期偿债能力指标除经营现金流比率较高外,其他比率都比行业平均值偏低。其中:流动比率行业平均值为 1.79,苏宁为 1.22;速动比率行业平均值为 1.35,苏宁为 0.84;经营现金流比率行业平均值为 0.04,苏宁为 0.18。2011 年度苏宁电器短期偿债能力各指标与同行业对比图如图 10-2 所示:

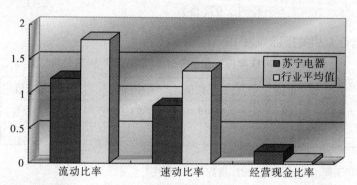

图 10-2　2011 年度苏宁电器短期偿债能力各指标与同行业对比

综合以上分析,我们认为苏宁电器的短期偿债能力较上年有所下降。目前,不能偿还到期债务的风险还小,但从长远看,其偿债能力有待提高。

(2)长期偿债能力分析。

利用表 10-3 提供的数据,计算苏宁电器长期偿债能力指标。

①资产负债率。

$$2011 \text{ 年末资产负债率} = 负债总额/资产总额$$
$$= 36\ 755\ 935\ 000/59\ 786\ 473\ 000 = 61.49\%$$
$$2010 \text{ 年末资产负债率} = 25\ 061\ 991\ 000/43\ 907\ 382\ 000 = 57.08\%$$

②产权比率。

  2011年末产权比率＝负债总额/所有者权益总额
        ＝36 755 935 000/23 030 538 000＝159.60%
  2010年末产权比率＝25 061 991 000/18 845 391 000＝132.99%

③有形净值债务率。

  2011年末有形净值债务率＝负债总额/(所有者权益总额－无形资产净值)
        ＝36 755 935 000/(23 030 538 000－4 368 264 000)
        ＝196.95%
  2010年末有形资产债务率＝25 061 991 000/(18 845 391 000－1 309 337 000)
        ＝142.92%

④已获利息倍数。

  2011年已获利息倍数＝息税前利润/利息支出＝(利润总额＋利息费用)/利息支出
        ＝(6 473 226 000－403 236 000)/－403 236 000
        ＝－15.05(倍)
  2010年已获利息倍数＝(5 402 044 000－360 769 000)/－360 769 000
        ＝－13.97(倍)

2011年家电行业相关指标如表10-5所示：

表10-5 2011年同行业相关指标(家电行业36家公司)

指标	苏宁电器	行业平均值	中位数	行业最高值	行业最低值
资产负债率(%)	61.49	48.76	54.65	72.30	23.38
已获利息倍数	－15.05	8.49	5.37	29.69	1.94

(资料来源：中华工商上市公司财务指标指数,2011年度)

  2011年,苏宁电器的资产负债率、产权比率和有形净值债务率指标与2010年相比,均有不同程度的上升。可见,2011年苏宁电器的长期偿债能力较上年有所下降。2010～2011年,苏宁电器长期偿债能力各指标对比图如图10-3所示：

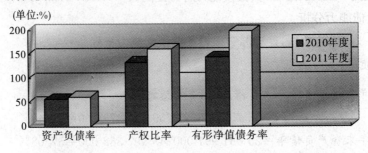

图10-3 2010～2011年苏宁电器长期偿债能力指标

与长期偿债能力的经验数值相比,2011年苏宁电器的资产负债率为61.49%,略大于50%;产权比率为159.60%,大于100%;有形净值债务率为196.95%,远大于经验数值100%;已获利息倍数为-15.05倍,远小于国际公认的经验数值3。以上对比说明,苏宁电器长期偿债能力存在一定的风险。

与同行业相比,资产负债率略高于行业平均值,已获利息倍数远低于行业平均值,这说明2011年苏宁电器的长期偿债能力居于同行业的下游。2011年度苏宁电器长期偿债能力各指标与同行业对比图如图10-4所示。

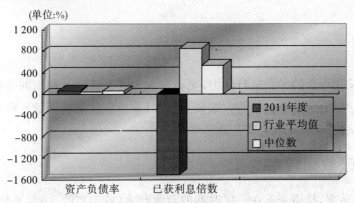

图10-4 2011年度苏宁电器长期偿债能力各指标与同行业对比

综合以上分析,我们认为苏宁电器的长期偿债能力较上年有所下降,居于同行业的下游,面临一定的风险。

3. 偿债能力分析总结

苏宁电器2011年的偿债能力分析如下:

(1)2011年苏宁电器的短期偿债能力和长期偿债能力较上年有所下降。

(2)公司计划在2012年完成60个自建物流基地的选址工作,2015年前完成60个物流基地的建设。目前,沈阳物流基地投入使用,无锡、成都、重庆等10个物流基地进入施工,2011年公司签约储备项目17个。物流基地建设预算大概1～2亿元,江苏和北京物流基地预算都为2.5亿元,无锡和青岛物流基地预算为1.35亿元。在全国枢纽地区建设10个全自动化存储和分拣仓库,全面提升小件商品的配送覆盖范围和效率。B2C物流服务方面,苏宁易购将建立由93个大家电中心仓,10个自动化、高效率的小件商品自动化仓库和1 000个依托区域核心门店、物流基地的自建快递点构成的全国物流配送体系。

(3)公司历史一直占用供应商的货款进行扩张,2011年第三季度公司应付票据达到了195亿元,应付账款达到86亿元,持有货币资金211亿元,公司利用供应商货款2011年上半年获得3.8亿元的利息收入,2010年全年利息收入达到6.2亿元。虽然公司持有大量货币资金,但大部分作为承兑汇票和银行保理的保证金,公司面对未来大量资本支出,仍然需要进行融资。

综上所述,苏宁电器由于自身发展的需要,其偿债能力处于同行业中下游,偿还到期债务的风险尚可,长期偿债能力存在一定的风险。

任务三　分析企业营运能力

❖ 任务引入

依据下载的××上市公司资产负债表、利润表、现金流量表,计算其相关营运能力指标并进行分析。

❖ 相关知识

营运能力,是指企业的经营运行能力,主要表现为资产管理及利用的效率,一般通过公司资产管理比率来衡量,主要包括应收账款周转率(应收账款周转天数)、存货周转率(存货周转天数)、流动资产周转率和总资产周转率等。

一、应收账款周转率

应收账款周转率,是指企业在一定时期的营业收入(或销售收入)与平均应收账款余额之间的比率。其计算公式是:

$$应收账款周转率(周转次数)=\frac{营业收入}{平均应收账款余额}$$

应收账款周转天数,表示企业自产品销售出去开始,至应收账款收回为止所需经历的天数。周转天数越少,则说明应收账款变现的速度越快,企业资金被外单位占用的时间越短,资金管理工作的效率越高。其计算公式是:

$$应收账款周转天数=\frac{平均应收账款余额 \times 360}{营业收入}$$

上式中:

$$平均应收账款余额=\frac{应收账款余额年初数+应收账款余额年末数}{2}$$

应收账款周转率是评价企业应收账款的变现能力和管理效率的财务比率。应收账款周转率越高,平均收账期越短,说明应收账款的收回越快;否则,企业的营运资金会过多地滞留在应收账款上,影响正常的资金周转。

【业务实例10-3-1】根据表10-1和表10-2资料,假定该公司2010年年末应收账款余额为1 100万元,则该公司2011年度和2012年度应收账款周转率的计算表如表10-6所示:

表 10-6　应收账款周转率计算表　　　　　　　　　　　单位:万元

项　目	2010年	2011年	2012年
营业收入		18 800	21 200
应收账款年末余额	1 100	1 200	1 300
平均应收账款余额		1 150	1 250
应收账款周转率(次)		16.35	16.96
应收账款周转期(天)		22.02	21.23

以上计算结果表明,该公司 2012 年度应收账款周转率比 2011 年度有所改善,周转次数由 16.35 次提高为 16.96 次,周转天数由 22.02 天缩短为 21.23 天。这不仅说明公司的营运能力有所增强,而且对流动资产的变现能力和周转速度也会起到促进作用。

二、存货周转率

存货周转率,是指企业一定时期内的营业成本与平均存货余额之间的比率,是反映企业资产流动性的一个指标,也是衡量企业生产经营各环节中存货运营效率的一个综合性指标。其计算公式为:

$$存货周转率(周转次数)=\frac{营业成本}{平均存货余额}$$

$$存货周转期(周转天数)=\frac{平均存货余额\times 360}{营业成本}$$

上式中:

$$平均存货余额=\frac{(存货余额年初数+存货余额年末数)}{2}$$

存货周转率指标的好坏反映企业存货管理水平的高低,它影响到企业的短期偿债能力,是整个企业管理的一项重要内容。一般来讲,存货周转速度越快,存货的占用水平越低,流动性越强,存货转换为现金或应收账款的速度越快。因此,通过存货周转分析,有利于找出存货管理存在的问题,尽可能降低资金占用水平。存货既不能储存过少,否则可能造成生产中断或销售紧张,也不能储存过多,否则可能形成呆滞、积压。存货是流动资产的重要组成部分,其质量和流动性对企业流动比率具有举足轻重的影响,并进而影响企业的短期偿债能力。因此,要加强存货管理,以提高其变现能力和盈利能力。

在计算存货周转率时,应注意以下几个问题:

其一,存货计价方法对存货周转率具有较大的影响,因此,在分析企业不同时期或不同企业的存货周转率时,应注意存货计价方法的口径是否一致;

其二,分子、分母上的数据应注意时间上的对应性。

【业务实例10-3-2】根据表10-1和表10-2资料,假设恒远公司2010年年末的存货余额为3 800万元,则该公司2011年和2012年存货周转率的计算如表10-7所示。

表10-7 存货周转率计算表　　　　　　　　　单位:万元

项　　目	2010年	2011年	2012年
营业成本		10 900	12 400
存货年末余额	3 800	4 000	5 200
平均存货余额		3 900	4 600
存货周转率(次)		2.79	2.70
存货周转期(天)		128.81	133.55

以上计算结果表明,该公司2012年度的存货周转率比2011年度有所延缓,存货周转次数由2.79次降为2.70次,周转天数由128.81天增为133.55天。这反映出该公司2012年的存货管理效率不如2011年,其原因可能与2012年度存货增长幅度过大有关。

◆ **知识链接**

计算和使用存货周转率时,可以使用"主营业务收入"替代"主营业务成本"作为周转额。如果为了评估资产的变现能力,则需要计量存货转换为现金数量和时间,应采用"主营业务收入";如果为了评估存货管理的业绩,则应当使用"主营业务成本"。实际上两种周转额的差额是毛利引起的,使用哪一个计算指标都能达到分析目的。

以成本为基础和以收入为基础的存货周转率有不同的意义。以成本为基础的存货周转率运用较为广泛,因为与存货相关的是销售成本,它们之间的对比更符合实际,能够较好地表现存货的周转状况;以收入为基础的存货周转率维护了资产运用效率比率各指标计算上的一致性,又因为由此计算的存货周转天数与应收账款周转天数建立在同一基础上,从而可直接相加并得出另一个分析指标——营业周期。营业周期是指从取得存货开始到销售存货并收回现金为止的这一段时间。计算公式为:

营业周期=存货周转天数+应收账款周转天数

一般情况下,营业周期短,则说明资金周转速度快;营业周期长,则说明资金周转速度慢。决定流动比率高低的主要因素是存货周转天数和应收账款周转天数。

三、流动资产周转率

流动资产周转率,是指企业在一定时期内营业收入同平均流动资产总额的比率。它反映流动资产在一定时期内的周转速度和营运能力。该指标通常用流动资产周转次数或周转天数表示,其计算公式为:

$$\text{流动资产周转率(周转次数)} = \frac{\text{营业收入}}{\text{平均流动资产总额}}$$

$$\text{流动资产周转期(周转天数)} = \frac{\text{平均流动资产总额} \times 360}{\text{营业收入}}$$

上式中:

$$\text{平均流动资产总额} = \frac{\text{流动资产年初总额} + \text{流动资产年末总额}}{2}$$

从上式可以看出,在一定时期内,流动资产周转次数越多,流动资产周转速度越快,投资于流动资产的资金就越少,流动资产利用效果越好;反之,投资于流动资产的资金就越多。当流动资产周转率用周转天数表示时,周转一次所需要的天数越少,这表明流动资产经历生产和销售各阶段所占用的时间就越短,流动资产利用效果越好;反之,流动资产利用效果就不好。通过该指标的对比分析,可以促进企业加强内部管理,充分有效地利用流动资产,如降低成本、调动暂时闲置的货币资金用于短期投资创造收益等,还可以促进企业采取措施扩大销售,提高流动资产的综合使用效率。

【业务实例10-3-3】根据表10-1和表10-2资料,假设恒远公司2010年年末的流动资产总额为6 000万元,则该公司2011年和2012年流动资产周转率的计算如表10-8所示:

表10-8 流动资产周转率　　　　　　　　　　　　单位:万元

项目	2010年	2011年	2012年
营业收入		18 800	21 200
流动资产年末总额	6 000	7 100	8 050
平均流动资产总额		6 550	7 575
流动资产周转率(次)		2.87	2.80
流动资产周转期(天)		125.43	128.63

由此可见,该公司2012年度的流动资产周转速度比2011年度延缓了3.2天,流动资金占用增加,增加的数额为(128.63—125.43)×21 200÷360=188.44(万元)

四、固定资产周转率

固定资产周转率也称"固定资产利用率",是指营业收入与平均固定资产净值的比率。该指标通常用固定资产周转次数或周转天数表示,其计算公式为:

$$\text{固定资产周转率(周转次数)} = \frac{\text{营业收入}}{\text{平均固定资产净值}}$$

$$\text{固定资产周转期(周转天数)} = \frac{\text{平均固定资产净值} \times 360}{\text{营业收入}}$$

上式中:

$$平均固定资产净值 = \frac{固定资产净值年初数 + 固定资产净值年末数}{2}$$

固定资产周转率主要用于分析企业对厂房、设备等固定资产的利用效率。该比率越高,则说明企业固定资产利用越充分,管理水平越好。如果固定资产周转率与同行业平均水平相比偏低,则说明企业对固定资产的利用率较低,可能会影响企业的获利能力。

运用固定资产周转率时,需要考虑:其一,这一指标的分母采用固定资产净值,因此,指标的比较将受到折旧方法和折旧年限的影响,应注意其可比性问题;其二,当企业固定资产净值率过低(如因资产陈旧或过度计提折旧)或者当企业属于劳动密集型企业时,这一比率就可能没有太大的意义。

【业务实例10-3-4】根据表10-1和表10-2资料,假设恒远公司2010年年末的净值为11 800万元,则表10-1中的固定资产金额均为固定资产净值(未计提固定资产减值准备)。该公司2011年和2012年固定资产周转率的计算如表10-9所示:

表10-9 固定资产周转率　　　　　　　　　　　　　单位:万元

项　目	2010年	2011年	2012年
营业收入		18 800	21 200
固定资产年末净值	11 800	12 000	14 000
固定资产平均净值		11 900	13 000
固定资产周转率(次)		1.58	1.63
固定资产周转期(天)		227.87	220.75

结果表明,该公司2012年度的固定资产周转率比2011年度有所加快,其主要原因是固定资产净值的增加幅度低于营业收入增长幅度,这表明公司的营运能力有所提高。

五、总资产周转率

总资产周转率,是指企业一定时期的营业收入与平均资产总额的比率,它可用来反映企业全部资产的利用效率。其计算公式是:

$$总资产周转率(周转次数) = \frac{营业收入}{平均资产总额}$$

$$总资产周转期(周转天数) = \frac{平均资产总额 \times 360}{营业收入}$$

上式中:

$$平均资产总额 = \frac{资产总额年初数 + 资产总额年末数}{2}$$

总资产周转率反映了企业全部资产的管理质量和利用效率。该比率越高,则表明企业总资产的周转速度越快,销售能力越强,资产利用效率越高;如果这个比率低,则说明企业全部资产的利用效率较差,最终会影响企业的获利能力。企业应采取各项措施来提高企业的资产利用程度,比如,提高销售收入或处理多余的资产等。

【业务实例10-3-5】根据表10-1和表10-2资料,假设恒远公司2010年年末的资产总额为19 000万元,则该公司2011年和2012年总资产周转率的计算如表10-10所示:

表10-10 总资产周转率　　　　　　　　　　　　　　　　　单位:万元

项 目	2010年	2011年	2012年
营业收入	18 800	21 200	
资产年末总额	9 000	20 000	23 000
平均资产总额		19 500	21 500
总资产周转率(次)		0.96	0.99
总资产周转期(天)		373.40	365.09

以上计算表明,恒远公司2012年度的总资产周转率比2011年度略有加快。这是因为该公司固定资产平均净值的增长程度(9.24%)虽低于营业收入的增长程度(12.77%),但流动资产平均余额的增长程度(15.65%)却大大高于营业收入的增长程度,所以总资产的利用效果难以大幅度提高。

◆ 你知道吗?

财务分析师

在美国一般称为"注册财务分析师"(或称"注册金融分析师",Chartered Finance Analyst,简称CFA),是指执有特许从业证书,服务于证券发行承销交易机构、投资咨询机构、银行、保险公司、投资公司、共同基金、养老基金及其他机构投资者,专门从事投资分析、咨询和管理工作的人员。一支高素质的财务分析师队伍可以帮助投资者正确进行投资和决策,化解和减少风险。在发达成熟的市场经济国家,财务分析师和注册会计师、资产评估师等专业队伍共同构成了证券市场的质量监督、风险预测、投资分析等主要力量。

◆ 任务实施

苏宁电器股份有限公司(002024)(以下简称"苏宁电器")营运能力分析如下:

1. 收集财务数据

表 10-11　苏宁电器相关财务数据　　　　　　　　单位：元

财务指标	2010 年末	2011 年末
应收账款净额	1 104 611 000	1 841 778 000
应收票据	2 505 000	7 265 000
存货	9 474 449 000	13 426 741 000
流动资产	34 475 586 000	43 425 335 000
固定资产净额	3 914 317 000	7 347 467 000
非流动资产合计	9 431 796 000	16 361 138 000
资产总额	43 907 382 000	59 786 473 000
主营业务收入	75 504 739 000	93 888 580 000
主营业务成本	70 083 416 000	87 596 691 000

2. 指标计算及分析

(1) 应收账款周转分析。苏宁电器的顾客主要是个人消费者，以钱货两清的方式进行交易，赊销收入占应收账款的比例很小，所以用主营业务收入数据得出的应收账款周转率准确性非常高。

①应收账款周转率的计算。

2011 年应收账款周转次数＝主营业务收入/应收账款平均余额
　　　　　　　　　　　＝93 888 580 000/[(1 841 778 000＋1 104 611 000)/2]
　　　　　　　　　　　＝63.73(次)

2010 年应收账款周转次数＝75 504 739 000/[(347 024 000＋1 104 611 000)/2]
　　　　　　　　　　　＝104.03(次)

2011 年应收账款周转天数＝360/应收账款周转次数＝360/63.73＝5.65(天)

2010 年应收账款周转天数＝360/104.03＝3.46(天)

②应收账款周转率分析。通过以上计算我们发现，2011 年苏宁电器应收账款由 2010 年的 1 104 611 000 元上升到 2011 年的 1 841 778 000 元，上升了 66.74%，应收账款周转次数比 2010 年少 40.3 次，降低了 38.74%，应收账款周转天数相应地增加 2.19 天，上升 63.29%，主要是因为 2011 年公司持续推进国家"家电下乡"、"以旧换新"等一系列拉动内需政策的实施，在促进公司销售收入增长的同时，也带来了公司本期应收代垫财政补贴款的增加；公司持续加快连锁网络拓展，并大力发展电子商务业务，使其销售规模稳步提升，同时也导致应收账款上升，应收账款周转天数相应增加。

(2) 存货周转分析。

①存货周转率的计算。

2011 年存货周转次数＝主营业务成本/存货平均余额
　　　　　　　　　＝87 596 691 000/[(13 426 741 000＋9 474 449 000)/2]
　　　　　　　　　＝7.65(次)

2010年存货周转次数＝70 083 416 000/[(9 474 449 000＋6 326 995 000)/2]
　　　　　　　　＝8.87(次)

2011年存货周转天数＝360/7.65＝47.06(天)

2010年存货周转天数＝360/8.87＝40.59(天)

②存货周转率分析。通过以上计算可以发现，苏宁电器存货由2010年的9 474 449 000元增加到2011年的13 426 741 000元，增加了41.72%；2011年的存货周转次数比2010年降低了1.22次，存货周转天数增加了6.47天。经过分析，主要是因为公司针对传统元旦、春节销售旺季，积极开展备货工作，且公司连锁店规模增长较快以及电子商务不断发展，由此带来期末存货的增加。

(3)流动资产周转分析。

①流动资产周转率的计算。

2011年流动资产周转次数＝主营业务收入/流动资产平均余额
　　　　　　　　　　＝93 888 580 000/[(43 425 335 000＋34 475 586 000)/2]
　　　　　　　　　　＝2.41(次)

2010年流动资产周转次数＝75 504 739 000/[3 447 586 000＋30 196 264 000)/2]
　　　　　　　　　　＝2.335(次)

2011年流动资产周转天数＝360/流动资产周转次数
　　　　　　　　　　＝360/2.41
　　　　　　　　　　＝149.38(天)

2010年流动资产周转天数＝360/2.335＝154.18(天)

②流动资产周转率分析。苏宁电器的流动资产由2010年的34 475 586 000元增加到2011年的43 425 335 000元，增加了25.96%。但其流动资产周转次数2011年却比2010年增加了0.075次，流动资产周转天数减少了4.8天。主要是因为苏宁电器2011年主营业务收入比2010年增加1.24倍，而流动资产平均余额却增加1.26倍，因此，其流动资产周转情况2011年比2010年有小幅度的提升，说明苏宁电器的流动资产利用效率有所提高。

(4)固定资产周转分析。

①固定资产周转率的计算。

2011年固定资产周转次数＝主营业务收入/固定资产平均余额
　　　　　　　　　　＝93 888 580 000/[(7 347 467 000＋3 914 317 000)/2]
　　　　　　　　　　＝16.67(次)

2010年固定资产周转次数＝75 504 739 000/[(3 914 317 000＋2 895 971 000)/2]
　　　　　　　　　　＝22.17(次)

2011年固定资产周转天数＝360/固定资产周转次数＝360/16.67＝21.60(天)

2010年固定资产周转天数＝360/22.17＝16.24(天)

②固定资产周转率分析。2011年，苏宁电器固定资产期末数比年初数增加了3 433 150 000

元,增加87.71%,固定资产周转次数2011年比2010年降低了5.5次,固定资产周转天数增加了5.36天。这可能是由以下因素造成的:报告期内公司徐庄总部办公楼、无锡、成都、合肥、天津物流基地项目建设完工并投入使用,由在建工程转入固定资产;同时,公司还新增购置店项目,带来固定资产期末余额较期初增加87.71%。虽然2011年苏宁电器主营业务收入也有所增加,但是由于主营业务收入的增长率(24.35%)小于固定资产的增长率(87.71%),最终仍然使得固定资产周转次数下降,周转天数增加。

(5)总资产周转分析。

①总资产周转率的计算。

2011年总资产周转次数=主营业务收入/总资产平均余额

$$=93\ 888\ 580\ 000/[(59\ 786\ 473\ 000+43\ 907\ 382\ 000)/2]$$

$$=1.81(次)$$

2010年总资产周转次数=75 504 739 000/[(43 907 382 000+35 839 832 000)/2]

$$=1.89(次)$$

2011年总资产周转天数=360/总资产周转次数=360/1.81=198.90(天)

2010年总资产周转天数=360/1.89=190.48(天)

②总资产周转率分析。通过以上计算我们发现,苏宁电器总资产由2010年的43 907 382 000元上升到2011年的59 786 473 000元,上升了36.16%。总资产周转次数2011年比2010年降低了0.08次,总资产周转天数增加了8.42天。这说明苏宁电器2011年资产周转总体情况比2010年有小幅度的下降。究其原因,苏宁电器2010年主营业务收入约为755亿元,2011年增加到939亿元,增加了1.24倍;2010年总资产平均余额约为399亿元,2011年增加到518亿元,增加了1.30倍。由于总资产的增长幅度超过了主营业务收入的增长幅度,所以总资产周转率由1.89下降到1.81,这说明苏宁电器总资产的利用效率有所下降。

3.资产周转能力分析总结

苏宁电器总资产的增长幅度超过了主营业务收入的增长幅度,总资产周转率由1.89下降到1.81,其2011年资产周转总体情况比2010年有小幅度的下降,这说明苏宁电器总资产的利用效率有所下降。苏宁电器流动资产周转率由2010年的2.35增加到2011年的2.41,这说明其流动资产周转情况2011年比2010年有小幅度的提升,流动资产的利用效率有所提高。

存货和应收账款是流动资产的主要组成部分,因此,可以通过存货和应收账款的周转率进一步分析流动资产周转率的变化。苏宁电器2010年存货周转率为8.87次,而2011年这一比率下降到7.65次,存货周转天数由40.59天延长到47.06天。应收账款周转率由2010年的104.03次下降到2011年的63.73次,周转天数由3.46天延长到5.65天。其原因可能是,2011年由于"家电下乡"和"以旧换新"政策的实施,在促进苏宁电器销售增长的同时,也带来公司代垫财政补贴款的增加;另外,由于工程、团购业务增加,应收客户款项增加,应收账款期末余额相应增加,从而导致应收账款周转率下降。为应对元旦促销和春节前旺季销售,且连锁店数量增加以及电子商务业务的快速发展,带来2011年末库存增加,存货周转率略有下降。未来,通过公司物流平台的合理规划以及公司供应链管理水平进一步提高,存货周转率将逐步改善。2011年,公司销售规模增长较快,由此带来流动资产周转率、总资产周转率相对稳定(2011年苏宁电器流动资产周转次数比2010年仅增加了0.075次,总资产周转次数比2010年仅降低了0.08次)。

所以,对于苏宁电器来说,扩大产品的销路、开发新产品、调整收账政策、缩短收账时间、提高固定资产和总资产的使用效率是下一步应该考虑的事情。

任务四 分析企业盈利能力

◆ 任务引入

依据下载的××上市公司资产负债表、利润表、现金流量表,计算其相关盈利能力指标并进行分析。

◆ 相关知识

盈利能力就是企业在一定时期赚取利润的能力,它通常体现为企业收益数额的大小与水平的高低,是企业偿债能力和营运能力的综合体现。企业盈利能力的分析可分为一般企业盈利能力分析和股份制企业盈利能力分析。

一、分析一般企业盈利能力

评价一般企业盈利能力的指标主要有总资产报酬率、净资产收益率、资本收益率、营业利润率、成本费用利润率、盈余现金保障倍数等。

(一)总资产报酬率

总资产报酬率,是指企业一定时期息税前利润总额与平均资产总额之间的比率。其计算公式为:

$$总资产报酬率 = \frac{息税前利润总额}{平均资产总额} \times 100\%$$

上式中:

息税前利润总额 = 利润总额 + 利息支出

= 净利润 + 所得税 + 利息支出

$$平均资产总额 = \frac{资产总额年初数 + 资产总额年末数}{2}$$

总资产报酬率反映了企业包括净资产和负债在内的全部资产的总体获利能力,是评价企业资产运营效益的重要指标,企业所有者和债权人对该指标都非常关心。一般情况下,该指标越高,则表明企业的资产利用效益越好,整个企业获利能力越强,经营管理水平越高。

【业务实例10-4-1】根据表10-1和表10-2资料,同时假设表中财务费用全部为利息支出,该公司2010年度的年末资产总额为19 000万元。该公司2011年度和2012年度总资产报酬率的计算如表10-12所示:

表10-12 总资产报酬率 单位:万元

项目	2010年	2011年	2012年
利润总额		4 000	4 200
利息支出		200	300
息税前利润总额		4 200	4 500
资产年末总额	19 000	20 000	23 000
平均资产总额		19 500	21 500
总资产报酬率		21.54%	20.93%

计算结果表明,该公司2012年度的资产综合利用效率比2011年度稍低,需要对公司资产的使用情况、增长节约工作等情况进一步进行分析考察,以便改进管理,提高效益。

(二)净资产收益率

净资产收益率也叫"权益报酬率",是企业一定时期净利润与平均净资产的比率。它反映股东权益的收益水平,该指标值越高,则说明股东投资带来的收益越高。其计算公式为:

$$净资产收益率 = \frac{净利润}{平均净资产} \times 100\%$$

上式中:

$$平均净资产 = \frac{所有者权益年初数 + 所有者权益年末数}{2}$$

净资产收益率反映所有者投资的获利能力。该比率越高,则说明所有者投资带来的收益越高,对企业投资人和债权人的保证程度越高。通过对该指标的综合对比分析,可以看出,企业获利能力在同行业中所处的地位以及与同类企业的差异水平。

【业务实例10-4-2】根据表10-1和表10-2资料,同时假定该公司2010年度的年末净资产为13 000万元,则该公司2011年度和2012年度净资产收益率的计算如表10-13所示:

表 10-13　净资产收益率　　　　　　　　　　　　　单位：万元

项目	2010年	2011年	2012年
净利润		2 400	2 520
年末净资产额	13 000	14 600	16 500
平均净资产		13 800	15 550
净资产收益率		17.39%	16.21%

该公司2012年度的净资产收益率比2011年度降低了约1个百分点,这是由于该公司所有者权益的增长快于净利润的增长所引起的,根据前列资料可以求得,该公司的所有者权益增长率为:(15 550－13 800)÷13 800×100%＝12.68%,而其净利润的增长率为:(2 520－2 400)÷2 400×100%＝5%。

(三)资本收益率

资本收益率,是指一定时期企业净利润与平均资本总额之间的比率。它反映企业一定时期的平均资本总额创造净利润的能力,表明企业资本利用的综合效率。该比率越高,则表明资本的利用效率越高,说明企业利用经济资源获取利润的能力越强。其计算公式为:

$$资本收益率 = \frac{净利润}{平均资本} \times 100\%$$

上式中:

$$平均资本 = \frac{\left[\begin{array}{c}实收资本(股本)\\年初数\end{array}+\begin{array}{c}资本公积\\年初数\end{array}\right]+\left[\begin{array}{c}实收资本(股本)\\年末数\end{array}+\begin{array}{c}资本公积\\年末数\end{array}\right]}{2}$$

资本公积＝实收资本(股本)中的资本溢价(股本溢价)

【业务实例10-4-3】根据表10-1和表10-2资料,同时假定该公司2010年度的年末实收资本为12 000万元(无资本公积),则该公司2011年度和2012年度资本收益率的计算如表10-14所示:

表 10-14　资本收益率　　　　　　　　　　　　　单位：万元

项　目	2010年	2011年	2012年
净利润		2 400	2 520
年末实收资本(股本)	12 000	12 000	12 000
平均资本		12 000	12 000
资本收益率		20%	21%

该公司2012年度的资本收益率比2011年度上升1个百分点,这是由于该公司资本没有发生变化,而净利润有所增长引起的。根据上述资料可以求得,该公司的净利润增长率为:(2 520－2 400)÷2 400×100%＝5%。

(四)营业利润率

营业利润率是企业一定时期营业利润与营业收入的比率。其计算公式为：

$$营业利润率=\frac{营业利润}{营业收入}\times100\%$$

营业利润率越高,则表明企业市场竞争力越强,获利能力越强。通过考察营业利润占整个利润总额比重的升降,可以发现企业经营理财状况的稳定性、面临的危险或可能出现的转机迹象。

从利润表来看,企业的利润包括营业利润、利润总额和净利润三种形式。而营业收入来源有商品销售收入、提供劳务收入和资产使用权让渡收入等。因此,在实务中经常用销售毛利率、销售净利率等指标来分析企业经营业务的获利水平。

1. 销售毛利率

销售毛利率是企业的销售毛利与销售收入的比率。其计算公式为：

$$销售毛利率=\frac{销售收入-销售成本}{销售收入}\times100\%$$

公式中,销售毛利是企业销售收入与销售成本的差额。销售毛利率也反映了企业的销售成本与销售收入的比例关系,销售毛利率越大,则说明在销售收入中销售成本所占比重越小,企业通过销售获取利润的能力越强。

2. 销售净利率

销售净利率是企业净利润与销售收入的比率。该指标表明企业每100元销售收入可实现的净利润是多少。其计算公式为：

$$销售净利率=\frac{净利润}{销售收入}\times100\%$$

销售净利率说明了企业净利润占销售收入的比例,它可以评价企业通过销售赚取利润的能力。该比率越高,则企业通过扩大销售获取收益的能力越强。评价企业的销售净利率时,应比较企业历年的指标,从而判断企业销售净利率的变化趋势。此外,销售净利率受行业特点影响较大,因此,还应结合不同行业的具体情况进行分析。

【业务实例10-4-4】根据表10-2资料,该公司2011年度和2012年度的营业利润率计算如表10-15所示：

表10-15 营业利润率　　　　　　　　　　　　　　　　　　　　　单位:万元

项　　目	2011年	2012年
营业利润	4 500	4 700
营业收入	18 800	21 200
营业利润率(%)	23.94%	22.17%

从以上分析可以看出：恒远公司的营业利润率略有下降。进一步分析可以看到，这种下降趋势主要是由于该公司 2012 年的成本费用增加所致，由于下降幅度不大，可见企业的经营方向和产品结构仍符合现有市场需要。

(五)成本费用利润率

成本费用利润率是企业一定时期营业利润与成本费用总额的比率。它反映企业生产经营过程中所付出的代价与获得的收益之间的关系。其计算公式为：

$$成本费用利润率 = \frac{营业利润}{成本费用总额} \times 100\%$$

公式中，成本费用总额是企业为了取得利润而付出的总代价，主要包括营业成本、营业税金及附加、销售费用、管理费用、财务费用等。这一比率越高，则说明企业为获取收益而付出的代价越小，企业的获利能力越强。因此，通过这个比率不仅可以评价企业获利能力的高低，也可以评价企业对成本费用的控制能力和经营管理水平。

【业务实例 10-4-5】根据表 10-2 资料，该公司 2011 年度和 2012 年度的成本费用利润率的计算如表 10-16 所示：

表 10-16　成本费用利润率　　　　　　　　　　　　单位：万元

项目	2011 年	2012 年
营业成本	10 900	12 400
营业税金及附加	1 080	1 200
销售费用	1 620	1 900
管理费用	800	1 000
财务费用	200	300
成本费用总额	14 600	16 800
营业利润	4 500	4 700
成本费用利润率	30.82%	27.98%

从以上计算结果可以看到，该公司 2012 年度的成本费用利润率比 2011 年度有所下降，主要是由于公司 2012 年度的成本费用上升所致，公司应当深入检查导致成本费用上升的因素，改进有关工作，以便扭转效益指标下降的状况。

(六)盈余现金保障倍数

盈余现金保障倍数，是指企业一定时期经营现金净流量与净利润的比值，反映了企业当期净利润中现金收益的保障程度。它真实反映了企业盈余的质量，是评价企业盈利状况的辅助指标。其计算公式为：

$$盈余现金保障倍数 = \frac{经营现金净流量}{净利润}$$

盈余现金保障倍数是从现金流入和流出的动态角度,对企业收益的质量进行评价,在收付实现制的基础上,充分反映出企业当期净利润中有多少是有现金保障的。一般来说,当企业当期净利润大于 0 时,盈余现金保障倍数应大于 1。该指标越大,则表明企业经营活动产生的净利润对现金的贡献越大。

【业务实例10-4-6】根据表 10-2 资料,同时假设该公司 2011 年度和 2012 年度的经营现金净流量分别为 3 000 万元和 5 000 万元(经营现金净流量的数据可以从公司的现金流量表中获得),则该公司 2011 年度和 2012 年度的盈余现金保障倍数的计算如表 10-17 所示:

表 10-17 盈余现金保障倍数　　　　　单位:万元

项　目	2011 年	2012 年
经营现金净流量	3 000	5 000
净利润	2 400	2 520
盈余现金保障倍数	1.25	1.98

从以上计算结果可以看出,该公司 2012 年度的盈余现金保障倍数比 2011 年度有较大的提高,这是因为在净利润略有增长(增长 120 万元)的情况下,经营现金净流量有较大幅度的增长(增长 2 000 万元),这表明该公司收益的流动性有所提高。

二、分析上市公司盈利能力

对于上市公司来说,最重要的盈利能力分析指标是每股收益、每股现金流量、市盈率、每股净资产和净资产收益率。

(一)每股收益

每股收益,也称"每股利润"或"每股盈余",是指上市公司发行在外的普通股每股所获得的利润。每股利润越高,说明股份公司的获利能力越强。其计算公式为:

$$每股收益 = \frac{净利润 - 优先股股利}{发行在外的普通股平均股数}$$

该指标在分析时,可以进行公司间的比较,以评价该公司的相对盈利能力;可以进行不同时期的比较,了解该公司盈利能力的变化趋势;可以进行经营实绩和盈利预测的比较,掌握该公司的管理能力。

【业务实例10-4-7】根据表 10-1 和表 10-2 资料,同时假定该公司 2011 年度至 2012 年度发行在外的普通股股数均为 12 000 股,则该公司 2011 年度和 2012 年度的每股收益的计算如表 10-18 所示:

表 10-18　每股收益　　　　　　　　　　　　　　　　单位:万元

项　目	2011年	2012年
净利润	2 400	2 520
优先股股利	0	0
普通股平均股数	12 000	12 000
每股收益	0.2	0.21

该公司2012年度的每股收益比2011年度有所提高,这是由于该公司普通股平均股数没有发生变化,而2012年度的净利润略有增加所致。

(二)每股现金流量

每股现金流量反映上市公司发行在外的普通股与经营活动产生的现金流量的关系,每股现金流量越高,则说明公司越有能力支付现金股利。其计算公式为:

$$每股现金流量=\frac{经营活动现金净流量-优先股股利}{发行在外的普通股平均股数}$$

【业务实例10-4-8】根据表10-1和表10-2资料,同时假定该公司2011年度和2012年度的经营现金净流量分别为3 000万元和5 000万元(经营现金净流量的数据可以从公司的现金流量表中获得),该公司2011年度至2012年度发行在外的普通股股数均为12 000股,则该公司2011年度和2012年度的每股现金流量的计算如表10-19所示:

表 10-19　每股现金流量　　　　　　　　　　　　　　单位:万元

项　目	2011年	2012年
经营现金净流量	3 000	5 000
优先股股利	0	0
普通股平均股数	12 000	12 000
每股现金流量	0.25	0.42

公司2012年度的每股现金流量比2011年度有较大的提高,这是由于该公司普通股平均股数没有发生变化,而经营现金净流量有较大幅度的增长(增长2 000万元)所致。

(三)每股股利

每股股利指上市公司每年发行的普通股股利总额与年末普通股总数的比值。其计算公式为:

$$每股股利=\frac{普通股股利总额}{年末普通股股数}$$

【业务实例10-4-9】根据表10-1和表10-2资料,同时假定该公司2011年度和2012年度分别发放普通股股利12万元和14.4万元,2011年度和2012年度发行在外的普通股股数均为12 000股,则该公司2011年度和2012年度每股股利的计算如表10-20所示:

表10-20 每股股利　　　　　　　　　　　　　单位:元

项　目	2011年	2012年
普通股股利总额	120 000	144 000
年末普通股总数	12 000	12 000
每股股利	10	12

该公司2012年度的每股股利比2011年度上涨了2元,这是由于该公司普通股总数没有发生变化,而发放的普通股股利增加所引起的。

(四)市盈率

市盈率是上市公司普通股每股市价与每股收益的比率,反映了投资者对上市公司每元净利润愿意支付的价格,可以用来估计股票的投资报酬和风险。其计算公式为:

$$市盈率 = \frac{普通股每股市价}{普通股每股收益}$$

市盈率是反映上市公司获利能力的一个重要财务比率,是投资者作出决策的重要参考因素之一,投资者对这个比率十分重视。一般来说,市盈率高,则说明投资者对该公司的发展前景看好,愿意出较高的价格购买该公司股票,成长较好的高科技公司股票的市盈率通常要高一些。但是,也应注意,如果某一种股票的市盈率过高,也意味着这种股票具有较高的投资风险。在市价确定的情况下,每股收益越高,市盈率越低,投资风险越小;反之亦然。在每股收益确定的情况下,市价越高,市盈率越高,风险越大;反之亦然。

【业务实例10-4-10】根据表10-1和表10-2资料,同时假定该公司2010年度至2012年度发行在外的普通股股数均为12 000股,2011年度和2012年度年末的每股市价分别为4元和5元,则该公司2011年度和2012年度年末市盈率的计算如表10-21所示。

表10-21 市盈率　　　　　　　　　　　　　单位:元

项目	2010年	2011年	2012年
净利润		2 400	2 520
年末普通股股数	12 000	12 000	12 000
普通股平均股数		12 000	12 000
每股收益		0.2	0.21
年末每股市价		4	5
年末市盈率		20	23.81

该公司 2012 年末的市盈率比 2011 年度有较大幅度上涨,反映了投资者看好该公司的进一步发展。

(五)每股净资产

每股净资产是上市公司年末净资产(即股东权益)与年末普通股总数的比值。该指标并没有一个确定的标准,但是投资者可以比较分析该公司历年的每股净资产的变动趋势,以了解公司的发展趋势和获利能力。其计算公式为:

$$每股净资产 = \frac{年末股东权益}{年末普通股总数}$$

【业务实例 10-4-11】根据表 10-1 和表 10-2 资料,同时假定该公司 2011 年度和 2012 年度发行在外的普通股股数均为 12 000 股,则该公司 2011 年和 2012 年年末每股净资产的计算如表 10-22 所示:

表 10-22 每股净资产　　　　　　　　　　　　单位:万元

项　　目	2011 年	2012 年
年末股东权益	14 600	16 500
年末普通股总数	12 000	12 000
年末每股净资产	1.22	1.38

该指标反映发行在外的每股普通股所代表的净资产成本即账面权益。在投资分析时,只能有限地使用这个指标,因其是用历史成本计量的,既不反映净资产的变现价值,也不反映净资产的产出能力。例如,某公司的资产只有一块前几年购买的土地并且没有负债,公司的净资产是土地的原始成本。现在土地的价格比过去翻了几番,引起股票价格上升,而其账面价值不变。账面价值,既不说明土地现在可以卖多少钱,也不说明公司使用该土地能获得什么。

◆ 任务实施

苏宁电器股份有限公司(002024)(以下简称苏宁电器)盈利能力分析如下:
1.收集财务数据
苏宁电器相关财务数据如表 10-23 所示:

表 10-23　苏宁电器相关财务数据　　　　　　　　　　　　　　　　　　单位：元

财务指标	2010 年末	2011 年末
一、营业收入	75 504 739 000	93 888 580 000
二、营业总成本	70 083 416 000	87 596 691 000
营业成本	62 040 712 000	76 104 656 000
营业税金及附加	268 129 000	369 751 000
销售费用	6 809 109 000	9 367 346 000
管理费用	1 250 311 000	2 088 637 000
财务费用	－360 769 000	－403 236 000
资产减值损失	75 924 000	69 537 000
三、营业利润	5 431 948 000	6 444 081 000
营业外支出	102 369 000	88 410 000
四、利润总额	5 402 044 000	6 473 226 000
五、净利润	4 105 508 000	4 886 006 000
六、股东权益合计	18 845 391 000	23 030 538 000
七、平均资产总额	39 873 607 000	51 846 927 500
八、利息支出	1 483 000	11 558 000
九、少数股东损益	93 688 000	65 412 000
十、发行在外的普通股加权平均股数	6 996 212 000	6 996 212 000
十一、每股市价(年末)	13.1	8.44

2. 指标计算及分析

(1)营业利润率分析。

①营业利润率的计算。

2011 年营业利润率＝营业利润/营业收入×100％
　　　　　　　　＝6 444 081 000/93 888 580 000×100％
　　　　　　　　＝6.86％

2010 年营业利润率＝5 431 948 000/75 504 739 000×100％
　　　　　　　　＝7.19％

2011 年营业净利率＝净利润/营业收入×100％
　　　　　　　　＝4 886 006 000/93 888 580 000×100％
　　　　　　　　＝5.2％

2010 年营业净利率＝4 105 508 000/75 504 739 000×100％
　　　　　　　　＝5.44％

2011 年营业毛利率＝(营业收入－营业成本)/营业收入×100％
　　　　　　　　＝(93 888 580 000－76 104 656 000)/93 888 580 000×100％
　　　　　　　　＝18.94％

2010 年营业毛利率＝(75 504 739 000－62 040 712 000)/75 504 739 000×100％
　　　　　　　　＝17.83％

②营业利润率分析。由以上数据可知,2011年苏宁电器营业利润率比2010年降低了0.33个百分点;2011年营业净利率比2010年降低了0.22个百分点;2011年营业毛利率比2010年提高了1.11个百分点,这说明产品的盈利能力较好,营业毛利率有所提升,但是营业利润率和营业净利率处于下降的状态,这与当期期间费用的增加存在关联。

(2) 成本费用利润率分析。

①成本费用利润率的计算。

2011年营业成本利润率＝营业利润/营业成本×100%
　　　　　　　　　＝6 444 081 000/76 104 656 000
　　　　　　　　　＝8.47%

2010年营业成本利润率＝5 431 948 000/62 040 712 000
　　　　　　　　　＝8.76%

2011年成本费用利润率＝营业利润/成本费用总额×100%
　　　　　　　　　＝6 444 081 000/87 596 691 000
　　　　　　　　　＝7.36%

2010年成本费用利润率＝5 431 948 000/70 083 416 000
　　　　　　　　　＝7.75%

②成本费用利润率分析。通过以上计算,苏宁电器2011年成本费用利润率的各项指标比2010年都有所下降,营业成本利润率下降了0.29个百分点,成本费用利润率下降了0.39个百分点,这些数据都说明了企业利润增长速度慢于成本费用的增长速度。

(3) 净资产收益率分析。

①净资产收益率的计算。

2011年净资产收益率＝净利润/平均净资产×100%
　　　　　　　　＝4 886 006 000/[(23 030 538 000＋18 845 391 000)/2]
　　　　　　　　＝23.34%

2010年净资产收益率＝4 105 508 000/[(18 845 391 000＋14 924 983 000)/2]
　　　　　　　　＝24.31%

②净资产收益率分析。以上数据表明,苏宁电器2011年的净资产收益率比2010年有所下降,下降了0.97个百分点,但是,与行业平均水平相比还是有很大优势的。据中华工商上市公司财务指标指数(2011年度)披露,2011年家电行业平均净资产收益率为11.76%,苏宁电器净资产收益率为23.34%,比行业均值高出11.58个百分点,体现了企业较强的盈利能力。

(4) 总资产报酬率分析。

①总资产报酬率的计算。

2011年总资产报酬率＝息税前利润总额/平均资产总额×100%
　　　　　　　　＝(6 473 226 000＋11 558 000)/51 846 927 500×100%
　　　　　　　　＝12.51%

2010年总资产报酬率＝(5 402 044 000＋1 483 000)/39 873 607 000×100%
＝13.55%

②总资产报酬率分析。苏宁电器2011年的总资产报酬率指标比2010年下降了1.04个百分点，这说明资产的盈利能力有所降低，资产的利用效率还有待提高。

(5)每股收益分析。

①每股收益的计算。

2011年基本每股收益＝(净利润－优先股股利)/发行在外的普通股加权平均股数
＝(4 886 006 000－65 412 000)/6 996 212 000
＝0.69(元)

2010年基本每股收益＝(4 105 508 000－93 688 000)/6 996 212 000
＝0.57(元)

由于2011年度苏宁电器授予的8 469万份股票期权的行权价格高于当期公司普通股平均市场价格，该股票期权在2011年度不具有稀释性，所以本年度稀释每股收益等于基本每股收益。

②每股收益分析。苏宁电器2011年和2010年基本每股收益都表现良好，2011年还有所提升，基本每股收益增加了0.12元，提高了21%。2011年行业平均基本每股收益为0.35元，苏宁电器基本每股收益为0.69元，比行业水平高出了0.34元，这表明企业具有较强的盈利能力。

(6)市盈率分析。

①市盈率的计算。

2011年市盈率＝普通股每股市价/普通股每股收益
＝8.44/0.69
＝12.23

2010年市盈率＝13.1/0.57
＝22.98

②市盈率分析。通过以上计算发现，苏宁电器在2011、2010这两年里，年末市盈率分别为12.23倍和22.98倍。2011年的市盈率比2010年下降了10.75倍，下降了47%，这可能是由于2011年整个证券市场低迷，对市盈率产生了一定的影响。总体来说，投资人对苏宁电器的发展前景是看好的。

3.资产盈利能力分析总结

苏宁电器2011年资产盈利能力总体来说是稳中有升，未出现较大的波动。从经营盈利能力来看，营业毛利率呈上升趋势，显示出良好的规模效益，这主要是由于公司深入推进定制、报销、OEM等采购手段，使品类毛利率稳步提升，同时借助消费电子热潮，公司推进产品多元化策略，通讯、电脑、数码等3C产品销售实现快速增长，并随着公司对消费类电子行业、产品的把握能力逐步加强，产品运作不断成熟，使得品类毛利率提升较快。营业利润率及成本利润率出现了下降趋势,这主要是由于期间费用(主要是管理费用和销售费用)的大幅增长所致。有数据显示,2011年苏宁电器管理费用率和销售费用率较去年同期合计上升了1.54个百分点,主要是由于人员费用的增加、店面租赁费用的增加、广告促销费用的增加等所致。

从投资盈利能力来看,净资产收益率和总资产报酬率都有不同程度的下降。以净资产收益率为例,它的下降主要是由于2011年净利润和净资产都出现了增加,但是幅度有所不同,2011年净利润比上年增长了20.16%,同期净资产比上年增长了21.76%,净资产增长幅度比净利润要大,所以致使净资产收益率出现了小幅下降。

从每股收益与市盈率来看,每股收益有所提高,这是由于当期净利润的提升导致的。当期市盈率出现了下降趋势,这主要受市场行情影响,若市场行情好,则公司股票价格就上涨,市盈率就上升,公司价值也上升,反之则相反。2011年,市场行情普遍不佳,每股市价较低,这是当期市盈率下降的主要原因,市盈率还需要和行业均值对比,才能得出更全面的结论。

所以,从总体来看,对于苏宁电器,保持产品持续增长的利润率,适当控制期间费用的产生,是当前需要考虑的问题。

任务五 分析企业发展能力

◆ 任务引入

依据下载的××上市公司资产负债表、利润表、现金流量表,计算其相关发展能力指标并进行分析。

◆ 相关知识

发展能力是企业在生存的基础上,扩大规模、壮大实力的潜在能力。分析企业发展能力主要考察以下指标:营业收入增长率、资本保值增值率、资本积累率、总资产增长率、营业利润增长率、技术投入比率、营业收入三年平均增长率和资本三年平均增长率。

一、营业收入增长率

营业收入增长率是企业本年营业收入增长额与上年营业收入总额的比率。它反映企业营业收入的增减变动情况,是评价企业成长状况和发展能力的重要指标。其计算公式为:

$$营业收入增长率=\frac{本年营业收入增长额}{上年营业收入总额}\times100\%$$

式中,本年营业收入增长额=本年营业收入总额-上年营业收入总额

实务中,也可以使用销售增长率来分析企业经营业务收入的增减情况。其计算公式为:

$$销售增长率 = \frac{本年销售收入增长额}{上年销售收入总额} \times 100\%$$

营业收入增长率是衡量企业经营状况和市场占有能力、预测企业经营业务拓展趋势的重要标志。不断增加的营业收入,是企业生存的基础和发展的条件。若该指标大于0,则表示企业本年的营业收入有所增长,指标值越高,表明增长速度越快,企业市场前景越好;若该指标小于0,则说明产品或服务不适销对路、质次价高,或是在售后服务等方面存在问题,市场份额萎缩。该指标在实际操作时,应结合企业历年的营业收入水平、企业市场占有情况、行业未来发展及其他影响企业发展的潜在因素进行前瞻性预测,或者结合企业前三年的营业收入增长率作出趋势性分析判断。

【业务实例10-5-1】根据表10-2资料,计算该公司2012年度的营业增长率为:

(21 200－18 800)÷18 800×100%＝12.77%

二、资本保值增值率

资本保值增值率是企业扣除客观因素后的本年末所有者权益总额与年初所有者权益总额的比率,反映企业当年资本在企业自身努力下的实际增减变动情况。其计算公式为:

$$资本保值增值率 = \frac{扣除客观因素后的年末所有者权益总额}{年初所有者权益总额} \times 100\%$$

一般认为,资本保值增值率越高,则表明企业的资本保全状况越好,所有者权益增长越快,债权人的债务越有保障。该指标通常应当大于100%。

【业务实例10-5-2】根据表10-1资料,同时假定不存在客观因素,计算该公司2012年度的资本保值增值率为:

16 500÷14 600×100%＝113.01%

三、资本积累率

资本积累率是企业本年所有者权益增长额与年初所有者权益的比率。它反映企业当年资本的积累能力,是评价企业发展潜力的重要指标。其计算公式为:

$$资本积累率 = \frac{本年所有者权益增长额}{年初所有者权益} \times 100\%$$

式中,本年所有者权益增长额＝所有者权益年末数－所有者权益年初数

资本积累率是企业当年所有者权益总的增长率,反映了企业所有者权益在当年的变动水平,体现了企业资本的积累情况,是企业发展强盛的标志,也是企业扩大再生产的源泉,展示了企业发展的潜力。资本积累率还反映了投资者投入企业资本的保全性和增长性。若该指标大于0,则指标值越高表明企业的资本积累越多,应付风险、持续发展的能力越强;若该

指标为负值,则表明企业资本受到侵蚀,所有者利益受到损害,应予以充分重视。

【业务实例10-5-3】根据表10-1资料,计算该公司2012年度的资本积累率为:

(16 500－14 600)÷14 600×100％＝13.01％

四、总资产增长率

总资产增长率是企业本年总资产增长额同年初资产总额的比率,它反映企业本期资产规模的增长情况。其计算公式为:

$$总资产增长率=\frac{本年总资产增长额}{年初资产总额}\times100\%$$

式中,本年总资产增长额＝资产总额年末数－资产总额年初数

总资产增长率是从企业资产总量扩张方面衡量企业的发展能力,表明企业规模增长水平对企业发展后劲的影响。该指标越高,则表明企业一定时期内资产经营规模扩张的速度越快。但在实际分析时,还要考虑资产规模扩张的质和量的关系以及企业的后续发展能力,避免资产盲目扩张。

【业务实例10-5-4】根据表10-1资料,计算该公司2012年度的总资本增长率为:

(23 000－20 000)÷20 000×100％＝15％

五、营业利润增长率

营业利润增长率是企业本年营业利润增长额与上年营业利润总额的比率,反映企业营业利润的增减变动情况。其计算公式为:

$$营业利润增长率=\frac{本年营业利润增长额}{上年营业利润总额}\times100\%$$

式中,本年营业利润增长额＝本年营业利润总额－上年营业利润总额

【业务实例10-5-5】根据表10-2资料,计算该公司2012年度的营业利润增长率为:

(4 700－4 500)÷4 500×100％＝4.44％

六、技术投入比率

技术投入比率是企业本年科技支出(包括用于研究开发、技术改造、科技创新等方面的支出)与本年营业收入净额的比率,反映企业在科技进步方面的投入,在一定程度可以体现企业的发展潜力。其计算公式为:

$$技术投入比率=\frac{本年科技支出合计}{本年营业收入净额}\times100\%$$

七、营业收入三年平均增长率

营业收入三年平均增长率表明企业营业收入连续三年的增长情况,体现企业的持续发展态势和市场扩张能力。其计算公式为:

$$营业收入三年平均增长率=\left(\sqrt[3]{\frac{本年营业收入总额}{三年前营业收入总额}}-1\right)\times 100\%$$

式中,三年前营业收入总额指企业三年前的营业收入总额数,比如,在评价企业2011年的绩效状况时,三年前营业收入总额是指2009年的营业收入总额。

实务中,也可以使用销售收入三年平均增长率来分析企业经营业务收入连续三年的增减变动情况。其计算公式为:

$$销售收入三年平均增长率=\left(\sqrt[3]{\frac{本年销售收入总额}{三年前销售收入总额}}-1\right)\times 100\%$$

营业收入是企业积累和发展的基础,该指标越高,则表明企业积累的基础越牢,可持续发展能力越强,发展的潜力越大。利用营业(销售)收入三年平均增长率指标,能够反映企业的经营状况和发展能力,避免少数年份业务波动对企业发展潜力的错误判断。一般认为,该指标越高,则表明企业经营业务持续增长势头越好,市场扩张能力越强。

八、资本三年平均增长率

资本三年平均增长率表示企业资本连续三年的积累情况,在一定程度上体现了企业的持续发展水平和发展趋势。其计算公式为:

$$资本三年平均增长率=\left(\sqrt[3]{\frac{年末所有权益者总额}{三年前年末所有者权益总额}}-1\right)\times 100\%$$

式中,三年前年末所有者权益指企业三年前的所有者权益年末数,比如,在评价2011年企业绩效状况时,三年前所有者权益年末数是指2009年年末数。

由于一般增长率指标在分析时具有"滞后"性,所以仅反映当期情况利用该指标,能够反映企业资本积累或资本扩张的历史发展状况以及企业稳步发展的趋势。一般认为,该指标越高,则表明企业所有者权益得到保障程度越大,企业可以长期使用的资金越充足,抵抗风险和持续发展的能力越强。

◆ **知识拓展**

企业在资源的配置上是否高效,直接从资产结构状况、资产运用效率、资产周转速度以及偿债能力等方面表现出来,从而决定企业的盈利水平。一个企业能否持续发展,关键取决于企业的营运能力、偿债能力和盈利能力三者的协调程度。如果片面地追求偿债能力的提高,增大易变现资产的占用,势必会使资产的收益水平下降,影响企业的营运能力和盈利能力;如果只追求提高资产的营运能力,就可能片面地重视企业在一定时期内获取的销售收入规模,相应增大应收账款上的资金占用,而忽略企业资产的流动性和短期偿债能力;如果单纯地追求企业的盈利能力,又可能增大不易变现资产的占用而忽视资产的流动性,对企业的偿债能力构成不利影响。

◆ 任务实施

苏宁电器股份有限公司(002024)(以下简称苏宁电器)的发展能力分析如下:

1. 收集财务数据

苏宁电器相关财务数据如表10-24所示:

表10-24 苏宁电器相关财务数据   单位:元

财务指标	2011年末	2010年末	2009年末
营业收入	93 888 580 000	75 504 739 000	58 300 149 000
营业利润	6 444 081 000	5 431 948 000	3 875 032 000
普通股净利润	4 820 594 000	4 011 820 000	2 889 956 000
流动资产总额	43 425 335 000	34 475 586 000	30 196 264 000
固定资产	7 347 467 000	3 914 317 000	2 895 971 000
资产总额	59 786 473 000	43 907 382 000	35 839 832 000
股东权益总额	23 030 538 000	18 845 391 000	14 924 983 000

2. 指标计算与分析

(1)销售增长率的计算与分析。

①销售增长率的计算。

2010年销售增长率=(75 504 739 000－58 300 149 000)/58 300 149 000×100%
　　　　　　　　=29.51%

2011年销售增长率=(93 888 580 000－75 504 739 000)/75 504 739 000×100%
　　　　　　　　=24.35%

②销售增长率的分析。计算表明,苏宁电器2011年销售增长率为24.35%,比2010年销售增长率29.51%下降了5.16%,主要原因是苏宁电器在2011年为减少资金使用风险,制定了严格的销售信用政策,加速了款项回收,而且与客户进行结算时,采用银行汇票结算,这样销售收入质量比较高,但也限制了销售规模进一步扩大,导致销售增长率下降。在分析销售增长率时,还可以结合产品内在质量、市场占有率、售后服务以及行业竞争程度等方面对产品销售增长进行分析。

(2)总资产增长率的计算与分析。

①总资产增长率的计算。

总资产增长率=本年总资产增加额/年初资产总额×100%

2010 年总资产增长率＝(43 907 382 000－35 839 832 000)/35 839 832 000×100%
＝22.51%

2010 年流动资产增长率＝(34 475 586 000－30 196 264 000)/30 196 264 000×100%
＝14.17%

2010 年固定资产增长率＝(3 914 317 000－2 895 971 000)/2 895 971 000×100%
＝35.16%

2011 年总资产增长率＝(59 786 473 000－43 907 382 000)/43 907 382 000×100
＝36.16%

2011 年流动资产增长率＝(43 425 335 000－34 475 586 000)/34 475 586 000×100%
＝25.96%

2011 年固定资产增长率＝(7 347 467 000－3 914 317 000)/3 914 317 000×100%
＝87.71%

②总资产增长率的分析。通过以上计算可以看出,苏宁电器 2011 年总资产增长率为 36.16%,2010 年总资产的增长率是 22.51%,该公司总资产的增长主要是固定资产的过快增长所导致的。2011 年固定资产较 2010 年增长了 87.71%,在前述销售增长分析时得知,该公司 2011 年销售规模较 2010 年却有一定的下降,下降幅度为 5.16%,而流动资产和固定资产都较去年有所增长,特别是固定资产增长较快,表明公司资产没有充分利用,出现了闲置,进而影响公司的盈利水平。

(3) 利润增长率的计算与分析。

①营业利润增长率计算与分析。

2010 年营业利润增长率＝(5 431 948 000－3 875 032 000)/3 875 032 000×100%
＝40.18%

2011 年营业利润增长率＝(6 444 081 000－5 431 948 000)/5 431 948 000×100%
＝18.63%

苏宁电器 2010 年营业利润增长率为 40.8%,2011 年营业利润增长率为 18.63%,增幅为－21.55%。结合该公司资产使用状况分析,造成营业增长率大幅下降可能是由于其总资产增长较快,公司规模扩大,而收入增长稍慢,营业成本上升,当年增加的资产可能还未完全投入使用,在一定程度上出现了闲置等。

②净利润增长率的计算与分析。

2010 年普通股净利润增长率＝(4 011 820 000－2 889 956 000)/2 889 956 000×100%
＝38.82%

2011 年普通股净利润增长率＝(4 820 594 000－4 011 820 000)/4 011 820 000×100%
＝20.16%

通过以上计算可以看出,苏宁电器 2010 年净利润增长率为 38.82%,2011 年净利润增长率为 20.16%,增幅为－18.66%,主要是因为该公司 2011 年营业利润下降了 21.55%。

(4)资本保值增值率和资本积累率的计算与分析。

①资本保值增值率的计算与分析。

2010年资本保值增值率＝18 845 391 000/14 924 983 000×100%
　　　　　　　　　＝126.27%

2011年资本保值增值率＝23 030 538 000/18 845 391 000×100%
　　　　　　　　　＝122.21%

通过以上计算可以看出，苏宁电器2010年、2011年的资本都实现了增值，表明该公司资本保值增值效果较好。

②资本积累率的计算与分析。

2010年资本积累率＝(18 845 391 000－14 924 983 000)/14 924 983 000×100%
　　　　　　　＝26.27%

2011年资本积累率＝(23 030 538 000－18 845 391 000)/18 845 391 000×100%
　　　　　　　＝22.21%

通过以上计算可以看出，苏宁电器2010年资本积累率达26.27%，2011年资本积累率达到22.21%，表明该公司通过自身生产经营活动，实现了公司资本的积累和股东权益的增长，使公司具有一定的成长性，为以后发展打下了基础。

任务六　企业财务状况综合分析

◆ 任务引入

依据下载的××上市公司资产负债表、利润表、现金流量表，对其进行财务状况综合分析。

◆ 相关知识

财务分析的最终目的在于全方位地了解企业经营管理的状况，从而对企业经济效益的优劣作出系统的、合理的评价。单独分析任何一项财务指标，难以全面评价企业的财务状况和经营成果，要想对企业财务状况和经营成果有一个总的评价，就必须进行相互关联的分析，采用适当的标准进行综合性的评价。所谓"综合指标分析"就是将营运能力、偿债能力、获利能力和发展能力等指标纳入一个有机的整体之中，全面地对企业经营状况、财务状况进行揭示和披露，从而对企业经济效益的优势作出准确的评价和判断。

一、综合指标分析方法

综合指标分析的方法有很多，其中应用比较广泛的有杜邦财务分析体系和沃尔比重评分法。

(一)杜邦财务分析体系

杜邦财务分析体系,是指利用几种主要财务比率之间的内在联系,综合分析企业财务状况的一种方法。因这种分析体系是美国杜邦公司首先创造使用的,故称"杜邦分析法"。该体系以净资产收益率为核心,将其分解为若干财务指标,通过分析各分解指标的变动对净资产收益率的影响来揭示企业获利能力及其变动原因。

杜邦体系各主要指标之间的关系如下:

$$\frac{\text{净资产收益率}}{} = \frac{\text{总资产}}{\text{净利润}} \times \frac{\text{权益乘数}}{} = \frac{\text{营业}}{\text{净利润}} \times \frac{\text{总资产}}{\text{周转率}} \times \frac{\text{权益}}{\text{乘数}}$$

上式中:$\text{营业净利率} = \dfrac{\text{净利润}}{\text{营业收入}}$

$$\text{总资产周转率} = \dfrac{\text{营业收入}}{\text{平均资产总额}}$$

$$\text{权益乘数} = \dfrac{\text{资产总额}}{\text{所有者权益总额}} = \dfrac{1}{1 - \text{资产负债率}}$$

【业务实例 10-6-1】根据表 10-1 和表 10-2 资料,可计算该公司 2012 年度杜邦财务分析体系中的各项指标如图 10-5 所示:

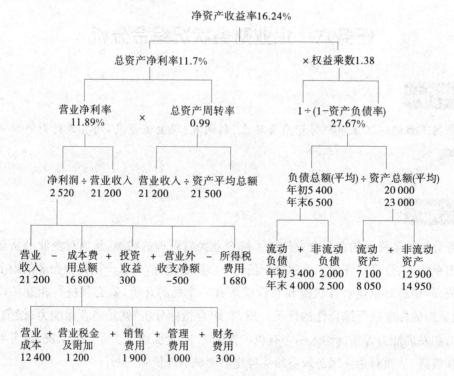

图 10-5 杜邦财务分析体系

需要说明的是,由于净资产收益率、总资产净利率、营业净利率和总资产周转率都是时期指标,而权益乘数和资产负债率是时点指标,所以,为了使这些指标具有可比性,上图中的权益乘数和资产负债率均采用的是 2012 年度年初和年末的平均值。

根据表 10-1 和表 10-2 资料以及前文中的假定,运用连环替代法对恒远公司 2012 年度的净资产收益率进行分析。

净资产收益率＝营业净利率×总资产周转率×权益乘数

2011 年度指标:12.77％×0.96×1.41＝17.29％   ①
第一次替代:11.89％×0.96×1.41＝16.09％   ②
第二次替代:11.89％×0.99×1.41＝16.60％   ③
第三次替代:11.89％×0.99×1.38＝16.24％   ④
②－①＝16.09％－17.29％＝－1.20％   营业净利率下降的影响
③－②＝16.60％－16.09％＝0.51％   总资产周转率上升的影响
④－③＝16.24％－16.60％＝－0.36％   权益乘数下降的影响

杜邦分析法是对企业财务状况进行的自上而下的综合分析。它通过几种主要的财务指标之间的关系,直观、明了地反映出企业的偿债能力、营运能力、盈利能力及其相互之间的关系,从而为经营者提供解决企业财务问题的思路并为企业提供财务目标的分解、控制途径。从杜邦分析法可以了解到下面的财务信息。

1. 从杜邦系统图中可以看出净资产收益率是杜邦财务分析体系的核心,是综合性最强的一个指标,反映着企业财务管理的目标

企业财务管理的重要目标之一就是实现股东财富的最大化,净资产收益率正是反映了股东投入资金的获利能力,这一比率反映了企业筹资、投资和资产运营等各方面活动的效率。净资产收益率取决于企业总资产净利率和权益乘数。总资产净利率反映企业运用资产总额进行生产经营活动的效率高低,而权益乘数则主要反映企业的筹资情况,即企业资金来源结构。

2. 总资产净利率是反映企业获利能力的一个重要财务比率

它揭示了企业生产经营活动的效率,综合性也极强。企业的营业收入、成本费用、资产结构、资产周转速度以及资金占用量等各种因素都直接影响到总资产净利率的高低。总资产净利率是营业净利率与总资产周转率的乘积。因此,可以从企业的营业活动与资产管理两个方面来进行分析。

3. 从企业的销售方面看,营业净利率反映了企业净利润与营业收入之间的关系

一般来说,营业收入增加,企业的净利会随之增加,但是要想提高营业净利率,必须一方面提高营业收入,另一方面降低各种成本费用,这样才能使净利润的增长高于营业收入的增长,从而使营业净利率得到提高。由此可见,提高营业净利率必须从以下两个方面着手:

(1)开拓市场,增加营业收入。

(2)加强成本费用控制,降低耗费,增加利润。

4. 在企业资产方面主要应分析以下两个方面

(1)分析企业的资产结构是否合理,即流动资产与非流动资产的比例是否合理。一般来说,如果企业流动资产中货币资金占的比重过大,就应当分析企业现金持有量是否合理、有无现金闲置现象,因为过量的现金会影响企业的获利能力。如果流动资产中的存货与应收账款过多,就会占用大量的资金,影响企业的资金周转。

(2)结合营业收入分析企业的资产周转情况。如果企业资产周转较慢,就会占用大量资金,增加资金成本,减少企业的利润。资产周转情况的分析要从分析企业总资产周转率、企业存货周转率与应收账款周转率等几方面进行,并将其周转情况与资金占用情况结合起来进行分析。

5.权益乘数反映所有者权益与总资产的关系

权益乘数越大,则说明企业负债程度越高,能给企业带来较大的财务杠杆利益,同时也带来了较大的偿债风险。因此,企业既要合理使用全部资产,又要妥善安排资本结构。

总之,从杜邦分析法可以看出企业的获利能力涉及生产经营活动的方方面面。净资产收益率与企业的筹资结构、销售规模、成本水平、资产管理等因素密切相关,这些因素构成一个完整的系统,系统内部各因素之间相互作用。只有协调好系统内部各个因素之间的关系,才能使净资产收益率得到最高,从而实现股东财富最大化的理财目标。提高净资产收益率的根本在于扩大销售、节约成本、合理投资配置、加速资金周转、优化资本结构、确立风险意识等。

杜邦分析方法的指标设计也具有一定的局限性,它更偏重于企业所有者的利益。从杜邦指标体系来看,在其他因素不变的情况下,资产负债率越高,净资产收益率就越高。这是因为利用较多负债,从而利用财务杠杆作用的结果,但是没有考虑财务风险的因素,负债越多,财务风险越大,偿债压力越大。因此,还要结合其他指标进行综合分析。

(二)沃尔比重评分法

沃尔比重评分法的发明者是亚历山大·沃尔。他在20世纪初出版的《信用晴雨表研究》和《财务报表比率分析》中提出了信用能力指数的概念,把若干个财务比率用线性关系结合起来,以评价企业的信用水平。他选择了7种财务比率,分别给定了其在总体评价中所占的比重,总和为100分。然后确定标准比率,并与实际比率相比较,评出每项指标的得分,最后求出总评分,从而对企业业绩进行评价。

原始的沃尔评分法存在两个缺陷:一是所选定的七项指标缺乏证明;二是当某项指标异常时,会对总评分产生不合逻辑的重大影响。而且,现代社会与沃尔所处的时代相比,已经发生了很大的变化。沃尔最初提出的七项指标已难以完全适用当前企业评价的需要。现在通常认为,在选择指标时,偿债能力、营运能力、获利能力和发展能力指标均应选到,除此之外,还应当适当选取一些非财务指标作为参考。

【业务实例10-6-2】沃尔比重评分法的基本步骤如下:

1. 选择评价指标并分配指标权重

表 10-25　评价指标与权重

选择的指标	分配的权重
一、偿债能力指标	20
1.资产负债率	12
2.已获利息倍数	8
二、获利能力指标	38
1.净资产收益率	25
2.总资产报酬率	13
三、运营能力指标	18
1.总资产周转率	9
2.流动资产周转率	9
四、发展能力指标	24
1.营业增长率	12
2.资本积累率	12
得分	100

2. 确定各项评价指标的标准值

财务指标的标准值一般以行业平均数、企业历史先进数、国家有关标准或者国际公认数为基准来加以确定。表 10-26 中的标准值仅是为举例目的而假设的。

表 10-26　评价指标及其标准值

选择的指标	指标的标准值
一、偿债能力指标	
1.资产负债率	60%
2.已获利息倍数	3
二、获利能力指标	
1.净资产收益率	25%
2.总资产报酬率	16%
三、运营能力指标	
1.总资产周转率	2
2.流动资产周转率	5
四、发展能力指标	
1.营业增长率	10%
2.资本积累率	15%

3.对各项评价指标计分并计算综合分数

$$各项评价指标的得分 = 各项指标的权重 \times \frac{指标实际值}{标准值}$$

$$综合分数 = \sum 各项评价指标的得分$$

表 10-27 沃尔比重评分体系

选择的指标	分配的权重①	指标的标准值②	指标的实际值③	实际得分 ④=①×③÷②
一、偿债能力指标	20			
1.资产负债率	12	60%	28.26%	5.65
2.已获利息倍数	8	3	15	40
二、获利能力指标	38			
1.净资产收益率	25	25%	16.21%	16.21
2.总资产报酬率	13	16%	20.93%	17.00
三、运营能力指标	18			
1.总资产周转率	9	2	0.93	4.19
2.流动资产周转率	9	5	2.64	4.75
四、发展能力指标	24			
1.营业增长率	12	10%	11.11%	13.33
2.资本积累率	12	15%	13.01%	10.41
综合得分	100			111.54

4.形成评价结果

在最终评价时,如果综合得分大于100,则说明企业的财务状况比较好;反之,则说明企业的财务状况比同行业平均水平或者本企业历史先进水平要差。由于该公司综合得分为111.54,大于100,所以说明其财务状况良好。

沃尔比重评分法是评价企业总体财务状况的一种可取的方法,这一方法的关键在于指标的选定、权重的分配以及标准值的确定等。现代社会与沃尔所在的时代相比,已有很大的变化,如在评价指标方面有一些变动,给每个指标评分时,规定上限和下限,以减少个别指标异常对总分造成不利的影响。

从理论上讲,沃尔评分法存在弱点,它未能证明为什么要选择这7个指标,而不是更多或更少些,或者选择别的财务比率;也未能证明每个指标所占比重的合理性。这两个问题至今仍然没有得到解决。尽管沃尔评分法在理论上还有待证明,在技术上也不完善,但它还是在实践中被广泛应用。耐人寻味的是,很多理论上相当完善的经济计量模型在实践中往往并没有得到普遍应用,但实际使用并行之有效的模型却又在理论上难以解释,这也许就是经济活动复杂性的表现。

◆ 任务实施

苏宁电器股份有限公司(002024)(以下简称苏宁电器)的财务状况综合分析如下:

1. 根据2011年、2010年苏宁电器的资产负债表和利润表,编制杜邦财务分析图

(1)2011年苏宁电器杜邦财务分析图(单位:千元)。

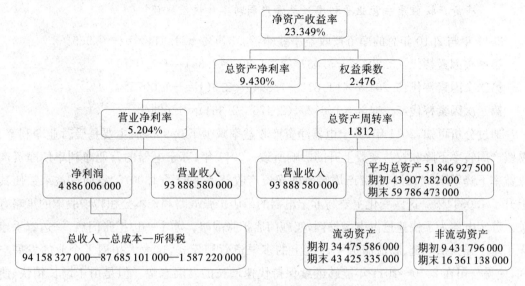

图 10-6 2011 年苏宁电器杜邦财务分析

(2)2010年苏宁电器杜邦财务分析图(单位:千元)。

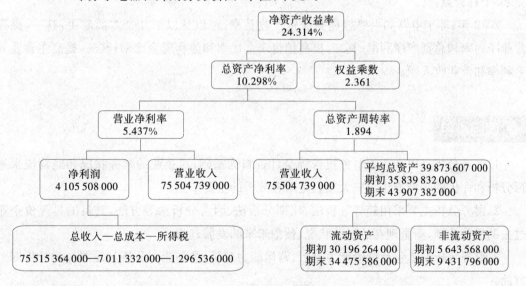

图 10-7 2010 年苏宁电器杜邦系统分析

2. 财务综合分析与评价

根据苏宁电器2010年和2011年杜邦财务分析图,现对核心指标——净资产收益率进行因素分析,具体情况如表10-28所示。

表 10-28 净资产收益率因素分析

年份	营业净利率	总资产周转率	权益乘数	净资产收益率
2010 年	5.437%	1.894	2.361	24.314%
2011 年	5.204%	1.812	2.476	23.349%

· 357 ·

根据公式：

$$净资产收益率 = 营业净利率 \times 总资产周转率 \times 权益乘数$$

2011年与2010年总的净资产收益率差额：23.349% - 24.314% = -0.965%
第一次因素替代：(5.204% - 5.437%) × 1.894 × 2.361 = -1.0419%
第二次因素替代：5.204% × (1.812 - 1.894) × 2.361 = -1.0075%
第三次因素替代：5.204% × 1.812 × (2.476 - 2.361) = 1.0844%

通过分析可知，2011年，苏宁电器净资产收益率减少了0.965%，主要是受营业净利率、总资产周转率下降和权益乘数上升的影响所致。2011年，苏宁电器的营业净利率使净资产收益率下降了1.0419%，总资产周转率使净资产收益率下降了1.0075%，而权益乘数使其上升了1.0844%。这些变化主要与苏宁电器的门店扩张战略和资本公积转增股本的策略有关。苏宁电器为了快速抢占市场份额，实施门店扩张战略。苏宁一边扩张门店，一边着手建立了基于强大供应链、物流服务平台之上的多渠道营销模式，这大大拓展了企业的发展空间，使得公司在2010~2011年能够继续保持快速增长的发展态势。但是由于增长稍快，使得公司2011年净资产收益率开始呈现下降态势，2011年净资产收益率比2010年下降了0.965个百分点。

2012年，苏宁电器如果要想提高净资产收益率，可以从以下几个方面着手：其一，提高营业净利率和总资产净利率；其二，提高销售现金比率和盈利现金比率；其三，提高主营业务毛利率和营业收入额。

项目小结

1. 财务分析是以企业的财务报告等会计资料为基础，对企业的财务状况和经营成果进行分析和评价的一种方法。三大报表是财务分析的主要依据。

2. 财务分析主要采用趋势分析法、比率分析法、因素分析法等方法，其目的是评价企业过去的经营业绩，衡量现在的财务状况，预测未来的发展趋势。

3. 财务分析通常包括偿债能力分析、营运能力分析、盈利能力分析和发展能力分析四个方面。

4. 短期偿债能力分析包括流动比率、速动比率、现金比率、经营净现金比率等指标；长期偿债能力分析包括资产负债率、产权比率、或有负债比率、已获利息倍数、带息负债比率等指标。

5. 营运能力分析包括应收账款周转率、存货周转率、流动资产周转率、固定资产周转率、总资产周转率等指标。

6. 盈利能力分析包括总资产报酬率、净资产收益率、资本收益率、营业利润率、成本费用利润率、盈余现金保障倍数、每股收益、每股现金流量、每股股利、市盈率、每股净资产等指标。

7.发展能力分析包括营业收入增长率、资本保值增值率、资本积累率、总资产增长率、营业利润增长率、技术投入比率、营业收入三年平均增长率、资本三年平均增长率等指标。

8.杜邦财务分析法和沃尔评分法是对企业财务进行综合分析评价的两种常用方法。

职业能力与技能训练

一、职业能力训练

(一)单选题

1.下列不是反映企业长期偿债能力的指标是( )
  A.资产负债率   B.产权比率   C.带息负债比率   D.固定资产周转率
2.某公司年末会计报表上部分数据为:流动负债60万元,流动比率为2,速动比率为1.2,销售成本100万元,年初存货为52万元,则本年度存货周转次数为( )次。
  A.1.65   B.2   C.2.3   D.1.45
3.若产权比率为3/4,则权益乘数为( )
  A.4/3   B.7/4   C.7/3   D.3/4
4.影响速动比率可信性的最主要因素是( )
  A.存货的变现能力   B.短期证券的变现能力
  C.产品的变现能力   D.应收账款的变现能力
5.企业债权人最关心( )方面的指标。
  A.偿债能力   B.营运能力   C.盈利能力   D.发展能力
6.财务分析指标中运用最多的方法是( )
  A.比较分析法   B.比率分析法   C.结构分析法   D.动态分析法
7.某企业应收账款周转次数为4.5次,假设一年按360天计算,则应收账款周转天数为( )天。
  A.0.2   B.81.1   C.80   D.730
8.下列项目中,不属于速动资产的项目是( )
  A.现金   B.应收账款   C.短期投资   D.存货
9.财务分析的终极目的是( )
  A.披露企业经营状况   B.促进企业价值最大化
  C.为经济决策提供依据   D.揭示企业盈利能力
10.评价企业短期偿债能力强弱最直接的指标是( )
  A.已获利息倍数   B.速动比率   C.流动比率   D.经营净现金比率

11. 与产权比率比较,资产负债率评价企业偿债能力的侧重点是(　　)
   A. 揭示财务结构的稳健程度
   B. 揭示债务偿付安全性的物质保障程度
   C. 揭示主权资本对偿债风险的承受能力
   D. 揭示负债与资本的对应关系

12. 在销售额既定的条件下,形成流动资产相对节约的充分必要条件是(　　)
   A. 分析期流动资产周转次数小于基期
   B. 分析期流动资产周转次数大于基期
   C. 分析期流动资产周转次数等于基期
   D. 分析期流动资产周转次数不大于基期

13. 下列指标中,可用于衡量企业短期偿债能力的是(　　)
   A. 已获利息倍数　　B. 产权比率　　C. 资产周转率　　D. 流动比率

14. 运用杜邦体系进行财务分析的中心(核心)指标是(　　)
   A. 净资产收益率　　B. 资产利润率　　C. 销售利润率　　D. 总资产周转率

15. 某企业库存现金 2 万元,银行存款 68 万元,短期投资 80 万元,待摊费用 15 万元,应收账款 50 万元,存货 100 万元,流动负债 750 万元。据此,计算出该企业的速动比率为(　　)
   A. 0.2　　B. 0.093　　C. 0.003　　D. 0.267

16. 在下列项目中,企业短期债权人(如赊销商)主要关心企业(　　)
   A. 资产的流动性
   B. 收益的稳定性
   C. 负债与权益的比例
   D. 非流动负债与流动负债的比例

17. 衡量企业能偿还到期债务能力的直接标志是(　　)
   A. 有足够的资产
   B. 有足够的流动资产
   C. 有足够的存货
   D. 有足够的现金

18. 设立速动比率和经营净现金比率指标的依据是(　　)
   A. 资产的获利能力
   B. 资产的流动性程度
   C. 债务偿还的时间长短
   D. 资产的周转能力

19. 如果企业速动比率很小,那么下列结论成立的是(　　)
   A. 企业流动资产占用过多
   B. 企业短期偿债能力很强
   C. 企业短期偿债风险很大
   D. 企业资产流动性很强

20. 利息保障倍数不仅反映了企业获利能力,而且反映了(　　)
   A. 总偿债能力　　B. 短期偿债能力　　C. 长期偿债能力　　D. 经营能力

(二)多选题

1. 财务分析与评价的主要依据是(　　)
   A. 资产负债表　　B. 利润表　　C. 现金流量表　　D. 利润分配表

2.企业财务分析的基本内容包括( )
   A.偿债能力分析   B.营运能力分析   C.发展能力分析   D.盈利能力分析
3.在其他条件不变的情况下,会引起总资产周转率指标上升的经济业务是( )
   A.用现金偿还负债   B.借入一笔短期借款
   C.用银行存款购入一台设备   D.用银行存款支付一年的电话费
4.下列分析方法中,属于财务综合分析方法的是( )
   A.趋势分析法   B.杜邦分析法   C.沃尔评分法   D.因素分析法
5.若流动比率大于1,则下列结论不一定成立的是( )
   A.速动比率大于1   B.营运资金大于0
   C.资产负债率大于1   D.短期偿债能力绝对有保障
6.计算速动比率时,从流动资产中扣除存货的重要原因是( )
   A.存货的价值较大   B.存货的质量难以保证
   C.存货的变现能力较弱   D.存货的变现能力不稳定
7.资产负债率,对其正确的评价有( )
   A.从债权人角度看,负债比率越大越好
   B.从债权人角度看,负债比率越小越好
   C.从股东角度看,负债比率越高越好
   D.从股东角度看,当全部资本利润率高于债务利息率时,负债比率越高越好
8.影响资本收益率高低的因素主要有( )
   A.产品的价格   B.单位成本的高低
   C.销售量   D.资产周转率
9.影响速动比率的因素有( )
   A.应收账款   B.存货   C.短期借款   D.预付账款
10.从杜邦分析体系可知,提高净资产收益率的途径在于( )
   A.加强负债管理,降低负债比率   B.加强成本管理,降低成本费用
   C.加强销售管理,提高销售利润率   D.加强资产管理,提高资产周转率

(三)判断题

1.财务分析就是财务人员对会计报表的分析。( )
2.既是企业盈利能力指标的核心,也是整个财务指标体系核心指标的是净资产收益率。( )
3.财务预算是进行财务预测的前提,并在财务管理循环中起着承上启下的作用。( )
4.尽管流动比率可以反映企业的短期偿债能力,但有的企业流动比率较高,却没有能力支付到期的应付账款。( )
5.在其他条件不变的情况下,权益乘数越大则财务杠杆系数越大。( )

6. 现金比率表明企业用现金偿还短期债务的能力,企业应尽量使其大于或等于 1。（   ）

7. 流动比率应保持在 2 以上较好。（   ）

8. 某企业去年的营业净利率为 5.73%,资产周转率为 2.17;今年的营业净利率为 4.88%,资产周转率为 2.88。若 2 年的资产负债率相同,则今年的净资产收益率与去年的变化趋势相比有所上升。（   ）

9. 资产负债率与产权比率的乘积等于 1。（   ）

10. 分析企业盈利能力时,应当剔除非常项目的影响。（   ）

二、职业技能训练

(一)计算分析

1. 远方公司 2012 年有关财务资料如下:年末流动比率为 2,年末速动比率为 1.2,存货周转率为 5 次。年末资产总额为 200 万元(年初 200 万元),年末流动负债为 35 万元,年末非流动负债为 35 万元,年初存货为 30 万元。销售净利率为 21%,资产周转率 0.8 次,存货周转率 5 次,该公司流动资产中只有货币资金、应收账款和存货。

要求:(1)计算该公司 2012 年年末流动资产总额、年末资产负债率和净资产收益率。

(2)计算该公司 2012 年的存货、销售成本和销售收入。

2. 白鹭公司资产负债表简表如下:

编制单位：白鹭公司资产负债表　　2012 年 12 月 31 日　　　　　　单位:元

资　产	金　　额	负债及所有者权益	金　　额
货币资金	25 000	流动负债	
应收账款净额			
存货		非流动负债	
固定资产净额	294 000	所有者权益	240 000
资产总计		负债及所有者权益合计	

已知:该公司 2012 年产品销售成本为 315 000 元,存货周转次数为 4.5 次;年末流动比率为 1.5;产权比率为 0.8,期初存货等于期末存货。

要求:(1)根据上述资料计算填列该公司 2012 年 12 月 31 日资产负债表简表。

(2)假定本年销售收入为 430 000 元,期初应收账款等于期末应收账款,计算该公司应收账款周转期。

3. 宏大公司 2012 年度简化的资产负债表如下:

编制单位:宏大公司资产负债表		2012 年 12 月 31 日	单位:万元
资　　产	金额	负债及所有者权益	金额
货币资金	50	应付账款	100
应收账款		非流动负债	
存货		实收资本	100
固定资产		留存收益	100
资产合计		负债及所有者权益合计	

其他有关财务指标如下:
(1)非流动负债与所有者权益之比为 0.5。
(2)销售毛利率为 10%。
(3)存货周转率(存货按年末数计算)为 9 次。
(4)平均收现期(应收账款按年末数计算,一年按 360 天计算)为 18 天。
(5)总资产周转率(总资产按年末数计算)为 2.5 次。

要求:利用上述资料,填写该公司资产负债表的空白部分,并列示所填数据的计算过程(假设期初存货和期末存货相等,则期初应收账款和期末应收账款相等)。

(二)案例分析

默多克的债务危机

西方的商界大亨无不举债立业,向资金市场融资。这像滚雪球一样,债务越滚越大,事业也越滚越大。默多克报业背了多少债呢? 24 亿美元。他的债务遍于全世界,如美国、英国、瑞士、荷兰,连印度和中国香港的钱他都借去花了。那些大大小小的银行也乐于给他贷款,他的报业王国的财务机构里共有 146 家债主。

正因为债务大、债主多,默多克对付起来也实在不容易,一发牵动全身,投资风险特高。若是碰到一个财务管理上的失误或是一种始料未及的灾难,则可能像多米诺骨牌一样,把整个事业搞垮。但多年来默多克经营得法,一路顺风。

殊不知,1990 年西方经济衰退刚露苗头,默多克报业王国就像中了邪似的,几乎在阴沟里翻船,而且令人不能置信,仅仅为 1000 万美元的一笔小债务。对默多克说来,年收入达 60 亿美元的这一报业王国,区区 1000 万美元算不了什么,对付它轻而易举。谁知这该死的 1000 万美元,弄得他焦头烂额,应了"一文钱逼死英雄汉"的这句古话。

美国匹兹堡有家小银行,前段时间贷款给默多克 1000 万美元。原以为这笔短期贷款,到期可以付息转期,延长贷款期限。也不知哪里听来的风言风语,这家银行认为默多克的支付能力不佳,通知默多克这笔贷款到期必须收回,而且规定必须全额偿付现金。

默多克毫不在意,筹集 1000 万美元现款轻而易举。他在澳洲资金市场上享有短期融资的特权,期限 1 周至 1 个月,金额可以高达上亿美元。他派代表去融资,大出意外,说默多克的特权已冻结了。为什么? 对方说日本大银行在澳大利亚资金市场上投入的资金抽了回去,头寸紧了。默多克得知被拒绝融资后很不愉快,东边不亮西边亮,他亲自带了财务顾问飞往美国去贷款。

到了美国,却始料不及,那些跟他打过半辈子交道的银行家,这回像联手存心跟他过不去,都婉言推辞,一个子儿都不给。默多克又是气恼又是焦急,悔不当初也去当个大银行家,不受这份罪。他和财务顾问在美洲大陆来来往往,弄到了求爷爷告奶奶的程度,还是没有借到1000万美元。而还贷期一天近似一天,商业信誉可开不得玩笑。如果还不了这笔债,那么引起连锁反应,就不是匹兹堡一家闹到法庭,还有145家银行都会像狼群一般,成群结队而来索还贷款。具有最佳能力的大公司都经受不了债权人联手要钱。这样,默多克的报业王国就得清盘,被24亿美元债券压垮,而默多克也就完了。

默多克有点手足无措,一筹莫展。但他强迫自己镇定下来思考,经过深思,他决定去找花旗银行。花旗银行是默多克报业集团的最大债主,投入资金最多,如果默多克完蛋,则花旗银行的损失最高。债主与债户原本同乘一条船,只可相帮不能拆台。花旗银行权衡利弊,同意对他的报业王国进行一番财务调查,将资产负债状况作出全面评估,取得结论后采取对策行动。花旗派了一位女副经理带了一个班子前往着手调查。

花旗银行的调查工作班子每天工作20小时,通宵达旦,把一百多家默多克公司一个个拿来评估,一家也不放松,最后完成了一份调查研究报告,这份报告的篇幅竟有电话簿那么厚。

报告递交给花旗银行总部,女副经理写下这样一个结论:支持默多克!

原来这位女银行专家观察默多克报业王国的全盘状况后,对默多克的雄才大略,对他发展事业的公司家精神由衷敬佩,决心要帮助他渡过难关。

她向总部提出一个解救方案:由花旗银行牵头,所有贷款银行都必须待在原地不动,谁也不许退出贷款团。以免一家银行退出,采取收回贷款的行动,引起连锁反应,匹兹堡那家小银行,由花旗出面,对它施加影响和压力,要它到期续贷,不得收回贷款。

已经到了关键时刻,报告提交到花旗总部时距离还贷最后时限只剩下10个小时。默多克带着助手飞到伦敦,花旗银行的女副经理也在伦敦等候纽约总部进一步的指示。真是千钧一发,默多克报业王国的安危命运此时取决于花旗银行的一项裁决了。

女副经理所承受的压力也很大,她所作出的结论关系一个报业王国的存亡,关系14亿美元贷款的安全,也关系她自身的命运。她所提出的对策,要对花旗银行总部直接承担责任。如果146家银行中任何一家或几家不接受原地不动这项对策的约束,那么花旗银行在财务与信誉上都会蒙受严重损失,而她个人的前程也要受到重大挫折。

她虽然感到风险很大,内心忐忑不安,可她保持镇静,谈笑自若,她的模样使屋子里的所有人都能够放松一些。时间在一小时一小时地过去,最后的10小时已所剩无几,到了读秒的关头了!

花旗银行纽约总部的电话终于在最后时刻以前来了:同意女副经理的建议,已经与匹兹堡银行谈过了,现在应由默多克自己与对方经理直接接触。默多克松了一口气,迫不及待地拨通越洋电话到匹兹堡,不料对方经理避而不接电话,空气一下子紧张起来。默多克再挂电话,电话在银行里转来转去,最终落到贷款部主任那里。

默多克听到匹兹堡银行贷款部主任的话音,他发觉这位先生一变先前拒人于千里之外的冷淡口气,忽而和悦客气起来:"你是默多克先生啊,我很高兴听到你的声音呀,我们已决定向你继续贷款……"

默多克渡过了这一关,但他在支付能力上的弱点已暴露在资金市场上。此后半年,他仍然处在生死攸关的困境之中。由于得到了花旗银行牵头 146 家银行一齐都不退出贷款团的保证,所以他有了充分时间调整与改善报业集团的支付能力,半年后,他终于摆脱了财务的困境。

案例思考题:
1. 为什么在这次财务危机中,默多克有惊无险,他凭借的是什么?
2. "从这次事件可以看出,默多克支付能力很差"这个观点正确吗?如果正确,那么为什么很多银行还愿意贷款给他?
3. 请分析高负债经营的优缺点。

史玉柱的巨人集团

珠海巨人高科技集团公司,于 1992 年成立,其前身是珠海巨人新技术公司。创业之初,公司总裁史玉柱将公司开发的 M—6401 桌面排版印刷系统推向市场,销售额一举突破百万大关,奠定了巨人集团创业的基石。在短短的 3 年里,巨人实现销售额 300 亿元,利税 4 600 万元,成为中国极具实力的计算机企业。

由于电脑业于 1993 年步入低谷,所以巨人集团也受到重创。为寻找新的产业支柱,巨人集团开始迈向多元化经营之路——计算机、生物工程和房地产。1994 年 8 月,作为集团董事长的史玉柱决定:跳出电脑产业,走产业多元化的扩张之路,以发展寻求解决矛盾的出路,于是在当年,巨人集团便在生物工程项目尚未巩固的情况下,毅然向房地产领域进军,将拟建的巨人科技大厦设计方案一变再变,从最初的 18 层变到 70 层,投资也从 2 亿元上升到 12 亿元。1995 年初,巨人集团一次性推出电脑、保健品、药品三大系列的 30 个产品。多元化的快速发展使得巨人集团自身的弊端一下暴露无遗。由于资金缺乏和内部的腐败,所以致使生物工程、减肥产品相继失败停产。而大厦施工 3 年后由于施工不顺利而没有完工。大厦动工时,为了筹措资金巨人集团在香港卖楼花拿到了 6 000 万港币,国内卖了 4 000 万元,其中,在国内签订的楼花买卖协议规定,3 年大楼一期工程(盖 20 层)完工后履约,如未能如期完工,应退还定金并给予经济补偿。而当 1996 年底大楼一期工程未能完成时,建大厦时卖给国内的 4 000 万元楼花就成了导致巨人集团财务危机的导火索。巨人集团终因财务状况不良而陷入了破产的危机之中。

巨人集团的失败,表面看来是由 4 000 万元楼花买卖而引起的。究其深层原因,是由多元化经营战略决策的失误导致的。多元化经营是一种理念、一种经营模式,有其存在的价值,但是,多元化经营有时候会影响企业的盈利能力,如果没有处理好主导产品和相关产品的关系,就会导致行动上的失败。多元化经营的基础是量力而行、抓住核心、步步为营、稳扎稳打。

案例思考题：

1. 影响企业盈利能力的因素有哪些？
2. 在本例中，是什么影响了巨人集团的盈利能力，请说明。

三、模拟实训

(一)实训目的

1. 通过实训，进一步理解各种财务指标的含义及计算方法。
2. 培养学生利用财务报表及附注等资料进行全面财务分析能力。

(二)实训学时

2学时

(三)实训内容

1. 资料：大地公司2012年12月31日资产负债表和损益表如下：

编制单位：大地公司资产负债表　2012年12月31日　　　　　　　单位：元

资　产	年初数	年末数	负债及所有者权益	年初数	年末数
流动资产：			流动负债：		
货币资金	2 850 000	5 020 000	短期借款	650 000	485 000
交易性金融资产	425 000	175 000	应付账款	1 945 000	1 295 000
应收账款	3 500 000	3 885 000	应付职工薪酬	585 000	975 000
预付账款	650 000	810 000	未付利润	1 620 000	2 590 000
存货	2 610 000	2 820 000	一年内到期的长期负债	385 000	485 000
其他流动资产	75 000	80 000			
流动资产合计	10 110 000	12 790 000	流动负债合计	5 185 000	5 830 000
持有至到期投资：			非流动负债：		
持有至到期投资	975 000	1 650 000	长期借款	650 000	975 000
固定资产：			应付债券	400 000	640 000
固定资产原价	8 100 000	9 075 000	非流动负债合计	1 050 000	1 615 000
减：累计折旧	2 450 000	2 795 000	所有者权益：		
固定资产净额	5 650 000	6 280 000	实收资本	4 860 000	5 850 000
无形及递延资产：			资本公积	1 560 000	2 370 000
无形资产	90 000	75 000	盈余公积	2 595 000	3 240 000
递延资产	75 000	55 000	未分配利润	1 650 000	1 945 000
其他长期资产			所有者权益合计	10 665 000	13 405 000
资产总计	16 900 000	20 850 000	负债及所有者权益总计	16 900 000	20 850 000

编制单位：大地公司利润表　　2012年12月31日　　　　　　　单位：元

项　目	去年实际	本年累计
一、营业收入	37 500 000	49 000 000
减：营业成本	22 500 000	27 500 000
营业税金及附加	1 875 000	2 450 000
销售费用	1 575 000	1 750 000
管理费用	2 450 000	2 750 000
财务费用	165 000	195 000
加：投资收益	325 000	450 000
二、营业利润	9 260 000	14 805 000
加：营业外收入	195 000	165 000
减：营业外支出	165 000	95 000
三、利润总额	9 290 000	14 875 000
减：所得税费用	3 065 000	4 910 000
四、净利润	6 225 000	9 965 000

（注：假设企业的销售收入均为赊销，企业无销售折扣与折让，财务费用均为利息费用。）

要求：根据财务报表上的资料计算以下各个比率指标：流动比率、速动比率、资产负债率、应收账款周转率、存货周转率、流动资产周转率、总资产周转率、产权比率、利息保障倍数、营业利润率、成本费用利润率、总资产报酬率、净资产收益率。

2. 昌盛公司2011年实现销售收入为6 000万元，2012年比2011年销售收入增长20%；2009年，该公司资产总额为2 500万元，以后每后一年比前一年资产增加500万元。该公司资产由流动资产和固定资产组成，连续4年固定资产未发生变化均为2 000万元，假设该公司无投资收益和营业外收支，所得税率保持不变。其他有关数据和财务比率如下：

	2011年	2012年
资产负债率	45%	50%
流动负债/所有者权益	0.6	0.55
速动比率	0.65	0.8
销售毛利率	18%	20%
平均收账期	72天	45天
净利润	600	800

要求：分析总资产、负债变化原因；分析流动比率变动原因；分析资产净利率变化原因；运用杜邦财务分析法分析净资产收益率变动原因。

四、校外实习

实习项目　财务分析岗位实习

(一)实习性质

财务管理课程财务分析岗位实习是在学生学习了财务分析理论内容后进行的,是加深学生对财务分析内容理解及提高学生运用理论知识解决实际问题的实践性教学环节,是获取企业直接知识,巩固课程理论内容不可缺少的环节,是课程教学大纲的重要组成部分。

(二)实习目的

1. 通过财务分析岗位实习,进一步掌握财务分析相关财务指标的计算、分析方法。
2. 通过财务分析岗位实习,理解企业财务分析的意义。

(三)实习组织方法

1. 财务分析岗位实习在课程教学单位的组织下,由课程教研组(室)负责,2名专业教师组成实习指导团队,组织一个班级进行岗位实习。
2. 财务分析岗位实习安排在财务分析理论课程内容学习后进行,为期半天。
3. 财务分析岗位实习前,需联系一家财务制度健全的大型企业,组织学生实习。
4. 学生岗位实习过程中,邀请财务分析岗位实习指导师傅现场讲授,并结合企业的实际情况,设计企业财务分析方面的案例,组织学生参与讨论、计算、分析和判断。
5. 实习学生返校后,由其完成财务分析岗位的实习体会。

(四)实习内容及要求

1. 了解实习企业基本概况、生产经营主要产品、经济效益、行业特点、行业地位等。
2. 了解实习企业财务分析方面的财务制度。
3. 根据实习企业提供的近几年报表,计算相关财务比率,并对企业偿债能力、营运能力、盈利能力、发展能力进行分析、评价。
4. 学生就财务分析方面的相关问题,向岗位实习指导师傅请教。

(五)实习成果

学生财务分析岗位实习时,应对实习指导师傅介绍的企业相关情况认真记录,以便为撰写岗位实习体会积累资料。岗位实习后,每位学生必须撰写财务分析岗位实习报告,其内容包括:

1. 企业概况:实习企业的性质、生产经营情况、行业特点、行业地位等。
2. 评价企业财务情况:通过计算的指标,评价企业的财务情况,包括偿债能力、营运能力、盈利能力、发展能力。

3.实习心得:主要阐明财务分析在企业财务管理中的重要性、岗位实习后对财务分析的理解和认识。

(六)成绩评定

根据学生岗位实习报告的内容、完整性及深度,结合学生实习态度及遵守纪律情况,按优、良、中、及格、不及格评定成绩,并按一定比例计入课程学习成绩。

附录 系数表

复利终值系数表

期数	1%	2%	3%	4%	5%	6%	7%	8%	9%	10%	11%	12%	13%	14%	15%	16%	17%	18%	19%	20%	21%	22%	23%	24%	25%	26%	27%	28%	29%	30%
1	1.0100	1.0200	1.0300	1.0400	1.0500	1.0600	1.0700	1.0800	1.0900	1.1000	1.1100	1.1200	1.1300	1.1400	1.1500	1.1600	1.1700	1.1800	1.1900	1.2000	1.2100	1.2200	1.2300	1.2400	1.2500	1.2600	1.2700	1.2800	1.2900	1.3000
2	1.0201	1.0404	1.0609	1.0816	1.1025	1.1236	1.1449	1.1664	1.1881	1.2100	1.2321	1.2544	1.2769	1.2996	1.3225	1.3456	1.3689	1.3924	1.4161	1.4400	1.4641	1.4884	1.5129	1.5376	1.5625	1.5876	1.6129	1.6384	1.6641	1.6900
3	1.0303	1.0612	1.0927	1.1249	1.1576	1.1910	1.2250	1.2597	1.2950	1.3310	1.3676	1.4049	1.4429	1.4815	1.5209	1.5609	1.6016	1.6430	1.6852	1.7280	1.7716	1.8158	1.8609	1.9066	1.9531	2.0004	2.0484	2.0972	2.1467	2.1970
4	1.0406	1.0824	1.1255	1.1699	1.2155	1.2625	1.3108	1.3605	1.4116	1.4641	1.5181	1.5735	1.6305	1.6890	1.7490	1.8106	1.8739	1.9388	2.0053	2.0736	2.1436	2.2153	2.2889	2.3642	2.4414	2.5205	2.6014	2.6844	2.7692	2.8561
5	1.0510	1.1041	1.1593	1.2167	1.2763	1.3382	1.4026	1.4693	1.5386	1.6105	1.6851	1.7623	1.8424	1.9254	2.0114	2.1003	2.1924	2.2878	2.3864	2.4883	2.5937	2.7027	2.8153	2.9316	3.0518	3.1758	3.3038	3.4360	3.5723	3.7129
6	1.0615	1.1262	1.1941	1.2653	1.3401	1.4185	1.5007	1.5869	1.6771	1.7716	1.8704	1.9738	2.0820	2.1950	2.3131	2.4364	2.5652	2.6996	2.8398	2.9860	3.1384	3.2973	3.4628	3.6352	3.8147	4.0015	4.1959	4.3980	4.6083	4.8268
7	1.0721	1.1487	1.2299	1.3159	1.4071	1.5036	1.6058	1.7138	1.8280	1.9487	2.0762	2.2107	2.3526	2.5023	2.6600	2.8262	3.0012	3.1855	3.3793	3.5832	3.7975	4.0227	4.2593	4.5077	4.7684	5.0419	5.3288	5.6295	5.9447	6.2749
8	1.0829	1.1717	1.2668	1.3686	1.4775	1.5938	1.7182	1.8509	1.9926	2.1436	2.3045	2.4760	2.6584	2.8526	3.0590	3.2784	3.5115	3.7589	4.0214	4.2998	4.5950	4.9077	5.2389	5.5895	5.9605	6.3528	6.7675	7.2058	7.6686	8.1573
9	1.0937	1.1951	1.3048	1.4233	1.5513	1.6895	1.8385	1.9990	2.1719	2.3579	2.5580	2.7731	3.0040	3.2519	3.5179	3.8030	4.1084	4.4355	4.7854	5.1598	5.5599	5.9874	6.4439	6.9310	7.4506	8.0045	8.5948	9.2234	9.8825	10.6045
10	1.1046	1.2190	1.3439	1.4802	1.6289	1.7908	1.9672	2.1589	2.3674	2.5937	2.8394	3.1058	3.3946	3.7072	4.0456	4.4114	4.8068	5.2338	5.6947	6.1917	6.7275	7.3046	7.9259	8.5944	9.3132	10.0657	10.9153	11.8059	12.7614	13.7858
11	1.1157	1.2434	1.3842	1.5395	1.7103	1.8983	2.1049	2.3316	2.5804	2.8531	3.1518	3.4786	3.8359	4.2262	4.6524	5.1173	5.6240	6.1759	6.7767	7.4301	8.1403	8.9117	9.7489	10.6571	11.6415	12.7080	13.8625	15.1116	16.4622	17.9216
12	1.1268	1.2682	1.4258	1.6010	1.7959	2.0122	2.2522	2.5182	2.8127	3.1384	3.4985	3.8960	4.3345	4.8179	5.3503	5.9360	6.5801	7.2876	8.0642	8.9161	9.8497	10.8722	11.9912	13.2148	14.5519	16.0120	17.6053	19.3428	21.2362	23.2981
13	1.1381	1.2936	1.4685	1.6651	1.8856	2.1329	2.4098	2.7196	3.0658	3.4523	3.8833	4.3635	4.8980	5.4924	6.1528	6.8858	7.6987	8.5994	9.5964	10.6993	11.9182	13.2641	14.7491	16.3863	18.1899	20.1752	22.3588	24.7588	27.3947	30.2875
14	1.1495	1.3195	1.5126	1.7317	1.9799	2.2609	2.5785	2.9372	3.3417	3.7975	4.3104	4.8871	5.5348	6.2613	7.0757	7.9875	9.0075	10.1472	11.4198	12.8392	14.4210	16.1822	18.1414	20.3191	22.7374	25.4207	28.3957	31.6913	35.3391	39.3738
15	1.1610	1.3459	1.5580	1.8009	2.0789	2.3966	2.7590	3.1722	3.6425	4.1772	4.7846	5.4736	6.2543	7.1379	8.1371	9.2655	10.5387	11.9737	13.5895	15.4070	17.4494	19.7423	22.3140	25.1956	28.4217	32.0301	36.0625	40.5648	45.5875	51.1859
16	1.1726	1.3728	1.6047	1.8730	2.1829	2.5404	2.9522	3.4259	3.9703	4.5950	5.3109	6.1304	7.0673	8.1372	9.3576	10.7480	12.3303	14.1290	16.1715	18.4884	21.1138	24.0856	27.4462	31.2426	35.5271	40.3579	45.7994	51.9230	58.8079	66.5417
17	1.1843	1.4002	1.6528	1.9479	2.2920	2.6928	3.1588	3.7000	4.3276	5.0545	5.8951	6.8660	7.9861	9.2765	10.7613	12.4677	14.4265	16.6722	19.2441	22.1861	25.5477	29.3844	33.7588	38.7408	44.4089	50.8510	58.1652	66.4614	75.8621	86.5042
18	1.1961	1.4282	1.7024	2.0258	2.4066	2.8543	3.3799	3.9960	4.7171	5.5599	6.5436	7.6900	9.0243	10.5752	12.3755	14.4625	16.8790	19.6733	22.9005	26.6233	30.9127	35.8490	41.5233	48.0386	55.5112	64.0722	73.8698	85.0706	97.8622	112.4554
19	1.2081	1.4568	1.7535	2.1068	2.5270	3.0256	3.6165	4.3157	5.1417	6.1159	7.2633	8.6128	10.1974	12.0557	14.2318	16.7765	19.7484	23.2144	27.2516	31.9480	37.4043	43.7358	51.0737	59.5679	69.3889	80.7310	93.8147	108.8904	126.2422	146.1920
20	1.2202	1.4859	1.8061	2.1911	2.6533	3.2071	3.8697	4.6610	5.6044	6.7275	8.0623	9.6463	11.5231	13.7435	16.3665	19.4608	23.1056	27.3930	32.4294	38.3376	45.2593	53.3576	62.8206	73.8641	86.7362	101.7211	119.1446	139.3797	162.8524	190.0496
21	1.2324	1.5157	1.8603	2.2788	2.7860	3.3996	4.1406	5.0338	6.1088	7.4002	8.9492	10.8038	13.0211	15.6676	18.8215	22.5745	27.0336	32.3238	38.5910	46.0051	54.7637	65.0963	77.2694	91.5915	108.4202	128.1685	151.3137	178.4060	210.0796	247.0645
22	1.2447	1.5460	1.9161	2.3699	2.9253	3.6035	4.4304	5.4365	6.6586	8.1403	9.9336	12.1003	14.7138	17.8610	21.6447	26.1864	31.6293	38.1421	45.9233	55.2061	66.2641	79.4175	95.0413	113.5735	135.5253	161.4924	192.1683	228.3596	271.0027	321.1839
23	1.2572	1.5769	1.9736	2.4647	3.0715	3.8197	4.7405	5.8715	7.2579	8.9543	11.0263	13.5523	16.6256	20.3616	24.8915	30.3762	37.0062	45.0076	54.6487	66.2474	80.1795	96.8894	116.9008	140.8312	169.4066	203.4804	244.0538	292.3003	349.5935	417.5391
24	1.2697	1.6084	2.0328	2.5633	3.2251	4.0489	5.0724	6.3412	7.9111	9.8497	12.2392	15.1786	18.7881	23.2122	28.6252	35.2364	43.2973	53.1090	65.0320	79.4968	97.0172	118.2050	143.7880	174.6306	211.7582	256.3853	303.9483	374.1444	450.9756	542.8008
25	1.2824	1.6406	2.0938	2.6658	3.3864	4.2919	5.4274	6.8485	8.6231	10.8347	13.5855	17.0001	21.2305	26.4619	32.9190	40.8742	50.6578	62.6686	77.3881	95.3962	117.3909	144.2101	176.8533	216.5420	264.6978	323.0454	393.6344	478.9049	581.7585	705.6410
26	1.2953	1.6734	2.1566	2.7725	3.5557	4.5494	5.8074	7.3964	9.3992	11.9182	15.0799	19.0401	23.9905	30.1666	37.8568	47.4141	59.2697	73.9490	92.0918	114.4755	142.0429	175.9364	217.5399	267.5704	330.8722	407.0373	499.9157	612.9982	750.4685	917.3333
27	1.3082	1.7069	2.2213	2.8834	3.7335	4.8223	6.2139	7.9881	10.2451	13.1100	16.7387	21.3249	27.1093	34.3899	43.5353	55.0004	69.3455	87.2598	109.5883	137.3706	171.8719	214.6424	267.5740	332.9550	413.5903	512.8570	634.8829	784.6377	968.1044	1192.5333
28	1.3213	1.7410	2.2879	2.9987	3.9201	5.1117	6.6488	8.6271	11.1671	14.4210	18.5799	23.8839	30.6335	39.2045	50.0656	63.8004	81.1342	102.9666	130.4112	164.8447	207.9651	261.8637	329.1115	412.8642	516.9879	646.2124	806.3140	1004.3363	1285.5504	1645.5046
29	1.3345	1.7758	2.3566	3.1187	4.1161	5.4184	7.1143	9.3173	12.1722	15.8631	20.6237	26.7499	34.6158	44.6931	57.5755	74.0085	94.9271	121.5005	155.1893	197.8136	251.6377	319.4737	404.8072	511.9516	646.2349	814.2276	1024.0387	1285.5504	1611.0225	2078.2193
30	1.3478	1.8114	2.4273	3.2434	4.3219	5.7435	7.6123	10.0627	13.2677	17.4494	22.8923	29.9599	39.1159	50.9502	66.2118	85.8499	111.0647	143.3706	184.6753	237.3763	304.4816	389.7579	497.9129	634.8199	807.7936	1025.9267	1300.5038	1645.5046	2078.2193	2619.9956

复利现值系数表

期数	1%	2%	3%	4%	5%	6%	7%	8%	9%	10%	11%	12%	13%	14%	15%	16%	17%	18%	19%	20%	21%	22%	23%	24%	25%	26%	27%	28%	29%	30%
1	0.9901	0.9804	0.9709	0.9615	0.9524	0.9434	0.9346	0.9259	0.9174	0.9091	0.9009	0.8929	0.8850	0.8772	0.8696	0.8621	0.8547	0.8475	0.8403	0.8333	0.8264	0.8197	0.8130	0.8065	0.8000	0.7937	0.7874	0.7813	0.7752	0.7692
2	0.9803	0.9612	0.9426	0.9246	0.9070	0.8900	0.8734	0.8573	0.8417	0.8264	0.8116	0.7972	0.7831	0.7695	0.7561	0.7432	0.7305	0.7182	0.7062	0.6944	0.6830	0.6719	0.6610	0.6504	0.6400	0.6299	0.6200	0.6104	0.6009	0.5917
3	0.9706	0.9423	0.9151	0.8890	0.8638	0.8396	0.8163	0.7938	0.7722	0.7513	0.7312	0.7118	0.6931	0.6750	0.6575	0.6407	0.6244	0.6086	0.5934	0.5787	0.5645	0.5507	0.5374	0.5245	0.5120	0.4999	0.4882	0.4768	0.4658	0.4552
4	0.9610	0.9238	0.8885	0.8548	0.8227	0.7921	0.7629	0.7350	0.7084	0.6830	0.6587	0.6355	0.6133	0.5921	0.5718	0.5523	0.5337	0.5158	0.4987	0.4823	0.4665	0.4514	0.4369	0.4230	0.4096	0.3968	0.3844	0.3725	0.3611	0.3501
5	0.9515	0.9057	0.8626	0.8219	0.7835	0.7473	0.7130	0.6806	0.6499	0.6209	0.5935	0.5674	0.5428	0.5194	0.4972	0.4761	0.4561	0.4371	0.4190	0.4019	0.3855	0.3700	0.3552	0.3411	0.3277	0.3149	0.3027	0.2910	0.2799	0.2693
6	0.9420	0.8880	0.8375	0.7903	0.7462	0.7050	0.6663	0.6302	0.5963	0.5645	0.5346	0.5066	0.4803	0.4556	0.4323	0.4104	0.3898	0.3704	0.3521	0.3349	0.3186	0.3033	0.2888	0.2751	0.2621	0.2499	0.2383	0.2274	0.2170	0.2072
7	0.9327	0.8706	0.8131	0.7599	0.7107	0.6651	0.6227	0.5835	0.5470	0.5132	0.4817	0.4523	0.4251	0.3996	0.3759	0.3538	0.3332	0.3139	0.2959	0.2791	0.2633	0.2486	0.2348	0.2218	0.2097	0.1983	0.1877	0.1776	0.1682	0.1594
8	0.9235	0.8535	0.7894	0.7307	0.6768	0.6274	0.5820	0.5403	0.5019	0.4665	0.4339	0.4039	0.3762	0.3506	0.3269	0.3050	0.2848	0.2660	0.2487	0.2326	0.2176	0.2038	0.1909	0.1789	0.1678	0.1574	0.1478	0.1388	0.1304	0.1226
9	0.9143	0.8368	0.7664	0.7026	0.6446	0.5919	0.5439	0.5002	0.4604	0.4241	0.3909	0.3606	0.3329	0.3075	0.2843	0.2630	0.2434	0.2255	0.2090	0.1938	0.1799	0.1670	0.1552	0.1443	0.1342	0.1249	0.1164	0.1084	0.1011	0.0943
10	0.9053	0.8203	0.7441	0.6756	0.6139	0.5584	0.5088	0.4632	0.4224	0.3855	0.3522	0.3220	0.2946	0.2697	0.2472	0.2267	0.2080	0.1911	0.1756	0.1615	0.1486	0.1369	0.1262	0.1164	0.1074	0.0992	0.0916	0.0847	0.0784	0.0725
11	0.8963	0.8043	0.7224	0.6496	0.5847	0.5268	0.4751	0.4289	0.3875	0.3505	0.3173	0.2875	0.2607	0.2366	0.2149	0.1954	0.1778	0.1619	0.1476	0.1346	0.1228	0.1122	0.1026	0.0938	0.0859	0.0787	0.0721	0.0662	0.0607	0.0558
12	0.8874	0.7885	0.7014	0.6246	0.5568	0.4970	0.4440	0.3971	0.3555	0.3186	0.2858	0.2567	0.2307	0.2076	0.1869	0.1685	0.1520	0.1372	0.1240	0.1122	0.1015	0.0920	0.0834	0.0757	0.0687	0.0625	0.0568	0.0517	0.0471	0.0429
13	0.8787	0.7730	0.6810	0.6006	0.5303	0.4688	0.4150	0.3677	0.3262	0.2897	0.2575	0.2292	0.2042	0.1821	0.1625	0.1452	0.1299	0.1163	0.1042	0.0935	0.0839	0.0754	0.0678	0.0610	0.0550	0.0496	0.0447	0.0404	0.0365	0.0330
14	0.8700	0.7579	0.6611	0.5775	0.5051	0.4423	0.3878	0.3405	0.2992	0.2633	0.2320	0.2046	0.1807	0.1597	0.1413	0.1252	0.1110	0.0985	0.0876	0.0779	0.0693	0.0618	0.0551	0.0492	0.0440	0.0393	0.0352	0.0316	0.0283	0.0254
15	0.8613	0.7430	0.6419	0.5553	0.4810	0.4173	0.3624	0.3152	0.2745	0.2394	0.2090	0.1827	0.1599	0.1401	0.1229	0.1079	0.0949	0.0835	0.0736	0.0649	0.0573	0.0507	0.0448	0.0397	0.0352	0.0312	0.0277	0.0247	0.0219	0.0195
16	0.8528	0.7284	0.6232	0.5339	0.4581	0.3936	0.3387	0.2919	0.2519	0.2176	0.1883	0.1631	0.1415	0.1229	0.1069	0.0930	0.0811	0.0708	0.0618	0.0541	0.0474	0.0415	0.0364	0.0320	0.0281	0.0248	0.0218	0.0193	0.0170	0.0150
17	0.8444	0.7142	0.6050	0.5134	0.4363	0.3714	0.3166	0.2703	0.2311	0.1978	0.1696	0.1456	0.1252	0.1078	0.0929	0.0802	0.0693	0.0600	0.0520	0.0451	0.0391	0.0340	0.0296	0.0258	0.0225	0.0197	0.0172	0.0150	0.0132	0.0116
18	0.8360	0.7002	0.5874	0.4936	0.4155	0.3503	0.2959	0.2502	0.2120	0.1799	0.1528	0.1300	0.1108	0.0946	0.0808	0.0691	0.0592	0.0508	0.0437	0.0376	0.0323	0.0279	0.0241	0.0208	0.0180	0.0156	0.0135	0.0118	0.0102	0.0089
19	0.8277	0.6864	0.5703	0.4746	0.3957	0.3305	0.2765	0.2317	0.1945	0.1635	0.1377	0.1161	0.0981	0.0829	0.0703	0.0596	0.0506	0.0431	0.0367	0.0313	0.0267	0.0229	0.0196	0.0168	0.0144	0.0124	0.0107	0.0092	0.0079	0.0068
20	0.8195	0.6730	0.5537	0.4564	0.3769	0.3118	0.2584	0.2145	0.1784	0.1486	0.1240	0.1037	0.0868	0.0728	0.0611	0.0514	0.0433	0.0365	0.0308	0.0261	0.0221	0.0187	0.0159	0.0135	0.0115	0.0098	0.0084	0.0072	0.0061	0.0053
21	0.8114	0.6598	0.5375	0.4388	0.3589	0.2942	0.2415	0.1987	0.1637	0.1351	0.1117	0.0926	0.0768	0.0638	0.0531	0.0443	0.0370	0.0309	0.0259	0.0217	0.0183	0.0154	0.0129	0.0109	0.0092	0.0078	0.0066	0.0056	0.0048	0.0040
22	0.8034	0.6468	0.5219	0.4220	0.3418	0.2775	0.2257	0.1839	0.1502	0.1228	0.1007	0.0826	0.0680	0.0560	0.0462	0.0382	0.0316	0.0262	0.0218	0.0181	0.0151	0.0126	0.0105	0.0088	0.0074	0.0062	0.0052	0.0044	0.0037	0.0031
23	0.7954	0.6342	0.5067	0.4057	0.3256	0.2618	0.2109	0.1703	0.1378	0.1117	0.0907	0.0738	0.0601	0.0491	0.0402	0.0329	0.0270	0.0222	0.0183	0.0151	0.0125	0.0103	0.0086	0.0071	0.0059	0.0049	0.0041	0.0034	0.0029	0.0024
24	0.7876	0.6217	0.4919	0.3901	0.3101	0.2470	0.1971	0.1577	0.1264	0.1015	0.0817	0.0659	0.0532	0.0431	0.0349	0.0284	0.0231	0.0188	0.0154	0.0126	0.0105	0.0085	0.0070	0.0057	0.0047	0.0039	0.0032	0.0027	0.0022	0.0018
25	0.7798	0.6095	0.4776	0.3751	0.2953	0.2330	0.1842	0.1460	0.1160	0.0923	0.0736	0.0588	0.0471	0.0378	0.0304	0.0245	0.0197	0.0160	0.0129	0.0105	0.0085	0.0069	0.0057	0.0046	0.0038	0.0031	0.0025	0.0021	0.0017	0.0014
26	0.7720	0.5976	0.4637	0.3607	0.2812	0.2198	0.1722	0.1352	0.1064	0.0839	0.0663	0.0525	0.0417	0.0331	0.0264	0.0211	0.0169	0.0135	0.0109	0.0087	0.0070	0.0057	0.0046	0.0037	0.0030	0.0025	0.0020	0.0016	0.0013	0.0011
27	0.7644	0.5859	0.4502	0.3468	0.2678	0.2074	0.1609	0.1252	0.0976	0.0763	0.0597	0.0469	0.0369	0.0291	0.0230	0.0182	0.0144	0.0115	0.0091	0.0073	0.0058	0.0047	0.0037	0.0030	0.0024	0.0019	0.0016	0.0013	0.0010	0.0008
28	0.7568	0.5744	0.4371	0.3335	0.2551	0.1956	0.1504	0.1159	0.0895	0.0693	0.0538	0.0419	0.0326	0.0255	0.0200	0.0157	0.0123	0.0097	0.0077	0.0061	0.0048	0.0038	0.0030	0.0024	0.0019	0.0015	0.0012	0.0010	0.0008	0.0006
29	0.7493	0.5631	0.4243	0.3207	0.2429	0.1846	0.1406	0.1073	0.0822	0.0630	0.0485	0.0374	0.0289	0.0224	0.0174	0.0135	0.0105	0.0082	0.0064	0.0051	0.0040	0.0031	0.0025	0.0020	0.0016	0.0012	0.0010	0.0008	0.0006	0.0005
30	0.7419	0.5521	0.4120	0.3083	0.2314	0.1741	0.1314	0.0994	0.0754	0.0573	0.0437	0.0334	0.0256	0.0196	0.0151	0.0116	0.0090	0.0070	0.0054	0.0042	0.0033	0.0026	0.0020	0.0016	0.0012	0.0010	0.0008	0.0006	0.0005	0.0004

年金终值系数表

期数	1%	2%	3%	4%	5%	6%	7%	8%	9%	10%	11%	12%	13%	14%	15%	16%	17%	18%	19%	20%	21%	22%	23%	24%	25%	26%	27%	28%	29%	30%
1	1.0000	1.0000	1.0000	1.0000	1.0000	1.0000	1.0000	1.0000	1.0000	1.0000	1.0000	1.0000	1.0000	1.0000	1.0000	1.0000	1.0000	1.0000	1.0000	1.0000	1.0000	1.0000	1.0000	1.0000	1.0000	1.0000	1.0000	1.0000	1.0000	1.0000
2	2.0100	2.0200	2.0300	2.0400	2.0500	2.0600	2.0700	2.0800	2.0900	2.1000	2.1100	2.1200	2.1300	2.1400	2.1500	2.1600	2.1700	2.1800	2.1900	2.2000	2.2100	2.2200	2.2300	2.2400	2.2500	2.2600	2.2700	2.2800	2.2900	2.3000
3	3.0301	3.0604	3.0909	3.1216	3.1525	3.1836	3.2149	3.2464	3.2781	3.3100	3.3421	3.3744	3.4069	3.4396	3.4725	3.5056	3.5389	3.5724	3.6061	3.6400	3.6741	3.7084	3.7429	3.7776	3.8125	3.8476	3.8829	3.9184	3.9541	3.9900
4	4.0604	4.1216	4.1836	4.2465	4.3101	4.3746	4.4399	4.5061	4.5731	4.6410	4.7097	4.7793	4.8498	4.9211	4.9934	5.0665	5.1405	5.2154	5.2913	5.3680	5.4457	5.5242	5.6038	5.6842	5.7656	5.8480	5.9313	6.0156	6.1008	6.1870
5	5.1010	5.2040	5.3091	5.4163	5.5256	5.6371	5.7507	5.8666	5.9847	6.1051	6.2278	6.3528	6.4803	6.6101	6.7424	6.8771	7.0144	7.1542	7.2966	7.4416	7.5892	7.7396	7.8926	8.0484	8.2070	8.3684	8.5327	8.6999	8.8700	9.0431
6	6.1520	6.3081	6.4684	6.6330	6.8019	6.9753	7.1533	7.3359	7.5233	7.7156	7.9129	8.1152	8.3227	8.5355	8.7537	8.9775	9.2068	9.4420	9.6830	9.9299	10.1830	10.4423	10.7079	10.9801	11.2588	11.5442	11.8366	12.1359	12.4423	12.7560
7	7.2135	7.4343	7.6625	7.8983	8.1420	8.3938	8.6540	8.9228	9.2004	9.4872	9.7833	10.0890	10.4047	10.7305	11.0668	11.4139	11.7720	12.1415	12.5227	12.9159	13.3214	13.7396	14.1708	14.6153	15.0735	15.5458	16.0324	16.5339	17.0506	17.5828
8	8.2857	8.5830	8.8923	9.2142	9.5491	9.8975	10.2598	10.6366	11.0285	11.4359	11.8594	12.2997	12.7573	13.2328	13.7268	14.2401	14.7733	15.3270	15.9020	16.4991	17.1189	17.7623	18.4300	19.1229	19.8419	20.5876	21.3612	22.1634	22.9953	23.8577
9	9.3685	9.7546	10.1591	10.5828	11.0266	11.4913	11.9780	12.4876	13.0210	13.5795	14.1640	14.7757	15.4157	16.0853	16.7858	17.5185	18.2847	19.0859	19.9234	20.7989	21.7139	22.6700	23.6690	24.7125	25.8023	26.9404	28.1287	29.3692	30.6639	32.0150
10	10.4622	10.9497	11.4639	12.0061	12.5779	13.1808	13.8164	14.4866	15.1929	15.9374	16.7220	17.5487	18.4197	19.3373	20.3037	21.3215	22.3931	23.5213	24.7089	25.9587	27.2738	28.6574	30.1128	31.6434	33.2529	34.9449	36.7235	38.5926	40.5564	42.6195
11	11.5668	12.1687	12.8078	13.4864	14.2068	14.9716	15.7836	16.6455	17.5603	18.5312	19.5614	20.6546	21.8143	23.0445	24.3493	25.7329	27.1999	28.7551	30.4035	32.1504	33.9805	35.9620	38.0388	40.2379	42.5661	45.0306	47.6388	50.3985	53.3178	56.4053
12	12.6825	13.4121	14.1920	15.0258	15.9171	16.8699	17.8885	18.9771	20.1407	21.3843	22.7132	24.1331	25.6502	27.2707	29.0017	30.8502	32.8239	34.9311	37.1802	39.5805	42.1416	44.8737	47.7877	50.8950	54.2077	57.7386	61.5013	65.5100	69.7800	74.3270
13	13.8093	14.6803	15.6178	16.6268	17.7130	18.8821	20.1406	21.4953	22.9534	24.5227	26.2116	28.0291	29.9847	32.0887	34.3519	36.7862	39.4040	42.2187	45.2445	48.4966	51.9913	55.7459	59.7788	64.1097	68.7596	73.7506	79.1066	84.8529	91.0161	97.6250
14	14.9474	15.9739	17.0863	18.2919	19.5986	21.0151	22.5505	24.2149	26.0192	27.9750	30.0949	32.3926	34.8827	37.5811	40.5047	43.6720	47.1027	50.8180	54.8409	59.1959	63.9095	69.0100	74.5280	80.4961	86.9495	93.9258	101.4654	109.6117	118.4108	127.9125
15	16.0969	17.2934	18.5989	20.0236	21.5786	23.2760	25.1290	27.1521	29.3609	31.7725	34.4054	37.2797	40.4175	43.8424	47.5804	51.6595	56.1101	60.9653	66.2607	72.0351	78.3305	85.1922	92.6694	100.8151	109.6868	119.3465	129.8611	141.3029	153.7500	167.2863
16	17.2579	18.6393	20.1569	21.8245	23.6575	25.6725	27.8881	30.3243	33.0034	35.9497	39.1899	42.7533	46.6717	50.9804	55.7175	60.9250	66.6488	72.9390	79.8502	87.4421	95.7799	104.9345	114.9834	126.0108	138.1085	151.3766	165.9236	181.8677	199.3374	218.4722
17	18.4304	20.0121	21.7616	23.6975	25.8404	28.2129	30.8402	33.7502	36.9737	40.5447	44.5008	48.8837	53.7391	59.1176	65.0751	71.6730	78.9792	87.0680	96.0218	105.9306	116.8937	129.0201	142.4295	157.2534	173.6357	191.7345	211.7230	233.7907	258.1453	285.0139
18	19.6147	21.4123	23.4144	25.6454	28.1324	30.9057	33.9990	37.4502	41.3013	45.5992	50.3959	55.7497	61.7251	68.3941	75.8364	84.1407	93.4056	103.7403	115.2659	128.1167	142.4413	158.4045	176.1883	195.9942	218.0446	242.5855	269.8882	300.2521	334.0074	371.5180
19	20.8109	22.8406	25.1169	27.6712	30.5390	33.7600	37.3790	41.4463	46.0185	51.1591	56.9395	63.4397	70.7494	78.9692	88.2118	98.6032	110.2846	123.4135	138.1664	154.7400	173.3540	194.2535	217.7116	244.0328	273.5558	306.6577	343.7580	385.3227	431.8895	483.9734
20	22.0190	24.2974	26.8704	29.7781	33.0660	36.7856	40.9955	45.7620	51.1601	57.2750	64.2028	72.0524	80.9468	91.0249	102.4436	115.3797	130.0329	146.6280	165.4180	186.6880	210.7584	237.9893	268.7853	303.6006	342.9447	387.3887	437.5726	494.2131	558.1118	630.1655
21	23.2392	25.7833	28.6765	31.9692	35.7193	39.9927	44.8652	50.4229	56.7645	64.0025	72.2651	81.6987	92.4699	104.7684	118.8101	134.8405	153.1385	174.0210	197.8474	225.0256	256.0176	291.3469	331.6059	377.4648	429.6809	489.1098	556.7173	633.5927	720.9642	820.2151
22	24.4716	27.2990	30.5368	34.2480	38.5052	43.3923	49.0057	55.4568	62.8733	71.4027	81.2143	92.5026	105.4910	120.4360	137.6316	157.4150	180.1721	206.3448	236.4385	271.0307	310.7813	356.4432	408.8753	469.0563	538.1011	617.2783	708.0309	811.9987	931.0438	1067.2796
23	25.7163	28.8450	32.4529	36.6179	41.4305	46.9958	53.4361	60.8933	69.5319	79.5430	91.1479	104.6029	120.2048	138.2970	159.2764	183.6014	211.8013	244.4868	282.3618	326.2369	377.0454	435.8607	503.9166	582.6298	673.6264	778.7707	901.1993	1040.3583	1202.0465	1388.4635
24	26.9735	30.4219	34.4265	39.0826	44.5020	50.8156	58.1767	66.7648	76.7898	88.4973	102.1742	118.1552	136.8315	158.6586	184.1678	213.9776	248.8076	289.4945	337.0105	392.4842	457.2249	532.7501	620.8174	723.4610	843.0329	982.2511	1144.2531	1332.6586	1551.6400	1806.0026
25	28.2432	32.0303	36.4593	41.6459	47.7271	54.8645	63.2490	73.1059	84.7009	98.3471	114.4133	133.3339	155.6196	181.8708	212.7930	249.2140	292.1049	342.6035	402.0425	471.9811	554.2422	650.9553	764.6054	898.0916	1054.7912	1238.6363	1454.2014	1706.8031	2002.6156	2348.8033
26	29.5256	33.6709	38.5530	44.3117	49.1135	59.1564	68.6765	79.9544	93.3240	109.1818	127.9988	150.3339	176.8501	208.3327	245.7120	290.0883	337.5024	405.2721	479.4306	567.3773	681.8528	819.2233	984.0680	1114.6336	1319.4890	1561.6818	1847.8359	2185.7079	2584.3334	3054.4443
27	30.8209	35.3443	40.7096	47.0842	51.1135	63.7058	74.4838	87.3508	102.7231	121.0999	143.0786	169.3740	200.8406	238.4993	283.5688	337.5024	402.0323	479.2211	571.5224	681.1116	819.2233	985.5479	1185.7440	1383.1457	1650.3612	1968.2881	2347.7615	2798.7061	3334.8251	3971.7776
28	32.1291	37.0512	42.9309	49.9676	54.6691	68.5281	80.6977	95.3388	112.9682	134.2099	159.8173	190.6989	227.9499	272.8892	327.1041	392.5028	471.3778	566.4809	681.1116	819.2233	984.0680	1181.8816	1445.1507	1716.1007	2063.9515	2481.5859	2982.6444	3583.3438	4302.9470	5164.3109
29	33.4504	38.7922	45.2189	52.9663	58.4026	73.6398	87.3465	103.9659	124.1354	148.6309	178.3972	214.5828	253.3394	312.0937	377.1697	456.3032	552.5121	669.4475	811.5228	984.0680	1193.5129	1447.6077	1755.6835	2128.9648	2580.9394	3127.7984	3788.9584	4587.6801	5551.5873	6714.6042
30	34.7849	40.5681	47.5754	56.0849	66.4388	79.0582	94.4608	113.2832	136.3075	164.4940	199.0209	241.3327	293.1992	356.7868	434.7451	530.3117	647.4391	790.9480	966.7122	1181.8816	1445.1507	1767.0813	2160.4907	2640.9164	3227.1743	3941.4026	4812.9771	5873.2306	7162.8241	8729.9855

年金现值系数表

期数	1%	2%	3%	4%	5%	6%	7%	8%	9%	10%	11%	12%	13%	14%	15%	16%	17%	18%	19%	20%	21%	22%	23%	24%	25%	26%	27%	28%	29%	30%
1	0.9901	0.9804	0.9709	0.9615	0.9524	0.9434	0.9346	0.9259	0.9174	0.9091	0.9009	0.8929	0.8850	0.8772	0.8696	0.8621	0.8547	0.8475	0.8403	0.8333	0.8264	0.8197	0.8130	0.8065	0.8000	0.7937	0.7874	0.7813	0.7752	0.7692
2	1.9704	1.9416	1.9135	1.8861	1.8594	1.8334	1.8080	1.7833	1.7591	1.7355	1.7125	1.6901	1.6681	1.6467	1.6257	1.6052	1.5852	1.5656	1.5465	1.5278	1.5095	1.4915	1.4740	1.4568	1.4400	1.4235	1.4074	1.3916	1.3761	1.3609
3	2.9410	2.8839	2.8286	2.7751	2.7232	2.6730	2.6243	2.5771	2.5313	2.4869	2.4437	2.4018	2.3612	2.3216	2.2832	2.2459	2.2096	2.1743	2.1399	2.1065	2.0739	2.0422	2.0114	1.9813	1.9520	1.9234	1.8956	1.8684	1.8420	1.8161
4	3.9020	3.8077	3.7171	3.6299	3.5460	3.4651	3.3872	3.3121	3.2397	3.1699	3.1024	3.0373	2.9745	2.9137	2.8550	2.7982	2.7432	2.6901	2.6386	2.5887	2.5404	2.4936	2.4483	2.4043	2.3616	2.3202	2.2800	2.2410	2.2031	2.1662
5	4.8534	4.7135	4.5797	4.4518	4.3295	4.2124	4.1002	3.9927	3.8897	3.7908	3.6959	3.6048	3.5172	3.4331	3.3522	3.2743	3.1993	3.1272	3.0576	2.9906	2.9260	2.8636	2.8035	2.7454	2.6893	2.6351	2.5827	2.5320	2.4830	2.4356
6	5.7955	5.6014	5.4172	5.2421	5.0757	4.9173	4.7665	4.6229	4.4859	4.3553	4.2305	4.1114	3.9975	3.8887	3.7845	3.6847	3.5892	3.4976	3.4098	3.3255	3.2446	3.1669	3.0923	3.0205	2.9514	2.8850	2.8210	2.7594	2.7000	2.6427
7	6.7282	6.4720	6.2303	6.0021	5.7864	5.5824	5.3893	5.2064	5.0330	4.8684	4.7122	4.5638	4.4226	4.2883	4.1604	4.0386	3.9224	3.8115	3.7057	3.6046	3.5079	3.4155	3.3270	3.2423	3.1611	3.0833	3.0087	2.9370	2.8682	2.8021
8	7.6517	7.3255	7.0197	6.7327	6.4632	6.2098	5.9713	5.7466	5.5348	5.3349	5.1461	4.9676	4.7988	4.6389	4.4873	4.3436	4.2072	4.0776	3.9544	3.8372	3.7256	3.6193	3.5179	3.4212	3.3289	3.2407	3.1564	3.0758	2.9986	2.9247
9	8.5660	8.1622	7.7861	7.4353	7.1078	6.8017	6.5152	6.2469	5.9952	5.7590	5.5370	5.3282	5.1317	4.9464	4.7716	4.6065	4.4506	4.3030	4.1633	4.0310	3.9054	3.7863	3.6731	3.5655	3.4631	3.3657	3.2728	3.1842	3.0997	3.0190
10	9.4713	8.9826	8.5302	8.1109	7.7217	7.3601	7.0236	6.7101	6.4177	6.1446	5.8892	5.6502	5.4262	5.2161	5.0188	4.8332	4.6586	4.4941	4.3389	4.1925	4.0541	3.9232	3.7993	3.6819	3.5705	3.4648	3.3644	3.2689	3.1781	3.0915
11	10.3676	9.7868	9.2526	8.7605	8.3064	7.8869	7.4987	7.1390	6.8052	6.4951	6.2065	5.9377	5.6869	5.4527	5.2337	5.0286	4.8364	4.6560	4.4865	4.3271	4.1769	4.0354	3.9018	3.7757	3.6564	3.5435	3.4365	3.3351	3.2388	3.1473
12	11.2551	10.5753	9.9540	9.3851	8.8633	8.3838	7.9427	7.5361	7.1607	6.8137	6.4924	6.1944	5.9176	5.6603	5.4206	5.1971	4.9884	4.7932	4.6105	4.4392	4.2784	4.1274	3.9852	3.8514	3.7251	3.6059	3.4933	3.3868	3.2859	3.1903
13	12.1337	11.3484	10.6350	9.9856	9.3936	8.8527	8.3577	7.9038	7.4869	7.1034	6.7499	6.4235	6.1218	5.8424	5.5831	5.3423	5.1183	4.9095	4.7147	4.5327	4.3624	4.2028	4.0530	3.9124	3.7801	3.6555	3.5381	3.4272	3.3224	3.2233
14	13.0037	12.1062	11.2961	10.5631	9.8986	9.2950	8.7455	8.2442	7.7862	7.3667	6.9819	6.6282	6.3025	6.0021	5.7245	5.4675	5.2293	5.0081	4.8023	4.6106	4.4317	4.2646	4.1082	3.9616	3.8241	3.6949	3.5733	3.4587	3.3507	3.2487
15	13.8651	12.8493	11.9379	11.1184	10.3797	9.7122	9.1079	8.5595	8.0607	7.6061	7.1909	6.8109	6.4624	6.1422	5.8474	5.5755	5.3242	5.0916	4.8759	4.6755	4.4890	4.3152	4.1530	4.0013	3.8593	3.7261	3.6010	3.4834	3.3726	3.2682
16	14.7179	13.5777	12.5611	11.6523	10.8378	10.1059	9.4466	8.8514	8.3126	7.8237	7.3792	6.9740	6.6039	6.2651	5.9542	5.6685	5.4053	5.1624	4.9377	4.7296	4.5364	4.3567	4.1894	4.0333	3.8874	3.7509	3.6228	3.5026	3.3896	3.2832
17	15.5623	14.2919	13.1661	12.1657	11.2741	10.4773	9.7632	9.1216	8.5436	8.0216	7.5488	7.1196	6.7291	6.3729	6.0472	5.7487	5.4746	5.2223	4.9897	4.7746	4.5755	4.3908	4.2190	4.0591	3.9099	3.7705	3.6400	3.5177	3.4028	3.2948
18	16.3983	14.9920	13.7535	12.6593	11.6896	10.8276	10.0591	9.3719	8.7556	8.2014	7.7016	7.2497	6.8399	6.4674	6.1280	5.8178	5.5339	5.2732	5.0333	4.8122	4.6079	4.4187	4.2431	4.0799	3.9279	3.7861	3.6536	3.5294	3.4130	3.3037
19	17.2260	15.6785	14.3238	13.1339	12.0853	11.1581	10.3356	9.6036	8.9501	8.3649	7.8393	7.3658	6.9380	6.5504	6.1982	5.8775	5.5845	5.3162	5.0700	4.8435	4.6346	4.4415	4.2627	4.0967	3.9424	3.7985	3.6642	3.5386	3.4210	3.3105
20	18.0456	16.3514	14.8775	13.5903	12.4622	11.4699	10.5940	9.8181	9.1285	8.5136	7.9633	7.4694	7.0248	6.6231	6.2593	5.9288	5.6278	5.3527	5.1009	4.8696	4.6567	4.4603	4.2786	4.1103	3.9539	3.8083	3.6726	3.5458	3.4271	3.3158
21	18.8570	17.0112	15.4150	14.0292	12.8212	11.7641	10.8355	10.0168	9.2922	8.6487	8.0751	7.5620	7.1016	6.6870	6.3125	5.9731	5.6648	5.3837	5.1268	4.8913	4.6750	4.4756	4.2916	4.1212	3.9631	3.8161	3.6792	3.5514	3.4319	3.3198
22	19.6604	17.6580	15.9369	14.4511	13.1630	12.0416	11.0612	10.2007	9.4424	8.7715	8.1757	7.6446	7.1695	6.7429	6.3587	6.0113	5.6964	5.4099	5.1486	4.9094	4.6900	4.4882	4.3021	4.1300	3.9705	3.8223	3.6844	3.5558	3.4356	3.3230
23	20.4558	18.2922	16.4436	14.8568	13.4886	12.3034	11.2722	10.3711	9.5802	8.8832	8.2664	7.7184	7.2297	6.7921	6.3988	6.0442	5.7234	5.4321	5.1668	4.9245	4.7025	4.4985	4.3106	4.1371	3.9764	3.8273	3.6885	3.5592	3.4384	3.3254
24	21.2434	18.9139	16.9355	15.2470	13.7986	12.5504	11.4693	10.5288	9.7066	8.9847	8.3481	7.7843	7.2829	6.8351	6.4338	6.0726	5.7465	5.4509	5.1822	4.9371	4.7128	4.5070	4.3176	4.1428	3.9811	3.8312	3.6918	3.5619	3.4406	3.3272
25	22.0232	19.5235	17.4131	15.6221	14.0939	12.7834	11.6536	10.6748	9.8226	9.0770	8.4217	7.8431	7.3300	6.8729	6.4641	6.0971	5.7662	5.4669	5.1951	4.9476	4.7213	4.5139	4.3232	4.1474	3.9849	3.8342	3.6943	3.5640	3.4423	3.3286
26	22.7952	20.1210	17.8768	15.9828	14.3752	13.0032	11.8258	10.8100	9.9290	9.1609	8.4881	7.8957	7.3717	6.9061	6.4906	6.1182	5.7831	5.4804	5.2060	4.9563	4.7284	4.5196	4.3278	4.1511	3.9879	3.8367	3.6963	3.5656	3.4437	3.3297
27	23.5596	20.7069	18.3270	16.3296	14.6430	13.2105	11.9867	10.9352	10.0266	9.2372	8.5478	7.9426	7.4086	6.9352	6.5135	6.1364	5.7975	5.4919	5.2151	4.9636	4.7342	4.5243	4.3316	4.1542	3.9903	3.8387	3.6979	3.5669	3.4447	3.3305
28	24.3164	21.2813	18.7641	16.6631	14.8981	13.4062	12.1371	11.0511	10.1161	9.3066	8.6016	7.9844	7.4412	6.9607	6.5335	6.1520	5.8099	5.5016	5.2228	4.9697	4.7390	4.5281	4.3346	4.1566	3.9923	3.8402	3.6991	3.5679	3.4455	3.3312
29	25.0658	21.8444	19.1885	16.9837	15.1411	13.5907	12.2777	11.1584	10.1983	9.3696	8.6501	8.0218	7.4701	6.9830	6.5509	6.1656	5.8204	5.5098	5.2292	4.9747	4.7430	4.5312	4.3371	4.1585	3.9938	3.8414	3.7001	3.5687	3.4461	3.3317
30	25.8077	22.3965	19.6004	17.2920	15.3725	13.7648	12.4090	11.2578	10.2737	9.4269	8.6938	8.0552	7.4957	7.0027	6.5660	6.1772	5.8294	5.5168	5.2347	4.9789	4.7463	4.5338	4.3391	4.1601	3.9950	3.8424	3.7009	3.5693	3.4466	3.3321

参考文献

[1] 杨欣. 财务管理[M]. 北京:中国财政经济出版社,2005.

[2] 杨欣. 财务管理实训与练习[M]. 北京:中国财政经济出版社,2005.

[3] 宋秋萍. 财务管理[M]. 北京:高等教育出版社,2008.

[4] 全国会计专业技术资格考试领导小组办公室. 财务管理[M]. 北京:中国财政经济出版社,2009.

[5] 荆新. 公司财务(第2版)[M]. 北京:中央广播电视大学出版社,2004.

[6] 李红梅,程竞. 财务报表分析[M]. 重庆:重庆大学出版社,2013.

[7] 李红梅,李进恩. 财务管理[M]. 安徽:安徽教育出版社,2009.

[8] 田瑞等. 财务管理[M]. 北京:中国经济出版社,2010.

[9] 刘静中. 财务管理[M]. 郑州:河南大学出版社,2010.

[10] 杨桂洁. 财务管理技能训练[M]. 北京:中国农业出版社,2007.

[11] 张玉英,财务管理[M]. 北京:高等教育出版社,2008.

[12] 张晓毅,财务管理[M]. 北京:人民邮电出版社,2010.

[13] 中国注册会计师协会. 财务成本管理[M]. 北京:经济科学出版社,2009.

[14] 曹惠民. 财务管理学[M]. 上海:立信会计出版社,2007.

[15] 2012年中级会计资格职称考试教材. 财务管理[M]. 北京:中国财政经济出版社,2011.

[16] 靳磊. 财务管理[M]. 北京:高等教育出版社,2011.

[17] 钭志斌.《公司理财》精品课程:http://dzb.lszjy.com/Article/info_470.html

[18] 刘雅娟. 财务管理[M]. 北京:清华大学出版社,2008.

[19] 王士伟. 财务管理[M]. 北京:中国财政经济出版社,2006.

[20] 王庆成. 财务管理学[M]. 北京:中国财政经济出版社,1999.

[21] 黄佑军. 财务管理实务[M]. 北京:人民邮电出版社,2011.

[22] 单改霞. 关于筹资方式的比较与选择[J]. 企业技术开发(下半月),2009(5).

[23] 费淑静. 民营中小企业融资体系研究[M]. 北京:经济管理出版社,2005.

[24] 财政部财务会计资格评价中心. 财务管理[M]. 北京:中国财经出版社,2012.

[25] 刘振鹏. 现代企业财务管理的目标及抉择[J]. 科学与管理,2004(3).

[26] 财务管理目标评价依据. 管理科学网,2012-12-30.

[27]刘世锦.新阶段面临的挑战与发展方式转型[J].经济前沿,2008(2).

[28]财政部注册财务会计师考试委员会办公室.财务成本管理[M].北京:经济科学出版社,2010.

[29]朱开悉.财务管理学[M].湖南:中南大学出版社,2003.

[30]金圣才.《财务管理学》考研真题与典型题详解[M].北京:中国石化出版社,2007.

[31]全国财务会计专业技术资格考试领导小组办公室.中级财务会计专业技术资格考试学习指南[M].北京:财经科学出版社,2012.

[32]Mika Gabrielsson:Finance strategies of rapidly-growing Finnish SMEs:Born internationls and Born Globals[J].European Business Review,2004.

[33]Gerard Blokdijk Ivanka Menken:Financial Management Theory and Practice:Fundamentals of Managing IT Services with IT service Financial Management Best Practices,A Practitioner's Guide[M].Emereo Pty Ltd,2008.

[34]腾讯财经 http://finance.qq.com